AF567391

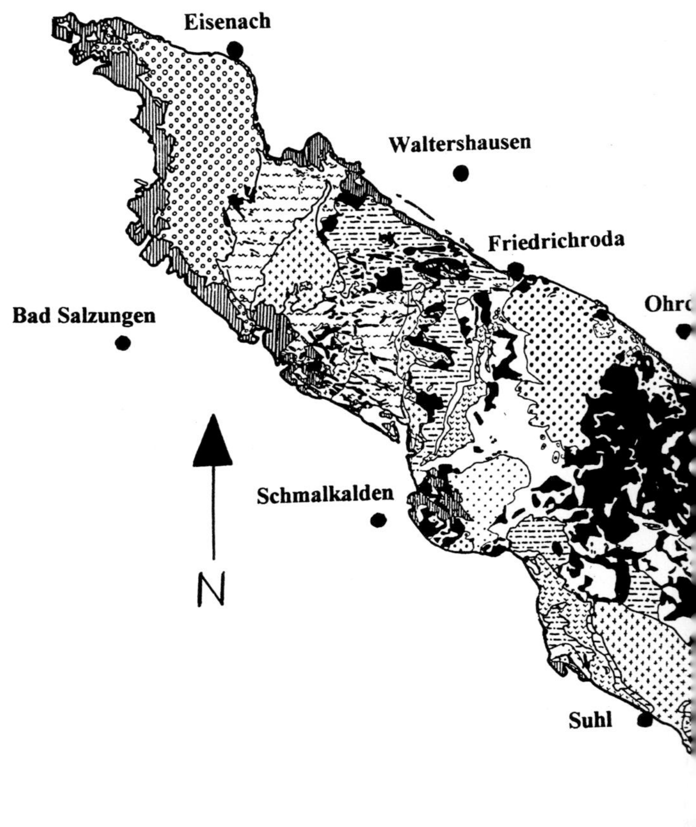

Abb.1: Geologische Übersichtskarte Thüringer Wald.
1 – Zechstein, 2 – Eisenach-Formation, 3 – Tambach-und Elgersburg-Formation, 4 – Rotterode-Formation, 5 – Oberhof-Formation, 6 – Goldlauter-und Manebach-Formation sowie Gehren-Gruppe, 7 – Vulkanite (Rhyolith usw.), 8 – Vulkanite (Andesit, Dolerit, Melaphyr usw.), 9 – Granit, 10 – Kambroordovizium, 11 – Jungproterozoikum, 12 – Kambrium, 13 – Ordovizium, 14 – Silur, 15 – Devon.

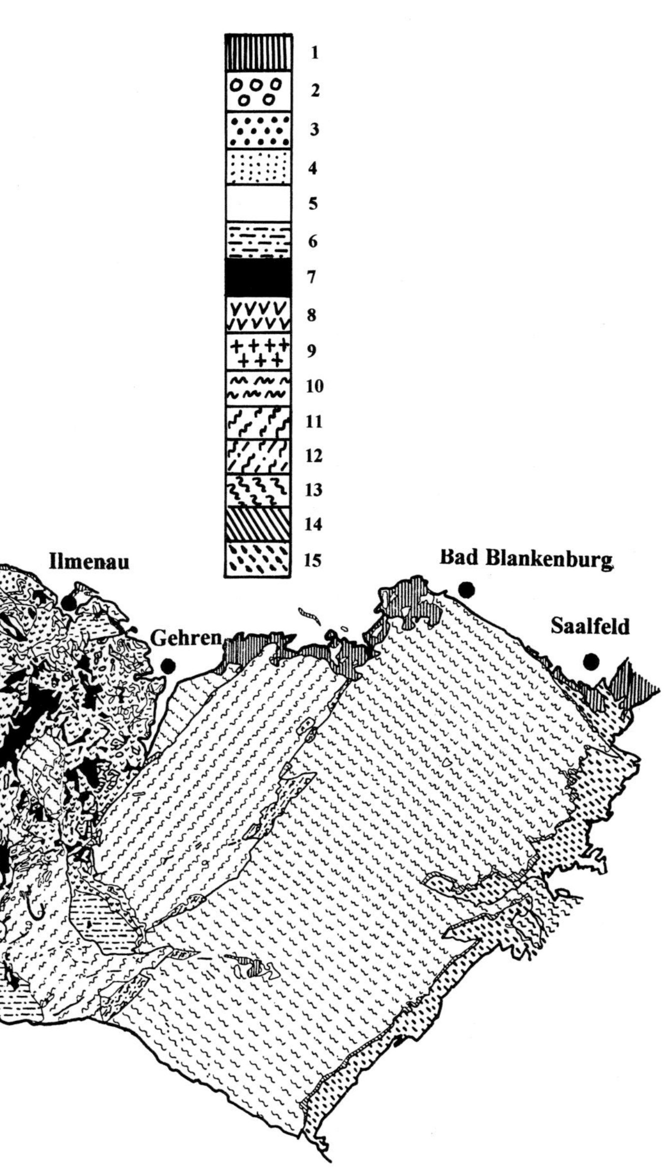
1
2
3
4
5
6
7
8
9
10
11
12
13
14
15
Ilmenau
Gehren
Bad Blankenburg
Saalfeld

SAMMLUNG GEOLOGISCHER FÜHRER

SAMMLUNG GEOLOGISCHER FÜHRER

Herausgegeben von OTTO F. GEYER† und PETER ROTHE

Band 95

GEBRÜDER BORNTRAEGER • BERLIN • STUTTGART • 2003

Thüringer Wald

von

THOMAS MARTENS

Mit 68 Abbildungen, 17 Tabellen, einem Farbteil mit 12 Fotos
und vielen Routenkärtchen im Text

GEBRÜDER BORNTRAEGER • BERLIN • STUTTGART • 2003

ISBN 3-443-15078–0 / ISSN 0343-737 X

Gedruckt auf alterungsbeständigem Papier nach ISO 9706-1994
Verlag: Gebrüder Borntraeger Verlagsbuchhandlung, Johannesstraße 3A, D-70176 Stuttgart
E-mail: mail@schweizerbart.de
Internet: http://www.borntraeger-cramer.de
Druck: Tutte Druckerei GmbH, Salzweg b. Passau

Vorwort

Der Thüringer Wald gehört zu den bedeutendsten klassischen Regionen geologischer Forschung in Deutschland. Die Vielzahl seiner Gesteinsarten aus mehr als 600 Millionen Jahren Erdgeschichte, zusammengedrängt auf einem relativ schmalen Streifen emporgehobener Erdkruste, das häufige Neben- und Übereinander von Sedimentgesteinen, Metamorphiten, Plutoniten und Vulkaniten verschiedenster Ausbildung und unterschiedlichen Alters, der Nachweis von seltenen und einzigartig erhaltenen Fossilien und die relativ günstigen Aufschlußverhältnisse in zahlreichen romantischen Tälern der SW- und NE- Abdachung des Gebirges sind wichtige Kennzeichen. Sie wirken wie eine unerschöpfliche Anziehungskraft auf Geowissenschaftler verschiedener Spezialgebiete, auf eifrige Fossil- und Mineralsammler und zahlreiche Naturfreunde. Daher verwundert es nicht, daß die erste geologische Beschreibung des Thüringer Waldes bereits vor etwa 200 Jahren gedruckt wurde. Der Meininger Geheime Rat JOHANN LUDWIG HEIM (1741–1819) veröffentlichte sie zwischen 1796 und 1806 in fünf Bänden. Der Thüringer Wald war damals noch wenig erschlossen. Um so verblüffender sind seine ersten geologischen Beobachtungen und Erkenntnisse.

Die Industrialisierung, vor allem aber der Straßen- und Wegebau in der 2. Hälfte des 19. Jahrhunderts, eröffnete im wahrsten Sinne des Wortes neue Einblicke in die Geologie des Gebirges. Eine umfassende geologische Landeskartierung begann. Die Flut geologischer Beobachtungen forderte nach einer Zusammenfassung der Ergebnisse. Diesem Bedürfnis entsprachen zum Beispiel HERMANN PRÖSCHOLDTs Beitrag „Der Thüringer Wald und seine nächste Umgebung", erschienen 1896, und FRITZ REGELs "Thüringen. Ein geographisches Handbuch", erschienen 1892. Weitere Beiträge bezogen sich auf Teilgebiete des Thüringer Waldes, wie beispielsweise von Prof. E.E. SCHMID „Der Ehrenberg bei Ilmenau" (1876) und von Prof. R. SCHEIBE „Geologische Spaziergänge im Thüringer Wald" (1902).

Das erste, im Jahre 1912 erschienene „Geologische Wanderbuch für den Thüringer Wald", bearbeitet von H. FRANKE aus Schleusingen, und das im gleichen Jahr erschienene „Geologische Wanderbuch für Ostthüringen und Westsachsen" von E. KIRSTE förderten das allgemeine Interesse am geologischen Bau des Thüringer Waldes.

Nach dem Ersten Weltkrieg schuf man mit der Gründung des Thüringischen Geologischen Vereins im Jahre 1925 eine breite Basis für das Interesse an der Geologie des Thüringer Waldes. Besonders die fachkundig geführten Exkursionen in verschiedene Gebirgsteile motivierten Fossil- und Mineralsammler, Studenten und Fachleute gleichermaßen. Wichtige Ergebnisse wurden in der Vereinszeitschrift „Beiträge zur Geologie Thüringens" festgehalten.

Nach dem Zweiten Weltkrieg war das Interesse am geologischen Bau des Thüringer Waldes ungebrochen. Von HANS WEBER (1892–1965) erschien 1955 die „Einführung in die Geologie Thüringens". Besonders die Tatsache, daß dieses Buch nicht nur von Fachleuten verstanden wurde, machte es zu einem vielbenutzten und langlebigen, regionalgeologischen Nachschlagewerk, das bis heute in seiner Wirkung unübertroffen ist.

Eine intensive Bearbeitung der geologischen Strukturen und verschiedenen Formationen des Thüringer Waldes ist seit den 50er Jahren bis in die Gegenwart zu verzeichnen. Im Jahre 1974 erschien eine umfangreiche „Geologie von Thüringen" von Prof. H. HOPPE und Dr. G. SEIDEL mit neu bearbeiteten Beiträgen zur Geologie des Thüringer Waldes. Zusammenfassende Darstellungen des Rotliegend erfolgten vor allem in den 80er Jahren von Dr. H. LÜTZNER.

Das Interesse an der Paläontologie des Rotliegend war bereits in den 50er Jahren von Prof. A.H. MÜLLER neu entfacht worden und hatte besonders in den 70er und 80er Jahren zu wesentlich neuen Erkenntnissen geführt.

Die politischen Veränderungen seit 1989 und der Wegfall der innerdeutschen Grenze schufen auch die Voraussetzungen, den Thüringer Wald in die „Sammlung Geologischer Führer" aufzunehmen. Das Gebirge rückt zwangsläufig wieder stärker in den Mittelpunkt regionalgeologischer Forschung in Deutschland. Die Untersuchungen zur Geologie des Thüringer Waldes erfahren einen Aufschwung durch die nach der Wende in Weimar gegründete Thüringische Landesanstalt für Geologie.

Die intensive Bautätigkeit und die stürmische Entwicklung einer neuen Infrastruktur erfordern die Wiedergeburt einer geologischen Spezialkartierung im Thüringer Wald. Diese wird viele neue Erkenntnisse erbringen und das gegenwärtige Bild der geologischen Geschichte des Mittelgebirges deutlich verändern helfen.

Der geologische Führer „Thüringer Wald" soll nicht nur Bekanntes vermitteln, sondern vor allem auf Kenntnislücken aufmerksam machen und Anregungen für neue Forschungen geben. Er entspricht damit dem Wunsch nach einer Neuorientierung auf regionalgeologischem Gebiet und schließt den westlichen Anteil des oft getrennt betrachteten Thüringer Schiefergebirges in den geomorphologischen Begriff „Thüringer Wald" ein (HANLE 1992).

Der Verfasser ist sich der Tatsache bewußt, daß die geologische Geschichte des Thüringer Waldes nur unvollkommen in einem groben Raster wiedergegeben werden kann. Die Informationen zur Stratigraphie widerspiegeln die zur Zeit noch unterschiedlichen Ansichten. Die Paläontologie, vor allem die des Rotliegend, wird besonders hervorgehoben. Stratigraphische Übersichten und Kartenskizzen erleichtern den Weg durch die Erdgeschichte. Fossillisten und Tafeln mit Fossilien und interessanten Gesteinsbildungen sind vor allem für den Sammler gedacht. Sie lassen eine paläontologische Vielfalt erahnen, die noch so manchen Neufund erwarten läßt. Das umfangreiche Literaturverzeichnis enthält nicht nur die Arbeiten der letzten Jahrzehnte. Vor allem in Arbeiten vor dem Ersten Weltkrieg findet man heute noch wertvolle Anregungen zu neuen Forschungen. Dies wird häufig unterschätzt. Die Auswahl der Aufschlüsse und Profile gibt dem Fachspezialisten, dem Sammler oder dem Liebhabergeologen die Möglichkeit, seine individuell gewünschte Wanderroute durch den Thüringer Wald selbst zusammenzustellen.

Die Idee zu diesem Band entstand bei meinem ersten offiziellen Besuch des Staatlichen Museums für Naturkunde in Stuttgart nach der Wende, im Jahre 1990.

Die ersten Kontakte zum Verlag und zu Herrn Dr. NÄGELE vermittelte Herr Dr. MAX URLICHS vom Museum für Naturkunde in Stuttgart. Für zahlreiche Hinweise und Unterstützung bei der Erarbeitung des Manuskriptes danke ich besonders folgenden Damen und Herren: D. ANDREAS, Jena; Dr. W. ERNST, Wolfen; Dr. G. HOLZHEY, Erfurt; Dr. G. PATZELT, Mühlhausen; Prof. Dr. H. LÜTZNER, Jena; Dr. M. MENNING, Potsdam; Prof. Dr. J. SCHNEIDER, Freiberg/Sa; Prof. Dr. G. SEIDEL, Jena; Prof. Dr. W. STEINER, Weimar; Dr. R. WERNEBURG, Schleusingen, Dr. J. WUNDERLICH, Jena-Isserstedt und Dr. A. ZEH, Würzburg.

THOMAS MARTENS

Inhalt

	Vorwort	V
1.	Allgemeiner Teil	1
1.1	Lage und Begrenzung des Thüringer Waldes	1
1.2	Geomorphologie und Gewässernetz	3
1.3	Erforschungsgeschichte	5
1.4	Einführung in die Geologie des Thüringer Waldes	11
1.5	Vulkanotektonische Kurzgeschichte	15
2.	Teilgebiete, Erdgeschichte, Fossilien	20
2.1	Ruhla-Kristallin	20
2.1.1	Liebenstein-Gruppe	23
2.1.2	Trusetal-Gruppe	24
2.1.3	Brotterode-Gruppe	25
2.1.4	Ruhla-Gruppe	25
2.2	Schwarzburg-Antiklinorium	26
2.2.1	Proterozoikum	26
2.2.2	Kambrium	29
2.2.3	Ordovizium	31
2.2.4	Silur	37
2.2.5	Devon	40
2.2.6	Unterkarbon (Kulm)	46
2.3	Thüringer Wald-Senke	46
2 3.1	Kristallines Fundament	46
2.3.2	Oberkarbon bis Unterperm (tieferes Rotliegend)	49
2.3.2.1	Georgenthal-Formation	51
2.3.2.2	Möhrenbach-Formation	54
2.3.2.3	Ilmenau-Formation	56
2.3.2.4	Manebach-Formation	59
2.3.2.5	Goldlauter-Formation	62
2.3.3	Unterperm (höheres Rotliegend)	70
2.3.3.1	Oberhof-Formation	70

2.3.3.2 Rotterode-Formation 75
2.3.3.3 Tambach-Formation 77
2.3.3.4 Elgersburg-Formation 81
2.4 Eisenach-Senke 83
2.4.1 Kristallines Fundament 83
2.4.2 Oberkarbon bis Unterperm (tieferes Rotliegend) 83
2.4.3 Eisenach-Formation (höheres Rotliegend) 84
2.5 Zechstein (Oberperm) 89
2.6 Trias bis Kreide (Mesozoikum) 90
2.7 Tertiär 90
2.8 Quartär 91
3. Erzlagerstätten, Bergbau, Mineralfunde 94
4. Exkursionen 100
4.1 Allgemeine Hinweise zum Sammeln von Fossilien und Mineralen 100
4.2 Ruhla-Kristallin 111
4.3 Schwarzburg-Antiklinorium 114
4.4 Thüringer Wald-Senke 128
4.5 Eisenach-Senke 195
5. Geologische Sammlungen, Museen, Schaubergwerke und Höhlen 204
5.1 Sammlungen zur Geologie, Mineralogie und Paläontologie 204
5.2 Wichtige Museen, Schaubergwerke und Höhlen 205
6. Literatur 209
7. Sach- und Ortsverzeichnis 237

1. Allgemeiner Teil

1.1 Lage und Begrenzung des Thüringer Waldes

Prof. Dr. R. SCHEIBE brachte es im Jahre 1902 in seinen „Geologischen Spaziergängen im Thüringer Wald“ deutlich zum Ausdruck: „Der Thüringer Wald ist das schönste deutsche Mittelgebirge...“. Diese Aussage ist eine Art

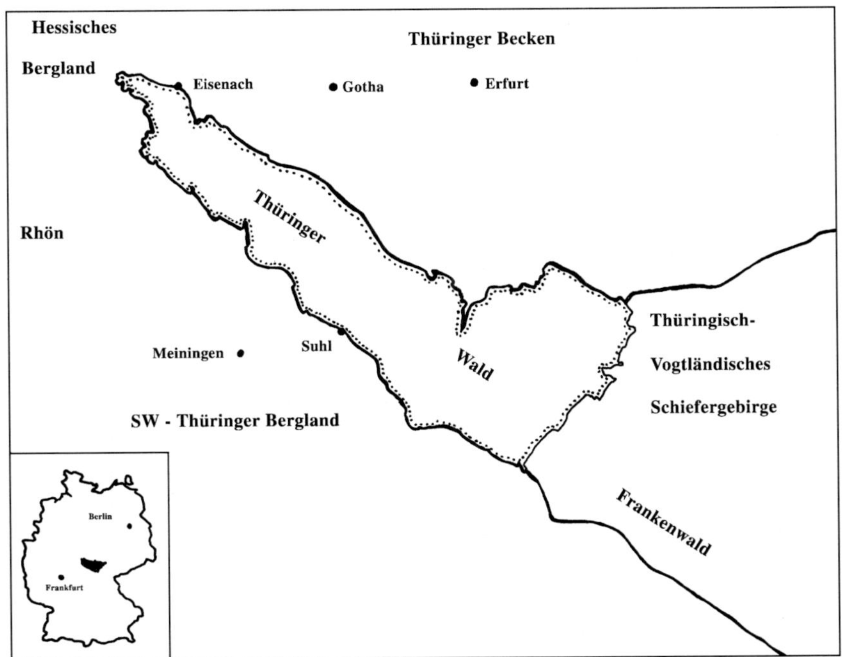

Abb. 2: Lage und Begrenzung des Thüringer Waldes.

Liebeserklärung eines kartierenden Geologen an sein Untersuchungsgebiet, der man sich nur anschließen kann.

Der Thüringer Wald zeigt als relativ überschaubarer Gebirgszug einen allgemeinen Verlauf von NW nach SE und seine geologisch-morphologischen Grenzen folgen dem Raster der mitteleuropäischen Bruchschollentektonik. Vorwiegend sind es herzynische Streichrichtungen, die die langgestreckte Gebirgsscholle nach NE und SW begrenzen. Im NW steigt das Gebirge als schmale Hügelkette aus dem tief eingeschnittenen Werratal bei Eisenach empor. Im NE wird es von der Triaslandschaft des Thüringer Beckens und nach SW von der Südthüringer Triaslandschaft einschließlich des sogen. „Kleinen Thüringer Waldes" (EHRHARDT 1970) abgelöst. Der Übergang zwischen Thüringer Wald und seinem Vorland ist zu beiden Seiten nicht nur geologisch, sondern recht deutlich auch geomorphologisch erkennbar. Einprägsam kann man zum Beispiel den nordöstlichen Gebirgsrand entlang der Bundesstraße 88 zwischen Eisenach und Ilmenau verfolgen.

Die SE-Begrenzung des Thüringer Waldes wird in der Literatur nicht einheitlich definiert. Vor allem in älteren Beschreibungen spricht man vom "Thüringer Wald im erweiterten Sinne" und zieht die Grenze zum Frankenwald entlang der Eisenbahnlinie Stockheim–Haßlachtal–Loquitztal (BEYSCHLAG 1889, PRÖSCHOLDT 1891, KAYSER & WEBER 1931, KAYSER 1955, TAEGER & ULBRICHT 1992). Hier geht der Thüringer Wald ohne deutlichen landschaftlichen Unterschied im SE in den Frankenwald über. So überspannt nach dieser Auffassung der Thüringer Wald das Rotliegend zwischen Eisenach und Gehren einschließlich des Ruhla-Kristallins und den südwestlichen Teil des Thüringer Schiefergebirges, der als „Schwarzburger Sattel" oder heute als Schwarzburg-Antiklinorium bezeichnet wird. Einige Autoren rechnen den Schiefergebirgsanteil im SE nicht mehr zum Thüringer Wald und schieben so zwischen Thüringer Wald und Frankenwald den SW-Block des Thüringer Schiefergebirges als eigenständige, vom Thüringer Wald zu trennende geologische bzw. landschaftliche Einheit. Nach dem Wegfall der innerdeutschen Grenze sollte man sich wieder deutlicher der älteren Auffassung anschließen: Thüringer Wald und Frankenwald bilden weitestgehend unabhängig vom geologischen Untergrund zwei sich in NW-SE-Richtung erstreckende und unmittelbar aneinandergrenzende Mittelgebirge. Das Schwarzburg-Antiklinorium ist daher Teil des Thüringer Waldes im geomorphologisch-landschaftlichen Sinn, es ist Teil des „Thüringisch-Vogtländischen Schiefergebirges“ als rein geologische Struktur. Die Beschränkung des Thüringer Waldes auf die Rotliegendanteile würde strenggenommen auch das Ruhla-Kristallin ausklammern. Aber gerade hier ist die geomorphologische Einheit nicht zu leugnen.

Die innerhalb des Gebirges überwiegend gleichmäßig in nordöstliche und südwestliche Richtung verlaufenden Täler haben alle ihren Ursprung in einer schmalen Kammlinie, die in voller Längserstreckung des Thüringer Waldes vom Rennsteig begleitet wird. Dieser einzigartige Höhenwanderweg des Thüringer Waldes nimmt seinen Anfang in Hörschel nahe der Werra, verbindet oder tangiert in einer Schlängellinie alle markanten Höhenlagen, wie den Großen Inselsberg (916 m), den Großen Beerberg (982 m) als höchste Erhebung des Thüringer Waldes, den Schneekopf (978 m), den Ort Allzunah (829 m), die Orte Neuhaus a. R. und Lauscha (829 m), den Bleßberg (863 m) und endet schließlich nach 168 km in Blankenstein an der Saale (MAJOR, SCHEIBE & ZIMMERMANN 1935).

Der Thüringer Wald erstreckt sich etwa 100 km von NW nach SE bis an die Höhenzüge des Frankenwaldes. Die Breite des Gebirges liegt etwa bei 10 km südlich Eisenach, 20 km in der Höhe von Gehren und vergrößert sich auf 35 km im Bereich des Schwarzburg-Antiklinoriums.

1.2 Geomorphologie und Gewässernetz

Die Mittelgebirgsscholle des Thüringer Waldes bildet eine SE-NW-orientierte, markante Wasserscheide zwischen den größeren Flußsystemen von Weser, Elbe und Main. Nach SW und im NW der nordöstlichen Abdachung entwässert der Thüringer Wald in die Werra, diese in die Weser. Nach NE werden die Wässer der Unstrut und Saale und schließlich der Elbe zugeführt. Ganz im Süden streben einige Wässer dem Main entgegen. Diese unterschiedlich orientierten Flußsysteme nagen unaufhaltsam an der gegenwärtigen Morphologie.

Der 10 bis 35 km breite und über 100 km lange Thüringer Wald stößt keilartig in eine recht einheitlich aufgebaute mitteldeutsche Triaslandschaft und trennt so das Thüringer Becken im Norden vom SW-Thüringer Bergland.

Der Rennsteig oder Rennweg verfolgt die Kammlinie des Gebirges von NW nach SE. Die Mehrzahl der Täler hat ihren Ursprung nahe dieser Kammlinie. Von hier bilden sie rasch tiefe Einschnitte mit dominanter Tiefenerosion im Oberlauf, verlieren dann an Steilheit, erhalten zunehmend breitere, flache Talauen und lassen sich vorwiegend in nordöstliche und südwestliche Richtung bis zum Gebirgsrand verfolgen. Beim Eintritt in die Vorgebirgslandschaft verlieren die Täler bedeutende Anteile ihrer schroffen Morphologie und beginnen sich nach und nach in die Triaslandschaft einzusenken (CREDNER 1851).

Abb. 3: Gewässerverlauf im Bereich des Thüringer Waldes. Maßstab: 4 km.

Die höchsten Erhebungen des Thüringer Waldes im Bereich der „Oberhöfer Porphyrplatte“ mit dem Schneekopf und dem Großen Beerberg sowie der markante Inselsberg im Nordwesten bestehen aus unterschiedlichen Rhyolithen der Oberhof-Formation. Diese Gesteine bilden Härtlinge innerhalb der Sedimentgesteine des Rotliegend.

Im Bereich des Schwarzburg-Antiklinoriums verbreitert sich der Thüringer Wald von ca. 20 km auf etwa 35 km. Ausgedehnte Hochflächen, die man als Relikte der tertiären Einebnungsfläche deutet, werden durch tief eingeschnittete Täler unterbrochen.

Bei den vorherrschenden SW-Winden liegen alle Gebiete nordöstlich des Thüringer Waldes in dessen Windschatten. Große Teile des Thüringer Bekkens gelten deshalb als relativ niederschlagsarm. Daher nutzt man schon seit Jahrhunderten den begrenzten Wasserreichtum des Thüringer Waldes. Das historisch bekannteste Beispiel ist der Bau des Leinakanales zwischen 1366 und 1369 zur besseren Wasserversorgung von Gotha. Im vergangenen Jahrhundert enstanden mehrere Talsperren für die Trinkwasserversorgung, als Hochwasserschutz und zur Stromerzeugung. Es handelt sich um folgende Talsperren:

- Talsperre Tambach-Dietharz (Bauzeit: 1903–1905)
- Talsperre Ohra bei Luisenthal (1960–1966)
- Talsperre Schmalwasser bei Tambach-Dietharz (1989–1993)
- Talsperre Lütsche bei Gräfenroda (1936–1938)
- Talsperre Erletor bei Suhl (1964–1968)
- Talsperre Schönbrunn bei Schleusingen (1967–1979)
- Talsperre Scheibe-Alsbach (1937–1942)
- Talsperre Deesbach bei Oberweißbach (1981–1992)
- Talsperre Leibis-Lichte bei Unterweißbach (seit 1981 im Bau)
- Pumpspeicherwerk Goldisthal (noch im Bau)

1.3 Erforschungsgeschichte

Die aus nördlicher und südlicher Richtung relativ leicht erschließbare Gebirgslandschaft des Thüringer Waldes lockte bereits vor Jahrhunderten Bergleute aus anderen Gegenden Deutschlands und Bewohner der Umgebung auf die Suche nach verwertbaren Metallen, Bau- und Brennstoffen.

Dabei nutzte man die Erfahrungen aus dem Kupferschieferbergbau des Harzrandes oder die Beobachtungen der Waldbewohner. In den Tälern vermutete man vor allem in schwarzen Schiefertonen Hinweise auf Steinkohlenflöze oder Erzadern. Doch man hatte trotz aufwendiger Schürfarbeiten oft nicht den erhofften Erfolg. Das „Glück auf" der Bergleute ging nur selten in Erfüllung. So findet man heute noch in fast allen Tälern des Thüringer Waldes verfallene Stollenmundlöcher und kleine mannshohe Halden, die an den einst hier erschallenden Gruß der hoffnungsgeladenen Bergleute erinnern. Von den Talungen bis in die Kammlagen lassen sich heute zahlreiche verlassene Steinbrüche nachweisen, die über lange Zeit wichtige Rohstoffe für den Häuser- und Straßenbau lieferten. Der geologisch aufmerksame Wanderer erkennt im Baumaterial für Häuser, Zaunsäulen, Wegplatten und Bordsteine der Straßen den geologischen Untergrund der unmittelbaren Umgebung. Wichtige Gesteine des Thüringer Waldes haben in den vergangenen Jahrhunderten deutlich das Ortsbild geprägt. Der blaugraue Kulmdachschiefer und der rotbraune oder violettgraue Rotliegendsandstein sind auffällige Beispiele.

Wegen des in zurückliegenden Zeiten relativ bescheidenen geologischen Erkundungsgrades des Thüringer Waldes muß man aus heutiger Sicht immer wieder erstaunt sein, daß man bereits von geringmächtigen, erzhaltigen Schwarzschieferhorizonten in abgelegenen Thüringer Wald-Tälern Kenntnis besaß.

Am intensivsten entwickelte sich zunächst der Bergbau auf Kupfer, Eisen und Steinkohle. Er gab im 18. Jahrhundert Anlaß zu ersten wissenschaftlich fundierten Arbeiten zum geologischen Bau des Gebietes (CLAUS 1926, V. FREYBERG 1932a, REH 1958, ZITTEL 1899).

Der Rudolstädter Arzt GEORG CHRISTIAN FÜCHSEL (1722–1773) widmete sich dem Schichtenaufbau der weiteren Umgebung von Rudolstadt bis Ilmenau und schuf 1761 eine der ersten geologischen Karten in Deutschland.

Die älteste geologische Beschreibung des Thüringer Waldes verfaßte JOHANN LUDWIG HEIM (1741–1819). Sie ist heute noch eine interessante Informationsquelle für Geologen und Sammler.

Der Ilmenauer Bergrat JOHANN CARL WILHELM VOIGT (1752–1821) beschäftigte sich nicht nur intensiv mit dem Ilmenauer Kupferschieferbergbau und der Geologie des Thüringer Waldes. Er war auch ein engagierter Vertreter der Vulkanisten im Streit um die Bildung des Granites und des

Basaltes. Dazu sammelte er viele Beobachtungen im Thüringer Wald (VOIGT 1782, 1785, 1802, 1805, 1808).

In zahlreichen Reisen und Gesprächen berührte auch der Dichter JOHANN WOLFGANG v. GOETHE (1749–1832) verschiedene Fragen der Entstehung des Thüringer Waldes. Der Minister am Gothaer Herzoghaus, ERNST FRIEDRICH v. SCHLOTHEIM (1764–1832), war u. a. für die Förderung des Bergbaus im Herzogtum zuständig (GOETZE 1928, 1932, v. FREYBERG 1932b, OSCHMANN 1964, MARTENS 1982b). Sein intensives paläontologisches Interesse verband er vor allem mit Aufsammlungen und wissenschaftlichen Untersuchungen an den fossil ausgezeichnet erhaltenen Pflanzenresten in den „Kräuterschiefern" der Gegenden um Manebach, Kammerberg und Öhrenkammer. Mit seinen Arbeiten von 1804 und 1820 begründete v. SCHLOTHEIM die wissenschaftliche Paläobotanik.

Abb. 4: KARL ERNST ADOLF v. HOFF (1771–1837).

Der Mitbegründer der aktualistischen Denkweise in der Geologie und Jurist am Herzoghaus zu Gotha, KARL ERNST ADOLF v. HOFF (1771–1837) schuf die erste umfassende Sammlung von etwa 1800 Gesteinen und Mineralen des Thüringer Waldes und lieferte die ersten exakteren „geognostischen" Beschreibungen von Teilgebieten (HOFF 1812, 1813, 1815, 1817, REICH 1905, MARTENS 1982a, 1987). Zusammen mit seinem Freund, dem Juristen CHRISTIAN WILHELM JACOBS (1763–1814) erarbeitete er den ersten Reiseführer für den Thüringer Wald mit bedeutendem geologischem Inhalt. Er erschien in zwei Bänden (HOFF & JACOBS 1807–1812).

Der Geologe HEINRICH CREDNER (1809–1876) aus Gotha interessierte sich u.a. für den Gebirgsbau des Thüringer Waldes. Zusammen mit seiner 1843 erschienen „Bildungsgeschichte des Thüringer Waldes“ veröffentlichte er die bei JUSTUS PERTHES in Gotha entworfene erste „Geognostische Karte des Thüringer Waldes“ (CREDNER 1846b, c, 1854, 1855). Von BERNHARD v. COTTA (1808–879) folgten zwischen 1844 und 1847 vier Blätter der „Geognostischen Karte von Thüringen“ (v. COTTA 1844–1847).

Erste grundlegende Forschungen im Bereich des Schwarzburg-Antiklinoriums erfolgten Mitte des 19. Jahrhunderts von dem Saalfelder Schuldirektor REINHARD RICHTER (1813–1884).

Die geologische Spezialkartierung im Maßstab 1:25 000 begann im Thüringer Becken im Jahre 1862, im Thüringer Wald wesentlich später. Im Jahre 1895 erschien von FRANZ BEYSCHLAG (1856–1935) zunächst die „Geognostische Übersichtskarte des Thüringer Waldes“ im Maßstab 1:100 000. Die Spezialkartierung im Maßstab 1:25 000 wurde im wesentlichen bis zum I. Weltkrieg abgeschlossen. Dies war verbunden mit einer erstmaligen, intensiven Geländeaufnahme, die vor allem von den Geologen ERNST ZIMMERMANN (1860–1944) und ROBERT SCHEIBE (1859–923) vorgenommen wurde (ZIMMERMANN 1927).

HERMANN PRÖSCHOLDT (1852–1898) und FRITZ REGEL (1853–1915) veröffentlichten zwischen 1891 und 1892 zusammenfassende Darstellungen zur Geologie des Thüringer Waldes.

Aufbauend auf den Arbeiten von v. SCHLOTHEIM vor allem über die Flora der Manebacher Region und dem inzwischen neu gewonnenen Material im Zusammenhang mit den Kartierungsarbeiten gelang HENRY POTONIÉ (1857–1913) eine Darstellung der „Flora des Rotliegenden von Thüringen“ (POTONIÉ 1893, REMY & REMY 1958, 1977).

Eine intensivere Bearbeitung der Spurenfauna des Rotliegend im Thüringer Wald begann Ende des 19. Jahrhunderts WILHELM PABST (1856–1908) – Gymnasiallehrer und Kustos am Herzoglichen Museum zu Gotha. Er sammelte intensiv die Saurierfährten des Rotliegend und beschrieb sie in zahlreichen Beiträgen zwischen 1895 und 1908 (MARTENS 1994a).

Verschiedene Liebhabergeologen beschäftigten sich bereits in dieser Zeit mit der Geologie und Paläontologie des Thüringer Waldes. Zum Beispiel veröffentlichte der Gothaer Lehrer REINHOLD AMTHOR im Jahre 1913 eine geologische Beschreibung des Herzogtums Sachsen-Gotha mit einer Darstellung des mittleren Thüringer Waldes. ALWIN LANGENHAHN (1850–1916) widmete sich u.a. dem Fossilinhalt eines Schwarzschieferhorizontes im Gottlob-Steinbruch (Goldlauter-Formation) bei Friedrichroda (LANGENHAHN 1889, 1905, 1906, 1909a, b, 1911, 1914).

Die Zeit des I. Weltkrieges brachte eine deutliche Unterbrechung in den geologischen Arbeiten. Der im Jahre 1926 gegründete Thüringische Geologische Verein beschäftigte sich u.a. auf Tagungen und Exkursionen mit der Geologie und der Paläontologie des Gebietes. In ihm versammelte sich bis in die 40er Jahre ein bedeutendes Potential an Fachleuten und geologisch interessierten Sammlern. Zahlreiche Arbeiten erschienen in den „Beiträgen zur Geologie Thüringens" auch über die Geologie und Paläontologie des Thüringer Waldes. Wichtige Beiträge zur Geologie und Paläontologie stammen aus dieser Zeit von BRUNO VON FREYBERG (1894–1981), FRITZ DEUBEL (1898–1966) und HANS WEBER (1892–1965).

Der II. Weltkrieg brachte zeitweilig alle Unternehmungen zum Stillstand. Die allgemeine Not der Nachkriegsjahre führte zu einer Neubelebung des Bergbaues und der damit verbundenen geologischen Erkundung. 1955 erschien von HANS WEBER eine „Einführung in die Geologie Thüringens", in der auch ein Überblick zum Kenntnisstand der Geologie des Thüringer Waldes ausreichend Platz fand. In dieser gestrafften und vor allem leicht verständlichen Form gibt es bis heute keine bessere Darstellung.

Verschiedene Arbeiten von MÜLLER (1954, 1955, 1956a, c, 1967, 1969, 1978) setzten die PABSTsche Tradition fort. HAUBOLD (1970, 1971, 1972, 1973a, b, 1974, 1977, 1980, 1982, 1985) begann Anfang der 70er Jahre mit einer Analyse der Tetrapodenfährten des Rotliegend. Vor allem sedimentologische und lithostratigraphische Untersuchungen im Thüringer Wald wurden in den 70er und 80er Jahren von einer Gruppe Jenenser Geologen, vor allem von ANDREAS (1971, 1986, 1988a, b, 1990) und LÜTZNER (1961, 1964, 1966a, b, 1969, 1972, 1978a, b, 1979, 1981, 1987, 1995) durchgeführt. Diskussionen zur Stratigraphie des Thüringer Rotliegend führten u.a. MICHAEL (1972), ANDREAS, ENDERLEIN & MICHAEL (1966, 1974), HAUBOLD & KATZUNG (1975), ANDREAS & HAUBOLD (1973, 1975), MENNING (1981), MENNING, KATZUNG & LÜTZNER (1988). Umfassende Untersuchungen im zentralen Thüringer Wald durch PATZELT (1966, 1970, 1977) führten zur Einführung der Rotterode-Formation zwischen der Oberhof- und Tambach-Formation. Regionalgeologische Untersuchungen im Kristallin von Ruhla und Brotterode erfolgten vor allem von NEUMANN (1955, 1964a, b, 1966, 1971, 1972, 1974) – in den letzten Jahren von WUNDERLICH (1985, 1989, 1991, 1992), ANDREAS, JUNGWIRTH, WUNDERLICH (1992) und ZEH (1999a, b).

Eine systematische geologische und paläontologische Erforschung des Altpaläozoikums im Schwarzburg-Antiklinorium begann erneut intensiv nach 1950 und hält bis in die Gegenwart an. Ergebnisse lieferten beispielsweise RICHTER & UNGER 1856, PFEIFFER (1954, 1959, 1968), BANKWITZ (1962, 1967, 1968, 1970, 1988), BANKWITZ & BANKWITZ (1975, 1984, 1989, 1995, 1996), KONRAD BARTZSCH & WEYER (1980, 1985, 1986), LINNEMANN & BIEWALD (1995), LINNEMANN (1996), MANN (1996) und LINNEMANN et al. (2002). Zahlreiche geologische Untersuchungsergebnisse wurden vor allem im Zusammenhang mit dem neu entstandenen Bergbau auf Flußspat, Schwerspat und Eisen gewonnen. Ergebnisse von Erkundungsbohrungen und Teilkartierungen verschiedener Regionen des Thüringer Waldes landeten in verschlossenen Aktenschränken. Dennoch erschien 1974 nach längeren Vorarbeiten die recht umfangreiche „Geologie von Thüringen" von WALTER HOPPE & GERD SEIDEL. Auch die Geologie des Thüringer Waldes wurde darin relativ ausführlich in speziellen Beiträgen behandelt.

Angeregt vom Freiberger Paläontologen ARNO HERMANN MÜLLER setzte besonders in den 70er und 80er Jahren eine intensive paläontologische, vor allem paläozoologische Analyse des Rotliegend im Thüringer Wald ein, die bis heute anhält. Beispiele sind Arbeiten von SCHNEIDER (1977, 1978a, b, 1982, 1983, 1985, 1996), MARTENS (1975, 1979, 1980a, b, 1981, 1982c, 1983a, b, 1988a, 1989, 1990a, b, 1994b), BOY & MARTENS 1991a, b, WALTER (1980, 1982, 1983 1984) und WERNEBURG (1983, 1985, 1986, 1987, 1988a, b, c, 1989a, c, 1992). Die bisherigen Ergebnisse zeigen, daß das Rotliegend des Thüringer Waldes und des Saar-Nahe-Gebietes innerhalb der Rotliegendvorkommen Mitteleuropas eine besondere Bedeutung besitzen.

Mit der Gründung der Thüringer Landesanstalt für Geologie in Weimar im Jahre 1991 und den in den kommenden Jahren zu erwartenden Neukartierungen der geologischen Spezialkarten werden sich teilweise völlig neue Ansichten zur regionalgeologischen Situation im Thüringer Wald durchsetzen. An Einzelthemen, wie der Biostratigraphie und der Fossilführung der Rotsedimente des Rotliegend, wird gegenwärtig intensiv gearbeitet. Begonnen hat auch eine moderne Bearbeitung aller Vulkanite des Thüringer Wald-Rotliegend einschließlich ihrer Tuffe und ableitbaren Sedimente.

Viele Ergebnisse geologischer und biostratigraphischer Untersuchungen der vergangenen Jahrzehnte fanden ihren Niederschlag in der 1995 erschienenen neuen „Geologie von Thüringen" vom Autorenkollektiv um GERD SEIDEL und der 1996 neu erarbeiteten Geologischen Karte des Thüringer Waldes von DIETER ANDREAS. Sie werden im vorliegenden „Geologischen Führer Thüringer Wald" kritisch übernommen und teilweise durch eigene Auffassungen ergänzt. Die Geschichte der geologischen Erforschung des Thüringer Waldes ist längst noch nicht abgeschlossen. Es gibt noch viel zu tun!

1.4 Einführung in die Geologie des Thüringer Waldes

Der Thüringer Wald ist Teil eines schmalen und langgezogenen „geologischen Fensters", das aus südöstlicher Richtung von der NW-Ecke der Böhmischen Masse über das Fichtelgebirge und den Frankenwald keilartig in das Mesozoikum Thüringens reicht. Das Mittelgebirge trennt das Thüringer Becken im NE von der südwestthüringischen Triaslandschaft. Die „Rahmen" dieses „Fensters" werden von tektonischen Linien begrenzt und überwiegend von den geringmächtigen Ablagerungen des Zechsteins ausgefüllt. Die erosiven Kräfte haben während der Heraushebung bzw. Aufwölbung des Gebirges Gesteine des Präkambriums bis Zechstein (höheres Perm) freigelegt. Die ehemals mesozoische Überdeckung wurde weitestgehend abgetragen.

Die herzynische Orientierung des Thüringer Waldes ermöglicht den Einblick in ein schmales Band des variszisch konsolidierten, altpaläozoischen Grundgebirges (NE-SW), das auf großer Fläche vom Gebirgsschutt der variszischen Molasse (Rotliegend) verhüllt wird.

Die ältesten Gesteine findet man in der Kernzone des Ruhla-Kristallins (kambroordovizisch) und der Kernzone des Schwarzburg-Antiklinoriums (proterozoisch). Damit ist ein Ausschnitt der Mitteldeutschen Kristallinzone direkt einsehbar. Die marinen Sedimente des Altpaläozoikums (Kambrium bis Unterkarbon) sind im Schwarzburg-Antiklinorium weiträumig aufgeschlossen und wesentlich weniger regionalmetamorph bzw. tektonisch beansprucht als die Gesteine zu beiden Seiten der Kernzone des Ruhla-Kristallin.

Der Aufstieg des Thüringer Hauptgranites und die Faltung des Altpaläozoikums symbolisieren die variszische Gebirgsbildung und beendeten die seit Jahrmillionen andauernde marine Sedimentation.

Im oberen Oberkarbon (Stephanium) war der Thüringer Hauptgranit bereits von seiner mächtigen Schieferhülle durch die Erosion freigelegt. Granit bildete großflächig die Unterlage der ältesten Ablagerungen der Thüringer Wald-Senke, die als Basissedimente der Georgenthal-Formation bezeichnet werden. Somit begann die Molassesedimentation im Bereich der Thüringer Wald-Senke erst im Stephanium C (GOTHAN 1928). Es entstand im Verlauf des Stephanium C und dem folgenden Perm eine Vielfalt unterschiedlicher kontinentaler Ablagerungen im häufigen Wechsel mit Gesteinen des subsequenten Vulkanismus. Man bezeichnete diese kontinentale Fazies in Mitteleuropa vor etwa 200 Jahren als „Todtliegendes“ und heute faßt man sie als Rotliegend zusammen.

Die Molasse aus den recht unterschiedlich aufgebauten Abfolgen der Georgenthal-Formation bis Tambach- und Elgersburg-Formation füllte nach und nach die Thüringer Wald-Senke als Bestandteil der NE-SW orientierten Saale-Senke. Stärkere Absenkungsbewegungen einzelner Schollen zwischen dem Ruhla-Kristallin im W, der Plaue-Ohrdruf-Querscholle im NE und dem Schwarzburg-Antiklinorium im SE führten zu einer mehr als 2000 m mächtigen Abfolge aus Sedimenten und Vulkaniten. Unterbrochen wurde die Sedimentation von zwischenzeitlichen Schollenhebungen. Abtragung setzte erneut ein, wo sich eben noch abgelagerte Sedimente und vulkanische Produkte angehäuft hatten. Dieser mehrmalige Wechsel zwischen Sedimentation, vulkanischer und tektonischer Aktivität sowie erneuter Abtragung erfolgte in den einzelnen Teilgebieten der Thüringer Wald-Senke nicht gleichzeitig. Erosionsvorgänge erzeugten lokale Diskordanzen.

Erneut einsetzende Sedimentation überdeckte Störungen und verschüttete canyonartige Talbildungen in den vulkanischen Gesteinen (CHROBOK 1967a, b). Mächtige Sedimentpakete wurden von intrusiven Magmenkörpern rhyolitischer, andesitischer bis doleritischer Zusammensetzung durchdrungen. All diese Erscheinungen erschweren heute außerordentlich die litho- und biostratigraphische Korrelation sowie Rekonstruktion der paläogeographischen Entwicklungsgeschichte der Rotliegendablagerungen selbst innerhalb des Beckens. Größere Schichtlücken treten nicht nur an den Beckenrändern auf.

Mit Bildung der Tambach- und Elgersburg-Formation endete im Unterperm scheinbar die Rotliegendsedimentation in der Thüringer Wald-Senke. Das Ruhla-Kristallin erhielt als Schuttlieferant im Unterperm eine zunehmende Bedeutung. Ein markanter Schuttfächer erreicht als Finsterberg-Konglomerat das Zentrum des Tambach-Beckens und verzahnt sich hier mit den Oberen Profilanteilen des Tambach-Sandsteins. Äquivalente des Tambach-Sandsteins reichen bis in das Elgersburg-Becken (Roda-Sandstein). Der Elgersburg-Sandstein und das Totenstein-Konglomerat des Elgersburg-Beckens bildeten sich nach einer längeren Sedimentationsunterbrechung bzw. Abtragung im höheren Perm und wurden schließlich vom Zechsteinmeer überflutet (Kupferschiefer bei Elgersburg-Roda).

Stärkere Erosionsvorgänge zwischen der Tambach-Formation und dem Zechstein müssen mit unterschiedlicher Intensität im Bereich der Thüringer Wald-Senke stattgefunden haben. Das belegt die Auflage des Zechsteins auf unterschiedlich alten Gesteinen des Rotliegend. Es ist daher mit einer ursprünglich viel weiteren Verbreitung der Tambach- bzw. Elgersburg-Formation zu rechnen, die bereits ab höherem Unterperm bis zur Zechsteinbasis im Oberperm, demnach über eine Zeitspanne von 20 Millionen Jahren hinweg, durch Erosion verkleinert wurde. Dies läßt sich jedoch nur vermuten. Der Elgersburg-Sandstein und das Totenstein-Konglomerat können auch als Äquivalente der Eisenach-Formation des nordwestlichen Thüringer Waldes gedeutet werden (KNOTH 1970).

Im höheren Unterperm und Oberperm weitete sich die Hessische Senke bis in den Bereich des nordwestlichen Thüringer Waldes aus und es füllte sich die Eisenach-Senke mit Molassesedimenten der Eisenach-Formation. Die großräumigen Senkungsbewegungen führten in der Eisenach-Senke zu einem fast kontinuierlichen Übergang in die marine Zechsteinsedimentation.

Das Eindringen des Zechsteinmeeres in die Saale-Senke, Thüringer Wald-Senke und in die Hessische Senke mit der Eisenach-Senke beendete im Thüringer Wald weitestgehend die Molasse-Sedimentation. Lediglich Teile des Ruhla-Kristallins, der Rotterode-Mulde und des Schwarzburg-Antiklinoriums ragten anfänglich noch inselartig aus dem Zechsteinmeer heraus oder bildeten Untiefen. Im Laufe des Zechsteins wurden auch die letzten Inseln vom Meer überflutet.

Die im Thüringer Becken nachweisbare mesozoische Schichtenfolge überdeckte auch den gesamten Thüringer Wald. Relikte lassen sich nur noch im Schwarzburg-Antiklinorium nachweisen. Vom Oberperm bis in die Kreidezeit war von der geomorphologischen Struktur „Thüringer Wald“ noch nichts zu erkennen.

Erst mit der saxonischen Heraushebung der Thüringer Wald-Scholle begann in der Kreidezeit eine zweite langanhaltende, terrestrische Phase im Bereich des heutigen Thüringer Waldes.

Die alpidischen Bewegungen, die auch in Thüringen zu einer vorwiegend herzynisch orientierten Schollentektonik führten, aktivierten die den Thüringer Wald begrenzenden paläotektonischen Linien. Die Thüringer Wald-Scholle wurde wesentlich stärker als ihre Umgebung gehoben. Besonders aktiv war dabei vor allem die SW-Randstörung. Am NW-Rand kam es häufig nur zu flexurartiger Verstellung der Schichtenfolgen. Bis auf wenige Reste wurden die mesozoische Schichtenfolge und der Zechstein abgetragen. Im Tertiär entstand eine markante und noch in der Gegenwart nachweisbare Einebnungsfläche. Vermutlich erst am Ende des Tertiärs und im Pleistozän wurde nach erneuten Hebungsvorgängen die Talbildung aktiviert. Die Entwässerung des Thüringer Waldes nach SW und NE bildeten allmählich die uns heute vertrauten Talstrukturen heraus.

Reste der tertiären Einebnungsfläche sind im Niveau des Gebirgskammes und im Vorland des Gebirges erhalten geblieben. Die Talbildung setzte an den Rändern des Thüringer Waldes ein und endet heute überwiegend im Gebiet des Rennsteiges, so daß die Täler das Gebirge vor allem in nordwestliche bzw. südwestliche Richtung verlassen. Der Rennsteig verläuft als Kammlinie ähnlich einem Dachfirst.

Die Randzone des Thüringer Waldes und Teile des mesozoischen Vorlandes wurden von unterschiedlich alten Flußschottern überdeckt und terrassiert. Die Ablagerungen aus groben Thüringer Wald-Schottern geben besonders im nordöstlichen Vorland deutliche Hinweise auf den Verlauf der im Thüringer Wald entspringenden Flüsse in den vergangenen etwa 1 Million Jahren (Credner 1851).

Spuren der Eiszeit (Gehängeschutt, Solifluktion) sind im Thüringer Wald nachweisbar. Frühere Annahmen einer zeitweiligen Vergletscherung sind unbegründete Spekulationen geblieben.

Die nacheiszeitliche Waldentwicklung wurde in den letzten 1000 Jahren vor allem von der Intensität der Waldrodung und der zunehmenden Besiedlung durch den Menschen beeinflußt. Typische anthropogen beeinflußte Erosionserscheinungen sind im Thüringer Wald verbreitet.

1.5 Vulkanotektonische Kurzgeschichte

Die heute in der emporgehobenen und erosiv zerschnittenen Thüringer Wald-Scholle nachweisbaren tektonischen Strukturen von der Größenordnung der SW-Randstörung bis zur kleinsten Fältelung eines lakustinen Siltsteinhandstückes des Rotliegend sind das Ergebnis von mehr als 600 Millionen Jahren Mobilität in der Erdkruste Mitteleuropas. Druck- und Bewegungsrichtungen der prävariszischen, variszischen bis saxonischen Bewegungen unterscheiden sich zwar, lassen sich aber oft nicht eindeutig auseinanderhalten, da bei den nacheinander erfolgten Schollenbewegungen häufig die gleichen Bewegungsbahnen (Störungslinien) benutzt wurden. Andererseits überschneiden sich unterschiedlich orientierte und in verschiedenen Phasen der Erdgeschichte entstandene tektonische Strukturen und erschweren die Rekonstruktion der Bildung der inneren Struktur.

Der Thüringer Wald ist, allgemein gesagt, mit einer breiten, in Teilschollen gegliederten, einzigen Störungszone herzynischer Streichrichtung gleichzusetzen. Damit paßt er sich in die überwiegend herzynisch orientierte Bruchschollentektonik nicht nur Thüringens ein (SEIDLITZ 1928).

Diese „Störungszone Thüringer Wald" ist Bestandteil einer vom Westrand der Böhmischen Masse, über das Fichtelgebirge und den Frankenwald bis in das Hessische Bergland verfolgbaren Bruchlinie, die am deutlichsten in der „Fränkischen Linie" zum Ausdruck kommt.

Die im Thüringer Wald erkennbaren, tektonisch begrenzten Schollen mit ihren Bruchlinien wurden vor allem von WEBER (1941) klassifiziert. Ihr treppenförmiger Verlauf ist besonders in der SE-Hälfte der Oberhof-Mulde erkennbar. Die nordöstliche Scholle enthält die Sedimente der Elgersburg-Formation im Elgersburg-Becken. Die südwestlich angrenzende Scholle, getrennt von einer deutlich herzynischen Störungslinie, enthält vor allem Gesteine der Oberhof- bis Manebach-Formation. Es folgt eine weitere Störung, die Kehltal-Spalte. Die anschließende Scholle enthält vor allem Gesteine der Goldlauter-Formation. Nach deren SW-Randstörung, der Heidersbach-Störung, beginnt der Suhl-Granit als fensterartiger Einblick in den Thüringer Hauptgranit als Kristallines Fundament mit stellenweise auflagernder Georgenthal-Formation. Letztere Scholle wird durch die eigentliche SW-Randstörung des Thüringer Waldes begrenzt und folglich von der südwestthüringischen Triaslandschaft abgelöst.

Die schollenartige Zergliederung der „Störungszone Thüringer Wald“ ist insgesamt für den abwechslungsreichen geologischen Aufbau des Gebirges verantwortlich. Einen deutlichen Unterschied dazu zeigt die tektonische Struktur des Schwarzburg-Antiklinoriums. Hier ist der Einfluß der Schollentektonik nicht so auffällig. Lediglich die SW-Randstörung sorgt für einen markanten geologischen Wechsel.

Die diagenetische Beeinflussung der Rotliegendsedimente und der Inkohlungsgrad der Rotliegend-Kohlen bzw. Pflanzenfossilien ist im Thüringer Wald deutlich höher als in anderen Rotliegendvorkommen Deutschlands (z.B. Saar-Nahe-Becken). Dies belegt eine deutlich stärkere Belastung der Sedimente durch die über lange Zeit andauernde Überdeckung durch Gesteine des Mesozoikums. Die Ursache ist auch eine stärkere Aufheizung der Sedimente durch den Rotliegend-Vulkanismus und zeitweilig durch eine stärkere tektonische Belastung der Gesteine, besonders im Bereich von Störungen.

Deutlich verstärkt sich der Diagenesegrad der Sedimente bei Annäherung an das Ruhla-Kristallin. Dies gilt sowohl für das Unterrotliegend im SE, als auch für das Oberrotliegend im W und NW (Eisenach-Formation). Zwischen Vulkanitgängen lassen sich hin und wieder diagenetisch und tektonisch geschützte Sedimentschollen mit günstig erhaltener Fossilführung nachweisen. Ein Beispiel sind die Sedimentschollen innerhalb intermediärer Vulkanite im Schottersteinbruch bei Tabarz.

Regionalmetamorphe Erscheinungen sind im wesentlichen auf das Altpaläozoikum im Ruhla-Kristallin und das Jungproterozoikum sowie Altpaläozoikum im Schwarzburg-Antiklinorium beschränkt. Der jeweils höchste Metamorphosegrad wird in der Kernzone des Ruhla-Kristallins und in der Kernzone des Schwarzburg-Antiklinoriums erreicht. Hier finden sich auch die ältesten Gesteine des Thüringer Waldes.

Ein Höhepunkt magmatischer Aktivität im Untergrund wurde im höheren Unterkarbon mit dem Aufdringen des Thüringer Hauptgranites erreicht. Dieser wird als ein frühpostkinematischer Granitpluton des Zeitraumes Tournaisium/Viseum gedeutet. 30 bis 50 Millionen Jahre nach seiner Abkühlung wurde er bereits durch die Tiefenerosion großflächig freigelegt und abgetragen. Er taucht erstmals im Geröllbestand der Sedimente der basalen Georgenthal-Formation auf – ein Beleg dafür, daß im Bereich des Thüringer Waldes in der Zeitspanne tieferes Oberkarbon bis Westfalium mehr als 2000 m Sediment im Hangenden des Granits abgetragen wurden – ein gewaltiger Hebungsvorgang mit Bildung des „Suhler Sattels“ nach WEBER (1941).

Die Basissedimente der Georgenthal-Formation belegen erstmals die Umkehr der Krustenbewegung mit Beginn der SW-Ausdehnung der Saale-Senke bis in den Bereich des heutigen Thüringer Waldes (Thüringer Wald-Senke). Nur so ist der unmittelbare Kontakt des Thüringer Hauptgranites mit Beckensedimenten der basalen Georgenthal-Formation zu erklären. Die differenzierte Beckenfüllung innerhalb der Thüringer Wald-Senke begann vermutlich im Stephanium C. Es entwickelte sich, beim Überwiegen von Schollenabsenkungen, die Molassesedimentation, die in der zentralen Thüringer Wald-Senke erst im tieferen Unterperm (Tambach- bzw. Elgersburg-Formation) ausklang. Das Ergebnis waren mehr als 2000 m mächtige Sedimente und Vulkanite des Rotliegend.

Die Bruchtektonik war vor allem in der Zeit des Rotliegend mit einem mehr oder weniger intensiven Vulkanismus verbunden. Diese vulkanotektonischen Ereignisse lassen sich wegen der meist nachfolgenden bzw. gleichzeitigen Erosionsvorgänge nur sehr ungenau rekonstruieren, sind aber an zahlreichen Erosionsdiskordanzen zwischen der Georgenthal- und der Tambach- bzw. Elgersburg-Formation in verschiedenen Niveaus des Rotliegend nachweisbar. Es handelte sich um Bewegungen, bei denen auch Schollen außerhalb des Thüringer Waldes beteiligt waren. Die dabei zeitweilig einsetzenden, starken Erosionsvorgänge sind die Ursache der relativ häufigen grobklastischen Sedimente (Konglomerate mit Geröllen bis zu 1 m Durchmesser und Fanglomerate) im Rotliegend des Thüringer Waldes.

Die Vulkanite verfestigten das paläozoische Fundament einschließlich der Sedimente des Rotliegend. Zu den letzten Ereignissen des Vulkanismus gehörte das Aufdringen des intrusiven Hühnberg-Dolerites.

Mit der Tambach- bzw. Elgersburg-Formation klang die Molassesedimentation in der Thüringer Wald-Senke aus (ZIEGENHARDT 1966). Das ausgeglichene Relief unterlag bei zunehmend warm-aridem Klima weniger den Erosionsvorgängen (z.B. lokale Anhäufung von Dünensedimenten als Elgersburg-Sandstein, fanglomeratische Schüttungen).

Nur in einem Streifen vom Ruhla-Kristallin bis zum „Kleinen Thüringer Wald“ (TORNOW 1910) kam es nach Schollenhebungen zu weiterer intensiver Erosion von Kristallin und Rotliegendbedeckung etwa ab der Rotterode-Formation. Möglicherweise ab höherem Unterperm bzw. unterem Oberperm vertiefte sich das NE-Ende der Hessischen Senke in der

Öffnung der Eisenach-Senke. Dieser Vorgang führte schließlich zur Ablagerung der Eisenach-Formation. In einem länger anhaltendem Senkungsprozeß westlich und nordwestlich des Ruhla-Kristallins lagerten sich bis 600 m klastische Sedimente ohne Vulkaniteinschaltungen als Eisenach-Formation ab. Die Bildung der Eisenach-Senke leitete ohne große Unterbrechung in die Zechsteintransgression über. Bis auf wenige Inseln bzw. Untiefen entlang der Ruhla-Schleusingen-Elevation erfaßte das Zechsteinmeer auch die Thüringer Wald-Senke bis zum Schwarzburg-Antiklinorium. Das Ende einer langen terrestrischen Phase war damit besiegelt.

Die Ablagerung von Tafelsedimenten hielt im gesamten Mesozoikum an – insgesamt versank das paläozoische Fundament des Thüringer Waldes unter etwa 2000 m Sediment.

Erst im Zeitraum Kreide/Tertiär lassen sich neue tektonische Bewegungen vermuten, die allmählich zur Abtragung der mesozoischen Sedimente im Bereich des Thüringer Waldes führten. Dabei wurden alte Störungslinien erneut mobil. In der saxonischen Tektonik herrschen herzynische Richtungen vor (ZIEGENHARDT 1960). Die Umrisse des Thüringer Waldes als morphologisches Gebilde wurden sichtbar. Der im Tertiär einsetzende Basaltvulkanismus verschonte den Thüringer Wald weitestgehend und erreichte ihn nur in seinem nordwestlichen Ende (z.B. Bahnhof Hörschel, Stopfelskuppe bei Eisenach, WEBER 1927).

Mit Sicherheit in mehreren Hebungsphasen und darauf folgenden Erosionsvorgängen entstand das heutige Bild des Mittelgebirges „Thüringer Wald", dessen paläozoische Gebirgsschollen schon zu Beginn des Quartärs von der mesozoischen Bedeckung befreit waren. Die heutige Form der zahlreichen Täler ist das Ergebnis einer letzten Hebung vermutlich zwischen Elster- und Saale-Vereisung und die Folge wechselnd intensiver Erosion während der pleistozänen Warm- und Kaltzeiten.

1. Kammerberg-Störung, 2. Kehltal-Spalte, 3. Gehlberg-Quersprung, 4. Heidersbach-Störung, 5. Regenberg-Schaumberg-Störung, 6. Floh-Störung, 7. Schleusingen-Hochscholle, 8. Schleusingen-Randzone, 9. Ruhla-Kristallin, 10. Eisenach-Senke, 11. Störung am Ehrenberg bei Ilmenau, 12. Möhrenbach-Störung, 14. Winterstein-Scholle, 15. Oberhof-Mulde, 16. Schwarzburg-Antiklinorium, 17. Viernau-Störungszone, 18. Marisfeld-Störungszone, 19. Creuzburg-Graben, 20. Sontra-Störung, 21. Inselsberg-Störung, 22. Mosbach-Störung, 23. Heßles-Störungszone, 24. Westthüringer Quer-

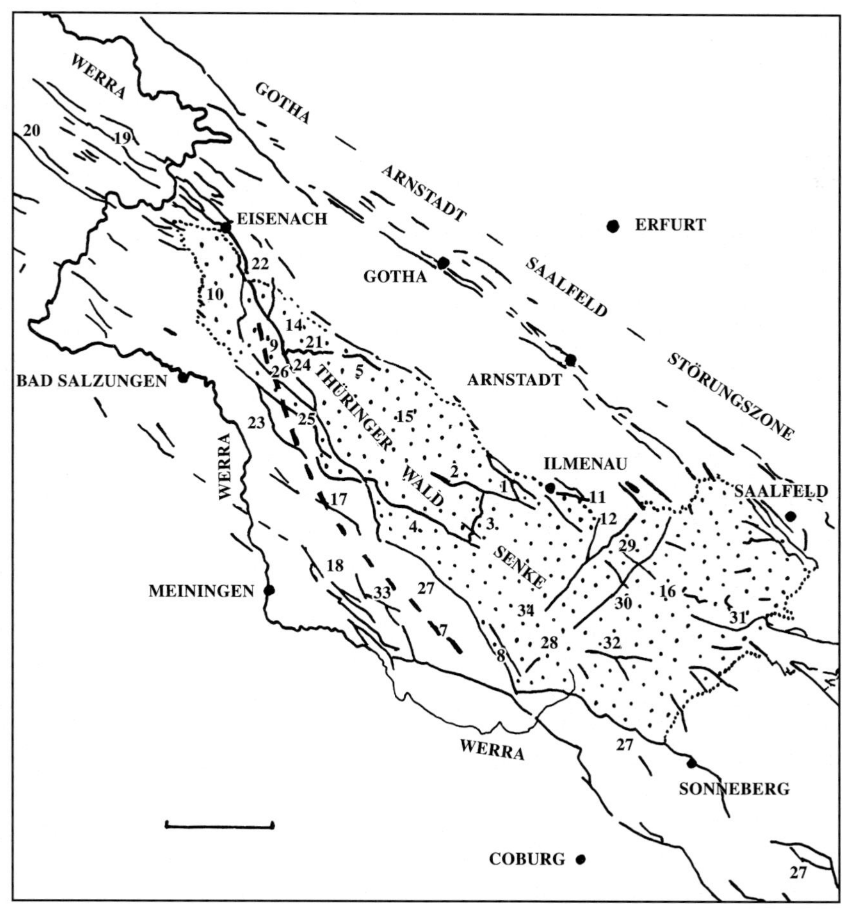

Abb. 5: Tektonische Strukturen im Bereich des Thüringer Waldes (Erläuterungen der Zahlen im Text). Maßstab: 20 km.

sprung, 25. Stahlberg-Störung, 26. Klinge-Störung, 27. Fränkische Linie (SW-Randstörung), 28. Masserberg-Scholle, 29. Langeberg-Störung, 30. Blumenau-Überschiebung, 31. Gräfenthal-Störung, 32. Scheibe-Störung, 33. Kleiner Thüringer Wald, 34. Schleuse-Horst

2. Teilgebiete, Erdgeschichte, Fossilien

2.1 Ruhla-Kristallin

Tab. 1: Stratigraphischer Aufbau: Ruhla-Kristallin.

Hangendes: Rotliegend oder Zechstein	
NW	SE
Ruhla-Gruppe	Brotterode-Gruppe
	Trusetal-Gruppe
Liebenstein-Gruppe „Altkristallin“	
Liegendes: unbekannt	

In der NW-Hälfte des Thüringer Waldes durchbricht fensterartig ein zusammenhängendes Kristallingebiet Rotliegend- und Zechsteinablagerungen. Es wird nach seinem Hauptverbreitungsgebiet als Ruhla-Kristallin bzw. Kristallin von Ruhla-Brotterode bezeichnet und besitzt eine Flächenausdehnung von fast 100 km².

Das durch langandauernde Hebungsvorgänge und Erosion freigelegte Ruhla-Kristallin ist ein wichtiges Teilgebiet des metamorphen, variszisch konsolidierten Fundamentes im Bereich der Mitteldeutschen Kristallinzone (Brinkmann 1948, Zeh 1999a, b).

Die Freilegung bzw. Abtragung des kristallinen Fundamentes im Bereich des Ruhla-Kristallins wirkte bis zum Einsetzen der Sedimentation der oberkarbonischen Georgenthal-Formation (siehe Lokalität „Öhrenkammer“ und Sedimentrelikte westlich Ruhla). Das Ruhla-Kristallin war vermutlich bis in die Zeit der Oberhof-Formation Bestandteil der Thüringer Wald-Senke und mehr oder weniger Sedimentationsgebiet.

Abb. 6: Geologische Struktureinheiten des Thüringer Waldes. Maßstab: 5 km.

Abb. 7: Ruhla-Kristallin.

Das Gebiet westlich des Westthüringer Quersprungs einschließlich Seimberg-Scholle, Altkristallin der Kernzone, Ruhla-Granit, Trusetal-Granit und Bereiche der Ruhla-Gruppe wurde bereits im höheren Rotliegend (Rotterode- bis Tambach-Formation) nach starken Hebungsvorgängen von seiner Rotliegendüberdeckung befreit. Die Abtragung des Kristallins setzte vermutlich erst mit der der Schüttung der Oberen Tambach-Formation (Finsterberg-Konglomerat) ein.

Im höheren Rotliegend trennten daher Anteile des heutigen Ruhla-Kristallins die Saale-Senke (Anteil der Thüringer Wald-Senke) von der Saar-Nahe-Hessischen Senke (Eisenach-Senke). Die im kristallinen Hochgebiet erzeugten Molassesedimente füllten mit einem verstärkt kristallinen Geröllanteil die flankierenden, intramontanen Becken im Westen und Südosten. Charakteristische Beispiele sind die Eisenach-Formation in der westlich gelegenen Eisenach-Senke und die obere Tambach-Formation (Finsterberg-Konglomerat) im südöstlich gelegenen Tambach-Becken der Thüringer Wald-Senke.

Die Erosionsvorgänge dauerten bis zur Zechsteinbasis im Oberperm an, wobei die Sedimentation in der Thüringer Wald-Senke schon bald zum Erliegen kam, während sie in der Eisenach-Senke als Eisenach-Formation bis fast zur Zechsteinbasis andauerte.

Das Ruhla-Kristallin hat wegen seines komplizierten tektonischen Baues, wegen der Vielfalt seiner unterschiedlich metamorphen Gesteine bzw. fehlender sicherer biostratigraphischer Anhaltspunkte in den vergangenen 100 Jahren recht unterschiedliche geologische Interpretationen erfahren. In den letzten Jahrzehnten wurden die Auffassungen im wesentlichen durch die Arbeiten von Neumann (1955, 1964a, b, 1966, 1971, 1972, 1974), Wunderlich (1989, 1991, 1992), Estrada, Grunewald & Wunderlich (1992), Hirschmann & Okrusch (1988) bzw. Zeh (1999a, b) u. a. wiedergegeben.

Physikalische Altersbestimmungen an Gesteinen des Ruhla-Kristallins mittels Ar/Ar- und Pb/Pb-Datierungen haben zum Teil recht überraschende Ergebnisse geliefert. Beispielsweise ergaben sich relativ junge Intrusions- bzw. Abkühlungsalter für den Trusetal-Granit (296 ± 5 Ma), den Ruhla-Granit (293 ± 5 Ma) und den Brotterode-Diorit (288 ± 5 Ma). Im Zeitraum der Intrusion soll der Trusetal-Granit noch 7 bis 12 km unter seiner rezenten Oberfläche gelegen haben (Werner 1972b, Zeh 1999a, b).

Häufig bleibt allerdings für die Alterseinstufung der Gesteine nur ihr lithostratigraphischer Verband und der rein lithologische Vergleich mit benachbarten Kristallingebieten. Dabei konnte bereits GAERTNER (1944b, 1951) kambroordovizische Schichten im Ruhla-Kristallin bestätigen.

Im Westteil des Ruhla-Kristallins handelt es sich um die Ruhla-Gruppe, im Ostteil faßt man die Schichtenfolge als Trusetal-Gruppe und Brotterode-Gruppe zusammen. NEUMANN (1974) gliederte zwischen den genannten Gruppen ein „Altkristallin" – die Kernzone des Ruhla-Kristallins – aus. Sie liegt etwa zwischen Trusetal im SE und dem Schleifkotengrund im NW und wurde zunächst als „präkambrisches Widerlager" bezeichnet.

Während GAERTNER (1951) noch einen symmetrischen Bau des Ruhla-Kristallins annahm, sprach NEUMANN (1974) von einem asymmetrischen Bau mit zentral gelegenem „Altkristallin". Die verschiedenen Gesteinsarten des „Altkristallins" wurden in der Liebenstein-Gruppe zusammengefaßt.

2.1.1 Liebenstein-Gruppe

Die Kernzone des Ruhla-Kristallins (Altkristallin) wird von der Liebenstein-Gruppe aufgebaut und von dem Ruhla-Granit im N, bzw. NW, dem Trusetal-Granit im SW und dem Westthüringer Quersprung im NE begrenzt. Sie besteht aus dem Steinbach-Augengneis, dem Heßles-Schmalwasserstein-Gneis, dem Liebenstein-Migmatit, dem Biotitgneis-Migmatit, dem Höhnberg-Gneis und dem Rennweg-Gneis.

Der Steinbach-Augengneis ist ein flaseriger, kalifeldspatreicher Biotit-Oligoklasgneis. Die „Augen" werden wechselnd aus Kalifeldspat-, Quarz- und Plagioklasanteilen gebildet. Es handelt sich um das auffälligste Gestein des Ruhla-Kristallins.

Die Augengneise durchragen nach WUNDERLICH (1991, 1992) diapirartig die auflagernden Liebenstein-Migmatite und lassen mittels Bohrungen und Untertageaufschlüssen eine Mächtigkeit von mehr als 1000 m vermuten. Übertage reicht der Steinbach-Augengneis vom Thüringer Tal bis zum Schleifkothengrund. Im Augengneis-Komplex treten Amphibolitlinsen und -lagen auf.

Die Liebenstein-Migmatite mit einer Mächtigkeit von 600 bis 800 m umrahmen die Kuppel des Augengneis-Komplexes. Sie entsprechen einer Vergesellschaftung aus Amphibolgneisen, Biotit-Oligoklasgneisen und Amphiboliten, stellenweise treten Biotitgneis-Migmatite auf.

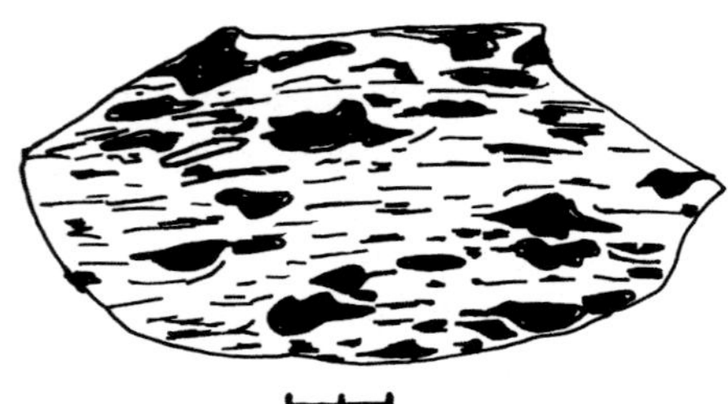

Abb. 8: Steinbach-Augengneis. Maßstab: 2 cm.

Zur Kernzone rechnet man noch die östlich des Thüringer Tales folgenden Gneise (Heßles-Schmalwasserstein-Gneis, Rennweg-Gneis) mit einer Mächtigkeit von ca. 350 m. Es handelt sich um blastomylonitische, monotone Biotit-Oligoklasgneise.

Die diapirartige Ausbildung des Steinbach-Augengneises spricht gegen eine solche Deutung (WUNDERLICH 1991). Innerhalb der Liebenstein-Migmatite im östlichen Thüringer Tal und im Hangenden des Steinbach-Augengneises (Grenze zum Ruhla-Granit) ist eine zwischen 20 und 40 m, teilweise bis 100 m mächtige, flachliegende Kakiritplatte nachweisbar (NEUMANN 1964a). Sie wird als tektonische Mikrobrekzie gedeutet, entstanden während einer postkristallinen Kataklase (Kataklasitzone).

Saurer Magmatismus läßt sich z.B. mit dem Dorngehege-Gneis, eine vermutlich silurisch-devonische Intrusion (ZEH 1999a, b) und dem Katzenstein-Granit, eine vermutlich devonische Intrusion, belegen.

2.1.2 Trusetal-Gruppe

Die Trusetal-Gruppe südöstlich der Kernzone bzw. östlich des Trusetal-Granits zwischen den Orten Trusetal und Hohleborn bzw. dem Seimberg im Süden besteht aus der Hohleborn-Formation und der Truse-Formation (ZEH 1999a, b).

Die Hohleborn-Formation besteht vor allem aus Zweiglimmergneis und Quarz-Plagioklasgneis mit vereinzelten Amphiboliten. Die Truse-Formation beinhaltet vor allem Biotitgneis, Amphibolit, Quarzit, Granatfels, Kalksilikatfels und Zweiglimmergneis. Im Bereich der Truse-Formation treten granitische Produkte, wie der Trusetal-Diorit, der wesentlich jüngere Trusetal-Granit, der Bairodit und der Diorit vom Eichigt auf.

Der Trusetal-Granit ist in den Karbon/Perm-Grenzbereich einzustufen. Im Kontaktbereich zum Granit wurden die Gesteine der Trusetal-Gruppe kontaktmetamorph überprägt.

2.1.3 Brotterode-Gruppe

Die Brotterode-Gruppe liegt im NE der Kernzone, wird im E vom Thüringer Hauptgranit und im Süden vom Westthüringer Quersprung begrenzt.

Sie besteht vom Liegenden zum Hangenden aus Biotitgneis, dem Rennweg-Phyllit, Quarzit, Amphibolit und dem Körnelgneis (Quarz-Plagioklasmetablastit). Als "Leithorizonte" treten cm- bis m-mächtige Marmorsilikatfelse und ein granatführender Plattengneis auf (WERNER 1970).

2.1.4 Ruhla-Gruppe

Bereits von SCHEIBE in ZIMMERMANN (1930) wurde das Jüngere Strukturstockwerk des Ruhla-Kristallins als „Glimmerschieferformation" kartiert. Diese jüngere Baustufe zeichnet sich durch die typische Parallelität von Kristallisationsschieferung und Schichtung aus (im Sinne der Grundgebirgstektonik nach SCHROEDER 1958).

Ein mächtiger Gesteinsverband westlich bzw. nördlich des Ruhla-Granits wird als Ruhla-Gruppe bezeichnet. Zwischen der Ruhla-Gruppe und der östlich gelegenen Brotterode- bzw. Trusetal-Gruppe bestehen nur unsichere Parallelisierungsmöglichkeiten. Ein direkter Kontakt ist nicht nachweisbar. In beiden Gruppen findet man sehr unterschiedliche Gesteinstypen, deren Metamorphosegrad nur recht ungenaue Aussagen über die Ausgangsgesteine möglich macht (WERNER 1972a).

Die kambroordovizische (bis ? devonische) Gesteinsserie der Ruhla-Gruppe erreicht eine Gesamtmächtigkeit von etwa 2000 m.

Sie beginnt mit einem 730 m mächtigen Basisschiefer, der Gomigenstein-Formation, der man kambrisches Alter zuordnet. Sie besteht aus Turmalinfels, Graphitglimmerschiefer, Quarzit, basischem Metatuffit, Amphibolit, Rotglimmerschiefer, Bänderschiefer und Phyllit. Im Hangenden folgen Äquivalente der Frauenbach-Formation als Vogelheide-Quarzit. Zu Äquivalenten der Phycoden-Formation rechnet man einen Magnetitgneis, den

Arnsberg-Metapelit, mit dem Windsberg-Gneis und den Arnsberg-Quarzit. Äquivalente der Gräfenthal-Formation erkennt man im Silbergrund-Metapelit (WERNER 1972a). Im Hangenden dieser Gesteinsserie folgen Kalksilikatglimmerschiefer und Graphitglimmerschiefer, die ins Silur bis Unterdevon gestellt wurden.

2.2 Schwarzburg-Antiklinorium

2.2.1 Proterozoikum

Tab. 2: Stratigraphischer Aufbau: Proterozoikum.

Hangendes: Kambrium (Goldisthal-Gruppe)		
Frohnberg-Gruppe		Obere Pechleite-Schichten Untere Pechleite-Schichten Obere Kieselbach-Schichten
Katzhütte-	Großbreitenbach-Formation	Untere Kieselbach-Schichten Obere Rollberg-Schichten Untere Rollberg-Schichten
Gruppe	Schnett-Formation	Schönbrunn-Schichten Obere Schnetter Berg-Schichten Mittl. Schnetter Berg-Schichten Untere Schnetter Berg-Schichten
Liegendes: unbekannt		

Südöstlich der Linien Ilmenau–Gehren–Schönbrunn (Schleusetal) endet allmählich das relativ geschlossene Verbreitungsgebiet des Rotliegend. Zunehmend erscheinen entlang der Höhenzüge des Thüringer Waldes die mehr oder weniger metamorph beeinflußten jungproterozoischen bis altpaläozoischen Schichtenfolgen des Schwarzburg-Antiklinoriums (bisher Schwarzburger Sattel genannt). An der SE-Grenze des Schwarzburg-Antiklinoriums geht der Thüringer Wald ohne deutliche Landschaftsveränderungen in den Frankenwald über (HOFF 1813).

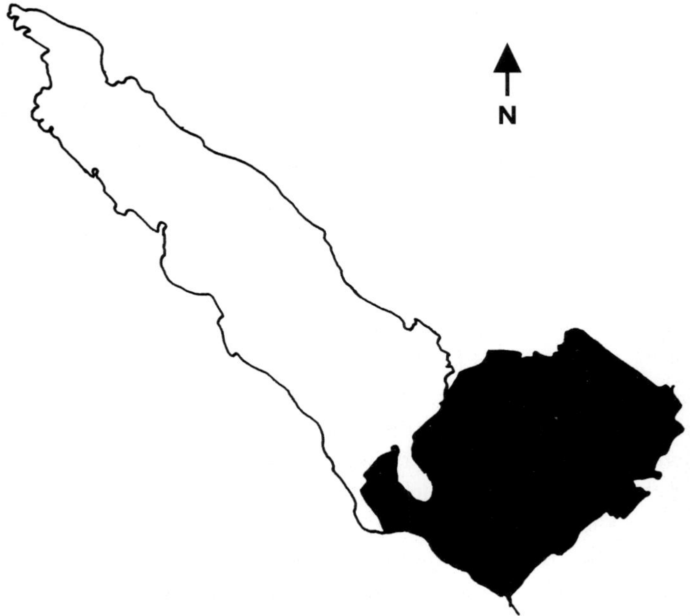

Abb. 9: Schwarzburg-Antiklinorium.

Das Jungproterozoikum des Schwarzburg-Antiklinoriums ist als Teilgebiet der Mitteldeutschen Kristallinzone in erzgebirgischer Richtung (SW-NE) orientiert. Mit einer Längserstreckung von etwa 35 km, einer Breite von 5–8 km im NE und bis 13 km im SW, erreicht es eine Flächenausdehnung von mehr als 200 km². Das Gebiet findet seine Fortsetzung im Nordsächsischen Antiklinorium (bisher Leipzig-Grauwacke genannt). Trotz des höheren Metamorphosegrades der inneren Kernzone zeichnet sich das Proterozoikum insgesamt nur durch eine geringe Regionalmetamorphose aus.

Die Kernzone enthält die ältesten Gesteine des Schwarzburg-Antiklinoriums. Nach der ersten Einstufung ins Kambrium durch LORETZ (1885a) erkannte v. GAERTNER (1931, 1933, 1934) das vorpaläozoische Alter der Gesteine der Kernzone und benannte sie als "Katzhütter Schichten". Es folgten weitere Untersuchungen zur Lithostratigraphie zum Beispiel von v. GAERTNER (1951), SÖLLIG (1953), FALK (1964, 1966, 1970),

BANKWITZ (1962–1993). Da bisher für die Alterseinstufung der "Katzhütter Schichten" keine eindeutigen biostratigraphischen Kriterien vorliegen, ist vor allem die Abgrenzung zum Kambrium vorerst rein lithologischer Natur. Paläontologische Untersuchungen erfolgten von DIETRICH (1967), BURMANN (1969) und HEUSE (1989b).

Nach BANKWITZ & BANKWITZ (1995) wurde das Proterozoikum in die Katzhütte-Gruppe, bestehend aus der Schnett-Formation und der Großbreitenbach-Formation und in die hangende Frohnberg-Gruppe gegliedert. Damit bestehen mehrere kartierbare Einheiten, die allerdings keine charakteristischen Leithorizonte enthalten. Alle Gesteine sind epimetamorph beeinflußt.

Die Schnett-Formation ist etwa 1200 m mächtig und besteht aus hellen Quarziten, (Untere Schnetter Berg-Schichten), quarzitischen Grauwacken mit Vulkanitfolge aus Rhyolithen und Rhyodaciten (Mittlere Schnetter Berg-Schichten), dunklen Tonschiefern mit grobklastischen Grauwacken (Obere Schnetter Berg-Schichten) und aus blaugrauen Tonschiefern, Grauwacken und Kieselschieferbänken (Schönbrunn-Schichten).

Im Hangenden folgt die Großbreitenbach-Formation mit einer Gesamtmächtigkeit von etwa 600 m. Sie besteht vor allem aus einer Grauwacken-Tonschiefer-Wechsellagerung und beinhaltet die Unteren Rollberg-Schichten mit der Vorherrschaft von grobklastischen Grauwacken, die Oberen Rollberg-Schichten mit graublauen, quarzitischen Grauwacken, Ton- und Kieselschiefern und den Unteren Kieselbach-Schichten mit Bänder- und Tonschiefern, Grauwacken, Kieselschiefern und Konglomeraten.

Die hangende Frohnberg-Gruppe zeigt einen hohen Grauwackenanteil und wird mit der Leipzig- bzw. Kamenz-Grauwacke verglichen. Auf eine basale Grauwackenfolge (Obere Kieselbach-Schichten) folgen eine Grauwacken-Tonschiefer-Wechsellagerung (Untere Pechleite-Schichten) mit Geröllhorizonten und eine blaugraue Tonschieferfolge (Obere Pechleite-Schichten).

Wegen der petrographischen Merkmale der Formation verglich bereits GAERTNER (1934) die „Katzhütter Schichten“ mit den „Spilitischen Stufen“ Böhmens. Die kieselschieferführenden „Oberen Katzhütte Schichten“ wurden früher als „Altenfelder Schichten“ bezeichnet.

Die geringmächtigen konglomeratischen Einlagerungen deuten auf Bodenunruhen und die Bildung von Hochgebieten südlich des Schwarzburg-Antiklinoriums hin. Der Nachweis von Granitgeröllen in diesen Konglomeraten erscheint besonders erwähnenswert. Insgesamt verlaufen die Grenzen des Metamorphosegrades nicht konkordant zu den lithostratigraphischen Grenzen, in Richtung Schiefergebirgsinsel Schmiedefeld-Vesser ist eine stärkere Phyllitisierung nachweisbar. Die intensivere Metamorphose der Kernzone endet relativ schnell südöstlich der Blumenau-Überschiebung. Im NW ist ein allmählicher Übergang zu wenig- bis unbeanspruchten Gesteinen des Proterozoikums festzustellen.

2.2.2 Kambrium

Tab. 3: Stratigraphischer Aufbau: Kambrium.

Hangendes: Ordovizium			
NW:		SE:	
	Neuwerk-Formation		Schiefer-Formation
Vesser-Gruppe		Goldisthal-Gruppe	
	Rollkopf-Formation		Basis-Folge
Liegendes: Proterozoikum			

Die Grenze zum Kambrium kann im Schwarzburg-Antiklinorium nur unsicher gezogen werden, da keine eindeutigen biostratigraphischen Kriterien vorliegen. Kambrische Gesteinsschichten konzentrieren sich auf die SE- und NW-Flanke des Schwarzburg-Antiklinoriums und auf die Synklinalzone von Vesser mit der Schiefergebirgsinsel Schmiedefeld-Vesser und dem Gebiet am Ehrenberg bei Ilmenau (Bankwitz, Bankwitz & Kramer 1990, Loretz 1887).

Von v. Gaertner (1934, 1944b) wurde das Kambrium in die "Mellenbacher" und "Goldisthaler Schichten" aufgeteilt. Gegenwärtig wird an den beiden Flanken des Schwarzburg-Antiklinoriums nur noch eine Goldisthal-Gruppe mit Mächtigkeiten zwischen 200 und 350 m ausgehalten. Das Hangende des Kambriums bilden die ordovizischen Unteren Frauenbach-Quarzite. Im Gebiet Schmiedefeld-Vesser untergliedert man als Sonderentwicklung die Vesser-Gruppe in zwei Formationen.

Goldisthal-Gruppe

Die Goldisthal-Gruppe tritt infolge des tektonischen Baues des Schwarzburg-Antiklinoriums in getrennten Vorkommen an der SE-Flanke und an der NW-Flanke auf. Die Vorkommen an der SE-Flanke konzentrieren sich auf Meßtischblatt Eisfeld (Mulde im Proterozoikum), zwischen Goldisthal und Langenbach und zwischen Katzhütte und dem N-Rand des Schwarzburg-Antiklinoriums (westlich Schwarzburg).

Die Goldisthal-Gruppe beginnt im SW mit einem 5 bis 50 m mächtigen, hellgrauen, feinkörnigen Quarzit bzw. quarzitischen Konglomerat, der Basis-Folge. Die Quarzite verzahnen sich seitlich mit grauen, sandigen, gebänderten Tonschiefern. Im Hangenden folgt eine 200 bis 250 m mächtige Schiefer-Formation. Alles deutet auf eine allmähliche Verflachung des Sedimentationsraumes bis zur Bildung des Unteren Frauenbach-Quarzites (FALK & LÜTZNER 1991). Die Schiefer-Formation besteht aus grauen, dünnplattig spaltenden Tonschiefern mit sandigen Lagen (Bänderung). Es treten auch grünlichgraue, sogenannte Wetzschiefer auf. Die hangenden Bereiche der Goldisthal-Gruppe bilden eine Übergangszone zum Unteren Frauenbach-Quarzit des beginnenden Ordoviziums.

Nordwestlich des Schwarzburg-Antiklinoriums im Gebiet von Schmiedefeld-Vesser wird das Kambrium als Vesser-Gruppe zusammengefaßt. Sie unterteilt sich vom Liegenden zum Hangenden in die Rollkopf-Formation, bestehend aus Vulkaniten und Tuffen und die Neuwerk-Formation, bestehend aus bunten Schiefern mit Vulkaniten und Tuffen. Es handelt sich um einzelne, regional isolierte Vorkommen. Petrographische Untersuchungen der grobklastischen Bildungen wurden von FALK (1964) durchgeführt. Er konnte bereits 3 Faziesbereiche unterscheiden: Nord-, Zentral- und Südfazies.

Bestrebungen, in den jungproterozoischen und kambrischen Ablagerungen des Schwarzburg-Antiklinoriums biostratigraphisch verwertbare Fossilien nachzuweisen, sind vor allem in den letzten Jahren wieder angelaufen. Spurenfossilien (*Tigillites*, *Diplocraterion parallelum* und Bioturbationen) werden als Anzeichen für Kambrium gehalten, gelten jedoch biostratigraphisch als unbrauchbar. Die bisher ältesten biostratigraphisch verwertbaren Fossilfunde liegen im Oberen Frauenbach-Quarzit des Ordoviziums (Brachiopoden und Graptolithenreste). Die Grenzziehung zum Kambrium bleibt vorerst problematisch. Weitere systematische Fossilprospektionen werden notwendig sein, um die biostratigraphischen Fragen einer Klärung näher zu bringen. Dies erfordert aber ein stärkeres Interesse von paläozoologischer Seite.

2.2.3 Ordovizium

Tab. 4: Stratigraphischer Aufbau: Ordovizium.

v. GAERTNER (1934)			verändert nach ANDREAS u.a. (1996)
Hangendes:	Silur (Untere Graptolithenschiefer)		
	Gräfenthaler Serie	=	Gräfenthal-Formation
	Phycodes Serie	=	Phycoden-Formation
	Frauenbach Serie	=	Frauenbach-Formation
Liegendes:	Kambrium (Goldisthaler Schichten)	=	Goldisthal-Gruppe

An der SE-Flanke des Schwarzburg-Antiklinoriums ist die etwa 2000 m mächtige Schichtenfolge des Ordoviziums recht günstig aufgeschlossen (v. FREYBERG 1922, FRITSCH 1923). Hier gliederte v. GAERTNER (1934) das Ordovizium in 3 Serien.

Frauenbach-Formation

Das Typusgebiet der ca. 600 m mächtigen Frauenbach-Formation ist die SE-Flanke des Schwarzburg-Antiklinoriums. Zugehörige Sedimente lassen sich aber auch auf der NW-Flanke nachweisen. Im Typusgebiet beginnt die Frauenbach-Formation mit dem Unteren Frauenbach-Quarzit. Seine Mächtigkeit schwankt zwischen 100 und 200 m und setzt mehr oder weniger unmittelbar über der oberen Schiefer-Folge der Goldisthal-Gruppe ein. Er besteht aus dickbankigem Quarzit mit dünnen Tonschieferlagen. Sogenannte Löcherquarzite treten nahe der Basis auf. Bei Goldisthal sind Verkieselungen nachweisbar. An der NW-Flanke des Schwarzburg-Antiklinoriums ist die Zuordnung des Lagerquarzites noch unsicher, u.a. wird auch eine Gleichstellung mit dem Unteren Frauenbach-Quarzit angenommen. Die im Typusgebiet folgende Frauenbach-Wechsellagerung mit etwa 300 m Mächtigkeit baut sich aus grauen, sandstreifigen Tonschiefern und hellgrauen Quarziten auf. Dabei sind die Quarzitlagen nur zwischen 0,1 bis 0,5 m mächtig, während die Tonschiefer bis zu 20 m mächtige Pakete bilden. Der bis 150 m mächtige Trippstein-Quarzit entspricht im mittleren Teil der Schichtenfolge einer lokalen Einlagerung bei Schwarzburg (bräunlichroter, pelitischer Sandstein). Eine geröllführende Zone beschrieb FALK (1963, 1966) von Scheibe-Alsbach. Dabei treten vereinzelt Gerölle von Granit, Granitporphyr, Kieselgestein, Grauwacke und Schiefer auf. Der Obere Frauenbach-Quarzit zeigt schwankende Mächtigkeiten von 60 bis 150 m und besteht aus Quarzitbänken (2–6 m mächtig) und Tonschieferlagen (0,1 bis 0,2 m mächtig). Die Quarzite sind gelblich-hellgrau, selten weißgrau gefärbt und zeigen Kreuzschichtung und stellenweise bis 2 m tiefe Erosionsrinnen. Regional begrenzt treten Feldspatsandsteine (Westhang des Frauenbaches) und Wetzschiefer auf (bei Goldisthal, Westhang des Wurzelberges, Katzetal, am Glasberg).

v. GAERTNER (1932, 1944b) und MÜLLER (1956b) beschrieben *Thysanotos siluricus* aus dem Oberen Frauenbach-Quarzit von Siegmundsburg. Der Brachiopode zeigt tieferes Tremadocium an. Es handelt sich bisher um die ältesten Körperfossilien des Thüringer Waldes.

Im NE-Teil des Schwarzburg-Antiklinoriums ist über dem Oberen Frauenbach-Quarzit noch der bis 20 m mächtige Untere Magnetitquarzit entwickelt. Dieser Magnetitquarzit besteht aus einem Martit-haltigen Sandstein. Die Eisenminerale wurden in cm-starken Lagen und Linsen angereichert. Sie werden als marine Strandseifen gedeutet.

Phycoden-Formation

Namengebend für die Phycoden-Formation ist das charakteristische Spurenfossil *Phycodes circinatum*, das besonders im oberen Teil der Schichtenfolge auftritt (PFEIFFER 1991).

Die Phycoden-Formation beginnt mit 100 bis 150 m mächtigen grauen bis graugrünen Dachschiefern (z.B. anstehend in den stillgelegten Dachschieferbrüchen von Bohlscheiben und Unterweißbach). Es handelt sich um quarzreiche Tonschiefer mit wenigen mm-dünnen Sandsteinlagen. Das großtafelige Spalten des Schiefers gab früher Anlaß für den Dachschieferabbau. Die Dachschiefer sind regional verschieden ausgebildet.

Es folgt der Obere Magnetitquarzit, im SW-Teil des Schwarzburg-Antiklinoriums als magnetitführender Schiefer ausgebildet. Er erreicht eine

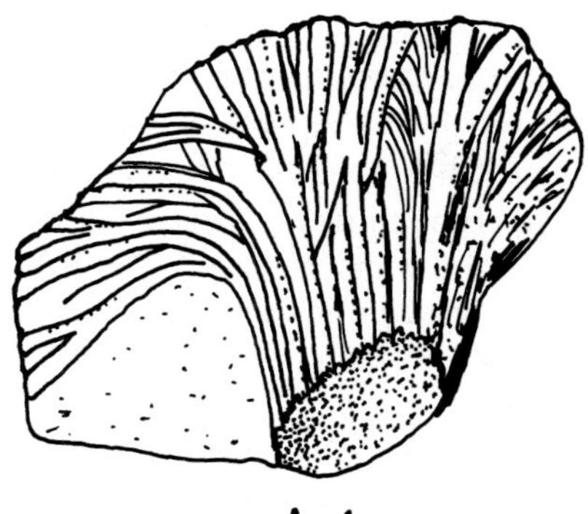

Abb. 10: Lebensspur *(Phycodes circinatum)*. Maßstab: 1 cm.

Mächtigkeit von 30 m. Ähnlich dem Unteren Magnetitquarzit führt auch der Obere Magnetitquarzit Martit-Kristalle, erscheint aber insgesamt heller und stärker pelitisch; außerdem tritt ein hoher Chloritgehalt auf. Nach Süden nimmt die Mächtigkeit ab und eine Trennung zwischen Dachschiefer und Phycodenschiefer ist kaum noch möglich.

Die im Hangenden folgenden Phycodenschiefer mit einer Mächtigkeit von etwa 1600 m bestehen aus grünlichgrauen oder grauen grobpelitischen Tonschiefern mit geringem Chloritgehalt und quarzitischen Einlagerungen. Günstige Aufschlußverhältnisse bestehen im Unteren Schwarzatal. Anhäufungen sandiger Einlagerungen lassen sich besonders im mittleren Profilabschnitt ausgliedern.

Die Fazies ist erstmalig günstig für das zum Teil gehäufte Auftreten von *Phycodes circinatum*. Das Fossil wurde anfänglich als Alge gedeutet. MÄGDEFRAU (1934) erkannte die Spur richtig als Freßbau eines wurmartigen Tieres. Es kommt im Phycodenquarzit und im höheren Teil des Phycodenschiefers vor und besitzt keinen biostratigraphischen Leitwert, hilft aber trotzdem bei der Identifizierung der Phycoden-Formation im Thüringisch-Vogtländischen Schiefergebirge. Das Spurenfossil ist weltweit nachgewiesen und für das Ordovizium typisch (HUNDT 1931, 1941).

Phycodes besteht aus einer Vielzahl mehr oder weniger parallel laufender und mit etwas gröberem Sediment gefüllter Grabgänge. Der besenartige Wurmbau ist besonders auf angewitterten Lesesteinen gut erkennbar. Die gebündelten Grabgänge verlaufen weitspannig, U-förmig und sind vor allem in den feinkörnigen Lagen gut erhalten.

In der Phycoden-Formation fand man auch Grabbauten des marinen Wurmes *Daedalus* mit senkrecht zur Schichtung orientierten Bohrgängen (HUND 1941, VOLK 1938, 1964). HUND (1941) gab eine Zusammenstellung von Spuren- und Körperfossilien aus dem Phycodenschiefer Thüringens. Eine moderne Bearbeitung des Fossilinhaltes der Phycoden-Formation wäre wünschenswert. Der höhere Teil des Phycodenschiefers wird von dunkelgrauen bis blaugrauen Tonschiefern gebildet (Zweigliederung des Phycodenschiefers nach MEUSEL 1958).

Der Phycodenschiefer wird im Hangenden vom Phycodenquarzit abgelöst. Er erreicht eine Mächtigkeit von 500 m und besteht aus grauen bis graugrünen, pelitischen, dickbankigen Feinsandsteinen. Beobachtet wurden Schrägschichtung, dünne Tonschieferlagen und 1 bis 2 m tiefe Erosionsrinnen.

Graptolithenfunde wurden aus dem Phycodenquarzit z.B. vom Reckberg bei Mengersgereuth-Hämmern und vom Tierberg bei Steinach beschrieben (SCHMIDT 1939): *Clonograptus flexilis*, *Holograptus richardsoni*, cf. *Hermannograptus* cf. *gulgebergi*, *Didymograptus demissus*, *Did.* cf. *deflexus* und *Tetragraptus* cf. *quadribrachiatus*. Der Phycodenquarzit läßt sich danach ins tiefere Arenigium (Zone 3–4) einstufen.

Gräfenthal-Formation

Die Umgebung des Ortes Gräfenthal wurde von v. GAERTNER als Typusregion für die jüngste ordovizische Gesteinsserie im Thüringisch-Vogtländischen Schiefergebirge ausgewählt. Dabei hat auch die relativ geringe regionalmetamorphe Veränderung der Gesteine im Gegensatz zu anderen Vorkommen eine Rolle gespielt. Die Fossilführung der Gräfenthal-Formation ist auffälliger als in allen älteren altpaläozoischen Schichtgliedern Thüringens. Dennoch ist ihr biostratigraphischer Wert gering, die Fossilien sind nur als Faziesfossilien nutzbar.

Die Gräfenthal-Formation beginnt im SE-Teil des Schwarzburg-Antiklinoriums im Hangenden des Phycodenquarzites mit dem bis 11 m mächtigen Unteren Eisenerzhorizont, durchschnittlich bis 2 m mächtig. Er besteht aus chloritischem Trümmererz mit sideritischer Grundmasse bzw. aus oolithischem, chloritischem Tonschiefer. V. FREYBERG (1923d) erwähnte Quarzit- und Tonschiefergerölle an der Basis.

Bei Steinach und Schmiedefeld wurden die Eisenerze bergmännisch genutzt. Hier treten auch durch Verwitterung entstandene Roteisensteine auf (HETZER 1958, ELLENBERG u.a. 1992). Phosphoritkonkretionen werden ebenfalls genannt. Fossilien sind bisher aus dem Unteren Eisenerzhorizont nicht bekannt.

An der Basis der im Hangenden folgenden Griffelschiefer treten wechselnde Übergangsschichten auf (Grobstein-Horizont, Griffelschiefer-Wechsellagerung). Ihr folgen 120 m bis 125 m, im NE-Teil des Schwarzburg-Antiklinoriums bis 250 m mächtige, graue bis graublaue, wenig geschichtete Griffelschiefer. Die Ablagerung des Ausgangsmaterials erfolgte in größeren Meerestiefen (Tiefschelf nach ELLENBERG u.a. 1992). Der Gesteinsname verrät ihre frühere Verwendung zur Herstellung von Schiefergriffeln für den Schulunterricht.

Stellenweise schalten sich in die Griffelschiefer ein bis wenige Meter mächtige, eisenschüssige, quarzitisch-karbonatische Sandsteinbänke ein, die als Mittlerer Eisenerzhorizont bezeichnet werden (z.B. in der ehemaligen Grube „Schmiedefeld“ bis 5 m mächtig). Der Obere Griffelschiefer ist feinsandiger und deutlicher geschichtet als der Untere.

Es werden folgende Trilobiten genannt: *Asaphellus* (*Hemigyraspis*) *desideratus*, *Calymene* (*Colpocoryphe*) *inopinata* und *Hungioides graphicus*. VOLK (1960b) bestätigte ebenfalls Trilobitenfunde in den gesamten Griffelschiefern. DAHLGRÜN (1930) erwähnte die Graptolithenarten *Tetragraptus headi* und *Didymograptus extensus*, die oberes Arenigium bestätigen (SCHNEIDER 1962). HEUSE (1989a) fand Acritarchen im Griffelschiefer.

Der Obere Eisenerzhorizont ist an der SE-Flanke des Schwarzburg-Antiklinoriums hinsichtlich Mächtigkeit und Fazies eine stark wechselnde Gesteinsfolge. HETZER (1958) gibt folgende Normalentwicklung an:

Hangendes:	Gebänderter Lederschiefer
0 – 2 m:	Hangende Leitschichten: Wechsellagerung von Kalk- und Quarzitbänken
0,5 – 2 m:	Oberes Lager: Kleinoolithisches, chamositisches Eisenerz
0 – 40 m:	Lagerquarzit: Dunkelgraue bis graugrüne, glimmerreiche, feinkörnige Quarzite und feinsandige Tonschiefer
0,2 – 8 m:	Unteres Lager: Großoolithisches, chamositisches Eisenerz
Liegendes:	Griffelschiefer

Bedeutung für den Bergbau erreichten einzelne Eisenerzlinsen des Oberen Horizontes vor allem in der benachbarten Frankenwald-Querzone (Lagerstätten von Eisenberg, Wittmannsgereuth und Schmiedefeld). Am Schwarzburg-Antiklinorium ist das Untere Lager mit 1 bis 1,5 m relativ gleichmäßig entwickelt. Die marin-sedimentären Eisenerze bestehen aus konzentrisch-schaligen Ooiden (2–3 mm Durchmesser) von Chamosit. In die Ooide ist staubfeiner Pyrit, Siderit oder Karbonat eingelagert. Dagegen besteht die Grundmasse aus Siderit- und Chloritblättchen.

Der Lagerquarzit entspricht im ostthüringischen Raum dem Hauptquarzit und kommt am Schwarzburg-Antiklinorium in einer von SW nach NE orientierten Linse zwischen Steinach und Wittmannsgereuth vor. Mit einer Mächtigkeit von 15 bis 20 m stellt der Quarzit einen meist dunkelblaugrau gefärbten, glimmerreichen, relativ gleichmäßig entwickelten Sandstein dar. Pelitgehalt und Karbonatanteil wechseln in der Grundmasse. Das linsenförmig ausgebildete Obere Lager ist kleinoolithisch (Ooide max. 1 mm Durchmesser). Das Obere Lager kann in einzelnen Linsen bis 20 m anschwellen. Die Mächtigkeitsschwankungen stehen im Zusammenhang mit der Ausbildung des Lagerquarzites. Im Hangenden des oberen Lagers folgt eine 10 bis 40 cm mächtige, fossilreiche, quarzitische Kalkbank mit feinsandigen Tonschiefern.

Aus dem Oberen Eisenerzhorizont beschrieb KNÜPFER (1967) eine spärliche Conodontenfauna aus dem Unteren Lager (Einstufung: Llandeilium-Cardocium oder Llanvirnium/Llandeilium-Grenzbereich). Im höheren Teil des Oberen Lagers und in der hangenden Kalkbank fand er eine reiche Conodonten- und Trilobitenfauna (Grenzbereich Cardocium/Ashgillium).

Als Lederschiefer wird ein im angewitterten Zustand lederbraun gefärbter Tonschiefer bezeichnet. Seine Mächtigkeit schwankt zwischen 200 und 250 m. Im frischen Zustand ist es ein ungeschichteter, tiefdunkelgrauer bis dunkelblaugrauer Tonschiefer mit relativ starkem Feinsand- und Glimmergehalt. Die basalen, etwa 8 m Lederschiefer sind gebändert. Hier treten helle Quarzitlagen auf. Typisch für den Lederschiefer ist seine Geröllführung, die vom Liegenden bis zum Hangenden allmählich zunimmt und maximal 1 Vol. % des Gesteins beträgt (KATZUNG 1961). Die Geröllldurchmesser sind sehr wechselhaft, maximal bis 30 cm. Es sind Quarzite (46,5 %), „Kieselgesteine" (39,4 %), „Tonschiefer" (7,8 %) und ooidführende Gesteine (5,3 %). Bemerkenswert ist, daß die Kieselgesteinsgerölle eine relativ reiche Fauna aus Cystoideen, Bryozoen und Trilobiten enthalten (STRUVE 1962, BLUMENSTENGEL 1965).

Die nahezu fehlende autochtone Fossilführung im Lederschiefer verhinderte bisher eine exakte Festlegung der Ordovizium/Silur-Grenze. Der Lederschiefer wird als ein glazial-marines Sediment gedeutet. Die Geröllfracht stammt von geschmolzenen Eisbergen. Sein Alter entspricht dem Ashgillium und reicht möglicherweise bis ins Silur hinein (HELMS & WEISE 1967).

2.2.4 Silur

Tab. 5: Stratigraphischer Aufbau: Silur.

Hangendes:	Devon (Obere Graptolithenschiefer, oberer Teil)	
		Obere Graptolithenschiefer (unterer Teil) Ockerkalk Untere Graptolithenschiefer
Liegendes:	Ordovizium (Gräfenthal-Formation)	

Die historisch begründete Dreiteilung der silurischen Ablagerungen in Thüringen in Untere Graptolithenschiefer, Ockerkalk und Obere Graptolithenschiefer konnte nach den Untersuchungen des vergangenen Jahrhunderts (SCHMIDT 1939, MÜNCH 1952, JAEGER 1955, 1959, 1964, SCHAUER 1967) nicht mehr akzeptiert werden.

Die untersten Graptolithenzonen des Silurs mit *Glyptograptus persculptus*, *Akidograptus ascensus* und *Aki. acuminatus* konnten bisher in Thüringen nur teilweise nachgewiesen werden. Entweder gehören die obersten Bereiche der Lederschiefer ins Silur oder es ist eine Schichtlücke vorhanden (FREYER 1959). Die Obergrenze des Silurs liegt nun an der Basis der *Monograptus uniformis*-Zone (JAEGER 1959, 1964). Das entspricht in Thüringen etwa der Grenze Ockerkalk/Obere Graptolithenschiefer.

Silurische Ablagerungen begleiten als eine etwa 60 bis 80 m mächtige Folge in einem relativ schmalen Band den SE-Rand der SE-Flanke des Schwarzburg-Antiklinoriums. Der Untere Graptolithenschiefer setzt mit ziemlich scharfer Grenze über dem Lederschiefer ein. Eine nur geringmächtige Übergangsfolge läßt sich nachweisen. Die Graptolithenschiefer bestehen aus einer Wechsellagerung dünnbankiger Kieselschiefer (Radiolarite) und Alaunschiefer. Die 1 bis 20 cm mächtigen Kieselschieferbänke sind wegen des relativ hohen Anteils an inkohlter bituminöser Substanz schwarz bis dunkelgrau gefärbt. Bei tiefgründiger Verwitterung erhält der Schiefer eine fast schneeweiße Färbung. Es lassen sich zwei Typen unterscheiden:

1. dünnschichtige Wechsellagerung von kieseligen Gesteinen und Alaunschieferhäutchen. Die Alaunschiefer führen meist Graptolithen.
2. Lydit – kompaktes Kieselgestein mit lagenhafter Anreicherung von Radiolarien oder Pyrit. Der Kieselsäuregehalt der Kieselschiefer schwankt zwischen 80 und 95 %.

Bei der Verwitterung der Graptolithenschiefer wird der Pyrit zersetzt und es entstehen Eisensulfat (Vitriol) und Schwefelsäure sowie die namengebenden Alaune. In manchen Gebieten sind heute noch Grubenreste bzw. Halden der historischen Alaun- und Vitriolgewinnung erhalten. Eine bedeutende Lokalität alten Bergbaues sind die über die Grenzen Deutschlands hinaus bekannten „Feengrotten" in Saalfeld. Typische Werte der Spurenelementgehalte der Untereren Graptolithenschiefer zeigt das Beispiel vom Alaun- und Kieselschiefer vom Schwefelloch bei Schmiedefeld:

V = 400 g/t, Cr = 25 g/t, Mo = 60 g/t, Ni = 40 g/t, Cu = 15 g/t, Zn = 45 g/t (SCHNEIDERHÖHN 1949 und LEUTWEIN 1951).

Der Kieselschieferanteil des Unteren Graptolithenschiefers nimmt zum Hangenden zugunsten des Alaunschiefers allmählich ab. Die arten- und individuenreichste Graptolithenfauna tritt im Unteren Graptolithenschiefer auf. Eine diagenetisch bedingte Druckbeanspruchung und eine teilweise intensive Kleinfaltung der Unteren Graptolithenschiefer führte häufig zu einer richtungsabhängigen Deformation der Graptolithen. Daher kam es in der Vergangenheit zu Fehlbestimmungen von Arten und unbegründeten Artneubeschreibungen.

Der Ockerkalk bildet am Schwarzburg-Antiklinorium einen relativ gut abgrenzbaren Kalkhorizont, der aus maximal 2 m mächtigen Kalkbänken mit Alaunschieferzwischenlagen besteht. Die Kalkbänke sind knotig bis flaserig, das Gestein dicht bis feinkristallin und stark sideritisch. Der bei der Verwitterung entstehende, eisenreiche, braune Mulm war früher zur Gewinnung von Farberde (Ocker) genutzt worden. Daraus entstand die Bezeichnung „Ockerkalk" (VOLK 1955b).

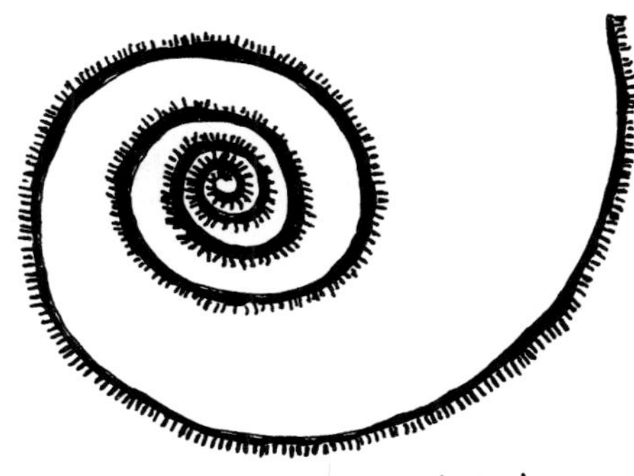

Abb. 11: Graptolith (*Monograptus* sp.). Maßstab: 1 cm.

Im oberen Abschnitt des etwa 20 bis 30 m mächtigen Ockerkalkes treten im *Scyphocrinus*-Horizont häufig Crinoidenstielglieder der Art *Scyphocrinus elegans* auf (JAEGER 1959). Der Ockerkalk entspricht dem höheren Teil des Budnaniums (SCHLEGEL 1995).

Außerdem wurden aus dem Ockerkalk Brachiopoden, die Muschel *Cardiola cornucopia*, Stielglieder von *Melanocrinus* und *Cosmocrinus*, einzelne Trilobiten, Conularien und Korallen, verkieselte Ostrakoden (BLUMENSTENGEL 1963, JORDAN 1964), sowie vereinzelt Conodonten und Foraminiferen beschrieben.

Nach JAEGER (1959) endet das Silur in Thüringen mit dem Unteren Schalenbankhorizont, einer sandig-karbonatischen Bank mit Lamellibranchiaten (*Pterinea*) und Gastropoden (*Platyceras*). Die Grenze zwischen Silur und Devon liegt somit zwischen dem unteren und oberen Teil des Oberen Graptolithenschiefers. Der größte Anteil des Oberen Graptolithenschiefers mit dem Oberen Schalenbankhorizont gehört bereits zum Unterdevon. Die marine Entwicklung erfährt mit dem Ende der kohlenstoffreichen Schiefer einen deutlichen Fazieswandel.

2.2.5 Devon

Tab. 6: Stratigraphischer Aufbau: Devon.

Hangendes: Unterkarbon (Kalkknotenschiefer, Rußschiefer, „Kulm")		
Ober-	Saalfeld-Formation	Hangender Quarzit Obere Clymenien-Schichten Hauptquarzit Untere Clymenien-Schichten Wagnerbank Trennschicht Kleinknotiger Kalk *Trimerocephalus*-Schichten
devon	Braunwacken-Wetzschiefer-Formation	Oberer Alaunschiefer Tonschiefer Unterer Alaunschiefer Braunschiefer und Grauwacken-Bänderschiefer
M.-devon		Schwärzschiefer-Formation
Unter-devon		Tentakulitenschiefer-Nereitenquarzit-Formation Tentakulitenknollenkalk Oberer Graptolithenschiefer (oberer Teil)
Liegendes: Silur (Obere Graptolithenschiefer, unterer Teil)		

Im Gegensatz zur früheren Auffassung über die Lage der Silur/Devon-Grenze (Basis des Tentakulitenschiefers im Hangenden der jüngsten Graptolithenzone usw.) wird seit 1968 die Silur/Devon-Grenze an die Basis der Graptolithen-Zone *Monograptus uniformis* gelegt. Damit entspricht der Devonbasis etwa die lithostratigraphische Grenze unterer/oberer Teil der Oberen Graptolithenschiefer Die Graptolithen-Zonen reichen weit ins Unterdevon (JAEGER 1959, STEINBACH 1974).

Somit beginnt das unterste Devon (Lochkovium) am Schwarzburg-Antiklinorium mit den etwa 10 bis 20 m mächtigen Oberen Graptolithenschiefern einschließlich des oberen Schalenbankhorizontes. Im Gegensatz zum Unteren Graptolithenschiefer handelt es sich um schwarze, kohlenstoff- und pyritreiche Alaunschiefer.

Im Oberen Schalenbankhorizont überwiegen Brachiopoden. Es bildeten sich Schalenpflaster von: Orthiden, Pentameriden, Spiriferiden, Malacostraken, Wurmbauten (*Cornulithes serpularis*) und Tentakuliten (*Nowakia intermedia*, *Now.* cf. *lochkovensis*). Im Hangenden des Oberen Schalenbankhorizontes folgt die 0,2 bis 1,2 m mächtige Untere Kalksandsteinbank.

Das untere Unterdevon markiert einen deutlichen Fazieswechsel. Es endet die „silurische" kohlenstoffreiche Graptolithenschieferfazies. Der nun folgende, etwa 20 bis 30 m mächtige Tentakulitenknollenkalk ist ein Tiefwasserkarbonat. Der Bereich des Tentakulitenknollenkalkes ist oberflächlich nur selten günstig aufgeschlossen. Er besteht aus einer Wechsellagerung von Kalk- bzw. Mergelbänken und Tonschieferlagen. Darauf folgt ein kleinknotiger Kalkknotenschiefer, dann ein großknotiger Kalkknotenschiefer mit vereinzelten Mergel- oder Kalkbänken. Diese werden überlagert von der etwa 0,1 bis 0,3 m mächtigen Oberen Kalksandsteinbank. Den Abschluß bildet ein 4 m mächtiger Kalkknotenschiefer mit wenig Knotenlagen (BLUMENSTENGEL 1995).

Die namengebenden Tentakuliten sind massenhaft in den Kalkknollen und Lagen angereichert. Häufige Arten sind: *Nowakia intermedia*, *Now. acuaria*, *Now. geinitziana* und *Now. fuchsi*. Außerdem findet man Reste von Korallen, Trilobiten, Foraminiferen und Ostrakoden (WEISSERMEL 1941, BLUMENSTENGEL 1962).

Im Zeitraum des Emsium wurde im Thüringer Raum die Tentakulitenschiefer-Nereitenquarzit-Formation abgelagert. Auch hier trug der oft hohe Gehalt an Tentakulitenresten zur Namensgebung bei. Die Schichtenfolge beginnt nach ZAGORA (1962a) mit den 60 bis 100 m mächtigen quarzitischen Tentakulitenschiefern (quarzitisch gebänderter Schiefer), in die die Nereitenquarzite mit ihrer charakteristischen Tiefwasserichnozönose eingelagert sind.

Nach VOLK (1960a) treten bei Steinach erste Pflanzenreste mit der Gattung *Protopteridium* auf. Charakteristisch ist der Formenreichtum an Lebensspuren, insbesondere die von Trilobiten erzeugte Spur *Nereites thuringiacus* sowie die Gattungen *Chondrites*, *Lophoctenium*, *Palaeophycus*, *Phycosiphon* und *Protovirgula* (MÄGDEFRAU 1963, 1940, VOLK 1964, MÜLLER 1980, 1982).

Am Schwarzburg-Antiklinorium folgen im Hangenden der quarzitischen Tentakulitenschiefer etwa 15 m geröllführende Quarzite und Schiefer. Nach der Erstbeschreibung von RICHTER (1851) spricht man vom Richter'schen Konglomerat. Es folgen etwa 10 m mächtige blaugraue mergelige Tentakulitenschiefer mit dem „Schaderthaler fossilführenden Horizont" (RICHTER 1863, 1865), der eine charakteristische Tiefwasserfauna enthält. Es handelt sich um Tentakuliten, Ostrakoden Brachiopoden, Korallen u. a. (RICHTER 1854, 1863, 1865, SCHMIDT 1939, ZAGORA 1962a, 1964). Den Abschluß unterdevonischer Ablagerungen bildet ein 20 m mächtiger, fossilfreier, quarzitführender Schiefer (BLUMENSTENGEL 1995).

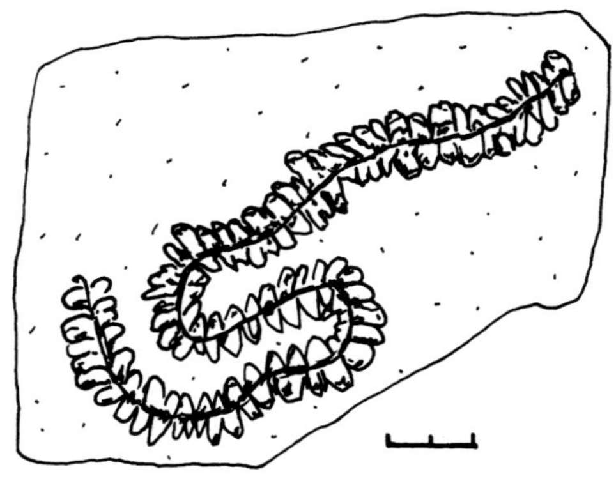

Abb. 12: Weidespur (*Nereites thuringiacus*). Maßstab: 2 cm.

Die ins Mitteldevon (Eifelium-Givetium) gehörende Schwärzschiefer-Formation ist außer im basalen Teil nach gegenwärtiger Kenntnis weitestgehend fossilarm (ZAGORA 1962b, ATANASOV & JORDAN 1969). Die sapropelitische Schieferfazies verleiht der Formation ein recht einheitliches Aussehen. In der Matrix zeigt sich feinverteilter Pyrit. Die Mächtigkeit schwankt zwischen 30 und 50 m. Die Schwärzschiefer-Formation wird im Hangenden gegen die helleren Grauwacken des Oberdevons deutlich abgegrenzt.

Auf eine teilweise interessante Fossilführung des Schwärzschiefers verweisen Funde von Landpflanzen im nordwestlichen Vogtland (MARTENS 1992b). Auf Faunenreste verweisen ALBERTI (1960), ZAGORA (1968) und ATANASOV & JORDAN (1969).

An der Wende Mitteldevon/Oberdevon begannen deutliche tektonische Bewegungen (Reußische Phase nach v. GAERTNER 1950). Sie führten zu einer Aufgliederung des bisher einheitlichen Sedimentationsraumes in einzelne Schwellen und Tröge. Die Ablagerungsbedingungen und jeweiligen Profile unterscheiden sich nun wesentlich in den einzelnen Vorkommen des ostthüringischen Raumes. Außerdem beginnt ein intensiver initialer, überwiegend untermeerischer Diabasvulkanismus.

Im Gebiet des SE-Randes des Schwarzburg-Antiklinoriums, zwischen Saalfeld, Leutenberg und Steinach, bildet das Oberdevon einen relativ einheitlichen Faziesbereich mit einer Gesamtmächtigkeit von 120 m (PFEIFFER 1954). Die lithologisch begründete Dreiteilung des Oberdevons wurde von MEYER (1920) und PFEIFFER (1954) weiterentwickelt. Innerhalb des thüringischen Devons ist das Oberdevon am fossilreichsten. Dies deutet schon der relativ hohe Anteil an marinen Karbonaten (Kalkknotenschiefer) an (GRÜNDEL & RÖSLER 1963, BLUMENSTENGEL 1959, 1961, 1965, 1974, 1981, BLUMENSTENGEL, FREYER & ZAGORA 1976, BARTZSCH, BLUMENSTENGEL & WEYER 1999).

Abb. 13: *Manticoceras* sp.. Maßstab: 1 cm.

Günstige klimatische Bedingungen ließen eine Vielzahl recht unterschiedlicher Lebensgemeinschaften in einem durch vulkanotektonische Prozesse deutlich differenzierten marinen Lebensraum entstehen. Hinzu kommen daraus resultierende häufige Fazieswechsel im jeweiligen Profil und in lateraler Richtung. Von vulkanisch gebildeten Inselgruppen tauchen im Fossilinhalt stellenweise terrestrische Elemente, vor allem Landpflanzen auf (MÄGDEFRAU 1939, MARTENS 1992b).

Das Oberdevon beginnt mit der 40 bis 75 m mächtigen Braunwacken-Wetzschiefer-Formation (Frasnium, Oberdevon I, *Manticoceras*-Stufe). Die Gesteinsfolge entwickelt sich allmählich aus der mitteldevonischen Schwärzschiefer-Formation. Es handelt sich zunächst um Grauwacken-Bänderschiefer (Braunwacken-Schichten). Die Grauwacken bestehen aus aufgearbeitetem Eruptivgesteinsmaterial (Diabas, Diabastuff). Die braune Verwitterungsfarbe führte zu dem Namen „Braunwacke". Stellenweise findet man in den Braunwacken-Schichten unbestimmbare Pflanzenhäcksel oder selten bestimmbare Reste von Landpflanzen (MÄGDEFRAU 1936, 1939), eingetriftet vom nahen Festland. Darunter sind erste Articulaten (*Pseudobornis*), eine Cyclostigmenflora als älteste Lepidophyten (*Heleniella*) und Farnlaubgewächse (*Sphenopteridium*).

Im Gebiet von Steinach treten Kalkgrauwacken mit einer marinen Fauna auf, die häufig stark deformiert und schlecht bestimmbar ist. Sie besteht aus Brachiopoden, Korallen, Crinoiden, Bryozoen, Spongien, Ostrakoden, Tentakuliten, Trilobiten, Echinoiden, Conodonten u.a. (VOLK 1939, 1954). Im Hangenden folgen etwa 20 m mächtige, blaugraue, feinklastisch gebänderte Tonschiefer, die als Braunschiefer (Braunschiefer-Schichten) zusamengefaßt werden. Charakteristisch ist im höchsten Teil die Einlagerung einer geringmächtigen Kalkbank (Ostrakodenkalk nach VOLK 1939).

Die nun folgenden Unteren Alaunschiefer bestehen aus einem etwa 0,5 m mächtigen, sapropelitischen, pyritführenden, calcitischen, dolomitischen Schiefer mit Ostrakoden, Tentakuliten und dünnschaligen Cardioconchien.

Es folgt der Wetzschiefer, ein dunkelgrauer bis graugrüner Schiefer. Er wurde früher z.B. bei Steinach für die Schleifstein- bzw. Wetzsteinherstellung gewonnen. Diese Verwendung prägte den Namen für den vor allem Diabasdetritus führenden, bis 12 m mächtigen Horizont. Der auffällige Gehalt an Ostrakoden gab ihm zeitweilig auch den Namen Cypridinenschiefer. An Fossilien führt er lagenweise massenhaft Ostrakoden, Tentakuliten, selten Trilobiten.

Der Wetzschiefer wird überlagert von einem 2 m mächtigen Alaunschiefer mit Mergelbänken (Obere Alaunschiefer). Damit endet die Braunwacken-Wetzschiefer-Formation und es beginnt die Basis der Saalfeld-Formation (Famennium) mit den *Trimerocephalus*-Schichten, einer bis 40 m mächtigen Abfolge. Die Sedimentation ändert sich deutlich. Die vulkanitdetritusführenden Gesteine werden von einer mehr kalkig betonten Schichtenfolge abgelöst. Es beginnt ein rotviolett bis graugrün gefärbter Kalkknotenschiefer, der an der Basis noch mm-dünne Diabastuffbänder aufweist. Die Kalkknoten erreichen 0,5 bis 1 cm Mächtigkeit. Besonders im oberen Teil wird von einer Chloritschiefer-Kalkbänder-Wechselfolge gesprochen. Zum Fossilinhalt der *Trimerocephalus*-Schichten berichteten WALTHER (1907), KEGEL (1931), WEISSERMEL (1939), SCHINDEWOLF (1924, 1952), PFEIFFER (1954), HELMS (1959, 1965), ZAGORA (1964), PFEIFFER (1959) u.a.

Lediglich eine faunistische Grenze trennt die *Trimerocephalus*-Schichten vom hangenden Kleinknotigen Kalk. Aus der Chloritschiefer-Kalkknotenlagen-Wechsellagerung entwickeln sich im oberen Bereich dieses Schichtgliedes dichtgedrängte Knotenlagen. Die Schieferzwischenlagen zeigen vor allem im unteren Teil typisch rotbraune Färbung. Die Mächtigkeit des Kleinknotigen Kalkes erreicht 20 m. Diabasdetritus fehlt in den oberen Lagen. Ein 0,2 m mächtiger, sapropelitischer Tonschiefer, die sogen. „Trennschicht" vom Bohlen bei Saalfeld, folgt im Hangenden.

Die folgenden großknotigen Kalkknotenschiefer, die Unteren Clymenien-Schichten, beginnen an der Basis mit einer 8 bis10 cm mächtigen, makrofossilreichen Lage, der Wagnerbank. Die Unteren Clymenien-Schichten werden zu Beginn noch von Diabasdetritus begleitet, allerdings schwächer als in den vorigen. Sie erreichen eine Mächtigkeit von 7 bis 10 m. Der neue Sedimentationsvorgang wird durch tektonische Impulse begründet (Frankonische Phase, THURSCH 1959).

Die Aufspaltung in Untere und Obere Clymenien-Schichten bewirkt der Hauptquarzit, ein dunkelgrauer bis schwarzer, feinkörniger, bankiger Quarzit. Die Mächtigkeit beträgt am Schwarzburg-Antiklinorium ca. 6 bis 11 m. Als Liefergebiet kommt nur die Mitteldeutsche Schwelle in Frage (BARTZSCH & WEYER 1985).

Es folgen die Oberen Clymenien-Schichten wieder mit großknotigen, grauen bis dunkelgrauen Kalkknotenschiefern. Zum Hangenden wird das Schichtglied sandiger. Die Mächtigkeit beträgt 12 bis 14 m.

Die Oberen Clymenien-Schichten werden vom Hangenden Quarzit überlagert. Diese klastische Schüttung aus NW erreicht am Schwarzburg-Antiklinorium eine Mächtigkeit von 7 bis 9 m.

Der allgemeine Sedimentationscharakter des Oberen Oberdevons setzt sich mehr oder weniger unverändert im basalen Unterkarbon fort.

2.2.6 Unterkarbon (Kulm)

Östlich des Verbreitungsgebietes devonischer Ablagerungen am Ostrand des Schwarzburg-Antiklinoriums, demnach überwiegend schon außerhalb der geographischen Begrenzung des Thüringer Waldes, folgen die marinen Sedimente des Unterkarbons in Kulmfazies. Die Entwicklung aus dem Devonprofil erfolgt in kalkiger Fazies des Kalkknotenschiefers und läßt sich nur faunistisch feststellen (BARTZSCH & WEYER 1985, 1986). Die unterkarbonische *Gattendorfia*-Stufe beginnt danach ab Bank 1 der obersten Kalkknotenschiefer.

Eine Einteilung in Unteren und Oberen Kulm geht auf WILHELM GÜMBEL (1823–1898) zurück. Heute spricht man noch von einer Kulmfazies (Flysch). Der Kulm ist im SE des Schwarzburg-Antiklinoriums in der Ziegenrück-Mulde verbreitet, über 1000 m mächtig und vor allem durch die alten und neuen Dachschieferabbaue um Lehesten und Probstzella bekannt geworden (FRITSCH 1897). Der Dachschiefer ist in zahlreichen Ortschaften des Thüringer Waldes und seiner Umgebung ein prägendes Element in der Gebäudearchitektur.

2.3 Thüringer Wald-Senke

2.3.1 Kristallines Fundament

Der Thüringer Hauptgranit und seine Kontaktzone

Der Thüringer Hauptgranit bildet im zentralen Thüringer Wald in einer Hochlage den Hauptanteil der präoberkarbonen, kristallinen Unterlage der variszischen Molasse (Rotliegend) und ist besonders am SE-Rand des Suhler Sattels (WEBER 1941) zwischen Ilmenau und Schmiedefeld sowie zwischen Suhl und Zella-Mehlis tektonisch begründet oberflächenbildend. Der Thüringer Hauptgranit entspricht dem südöstlichen Teilbereich des Mitteldeutschen Zentralplutons als Teil der Mitteldeutschen Kristallinzone. In Richtung NW wurde der Granit in Bohrungen, z.B. bei Georgenthal, nachgewiesen. Ein kleines Vorkommen findet sich bei Steinbach-Hallenberg. Der Granit-Kontakt gegen das Ruhla-Kristallin ist östlich und südöstlich Brotterode in einem schmalen Streifen aufgeschlossen. Der Kon-

Abb. 14: Gesteine der Thüringer Wald-Senke.

takt gegen die Sedimente des Schwarzburg-Antiklinoriums ist fensterartig bei Ilmenau und im Bereich der Schiefergebirgsinsel Schmiedefeld-Vesser gut zu beobachten. Im „Kleinen Thüringer Wald" bei Themar/Schleusingen ist der Kontakt ebenfalls nachweisbar. Die Intrusion des Granites erfolgte nach BANKWITZ & KAEMMEL (1957, 1958) vor allem im Unterkarbon (337 ± 7 Ma: BRÄTZ et al. 1996). Der Chemismus und die petrographische Ausbildung des Thüringer Hauptgranites wird als recht heterogen eingeschätzt. Die meist mittelkörnigen Granitoide variieren im petrographischen Aufbau. Leukokrate, feinkörnige Nachschübe bzw. Aplitgänge sind nachgewiesen (HÄNDEL 1924, KAEMMEL 1955, BRÄUER 1967).

In den grobklastischen Sedimenten (Arkosesandsteine bis Konglomerate) des Unter- und Oberrotliegend lassen sich mit unterschiedlichen Anteilen granitischer Detritus und Granitgerölle nachweisen, die auf entsprechende Erosionsanschnitte des Thüringer Hauptgranites bereits während der Molassesedimentation vom höchsten Oberkarbon bis ins Unterperm hinweisen. Heute ist der Thüringer Hauptgranit im Bereich des Thüringer Waldes noch an folgenden Stellen direkt aufgeschlossen oder indirekt durch Bohrungen erschlossen:

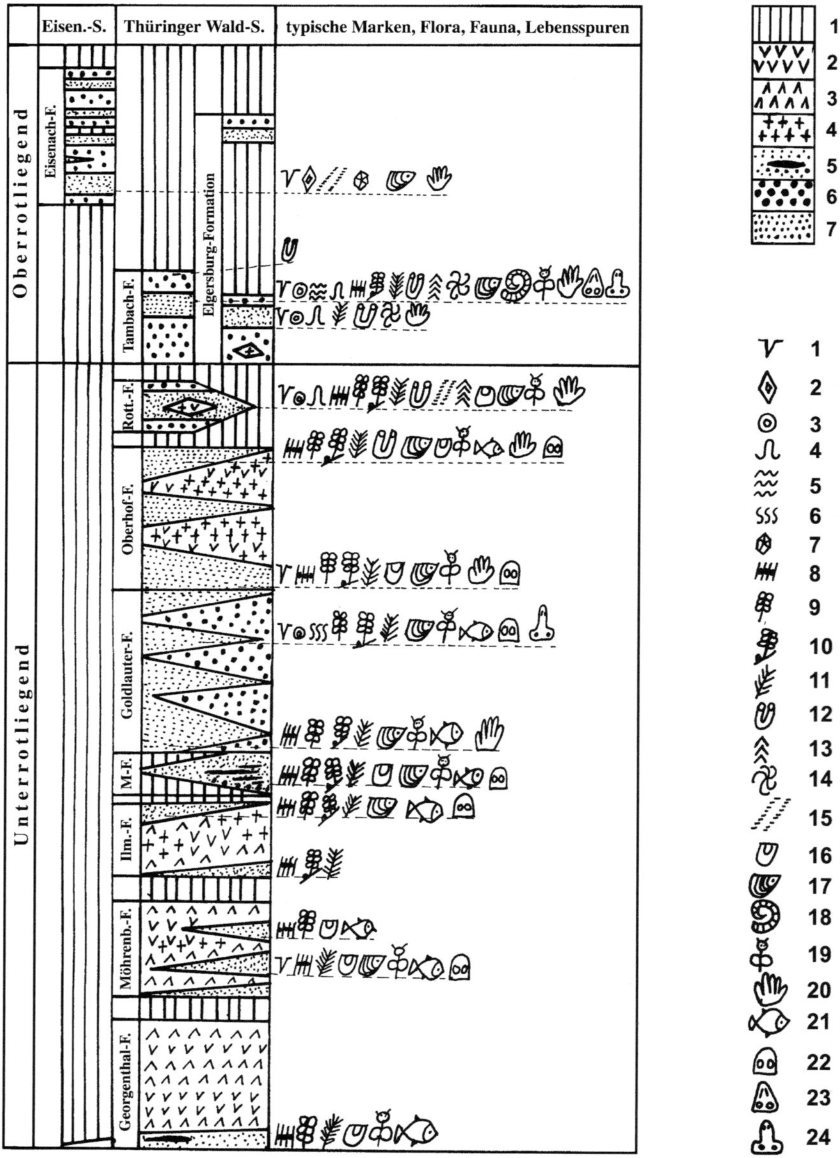

Eisen.-S.
Thüringer Wald-S.
typische Marken, Flora, Fauna, Lebensspuren

Oberrotliegend
Eisenach-F.
Elgersburg-Formation
Tambach-F.

Unterrotliegend
Rott.-F.
Oberhof-F.
Goldlauter-F.
M-F.
Ilm.-F.
Möhrenb.-F.
Georgenthal-F.

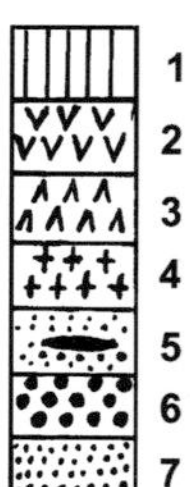

1
2
3
4
5
6
7
8
9
10
11
12
13
14
15
16
17
18
19
20
21
22
23
24

- Granit am Ehrenberg bei Ilmenau
- Granitvorkommen bei Manebach
- Granitvorkommen bei Stützerbach (Dachskopf und Schneidemüllerskopf im Ilmtal)
- Granit im Bereich der Schiefergebirgsinsel von Schmiedefeld-Vesser
- Granitvorkommen der Scholle von Suhl–Zella-Mehlis
- Vorkommen bei Steinbach-Hallenberg (am Roten Rain)
- Vorkommen bei Kleinschmalkalden und östlich Brotterode
- Vorkommen z.B. in den Bohrungen „Georgenthal“, „Wipfra 2“, „Themar“, „Ohrdruf 1“ und „Schleusingen 3“
- Granitgerölle in verschiedenen Konglomeraten des Rotliegend (z.B. Gottlob-Konglomerat der Oberen Goldlauter-Formation, Bielstein-Konglomerat der Tambach-Formation).

2.3.2 Oberkarbon bis Unterperm (tieferes Rotliegend)

Mit der Sudetischen Phase, der Hauptfaltung der Sedimente bis einschließlich Unterkarbon und mit der Heraushebung der Varisziden an der Wende Unter/Oberkarbon setzte im Bereich des nun auch morphologisch in weiten Teilen Europas erkennbaren Variszischen Gebirges eine intensive Abtragung ein. Die Erosion erniedrigte relativ schnell das neu entstandene Relief und es entstanden zusammen mit tektonischen bzw. vulkanotektonischen Bewegungen SW-NE gerichtete Zonen. Hier kam es zur deutlichen Reliefumkehr und zur Herausbildung von Becken mit Molassesedimen-

Abb. 15: Stratigraphische Übersicht: Rotliegend.
Stratigraphie: 1 – keine Sedimentation nachweisbar (Lücke), 2 – Tuffe und Tuffite, 3 –basische und intermediäre Vulkanite (Andesit), 4 – saure Vulkanite (Rhyolith), 5 – Kohleflöz, 6 – Konglomerat, 7 – Ton-, Silt- und Sandstein.
Fossilien und Marken: 1 – Austrocknungsmarken, 2 – Salzpseudomorphosen, 3 – Niederschlagsmarken, 4 – Strömungsmarken, 5 – Wasserstandsmarken, 6 – Rippelmarken, 7 –Hydromedusen und medusoide Marken, 8 – Calamiten, 9 – Farne, 10 – Farnsamer, 11 – Koniferen, 12 – Bioturbation (Grabgänge), 13 –*Striatichnium*, 14 – *Tambia spiralis*, 15 – Insektenfährten, 16 – Muscheln, 17 – Conchostraken, 18 – Myriapoden, 19 – Insekten, 20 – Tetrapodenfährten, 21 – Fische, 22 – Amphibien (Branchiosaurier), 23 – terrestrische Amphibien, 24 – Reptilien.

tation und Hochgebieten mit Gebirgsketten, die überwiegend aus kristallinen und magmatischen Gesteinen bestanden.

Im Bereich des Hochgebietes „Suhler Sattel" (nach WEBER 1941, 1954) führte diese Reliefumkehr im Unteren Oberkarbon unter dem Einfluß eines feuchtwarmen, tropenähnlichen Klimas zu einer erosiven Freilegung des Thüringer Hauptgranites, zu dessen tiefgründiger Verwitterung und Abtragung. Vom Gebiet Halle/Saale bis in den heutigen Thüringer Wald entstand, verbunden mit tektonischen Senkungsvorgängen, gegen Ende des Oberkarbons ein zunächst mehr oder weniger zusammenhängendes intramontanes Becken – die Saale-Senke. In der Thüringer Wald-Senke begann die Molassesedimentation mit Sicherheit erst im Stephanium, später als im Halleschen Raum. Biostratigraphische Angaben zum Einsetzen der Sedimentation stützen sich in der Thüringer Wald-Senke nur auf wenige paläobotanische Ergebnisse und sollen Stephanium C belegen (GOTHAN 1928). Eine kritische Betrachtung findet sich bei REICHADT 1932a, KATZUNG 1969, KATZUNG & DÖRING 1973. Die Nutzung einer ausschließlich hygrophilen Flora für biostratigraphische Zwecke ist recht problematisch. Da es bisher noch zu keiner internationalen Einigung über den biostratigraphischen Grenzverlauf zwischen Karbon und Perm im kontinentalen Bereich gekommen ist, wird die Schichtenfolge der Molassesedimente nachfolgend weiterhin als Rotliegend zusammengefaßt. Die Grenzziehung zwischen Unter- und Oberrotliegend ist litho- und biostratigraphisch nicht mit anderen Rotliegendbecken korrelierbar und hat nur Bedeutung für das Molasseprofil der Thüringer Wald-Senke (SEEBACH 1876, 1878, BEYRICH 1886, WEBER 1962, KATZUNG 1968b, 1972, 1975, KOZUR 1977b, 1978a, b, 1980, HAUBOLD & KATZUNG 1980, HOLUB & KOZUR 1981, LIPPOLT, HESS & GOLL 1994, ANDREAS u.a.1996, GOLL, LIPPOLD & HESS 1995, 1996).

Die Verwendung der Begriffe Unter- bzw. Oberrotliegend für biostratigraphische Zwecke wird abgelehnt. Das Rotliegend der Thüringer Wald-Senke überspannt einen Zeitraum vom oberen Oberkarbon bis zum untersten Unterperm. Das Rotliegend enthält in der Thüringer Wald-Senke recht unterschiedliche Molassesedimente, Vulkanite mit unterschiedlichem Chemismus und verschiedenartige Pyroklastite von der Georgenthal-Formation an der Basis bis in die Tambach-, Elgersburg- und Eisenach-Formation des Oberrotliegend.

Wie bereits im Altpaläozoikum, wird auch im Rotliegend statt des traditionell verwendeten Begriffes „Schichten" der Begriff „Formation" zur Gliederung benutzt. Dies soll auf die Notwendigkeit einer Stabilität in der stratigraphischen Nomenklatur hinweisen. Eine weitere Untergliederung der schon seit BEYSCHLAG (1895a, b) verwendeten „Stufen-Gliederung" in weitere Schichten bzw. Formationen kann immer erst für sinnvoll erachtet werden, wenn, wie im Fall der Rotterode-Formation, zwingende Gründe einer Neubenennung erarbeitet wurden. Die frühere Gehren-Formation bzw. Gruppe wird nach den grundlegenden Arbeiten von ANDREAS (1990, 1997) in die Neugliederung: Georgenthal-, Möhrenbach- und Ilmenau-Formation umbenannt. Die relativ geringmächtige Manebach-Formation könnte man als eine Sonderfazies der basalen Goldlauter-Formation auffassen. Ihre Eigenständigkeit bleibt bestehen. Die eigenständige Entwicklung der bisherigen Tambach-Formation in dem Elgersburg-Becken wird anerkannt und die Schichtenfolge in Elgersburg-Formation umbenannt.

Das Rotliegend wird als eine rein lithostratigraphische Einheit verwendet, die sie auch nur sein kann, da das Rotliegend in den einzelnen mitteleuropäischen Becken in unterschiedlichen Zeitabschnitten zwischen dem oberen Karbon und dem höheren Perm (Zechstein) zur Ablagerung gelangte. Die Frage der biostratigraphischen Zuordnung der einzelnen Formationen und die Position der Perm/Karbon-Grenze in den einzelnen Becken wird schon seit einiger Zeit heftig diskutiert. Es mangelt bisher an geeigneten Zonenfossilien, vor allem im Bereich der mächtigen Rotsedimentanteile der Profile. Die Conchostraken (Phyllopoda, Crustacea) erweisen sich immer deutlicher als eine biostratigraphisch wichtige Fossilgruppe der limnisch beeinflußten, kontinentalen Serien (MARTENS 1983a, b). Entgegen den Darstellungen bei SCHNEIDER (1996) und ANDREAS (1990, 1997) wird die Perm/Karbon-Grenze im Rotliegend-Profil des Thüringer Waldes nicht deutlich gekennzeichnet. Sie kann etwa zwischen der Ilmenau-Formation und der Oberhof-Formation liegen. Kritische paläontologische und biostratigraphische Untersuchungen werden zur Zeit vom Autor durchgeführt.

2.3.2.1 Georgenthal-Formation

Tab. 7: Stratigraphischer Aufbau: Georgenthal-Formation.

Hangendes: Möhrenbach-Formation oder andere Form. des Rotliegend
Vulkanitkomplex aus Andesit und Andesittuff Basissedimente (Öhrenkammer-Sedimente)
Liegendes: Thüringer Hauptgranit, Ruhla-Kristallin und Schwarzburg-Antiklinorium

Die Molassesedimentation beginnt im Thüringer Wald nach einer mehr als 20 Ma anhaltenden Erosionsphase im Bereich des Suhler Sattels (WEBER 1941). Das Ruhla-Kristallin wird beispielsweise an seiner Ostflanke unmittelbar von feinklastischen Beckensedimenten vom Typ Öhrenkammer (78 m Sediment) überlagert. Das Ruhla-Kristallin spielte demnach zu dieser Zeit noch keine Rolle als Hochgebiet. Es lagerten sich fluviatile Sedimente mit geringmächtigen limnischen Horizonten aus karbonatischen Bänken, kohlenstoffreichen Feinklastika und geringmächtigen Kohleflözen mit einer nach GOTHAN (1928) Stephanium C-typischen Flora und einer nach SCHNEIDER (1996) Stephanium C-typischen Fauna ab.

Diese ältesten kontinentalen Sedimente im Rotliegend des Thüringer Waldes werden als Basis- bzw. Öhrenkammer-Sedimente der Georgenthal-Formation zusammengefaßt (ANDREAS u.a. 1996). Die Formation beginnt mit Arkosesandsteinen und Konglomeraten, die überwiegend aus Verwitterungsprodukten des kristallinen Grundgebirges (Ruhla-Kristallin, Thüringer Hauptgranit) bestehen. Im mittleren Thüringer Wald lagern diese Sedimente unmittelbar auf dem Thüringer Hauptgranit, der eine fossile Verwitterungszone aus „prägeorgenthaler" Zeit hinterlassen hat (LÜTZNER 1981). In der Bohrung „Ohrdruf 1" wurde eine 5 m mächtige Gruszone im Liegenden der Basissedimente nachgewiesen (KAEMMEL 1972). Die Ablagerung der Basissedimente erfolgte daher in einer flachen, sich absenkende Beckenstruktur. Der geringe Anteil an grobklastischen Sedimenten an der Basis des Rotliegend spricht für ein ausgeglichenes Relief zu dieser Zeit.

Im Bereich des Beckeninneren kam es zeitweilig zur Ausbildung von Seen mit einer typischen limnischen Sedimentation im Wechsel mit fluviatilen Bildungen aus graugrünen Silt- und Feinsandsteinen und dunkelgrauen Tonsteinen mit einer durchschnittlichen Mächtigkeit von 100 m. Vereinzelt treten geringmächtige bituminöse Karbonatbänke auf. Hinweise auf kurzzeitiges Trockenfallen der feinklastischen Ablagerungen ergeben sich aus dem Nachweis von Wurzelböden und Trockenrissen. Die limnischen Sedimente enthalten vor allem Fische, Muscheln und Ostrakoden. Die Lebensdauer der Seen war eingeschränkt und wurde von der Entwicklung des fluviatilen Systems gesteuert. Zeitweise stagnierende Sedimentation und gleichbleibend hoher Grundwasserstand ermöglichten die Ausbildung der Moorfazies. Die Folge sind geringmächtige Kohlenflöze (z.B. Öhrenkammer bei Ruhla, Bohrung „Ohrdruf 1"). Es herrschten tropische

Klimabedingungen. Der heute nachweisbare, hohe Inkohlungsgrad ist ein Beleg für spätere erhöhte vulkanotektonische Belastungen.

Die biostratigraphische Position der Basissedimente wird bisher vor allem nach dem Floreninhalt bestimmt. Die kohleführenden Sedimente der Lokalität „Öhrenkammer bei Ruhla" werden seit GOTHAN (1928) ins Stephanium C gestellt. Jedoch ist über die genaue stratigraphische Reichweite der Leitflora des Stephaniums (z.B. *Callipteridium pteridium* u.a.) nur wenig bekannt. Auch handelt es sich überwiegend um Vertreter der hygrophilen Flora. Damit ist die biostratigraphische Deutung der Öhrenkammer-Flora vor allem ökofaziell beeinflußt. Weitere Untersuchungen sind notwendig.

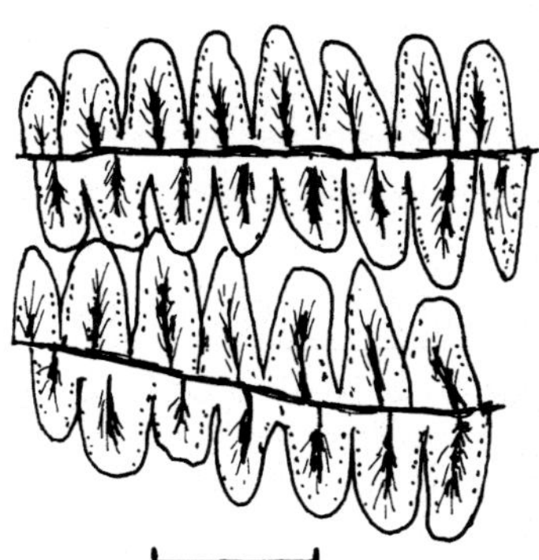

Abb. 16: Wedelausschnitt von *Callipteridium pteridium.* Maßstab: 1 cm.

Die vulkanitfreien Basissedimente der Georgenthal-Formation werden vom ca. 800–1000 m mächtigen Vulkanitkomplex von Georgenthal überlagert. Die größten Mächtigkeiten lassen sich in einer Linie von Georgenthal nach Zella-Mehlis nachweisen. Er besteht aus einer Erguß-Tuff-Wechselfolge von 7 Andesitergüssen und Tuffen (VOIGT 1972). Die Vulkanite sollen einen Schildvulkan mit 35 bis 40 km Durchmesser aufgebaut haben (SEIDEL 1995).

Die Vulkanite sind teilweise subeffusiver Natur (z.B. Bohrung Ohrdruf 1). Vulkanotektonische Bewegungen sind verantwortlich für erkennbare Schichtlücken durch zwischenzeitliche Erosion zwischen den Basissedimenten und den ersten effusiven Vulkaniten. Als ein Beispiel für die Mächtigkeiten des Vulkanitkomplexes gelten die Verhältnisse südlich Zella-Mehlis:

20–180 m	Rhyolith, Andesittuff und Tonstein
250 m	Andesit und Melaphyr
30 m	Rhyolithbrockentuff
75 m	Andesit und Glimmerandesit
20 m	Hornblendeandesit
250 m	Glimmerandesit
25 m	Hornblendeandesit
350 m	Glimmerandesit

Der Vulkanismus führte in der Thüringer Wald-Senke zwischenzeitlich zu einer deutlichen Differenzierung oder zeitweiligen Verdrängung des Ablagerungsraumes zugunsten eines vulkanotektonisch entstandenen Hochgebietes. Das Fehlen von Grobschüttungen deutet auf eine relativ schnelle Kompensation der neu entstanden Vulkanitfolge durch Absenkungen bzw. Teilerosion in einigen Gebieten ohne Ablagerungen im Bereich des Thüringer Waldes hin (Schichtlücken). Diese Tendenz setzt sich in der Möhrenbach-Formation fort.

2.3.2.2 Möhrenbach-Formation

Tab. 8: Stratigraphischer Aufbau: Möhrenbach-Formation.

Hangendes:	Ilmenau-Formation oder andere Formationen des Rotliegend
	Öhrenstock-Schichten Lohme-Schichten Stechberg-Schichten Wohlrose-Schichten Ochsenbach-Schichten
Liegendes:	Georgenthal-Formation oder Thüringer Hauptgranit

Die Möhrenbach-Formation ist nur im südöstlichen Teil des Thüringer Waldes nachgewiesen und enthält intermediäre und saure Vulkanite. Die Altersbeziehungen zwischen der Georgenthal- und der Mörenbach-Formation sind teilweise noch unklar. Entscheidend ist die Klärung der stratigraphischen Stellung der Ilmtal-Sedimente bei Manebach, die ebenso wie die Öhrenkammer-Sedimente bei Ruhla auf kristallinem Untergrund aufliegen.

Nach einer Schichtlücke beginnt mit der Ablagerung fluviatiler und limnischer Basissedimente ein weiterer Vulkanitkomplex aus Tuffen, biotitarmen Andesiten, Biotitandesiten und Hornblendeandesiten. Es werden bis zu 5 Ergüsse (bis 90 m mächtig) mit Zwischenmitteln aus Lavabrekzien und Tuffen unterschieden. Die Ochsenbach-Schichten erreichen eine Gesamtmächtigkeit bis zu 320 m (MÄDLER 1977).

Die im Hangenden folgenden Wohlrose-Schichten enthalten den bis 300 m mächtigen Stützerbach-Rhyolith und den Erguß eines Biotitandesites. Der Stützerbach-Rhyolith ist östlich von Suhl, über Stützerbach bis in die Gegend von Masserberg verbreitet.

Abb. 17: *Annularia sphenophylloides.* Maßstab: 1 cm.

Mit den fossilführenden Ilmtal-Sedimenten (Lokalität Moosbach) beginnt nach einer erneuten erosiven Phase (Schichtlücke) im Hangenden des Thüringer Hauptgranites bzw. Stützerbach-Rhyoliths die Sedimentation der Stechberg-Schichten. Es folgt im Hangenden der Ilmtal-Sedimente bei Manebach ein Vulkanitkomplex mit dem Schneidemüllerskopf-Andesit. Neben weiteren Andesitergüssen gehören noch die fossilführenden Möhrenbach-Sedimente und Tuffe zu den Stechberg-Schichten.

Ein ähnlicher Schichtkomplex folgt im Hangenden mit den Lohme-Schichten (Sedimente, Andesite vom Typ des Gotteskopf-Andesites und zugehörige Tuffe mit unterschiedlichen Mächtigkeiten). Fossilführend und damit von stratigraphischem Interesse sind die Lohmetal-Sedimente bei Gehren, die durch Altbergbauversuche im Lohmetal eine magere Fauna und Flora geliefert haben (REICHARDT 1932a).

Vulkanotektonische Ereignisse führten zu einer weiteren Zergliederung des Gebietes. Als schlotartiger Intrusivkörper drang abschließend an verschiedenen Spalten während der Bildung der Öhrenstock-Schichten der Kienberg-Rhyolith auf, begleitet vom Kienberg-Tuff. Lokal entstanden intrusive Tuffbrekzien und der charakteristische Öhrenstock-Tuff, ein trachyandesitischer Ignimbrit mit Mächtigkeiten über 300 m (ANDREAS & MICHAEL 1966). Außerdem kam es zur Bildung von Syenitporphyr und Orthoklasporphyr als subvulkanische Äquivalente des Kienberg-Rhyoliths. Dieser vulkanische Komplex ist nordwestlich der Neustadt-Gillersdorf-Verwerfung bis zur Linie Schotetal–Schmiedefeld–Vessertal durchgehend entwickelt. Somit ergibt sich eine abweichende Entwicklung an der SE-Flanke der Thüringer Wald-Senke, was aus dem heutigen geologischen Kartenbild gut erkennbar ist.

2.3.2.3 Ilmenau-Formation

Tab. 9: Stratigraphischer Aufbau: Ilmenau-Formation.

Hangendes:	Manebach-Formation oder Goldlauter-Formation
	Höllkopf-Sedimente Obere Tonsteine Lindenberg-Andesit und Rhyolith Untere Tonsteine
Liegendes:	Möhrenbach-Formation bis Georgenthal-Formation

Die Ilmenau-Formation verteilt sich auf die jeweiligen Flanken der sich im höheren Unterrotliegend deutlich herausbildenen Oberhof-Mulde. Die Wechselfolgen aus umgelagerten vulkanogenen Sedimenten und verschiedenen Vulkaniten häuften sich nun vornehmlich in den Teilbecken von Tabarz-Schmalkalden im NW und im Teilbecken von Elgersburg-Hirschbach im SE an. Dabei ist diskordantes Übergreifen der Ilmenau-Formation auf verschieden alte Gesteine der Georgenthal- und Möhrenbach-Formation die Regel. Somit ist eine zeitliche Lücke (Erosionsdiskordanz) vor der Ablagerung der Ilmenau-Formation anzunehmen.

Im klassischen Verbreitungsgebiet der Ilmenau-Formation zwischen Ilmenau und Manebach setzen über dem Öhrenstock-Tuff (hangende Möhrenbach-Formation) die Unteren Tonsteine ein, die als umgelagerte Staubtuffe gedeutet werden (Tuffite). LÜTZNER (1995) sprach in diesem Zusammenhang auch von den Lindenberg-Schichten. Diese limnisch betonte Sedimentation setzt eine neu entstandene Tieflage des Gebietes voraus. So müssen länger anhaltende Erosionserscheinungen vorher das vulkanogen geprägte Relief der Thüringer Wald-Senke erneut eingeebnet haben.

Die Unteren Tonsteine sind 30–75 m mächtige, helle, teilweise deutlich gebänderte, bunte Tonsteine und braune bis graue Sandsteine. Nach Westen nimmt zunächst ihre Mächtigkeit ab, erreicht aber im Teilbecken von Tabarz – Schmalkalden wieder eine Mächtigkeit von 50 bis 75 m.

Abb. 18: Tonstein mit tektonisch gestörter Lamination, Lindenberg bei Ilmenau. Maßstab: 1 cm

Die Fossilführung der Unteren Tonsteine des südöstlichen Teilbeckens ist besonders an der Lokalität „Lindenberg bei Ilmenau“ untersucht worden (ZIMMERMANN 1908c, GOTHAN & GIMM 1930, BARTHEL & RÖSSLER 1993). Außerdem werden noch Fossilfunde vom Gabelbachtal bei Ilmenau und am Großen Spanntiegel erwähnt (ZIMMERMANN 1908c, HAUBOLD 1985). Die Zusammensetzung der Flora dieser wenigen Vorkommen wurde als Beleg für das „Autunium”-Alter (Unteres Perm) innerhalb der früheren Gehren-Gruppe gewertet. Jedoch ist der Florenwandel eindeutig biofaziell und nicht biostratigraphisch begründet und vor allem wegen der Sedimentationlücke vorgetäuscht.

Über dem Unteren Tonstein folgt der aus mehreren Glimmerporphyritdecken bestehende, bis 300 m mächtige Lindenberg-Andesit. Darauf folgen die Oberen Tonsteine, die in ihrer Gesteinszusammensetzung den Unteren Tonsteinen ähneln oder als „echte" Tonsteine gedeutet werden. Die Ablagerung der Oberen Tonsteine in einem limnischen Milieu setzt eine deutliche, vorhergehende Erosion und Absenkung der zuvor entstandenen vulkanischen Produkte voraus, so daß eine erneute Tieflage im Teilbecken Elgersburg-Hirschbach bzw. Tabarz-Winterstein entstehen konnte.

Im Teilbecken von Tabarz-Schmalkalden folgen über den Unteren Tonsteinen ca. 100–500 m mächtige Rhyolithe (Typ Meisenstein und Sembachtal) und danach die deutlich limnisch entwickelten Oberen Tonsteine, die vom teilweise subeffusiven, bis 80 m mächtigen Melaphyr (Ebertsheide-Melaphyr) überdeckt werden (Lokalität „Sembachtal"). Charakteristisch sind vulkanogen entstandene Verkieselungshorizonte. Im Gegensatz dazu folgt über dem Oberen Tonstein des Teilbeckens von Elgersburg-Hirschbach ein bis zu 100 m mächtiger Melaphyr (Höllkopf-Melaphyr).

Abermals folgen im Hangenden graue bis graugrüne Silt- bis Sandsteine, die Höllkopf-Sedimente, die eine weitere Tieflage im vulkanisch aktiven Becken anzeigen. Sie erreichen Mächtigkeiten bis 30 m und bilden die Basis der Höllkopf-Schichten innerhalb der Ilmenau-Formation. Die Sedimente werden vom Unteren und Oberen Kickelhahn-Tuff mit größerer Mächtigkeit (100 m) überlagert. Den Abschluß der Formation bilden mehrere Ergüsse von Rhyolith (Kickelhahn-Rhyolith, Sturmheide-Rhyolith) im Wechsel mit Tuffen. Im westlichen Thüringer Wald bildeten sich der Schillwand-, Haderholz- und Treppenstein-Rhyolith. Die vulkanischen Aktivitäten der Ilmenau-Formation erloschen allmählich. Dies hatte zur Folge, daß die ständig wirkende Erosion das vulkanotektonisch geprägte Relief nach und nach einebnete und nach erneuten Absenkungsvorgängen eine mit den Basissedimenten der Georgenthal-Formation vergleichbare paläogeographische Situation entstand. Die Thüringer Wald-Senke lag weiterhin im Bereich des tropischen Klimagürtels. Tiefgründige Verwitterungserscheinungen und Erosion in dem besonders aus vulkanogenen Gesteinen gebildeten Relief und die Ausbildung eines neuen Sedimentationsbeckens leiteten mit einer deutlichen Schichtlücke die vorwiegend im Raum Manebach-Gehlberg aber auch im westlichen Thüringer Wald verbreitete Manebach-Formation ein.

2.3.2.4 Manebach-Formation

Tab. 10: Stratigraphischer Aufbau: Manebach-Formation im Raum Manebach.

Hangendes: Goldlauter-Formation
Obere Sandsteinzone Flözführende Zone Untere Sandsteinzone Grundkonglomerat
Liegendes: Ilmenau-Formation

Die Manebach-Formation besteht aus maximal 150–180 m mächtigen fluviatil bis limnisch entstandenen Grausedimenten, die mehrere geringmächtige Steinkohlenflöze enthalten. Die wirtschaftliche Bedeutung der Steinkohlenvorkommen hat diesen Abschnitt des Unterrotliegend schon seit mehr als 200 Jahren zum Forschungsgegenstand für Geologen und Paläontologen gemacht. Nach den Untersuchungen von v. SCHLOTHEIM, POTONIÉ, H. v. WICHDORFF, GOTHAN, MÄGDEFRAU, REMY, LÜTZNER, BARTHEL u.a., insbesondere am Profil unterhalb des Forstmeistersweges bei Manebach, gilt diese Typuslokalität heute noch als ein „Mekka der Paläobotaniker und Geologen" (BARTHEL & RÖSSLER 1994b, 1996).

Die Sedimente der Manebach-Formation enthalten keine Hinweise auf vulkanische Erscheinungen. Die tektonische bzw. vulkanische Ruhephase war verbunden mit erosiven Vorgängen und der Einebnung eines zuvor gebildeten vulkanischen Reliefs der Ilmenau-Formation. Tiefgründige Verwitterung in einem tropischen, feucht-warmen Klima und erneut einsetzende Senkungsvorgänge in der Thüringer Wald-Senke schufen die Voraussetzungen für die Ablagerung der Manebach-Formation. Innerhalb dieser Formation bildeten sich charakteristische, meist dunkelgraue, kohlenstoffreiche Silt- und Tonsteine, z.T. mit Verkieselungserscheinungen. Typisch ist auch das Vorkommen dunkelgrau bis schwarz gefärbter verkieselter Hölzer.

SCHREIBER (1955) beschrieb Äquivalente der Manebach-Formation aus verschiedenen Gebieten des mittleren und westlichen Thüringer Waldes. Danach konzentrieren sich Sedimente der Manebach-Formation außerhalb des klassischen Verbreitungsgebietes bei Zella-Mehlis, in der Schleusinger

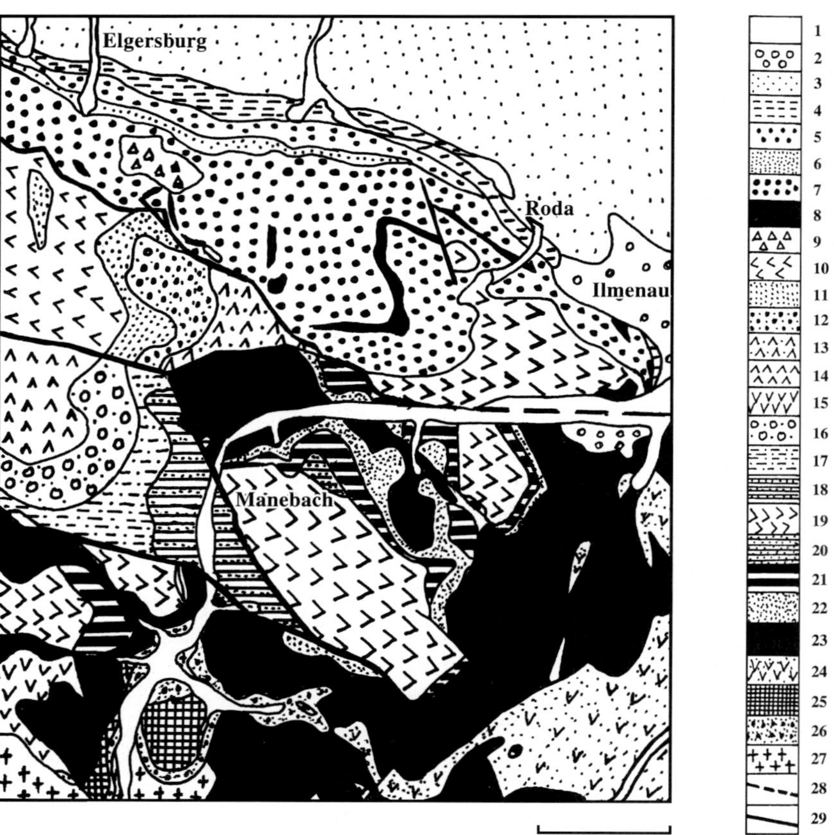

Abb. 19: Geologische Karte der Region Ilmenau – Manebach, neu gezeichnet nach SCHEIBE (1902).
1 – Alluvium der Täler, 2 – Thüringer Wald-Schotter (Quartär), 3 – Buntsandstein, 4 – Zechstein, 5 bis 9: Elgersburg-Formation: 5 – Totenstein-Konglomerat, 6 – Elgersburg-Sandstein, 7 – Schwalbenstein-Konglomerat mit Roda-Sandstein, 8 – Roda-Melaphyr, 9 – Rhyolith; 10 bis 15: Oberhof-Formation: 10 – Rumpelsberg-Rhyolith, 11 – Sandstein und Schieferton, 12 – Heidelberg-Konglomerat, 13 – Heidelberg-Rhyolithtuff, 14 – Älterer Rhyolith und Tuff, 15 – Meyergrund-Rhyolith; 16 bis 17: Goldlauter-Formation: 16 – Emmafelskonglomerat, 17 – Sandstein; 18 – Konglomerat, Sandstein, Schieferton und Kohle der Manebach-Formation; 19 bis 23: Ilmenau-Formation: 19 – Rhyolith und Tuff vom Kickelhahn und Sturmheide, 20 – Höllkopf-Sedimente, 21 – Höllkopf-Melaphyr, 22 – Tonstein über „Glimmerporphyrit“ (Oberer Tonstein), 23 – „Glimmer-

Randzone und in einem geschlossenen Teilbecken, das von der Winterstein-Scholle bis südöstlich von Kleinschmalkalden reichte (LÜTZNER 1969). ANDREAS u.a. (1996) und ANDREAS & WUNDERLICH (1998b) bestätigen eine Existenz der Manebach-Formation in der Winterstein-Mulde im Bereich des Sembachtales. Sie besteht dort aus graugrünen Silt- und Sandsteinen bzw. Konglomeraten. Immerhin belegen die Sedimente der Manebach-Formation im nordwestlichen Thüringer Wald, daß das Ruhla-Kristallin noch nicht deutlich als Hochgebiet in Erscheinung trat.

Die lakustrinen Schwarzschiefer führen eine arten- und individuenreiche Fauna und Flora. Im Gebiet zwischen Manebach–Gehlberg–Goldlauter setzte diese Fazies erst über dem Grundkonglomerat ein (PORSTMANN 1961). Es folgt eine jeweils 40 bis 50 m mächtige Untere- und Obere Sandsteinzone in einem tektonisch begrenzten Senkungsfeld. Darin entstand die nicht nur bergbaulich interessante, bis ca. 80 m mächtige „Flözführende Zone“ mit bis zu 8 geringmächtigen und in historischer Zeit abbauwürdigen Steinkohlenflözen.

Der in der Oberen Sandsteinzone bei Manebach und an der Sachsendelle enthaltene limnische Schwarzschieferhorizont mit zahlreichen Fischresten wird erst seit der Beschreibung von MARTENS (1981) stärker paläontologisch analysiert. Er belegt eindeutig, daß zur Manebacher Zeit neben der flözbildenden Moorfazies größere Seen mit einer markanten Fischfauna existierten. Die Fauna der „Fischhalde“ wird von großwüchsigen Paramblypteriden geprägt und entspricht damit etwa der Fauna eines ausgedehnten tieferen Sees.

An der klassischen Fossillokalität Manebach kennt man heute nicht nur wertvolle Charakterpflanzen einer flözbildenden Moorgesellschaft (GOTHAN & GIMM 1930), sondern auch Hinweise für eine gleichzeitig existierende Flora der nichtvermoorten Seeuferregionen (Walchien, Callipteriden usw., Nichtflözbildner nach GOTHAN & GIMM 1930).

Um die paläogeographischen und paläoökologischen Bedingungen zur Manebacher Zeit besser charakterisieren zu können, ist eine intensivere

porphyrit“ = Latit; 24 bis 26: Möhrenbach-Formation: 24 – Lindenberg-Sedimente (Tonsteine und Tuffe bzw. Unterer Tonstein), 25 – Enstatitporphyrit vom Schneidemüllerskopf, 26 – Arkosesandstein und Tonstein (Ilmtal-Sedimente); 27 – Thüringer Hauptgranit, 28 – Störung vermutet, 29 – Störung. Maßstab: 1 km.

Betrachung des Fossilinhaltes im Gesamtprofil notwendig. Bisher konzentrierte man die paläobotanisch-sedimentologischen Untersuchungen vor allem auf das klassische Verbreitungsgebiet der flözführenden Profilanteile bei Manebach (BARTHEL 1980b, 1980c, 1985, LÜTZNER 1969). WERNEBURG (1989a, b) untersucht nun verstärkt den Fossilinhalt der lakustrin-fluviatilen Fazies.

Die Manebach-Formation stellt innerhalb des Rotliegend im Thüringer Wald und auch im Vergleich mit anderen mitteleuropäischen Rotliegendvorkommen (z.B. Saar-Nahe-Gebiet) eine Sonderentwicklung hinsichtlich Sedimentologie und Fossilführung dar. Korrelationen mit der „Flözführenden Zone“ des Ilfeld-Beckens (Südharz), den flözführenden Profilen bei Crock und im Stockheim-Becken südöstlich des Thüringer Waldes wurden versucht.

2.3.2.5 Goldlauter-Formation

Tab. 11: Stratigraphischer Aufbau: Goldlauter-Formation bei Goldlauter.

Hangendes: Oberhof-Formation	
Beckenfazies: fluviatile und lakustrine Fazies mit Tuffhorizonten; lakustrine Fazies der *Acanthodes*-Schichten	Randfazies: Gottlob-Konglomerat Oberes Konglomerat (Raubschloß-Konglomerat) Sandsteine mit Konglomeratbänken Unteres Konglomerat Mandelstein-Konglomerat
Liegendes: Manebach-Formation	

Die Goldlauter-Formation stellt den am weitesten verbreiteten und mehr oder weniger korrelierbaren Sedimentkomplex im Unterrotliegend des Thüringer Waldes dar. Die Mächtigkeiten schwanken etwa zwischen 300 m und 600 m. Eine Unterteilung in Untere und Obere Goldlauter-Formation ist lithostratigraphisch begründet.

Nach Ablagerung der mehr oder weniger vulkanitfreien Manebach-Formation kam es nach erneuten tektonischen Bewegungen und vermutlich unter einem kühleren und niederschlagsreichem Klima zu verstärkten konglomeratisch-sandigen Schüttungen in die Thüringer Wald-Senke.

Ein Teil der Manebach-Formation wurde vor allem in der NW-Hälfte des Thüringer Waldes erodiert. Die einsetzenden sandigen und konglomeratischen Schüttungen kamen vor allem aus Richtung S, W und NE. Im Gegensatz zur Manebach-Formation fehlen in der Goldlauter-Formation weitestgehend Kohleflöze und Verkieselungserscheinungen. Dies hat möglicherweise klimatische Gründe. Die Sedimentfarbe wechselt zu graugrün bis braunviolett in der sandig-konglomeratischen Fraktion. Im Beckenzentrum treten Sandsteine und Konglomerate zurück und die Feinklastika, gemeint sind Ton-, Silt- und Feinsandsteine wechseln in Körnung und Färbung im Meter- bis Dezimeterbereich.

In den Konglomeraten überwiegen Gerölle aus Rotliegend-Vulkaniten. Gerölle aus Grundgebirgsmaterial treten z.B. im Raubschloß-Konglomerat im Geratal auf. Die Geröllzusammensetzung ist von der jeweiligen Schüttungsrichtung abhängig (LÜTZNER 1979). Besonders markant für die basale Goldlauter-Formation im Gebiet um Manebach ist nach LÜTZNER (1981) eine ockergelbe bis orangerote, von der Petrographie der Vulkanite

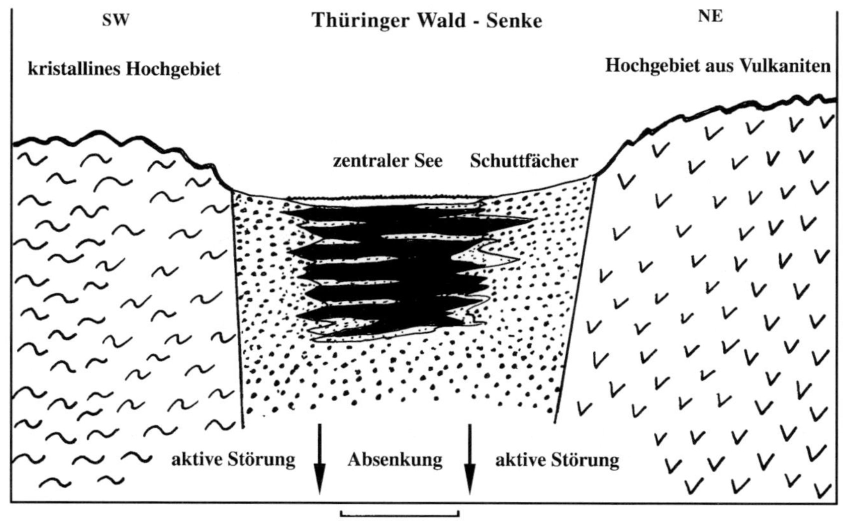

Abb. 20: Schematischer SW-NE-Schnitt durch die Thüringer Wald-Senke zur Ablagerungszeit der Goldlauter-Formation. Maßstab: ca. 5 km.

unabhängige Verfärbung der Gerölle. Es soll sich um Aufarbeitungsprodukte einer allitischen Verwitterungsdecke handeln. Seit längerem spricht man in diesem Zusammenhang von den „Konglomeraten mit lachsfarbenen Geröllen". Vergleichbare Verhältnisse findet man nach LÜTZNER (1981) auch im Gebiet der Winterstein-Scholle bis Kleinschmalkalden.

Von HAUBOLD (1985) werden graugrüne Sandsteine im Hangenden der fossilführenden Ilmenau-Formation bei Winterstein als Äquivalente der Oberen Sandsteinzone in der Typusregion der Manebach-Formation aufgefaßt. Das Einsetzen der Goldlauter-Formation wird hier mit dem ersten Auftreten „lachsfarbener Gerölle" definiert. Diese Grenzziehung innerhalb einer fluviatilen Schüttung ist unglücklich gewählt. Es erscheint sinnvoller, die Basis der Goldlauter-Formation mit dem Einsetzen einer sandig-konglomeratischen Schüttung im Hangenden deutlich fossilführender dunkelgrauer limnischer Ablagerungen zu ziehen.

Die Sedimentation der Goldlauter-Formation läßt sich in einen Randbereich mit überwiegend Grobschüttungen und in einen Beckenbereich mit überwiegend Feinklastika aus limnisch-fluviatilen Sedimenten untergliedern. Typisch ist auch das häufige Übereinander von feinklastischen Horizonten und konglomeratischen Bänken. Der meist plötzliche Wechsel deutet auf erosive Vorgänge eines stark mäandrierenden Flusses (z.B. Profil im Gottlob-Steinbruch bei Friedrichroda).

LÜTZNER (1981) unterschied folgende Teilgebiete innerhalb der Goldlauter-Formation:

1. Manebach (lithologisch stark „verarmtes" Profil zwischen Mandelstein-Konglomerat und Emmafels-Konglomerat im Hangenden)
2. Geratal (nur oberer Teil der Goldlauter-Formation aufgeschlossen, Schwarzschieferhorizont und im Hangenden Raubschloß-Konglomerat (ZIMMERMANN 1908a)
3. Crawinkel (tektonisch isolierte Scholle)
4. Gehlberg (großflächig aufgeschlossen, im mittleren Profilbereich ist ein mögliches Äquivalent des *Acanthodes*-Horizontes aufgeschlossen, darüber folgt das Raubschloß-Konglomerat)
5. Klassisches Gebiet zwischen Schmücke und Goldlauter (das Profil enthält eine 150 bis 200 m mächtige Folge aus graugrünen Sandsteinen mit konglomeratischen und siltigen Einschaltungen. Es folgt der

Acanthodes-Horizont in der Typuslokalität am Pochwerksgrund bei Goldlauter, darüber das Untere Konglomerat, der abermals von einem Schwarzschieferhorizont (Lok. „Sperberbach“) überlagert wird. Den Abschluß bildet das Obere Konglomerat.

6. Schleusingen-Randzone (siehe unten)
7. Finstere Erle (unklare stratigraphische Verhältnisse)
8. Benshausen (durch Tektonik des Gebirgsrandes erschwerte Verhältnisse)
9. Lubenbachgebiet (oberes Drittel der Goldlauter-Formation aufgeschlossen)
10. Hasel-Tal (etwa 200 m Sedimentgestein aufgeschlossen)
11. Silbergraben bei Oberhof (Folge beginnt mit *Acanthodes*-Horizont)
12. Gebiet nördlich von Kleinschmalkalden (günstige Aufschlüsse in der Beckenfazies der Goldlauter-Formation)
13. Friedrichroda (grobklastische Randfazies, Gottlob-Konglomerat)
14. Winterstein-Scholle bei Tabarz (überwiegend Sandstein mit einzelnen fossilführenden Schwarzschieferhorizonten). Nach LÜTZNER (1981) beginnt in der Winterstein-Scholle die Goldlauter-Formation mit rotvioletten Basisschichten (20–100 m mittel- bis grobsandige Rotsedimente).

Daß die stratigraphische Korrelation und Einstufung innerhalb der Goldlauter-Formation zwischen den einzelnen Gebieten des Thüringer Waldes von den einzelnen Bearbeitern z.T. recht unterschiedlich interpretiert wurden und auch gegenwärtig noch z.T. widersprüchliche Ergebnisse vorliegen, soll das Beispiel der Schleusingen-Randzone zeigen:

Am SW-Rand des Thüringer Waldes tritt ein isoliertes, überwiegend sedimentäres Rotliegend im Bereich der Schleusingen-Randzone bis zur Scholle von Masserberg auf (KATZUNG 1964, 1965, 1966, 1968a). Die Schleusingen-Randzone gliedert sich nach SCHREIBER (1952, 1955) in das nordwestlich gelegene Erletal-Becken, die Breitenbach-Mulde und das südwestlich gelegene Gebiet Crock-Lichtenau. Die Schwierigkeiten eines lithostratigraphischen Vergleiches mit dem klassischen Profil in der übrigen Thüringer Wald-Senke zeigen folgende Ansichten zur stratigraphischen Zuordnung in chronologischer Reihenfolge. Dabei wird als Vergleichshorizont der fossilführende Schwarzschiefer im Homigtal (bzw. Ochsenwiese, Hohes Tal) bei Breitenbach gewählt:

BEYSCHLAG (1895a, b):	**Goldlauterer Schichten** u. a. wegen der Flora und den Lagerungsverhältnissen.
SCHEIBE (1908):	**Goldlauterer Schichten** u. a. wegen der Fauna
REICHART (1932):	bezweifelte Zuordnung in die **Goldlauterer Schichten** aus floristischen Gründen
SCHREIBER (1955):	**Obere Gehrener Schichten** nach detaillierter Kartierung
LÜTZNER (1972):	**Manebacher Schichten** aus floristischen Gründen
ANDREAS, ENDERLEIN & MICHAEL (1966, 1974):	**Goldlauterer Schichten**
HAUBOLD (1977):	**Manebacher Schichten** aus floristischen Gründen und nach den Ergebnissen von LÜTZNER
SCHNEIDER (1978):	**Untere Goldlauterer Schichten** nach Insektenfauna
SCHNEIDER, WALTER & WUNDERLICH (1982):	**Untere Goldlauterer Schichten** aus lithostratigraphischen und biostratigraphischen Gründen
MARTENS (1983a, b):	**Obere Gehrener Schichten** nach der Conchostrakenfauna
LÜTZNER (1995):	**Manebacher Folge**
ANDREAS u.a. (1996):	**Ilmenau-Folge**
SCHNEIDER (1996):	**Untere Goldlauter-Formation**

Die in den vergangenen 100 Jahren stratigraphisch recht unterschiedlich eingestuften, fossilführenden Schwarzschiefer werden diskordant vom Schieferschuppen-Konglomerat überlagert. Die lithostratigraphische Einstufung des Schieferschuppen-Konglomerates und äquivalenter Bildungen in der Schleusingen-Randzone ist bisher nicht geklärt.

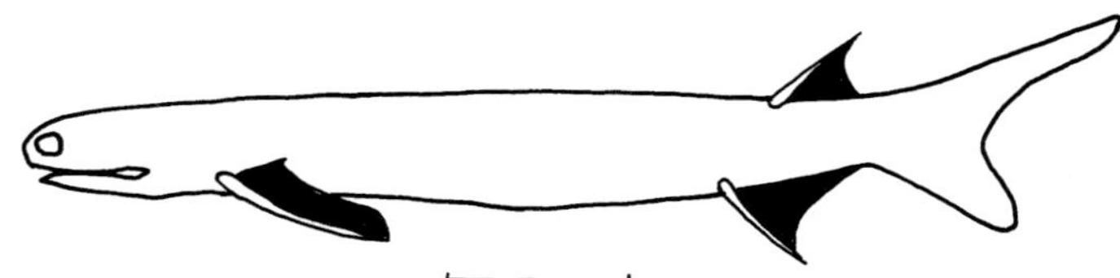

Abb. 21: *Acanthodes* sp.. Maßstab: 5 cm.

Im Beckenzentrum der Goldlauter-Formation zwischen Goldlauter-Kleinschmalkalden und Winterstein entwickelt sich aus dem graugrünen, konglomeratischen Sandstein die Fazies der „*Acanthodes*-Schichten“ nach FRANKE (1912). Dabei wechseln die Vorstellungen von einem weit verfolgbaren, fossilführenden Schwarzschieferhorizont (*Acanthodes*-Horizont) bis zur Annahme mehrerer Schwarzschieferhorizonte in unterschiedlicher stratigraphischer Position (*Acanthodes*-Schichten). Nach ANDREAS & HAUBOLD (1975) bzw. HAUBOLD (1985) endet mit dem *Acanthodes*-Horizont die Untere Goldlauter-Formation.

Im Gebiet der Schmücke ist im Liegenden eines *Acanthodes*-führenden Schwarzschieferhorizontes vom Sperberbach das relativ mächtige Untere Konglomerat ausgebildet und günstig aufgeschlossen. Es enthält vor allem Rhyolithgerölle. Der „Sperberbach-Horizont“ ist nicht mit dem *Acanthodes*-Horizont vom nahen Pochwerksgrund bei Goldlauter korrelierbar. Ebenso bestehen Korrelationsschwierigkeiten zum *Acanthodes*-Horizont nordöstlich Kleinschmalkalden (z.B. Lok. „Waldschenke“) oder zu vergleichbaren Schwarzschieferhorizonten in der Winterstein-Scholle. Bei Manebach fehlt der *Acanthodes*-Horizont. Hier folgt mit Beginn der Oberen Goldlauter-Formation das Emmafels-Konglomerat. Es erreicht eine Mächtigkeit von 60 bis 75 m. Das ihm möglicherweise äquivalente Obere Konglomerat nördlich von Goldlauter-Heidersbach entspricht einer Wechsellagerung rotbrauner, geröllführender Sandsteine und Konglomerate. Abweichend davon ist die Entwicklung im Gebiet Kleinschmalkalden-Winterstein bis Friedrichroda.

Die mit Seen und feuchten, flachen Niederungen gegliederte Thüringer Wald-Senke erreichte mit dem Niveau der *Acanthodes*-Schichten das erste Maximum limnischer Sedimentation in der Goldlauter-Formation. Für die nun folgende Obere Goldlauter-Formation ist ein mehrfacher, schneller, vertikaler und horizontaler Wechsel zwischen feinklastischen, limnischen Horizonten und Grobklastika in konglomeratischer Form in graugrüner, grauvioletter bis graubrauner Färbung typisch. Schwarzschieferhorizonte sind meist lokal eng begrenzt, meist von geringer Mächtigkeit und zeigen eine oft individuenreiche, aber artenarme Fossilführung (z.B. am Gottlob-Steinbruch in Friedrichroda). Dieser häufige fazielle Wechsel besonders innerhalb der Oberen Goldlauter-Formation erschwert eine lithostratigraphische Gliederung. ANDREAS & HAUBOLD (1975) verbesserten mit Hilfe geringmächtiger Tuffhorizonte (Tuff Nr. 0 bis Tuff Nr. 3) die lithostratigraphische Gliederung innerhalb der Oberen Goldlauter-Formation. Neu war zunächst der Nachweis vulkanogener Sedimente in der Goldlauter-Formation überhaupt.

Die von REICHHOFF (1967), JUDERSLEBEN (1972) sowie ANDREAS & HAUBOLD (1975) beschriebenen Tuffhorizonte sind überwiegend geringmächtig, enthalten stellenweise Fossilien (sind demnach umgelagert) und sind petrographisch nicht eindeutig unterscheidbar. Entscheidend ist immer die Kartierbarkeit von Litholeithorizonten. Dies wird durch die tektonische Zerstückelung der Goldlauter Formation und durch einen schnellen Fazieswechsel erschwert. Es werden hier die Tuffe im Sinne ANDREAS & HAUBOLD (1975) kurz vorgestellt:

Tuff Nr. 0 ist einige Meter unterhalb oder direkt im Liegenden des „*Acanthodes*-Horizontes" der Typuslokalität bei Goldlauter nachweisbar. Es handelt sich um einen bunten Kristallaschentuff (2 bis 6 m mächtig).

Tuff Nr. 1 folgt 30 bis 40 m über Tuff Nr. 0 im Zusammenhang mit einem weiteren schwarzgrauen Fossilhorizont. Es handelt sich um einen Glasaschentuff (bzw. Aschentuff). Der Gehalt an Pflanzenresten spricht für eine Umlagerung der pyroklastischen Sedimente (z.B. Hohlweg der Kniebreche).

Tuff Nr. 2 bezeichnet zwei geringmächtige Horizonte. Der untere Horizont (Tuff Nr. 2), ein Aschentuff, findet sich nach ANDREAS & HAUBOLD (1975) im Steinbruch am Gottlob bei Friedrichroda und ist ca. 40 bis 60 cm mächtig.

Der obere Horizont (Tuff Nr. 2a) ist ca. 60 cm mächtig und wird als Rhyolithkristalltuff beschrieben. Er ist in einem Profilbereich mit reichlicher Fossilführung enthalten (z.B. Kesselgraben bei Friedrichroda).

Tuff Nr. 3 markiert etwa die lithostratigraphische Grenze Goldlauter-/Oberhof-Formation. Im westlichen Thüringer Wald schwankt die Mächtigkeit zwischen 1 und 4 m. Dieser Rhyolithkristalltuff (ehemals ein Glasaschentuff) ist von der Winterstein-Scholle über Friedrichroda, Schnellbach bis Oberschönau zu verfolgen und entspricht dem Dörmbach-Horizont (PATZELT 1970).

Im Hangenden des „*Acanthodes*-Horizontes" der Lokalität „Waldschenke" folgen mehrere fossilführende Horizonte, die besonders entlang der Kniebreche bis ins Niveau des Unteren *Protriton*-Horizonts der Oberhof-Formation aufgeschlossen sind. Die Fossilführung ist deutlich differenziert (z.B. Conchostraken) und für die Charakterisierung der einzelnen Horizonte in der Oberen Goldlauter-Formation geeignet (MARTENS 1983a). Es ist

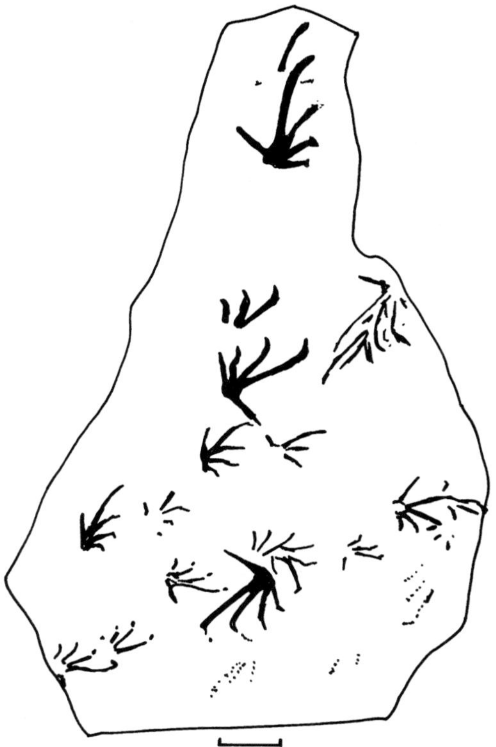

Abb. 22: Tetrapodenfährte (*Protritonichnites lacertoides*), Kesselgraben bei Friedrichroda. Maßstab: 3 cm, MNG-2005.

wahrscheinlich, daß den einzelnen Konglomeraten (z.B. Gottlob-Konglomerat) vulkanotektonische Bewegungen am Beckenrand mit intensiven erosiven Vorgängen vorausgingen. Beispielsweise folgt am Gottlob bei Friedrichroda relativ plötzlich ohne lithologischen Übergang im Hangenden von fossilführenden, feinklastischen, limnischen Horizonten das relativ mächtige Gottlob-Konglomerat (siehe auch oberer Ungeheurer Grund bei Friedrichroda). Charakteristisch ist vor allem für die Obere Goldlauter-Formation eine violettgraue Farbgebung. Zwischen Tabarz und Friedrichroda folgen graubraune, graugrüne bis violettgraue Sandsteine, Siltsteine, Tonsteine und graue bis violettgraue Karbonatbänke. Im Bereich der

Kniebreche und weiter südöstlich fehlt diese Folge. Mit dem Einsetzen vulkanogener Sedimente (Oberhof-Vulkanismus) ist die Hangendgrenze der Goldlauter-Formation erreicht. Der von PATZELT (1966, 1970) beschriebene Tuff (Dörmbach-Horizont) ist ein geeigneter lithostratigraphischer Grenzhorizont (ANDREAS & HAUBOLD 1975).

2.3.3 Unterperm (höheres Rotliegend)

2.3.3.1 Oberhof-Formation

Tab. 12: Stratigraphischer Aufbau: Oberhof-Formation.

Hangendes:	Rotterode-, Tambach- oder Elgersburg-Formation	
		Obere Sedimentzone mit Oberen *Protriton*-Schichten
		Jüngere Rhyolithe und Tuffe
		Hauptzwischenmittel bzw. Zwischensedimente
		Ältere Rhyolithe und Tuffe
		Untere Sedimentzone mit Unteren *Protriton*-Schichten
		Dörmbach-Horizont
Liegendes:	Goldlauter-Formation	

Der nahe der Basis der Oberhof-Formation deutlich einsetzende intrusive bzw. effusive saure Vulkanismus wird mit der Ablagerung von Rhyolithischen Tuffen und Tuffanteilen in limnischen Sedimenten erkennbar. Der saure Vulkanismus veränderte die Ablagerungsbedingungen erheblich und nachhaltig.

Die Untergrenze der Oberhof-Formation wird an die Basis des Dörmbach-Horizontes (bzw. Tuff Nr. 3 nach ANDREAS & HAUBOLD 1975) gelegt. Der Dörmbach-Horizont läßt sich von der Winterstein-Scholle bis ins Lubenbachgebiet verfolgen. Im Typusgebiet des Dörmbach-Horizontes (südöstliche Flanke der Rotterode-Mulde, PATZELT 1966) handelt es sich um einen hellgrauen Rhyolithtuff (REICHHOFF 1967).

Eine deutliche Erosionsdiskordanz ist zwischen der Goldlauter und Oberhof-Formation nicht nachweisbar, wird aber von einigen Autoren vermutet (ANDREAS & HAUBOLD 1975). Die Sedimentation entwickelt sich im

Beckenzentrum kontinuierlich aus der Oberen Goldlauter-Formation in die basale Oberhof-Formation. Im Hangenden der Unteren *Protriton*-Schichten markieren fossilführende Tuffite das plötzliche Einsetzen des sauren Rhyolithvulkanismus in seiner effusiven Phase. Der Vulkanismus ändert deutlich die Zusammensetzung der nun folgenden Sedimente. Aus den nahen Hochgebieten wurde reichlich tuffogenes Material in die Becken verlagert und bildete in einigen Gebieten charakteristische tuffitische Rotsedimente mit Pflanzenresten und Tetrapodenfährten. Bei Vulkanausbrüchen wurden Tuffetzen auf dem Luftweg direkt in die Ablagerungsräume der limnischen Sedimente geschleudert und finden sich als „exotische Fremdkörper" verstreut in den laminierten Tonsteinen.

Allgemein läßt sich die etwa 400 bis 1200 m mächtige Oberhof-Formation untergliedern in:

1. Die Unteren *Protriton*-Schichten mit hohem Anteil an limnisch-fluviatilen Sedimenten und ersten Rhyolithtuffen bzw. Tuffiten. Die Bezeichnung *Protriton*-Schichten stammt von der heute nicht mehr gültigen Benennung eines darin vorkommenden Branchiosauriers („*Protriton petrolei*"). Die charakteristische Fossilführung beschränkt sich nicht nur auf einen einzelnen Schwarzschieferhorizont, sondern auf ein mehrere Meter mächtiges, faziell deutlich differenziertes Profil (z.B. Lok. „Oberer Spittergrund bei Tambach-Dietharz").
2. Mehr oder weniger intensiver Rhyolithvulkanismus einschließlich verschiedener Rhyolithtuffe der intrusiven Älteren Rhyolithe mit relativ großen Feldspateinsprenglingen.
3. Erosionsphase, die große Teile der intrusiv entstandenen Älteren Rhyolithe freilegte, vor allem im Bereich der „Oberhöfer-Porphyrplatte" mit anschließender Ablagerung grob- und feinklastischer Zwischensedimente. Die zum Teil fossilführenden Zwischensedimente belegen eine erneute Beckensenkung (Mittlere *Protriton*-Schichten).
4. Intensiver Rhyolithvulkanismus des überwiegend extrusiven Jüngeren Rhyoliths mit relativ kleinen Feldspateinsprenglingen. Es bildeten sich Stau- und Quellkuppen aus Rhyolith (MEISTER 1994) mit Tuffen und Tuffiten.
5. Die Oberen *Protriton*-Schichten, bestehend überwiegend aus feinklastischen Rotsedimenten. Sie enthalten einen deutlichen Anteil an umgelagerten rhyolithischen Tuffen. Es dominiert ein Mischgestein aus

zum Teil groben Tuffelementen und lakustrinen, fluviatilen Feinklastika mit Spuren- und Körperfossilien. Zum Hangenden nimmt der Tuffanteil ab und die limnische Fazies verstärkt sich durch das häufige Auftreten von laminierten, fossilreichen Karbonaten und Ton- bzw. Siltsteinen in Rot- und Graufazies. Auffällig ist das Fehlen grobklastischer Schüttungen im Umfeld der Jüngeren Rhyolithe.

Vor allem bedingt durch den Vulkanismus zeigt die Oberhof-Formation einen unterschiedlichen Profilaufbau in folgenden Teilgebieten des Thüringer Waldes:

1. Winterstein-Scholle

Im Hangenden der Goldlauter-Formation folgt der bis 5 m mächtige Thielberg-Tuffit, dann der Herrenstein-Melaphyr und Melaphyrtuff. Die Zuordnung der basischen Vulkanitfolge vom Herrenstein und Thielberg zu der basalen Oberhof-Formation findet man schon bei ZIMMERMANN (1930). Eine Korrelation mit dem Dörmbach-Horizont wird vermutet. Die basischen Vulkanite werden von grauen und rotbraunen Sand- und Siltsteinen überlagert, die ihrerseits vom Inselsberg-Rhyolith überdeckt werden. Dieser intrusive Ältere Rhyolith bildet heute einen Erosionshärtling – das morphologisch markante Inselsbergrelief.

2. Tambach-Mulde

Über dem basalen Dörmbach-Horizont bzw. Tuff Nr. 3 (rotbraune Tuffe und Tuffite, 80 m mächtig) folgen 150 bis 350 m mächtige rotbraune Sand- und Siltsteine, die in südöstlicher Richtung zunehmend fossilführende Schwarzschieferhorizonte enthalten (Untere *Protriton*-Schichten, z.B. die Lokalitäten „Kanzlersgrund“ bei Oberhof, „Oberer Spittergrund“ und „Kreuz“ nahe am Rennsteig bei Tambach-Dietharz). In diese relativ mächtige Sedimentfolge drang der Heuberg-Rhyolith ein. Darauf folgen 50 bis 80 m graue bis rotbraune Sand- und Siltsteine, die mit dem Hauptzwischenmittel der „Oberhöfer-Porphyrplatte“ korreliert werden. Der Regenberg-Rhyolith, inzwischen in die Rotterode-Formation gestellt, wird im Hangenden und Liegenden von bis zu 200 m mächtigen Tuffen bzw. Tuffiten begleitet. Das Hangende bilden die bis 350 m mächtigen grauen und rotbraunen Sand- und Siltsteine mit geringmächtigen Schwarzschiefer- bzw.

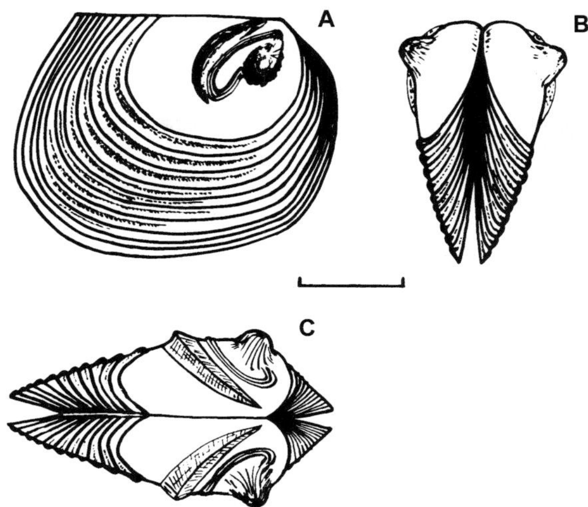

Abb. 23A bis **C:** Conchostrake, Rekonstruktion der Art: *Lioestheria pseudotenella* in drei Ansichten. Maßstab: 1 mm.

Karbonathorizonten – die Oberen *Protriton*-Schichten. In der Tambach-Mulde entsprechen die höchsten Profilanteile der Oberhof-Formation im Bereich des westlichen Muldenflügels (Raum Friedrichroda) einer bis 350 m mächtigen Folge aus rotbraunen Sand- und Siltsteinen mit einzelnen limnischen Horizonten (z.B. Lok. „Roter Weg" bei Friedrichroda, JACOBI 1963). Die Oberhof-Formation wird vom Unteren Tambach-Konglomerat diskordant überlagert (HILDEBRANDT 1932).

3. Rotterode-Mulde bzw. Ruppberg-Mulde

Die Profile in der Rotterode-Mulde sind mit den Profilen in der Tambach-Mulde vergleichbar. Hier liegt das Typusgebiet des Dörmbach-Horizontes (PATZELT 1966). Deutlicher ausgebildet sind die Unteren *Protriton*-Schichten mit maximal 200 bis 300 m mächtigen, grauen Sand- und Siltsteinen. Sie werden von 80 bis 150 m mächtigen, rotbraunen, violetten Silt- bis Sandsteinen und Konglomeraten überlagert. Die vulkanische Folge aus Tuffen, Tuffiten und Rhyolithen (100 bis 400 m) entspricht dem Niveau des Jüngeren Rhyoliths. Die Obere Sedimentzone besteht ebenfalls aus rotbraunen Sand- und Siltsteinen. Im Gegensatz zur Tambach-Mulde folgt hier im Hangenden die Rotterode-Formation (PATZELT 1966).

4. „Oberhöfer-Porphyrplatte"

Im Hangenden der limnisch-fluviatil ausgebildeten Unteren *Protriton*-Schichten (z.B. Lok.: Kanzlersgrund bei Oberhof) beginnt die charakteristische Oberhof-Vulkanitabfolge aus mehreren Intrusionen des Älteren Rhyoliths. Darauf folgt diskordant das maximal 200 bis 250 m mächtige Hauptzwischenmittel und im Hangenden der Jüngere Rhyolith (z.B. Schneekopf-Rhyolith) mit zugehörigen Tuffen. Die Zwischenmittelsedimente zeigen recht deutlich, daß im Bereich der „Oberhöfer Porphyrplatte" zwischen dem Aufdringen der Älteren Rhyolithe und dem Aufdringen der Jüngeren Rhyolithe ein größerer zeitlicher Abstand existiert. Dieser wird durch die Erosion bis ins Niveau der Älteren Rhyolithe und die Ablagerung der Zwischensedimente (Konglomerate, Sandsteine, Siltsteine mit Fossilien) deutlich (z.B. Lok. „Schmalwasser-Talsperre" bei Tambach-Dietharz).

Abb. 24: Farnsamer (*Arnhardtia scheibei*), Wedelausschnitt. Maßstab: 1 cm.

Die kontinuierliche Sedimentation aus überwiegend grauen Feinklastika der Unteren *Protriton*-Schichten bis zu den Rotsedimenten der Oberen *Protriton*-Schichten beweist die intrusive Natur der in sie eingeschlossenen Älteren Rhyolithe. Die Mehrzahl der Jügeren Rhyolithe bildete nach MEISTER (1988, 1994) Stau- und Quellkuppen. Nach MEISTER (1988) wird als Förderspalte für die Vulkanite nicht nur die Kehltalspalte vermutet. Die Ergüsse und Tuffe überlagern die Zwischensedimente.

Die Hangendgrenze der Oberhof-Formation wird deutlich von einer Erosionsdiskordanz geprägt, die als Auflagefläche des Unteren Konglomerates der Tambach-Formation und der Sedimente der Rotterode-Formation bezeichnet werden kann. Denkbar wäre auch eine ehemalige Bedeckung der „Oberhöfer Porphyrplatte“ mit feinklastischen Sedimenten der Oberen Protriton-Schichten, in die Teile der „Jüngeren Rhyolithe“ als Quellkuppen eindrangen. Dies erklärte das Fehlen grobklastischer Schüttungen nordwestlich der „Oberhöfer Porphyrplatte“ in der oberen Sedimentzone.

2.3.3.2 Rotterode-Formation

Tab. 13: Stratigraphischer Aufbau: Rotterode-Formation.

Hangendes: Tambach-Formation bzw. Zechstein
Hirzberg-Konglomerat fluviatile Rotsedimente mit Rhyolithen und Tuffen Rhyolith-Konglomerat oder Struth-Konglomerat
Liegendes: Oberhof-Formation

Nach der Erstauflage der geologischen Spezialkarte, Blatt Tambach, im Jahr 1912 (Erläuterungen 1920) und der Arbeit von BÖHNE (1915) wurde das heutige Verbreitungsgebiet der Rotterode-Formation noch der Oberhof- oder Tambach-Formation zugeordnet. Die Neukartierungen von PATZELT (ab 1959) führten zur Begründung der Rotterode-Formation (PATZELT 1966, HAUBOLD & KATZUNG 1972a, 1978, PATZELT 1977). Nach Ansicht des Verfassers kann man die Rotterode-Formation als eine Fortsetzung der Sedimentation im Hangenden der Oberhof-Formation oder als eine fazielle Vertretung der Oberen Sedimentzone der Oberhof-Formation in südwestliche Richtung verstehen.

Das Hauptverbreitungsgebiet der Rotterode-Formation befindet sich südlich der Tambach-Mulde zwischen Rennsteig und SW-Gebirgsrand und zwischen Steinbach-Hallenberg und Asbach (Asbach-Rotterode-Mulde). Dabei liegt Rotterode am Ostrand der Muldenstruktur. Die Abfolge wird durch die Rotterode-Verwerfung in einen südlichen und einen nördlichen Anteil getrennt.

Nach PATZELT (1966) beginnt die Rotterode-Formation mit groben Rhyolithkonglomeraten und sandigen Zwischenlagen. Man unterscheidet das polymikte Struth-Konglomerat im NW und das monomikte Rhyolith-Konglomerat.

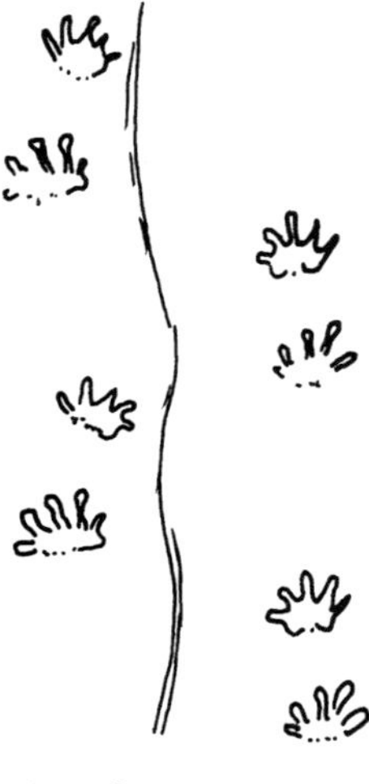

Abb. 25: Tetrapodenfährte (*Amphisauropus imminutus*). Maßstab: 1cm.

Das Rhyolith-Konglomerat taucht unter jüngere klastische Sedimente im Kernbereich der Asbach-Rotterode-Mulde ab. Die Frage einer möglichen Parallelisierung mit dem Basiskonglomerat der Tambach-Formation ist aus lithologischer und biostratigraphischer Sicht auszuschließen.

Im Hangenden der Konglomerate folgen feinklastische Sedimente, teils mit grauvioletten und rötlichgrauen Farbtönen mit häufigen konglomeratischen Einschaltungen – eine typische fluviatile Fazies. Diese ist besonders in den alten Sandsteinbrüchen am Gasberg bei Rotterode zu beobachten. Von der Lokalität „Gasberg“ und von der vom Verfasser entdeckten Fossilfundstätte, Lokalität „Hefteberg“, wurden zahlreiche Fossilien bekannt (HAUBOLD 1985, WALTER 1983). Es handelt sich überwiegend um Pflanzenreste, Tetrapodenfährten, Invertebratenspuren und wenige Invertebraten.

Besonders an der SE-Flanke der Muldenstruktur ist ein wenige Meter mächtiger, tonsteinähnlicher, pisolithischer Tuff entwickelt. Relativ häufig tritt hier verkieseltes Holz auf – eine relativ seltene Erscheinung im Rotliegend des Thüringer Waldes.

Zusammen mit diesen Tuff/Tuffit-Ablagerungen wird das Aufdringen vom Komberg-Rhyolith, Hachelstein-Rhyolith und Stillerstein-Rhyolith vermutet.

Das Hirzberg-Konglomerat bildet das jüngste Schichtglied der Rotterode-Formation und besteht teils aus Rhyolithgeröllen, teils aus einem polymikten Konglomerat (Rhyolith, Granit, Gangquarz, Kristallingestein, basische Eruptivgesteine).

2.3.3.3 Tambach-Formation

Tab. 14: Stratigraphischer Aufbau: Tambach-Formation.

Hangendes:	z.T. Zechstein
	Finsterberg-Konglomerat (Oberes Tambach-Konglomerat) Tambach-Sandstein Bielstein-Konglomerat (Unteres Tambach-Konglomerat
Liegendes:	Georgenthal-Formation und Oberhof-Formation

Bereits bei der ersten Gliederung des Rotliegend im Thüringer Wald stellte BEYSCHLAG (1895a, b) die Tambach-Formation ins Oberrotliegend. Begründet wurde die stratigraphische Trennung vom Unterotliegend bzw. vom sogen. Mittelrotliegend durch das Vorherrschen rotbrauner Sedimentfarben, das Fehlen von Grauhorizonten mit reicher Fossilführung und die Lage im Hangenden einer deutlichen Erosionsdiskordanz. So überlagert die basale Tambach-Formation mit dem Bielstein-Konglomerat auf engem Raum Gesteine der Georgenthal- bis Rotterode-Formation (HAUBOLD & KATZUNG 1972b).

Während man ursprünglich auch die Rotsedimente westlich des Ruhla-Kristallins in der Eisenach-Senke (heute Eisenach-Formation) zur Tambach-Formation zählte, beschränkt sich das Vorkommen heute nur auf das Gebiet des Tambach-Beckens zwischen Tambach-Dietharz und Finsterbergen (EYRICH 1964, THALHEIMER 1965, KNOTH 1970, ANDREAS u.a.1996).

Vor Beginn der Ablagerung der Tambach-Formation kam es zu tektonischen Schollenbewegungen im Bereich der Thüringer Wald-Senke bzw. der „Oberhöfer Porphyrplatte“. Sonst wäre das fast unmittelbare Nebeneinander von Vulkaniten der Georgenthal-Formation, limnischen Sedimenten der Oberen Oberhof-Formation südwestlich von Georgenthal und Vulkaniten der Oberhof-Formation südlich von Georgenthal als Basis der Tambach-

Formation nicht zu erklären. Das Verbreitungsgebiet der Tambach-Formation war zunächst Erosionsgebiet. Die Erosionsprodukte wanderten z.B. in das Rotterode-Becken und bildeten die Rotterode-Formation. Die rückschreitende Erosion führte zur intensiven Abtragung bis in den Bereich der heute von Sedimentbedeckung fast freiliegenden „Oberhöfer Porphyrplatte". Im Gebiet der späteren Tambach-Mulde entstand das heute noch teilweise rekonstruierbare „Prätambacher Relief" (CHROBOK 1964, 1967a, b) mit canyonartigen Tälern im Rhyolith.

Die tektonischen Schollenbewegungen vor Beginn der Ablagerung der Tambach-Formation wurden in der Vergangenheit als Saalische Phase bezeichnet (STILLE 1924). Derartige vulkanotektonische Bewegungen sind jedoch mehrmals im gesamten Rotliegend des Thüringer Waldes nachweisbar.

Erneut einsetzende Absenkungsvorgänge nördlich und nordöstlich des Rotterode-Beckens leitete die klastische Sedimentation der Tambach-Formation im entstehenden Tambach-Becken ein. Zunächst wurde das „Prätambacher Relief" rückschreitend vom Unteren Tambach-Konglomerat (Bielstein-Konglomerat) verschüttet (CHROBOK 1964). Die Kontakte zwischen Rhyolithen der Oberhof-Formation und Konglomeraten der Tambach-Formation werden an der Westflanke der „Oberhöfer Porphyrplatte" durch den gegenwärtigen Erosionsanschnitt erneut sichtbar (siehe Lokalität „Maderbachtal"). Größere Teile der „Oberhöfer Porphyrplatte" versanken im eigenen Abtragungsschutt und gelangten in den Ablagerungsbereich der Tambach-Formation. Heute läßt sich dies aus den Reliktvorkommen des Bielstein-Konglomerates zwischen Georgenthal und Luisenthal-Oberhof rekonstruieren.

Von STEINER (1991) wurde ein Caldera-artiges Einbruchsgebiet im Bereich der „Oberhöfer Porphyrplatte" als Voraussetzung für die Ablagerung der Tambach-Formation angenommen. Mit Sicherheit waren im gesamten Rotliegend des Thüringer Waldes vulkanotektonische Bewegungen an permanenten Becken- bzw. Grabenbildungen beteiligt.

Das nach KNOTH (1970) ca. 80 bis 120 m mächtige Bielstein-Konglomerat zeigt recht unterschiedlichen Aufbau. An der Basis mischten sich zum Geröllbestand vor allem Gesteine der unmittelbaren Umgebung des Erosionsgebietes. Neben verschiedenen Rhyolithen der Oberhof-Formation sind es Andesite der Georgenthal-Formation und selten Gerölle des Thüringer Hauptgranites (KNOTH 1957a, b). Die Sedimente aus Georgenthal- bis Oberhof-Formation waren wegen ihrer noch geringen diagenetischen Verfestigung nicht geröllbildend, sondern wurden fluviatil als Trübeströmung in entferntere Sedimentationsgebiete (z.B. Norddeutsch-Polnische Senke oder Südthüringische Senke) verfrachtet. Selten findet man sie aber auch schon als geringmächtige, feinklastische Horizonte im Konglomerat (z.B. Lok. „Georgenthaler Wand" bei Tambach-Dietharz). Der stellenweise hohe Anteil der Konglomerate an gut gerundeten Geröllen bis Kopfgröße weist auf eine geringe bis mittlere Entfernung zum Erosionsgebiet, auf ein stärkeres Relief im Liefergebiet und auf eine kontinuierliche Wasserführung der Flußläufe hin. Die Ablagerungen bildeten ursprünglich fluviatile Schuttfächer.

Im Rodebachtal nördlich Tambach-Dietharz und an anderen Stellen treten fanglomeratische Schüttungen mit brekziösem bis kantengerundetem Geröllbestand auf. Ihre Bildung wird auf schuttstromartige Massenbewegungen nach heftigen Ruckregen zurückgeführt. Die Geröllverteilung macht einen „chaotischen" Eindruck. Beide Konglomerattypen charakterisieren das Bielstein-Konglomerat. Das „Prätambacher Relief" versank in den Schuttmassen zerfallender Rhyolithklippen. Die Schuttfächer schufen eine ausgeglichene Sedimentationsebene.

Zum Hangenden schalten sich immer häufiger Sand- und Kiesschüttungen ein. Stellenweise folgen über fanglomeratischen Bänken unmittelbar feinklastische Sedimente (z.B. im unteren Rodebachtal). Der Übergang zum Tambach-Sandstein ist fließend und hat nicht zeitgleich eingesetzt. Die nicht eindeutig auskartierbare Grenze ist daher eine typische Faziesgrenze.

Die feinklastischen Sedimente konnten nun bereits innerhalb des Tambach-Beckens abgelagert werden. Es bildete sich der Tambach-Sandstein. Der ca. 50 bis über 100 m mächtige Tambach-Sandstein enthält besonders im unteren Abschnitt noch häufig linsenförmige Geröllanreicherungen, überwiegend aus Rhyolithen. Die fluviatile Sedimentation hinterließ im oberen Teil des Tambach-Sandsteins einen Wechsel aus feinkörnigem Sandstein und geringmächtigeren Silt- und Tonsteinen. Ton-Siltstein-Wechsellagerungen mit limnischer Fauna (Conchostraken) belegen temporäre, stehende Gewässer. Die feinklastische Fazies ist jedoch nicht mehr als Grausediment überliefert. Am markantesten ist diese limnische Phase von der klassischen Fossilfundstätte „Bromacker" bei Tambach-Dietharz bis in das Gebiet des Erfgrundes westlich von Georgenthal zu verfolgen.

Die fluviatilen Sandsteine werden mit Unterbrechungen seit mehr als 150 Jahren in Steinbrüchen zwischen Tambach-Dietharz und Finsterbergen für allerlei Bauzwecke gewonnen. Dabei entdeckte man im Bereich der Lok.

„Bromacker“ eine bedeutende limnisch-terrestrische Lebewelt und Spurenfauna (HAUBOLD 1971, 1973, MARTENS 1980a, 1989, BOY & MARTENS 1991 u.a.).

Abb. 26: Lebensspur (*Tambia spiralis*). Maßstab: 1 cm.

Im Top-Bereich des Tambach-Sandsteins an der Lok. „Bromacker“ treten auffällig erhöhte Glimmergehalte, kaolinisierte Feldspäte und erste Gerölle metamorpher Gesteine auf. Damit kündigt sich das Obere Tambach-Konglomerat (Finsterberg-Konglomerat) an. Die Änderung des Geröllbestandes mit einem erhöhten Kristallinanteil deutet auf ein verändertes Liefergebiet oder auf eine Veränderung des Erosionsanschnittes im gleichen Liefergebiet hin. Hebungsvorgänge im Bereich des Ruhla-Kristallins mit allmählicher erosiver Freilegung des kristallinen Fundamentes änderten die Geröllzusammensetzung beim Übergang zum Finsterberg-Konglomerat.

Das Finsterberg-Konglomerat beginnt mit den ersten deutlich ausgeprägten fanglomeratischen Schüttungen aus überwiegend schlecht oder wenig gerundetem, polymiktem Geröllbestand im Hangenden des Tambach-Sandsteines (GLÄSSER 1961, EYRICH 1964). Das heute noch in einer Mächtigkeit von 30 bis 50 m nachweisbare Konglomerat wurde durch Schichtfluten nach episodisch intensiven Niederschlägen transportiert und abgelagert. Die fanglomeratischen Schüttungen werden bis in den Topbereich von Horizonten aus glimmerreichem fossilführenden Sand- und Siltstein unterbrochen. Das Finsterberg-Konglomerat zeigt petrographisch Ähnlichkeit zu den Grobschüttungen der Eisenach-Formation (KNOTH 1970) und zum Totenstein-Konglomerat der Elgersburg-Formation, was aber keine stratigraphischen Aussagen liefert. Die günstigsten Aufschlüsse befinden sich entlang der Hainfelsen im Leinatal bei Finsterbergen und im Kesseltal bei Tambach-Dietharz. Eine Überlagerung des noch als Erosionsrest erhaltenen Finsterberg-Konglomerates vom Zechstein ist nicht mehr erhalten. Man muß aber davon ausgehen, daß es sich beim Finsterberg-Konglomerat in seiner heutigen Verbreitung bereits um ein rotliegendzeitliches Erosionsrelikt handelt. Vor allem fehlt die Verbindung zum einstigen Liefergebiet am Ruhla-Kristallin.

2.3.3.4 Elgersburg-Formation

Tab. 15: Stratigraphischer Aufbau: Elgersburg-Formation.

Hangendes: Zechstein
Totenstein-Konglomerat Elgersburg-Sandstein Oberes Schwalbenstein-Konglomerat Roda-Sandstein Unteres Schwalbenstein-Konglomerat mit Rhyolithen
Liegendes: Oberhof-Formation

Im Elgersburg-Becken waren vor allem die „Oberhöfer Porphyrplatte“ und die Gesteine des Unterrotliegend im südöstlichen Verbreitungsgebiet von der Erosion betroffen, ohne daß es im Bereich der Thüringer Wald-Senke zur Bildung neuer Ablagerungen kam. Während der Bildung des Tambach-Beckens erfolgte am NE-Rand der „Oberhöfer Porphyrplatte“ die Sedimentation im Elgersburg-Becken, die man heute noch als Relikt und in einem natürlich bedingten „Vertikalschnitt“ betrachten kann.

Die mit der Tambach-Formation in einigen Profil-Teilen vergleichbare bzw. sich deutlich unterscheidende Folge von Ablagerungen wird nach ANDREAS u.a. (1996) als Elgersburg-Formation (früher Tambach-Formation) bezeichnet. Eine grundlegende lithologisch-stratigraphische Analyse erfolgte bereits von LÜTZNER (1964, 1966a) und KNOTH (1970).

Über verschiedenen Vulkaniten und Sedimenten des Unterrotliegend bzw. der Oberhof-Formation folgt auf einem erosiv angelegten Relief das überwiegend aus Rhyolithgeröllen zusammengesetzte Untere Schwalbenstein-Konglomerat, ein mögliches Äquivalent des Bielstein-Konglomerates des Tambach-Beckens. Es erreicht eine Gesamtmächtigkeit von 150 bis 180 m und enthält die vermutlich zeitgleichen Vulkanitkörper des Elgersburg-Rhyoliths, des Wolfstein-Rhyoliths und des Roda- Melaphyrs.

Im mittleren Abschnitt des Schwalbenstein-Konglomerates schalten sich verstärkt Sandsteinbänke ein, die als Roda-Sandstein (0 bis 80 m mächtig) sowohl lithologisch als auch nach ihrem Fossilinhalt mit dem Tambach-Sandstein korreliert werden können. Im Roda-Sandstein konnte erstmals außerhalb des Tambach-Beckens die Lebensspur *Tambia spiralis* nachgewiesen werden (MARTENS 1980b).

Ein markanter lithologischer Wechsel erfolgt im Hangenden des Oberen Schwalbenstein-Konglomerates mit dem Einsetzten des Elgersburg-Sandsteins. Dieser charakteristische, 30 bis 60 m mächtige, plattige Sandstein bildete sich vermutlich unter teils äolischen, teils fluviatilen Bedingungen (? fluviatil umgelagerte Dünensedimente). Darauf deuten auch die nahezu fehlenden Ton- und Siltanteile. Fossilien konnten bisher noch nicht nachgewiesen werden.

Den Abschluß der Elgersburg-Formation bildet das 50 bis 100 m mächtige Totenstein-Konglomerat, ein Fanglomerat mit nur kantengerundetem, vorwiegend rhyolithischem Geröllbestand, das sich aus dem Elgersburg-Sandstein entwickelt. Im Totenstein-Konglomerat sind geringmächtige Ton- und Siltsteinlinsen nachweisbar, die bisher noch keine Fossilien geliefert haben. Das Totenstein-Konglomerat wird diskordant vom Zechstein überlagert (STANGE 1926).

2.4 Eisenach-Senke

2.4.1 Kristallines Fundament

Die oberpermische Eisenach-Formation lagert großflächig auf kristallinen Gesteinen des Ruhla-Kristallins. Die Abtragungsprodukte (Glimmerschiefer u.a.) sind vorrangig beteiligt an der Zusammensetzung der basalen Ablagerungen der Eisenach-Formation. Stellenweise lassen sich noch fossile Hangschuttdecken und ehemalige Erosionsebenen nachweisen (z.B. bei Etterwinden). Der relativ hohe Glimmergehalt in den Silt- und Feinsandsteinen der Eisenach-Formation resultiert aus dem hohen Glimmerschieferanteil im damaligen Erosionsgebiet des Ruhla-Kristallins.

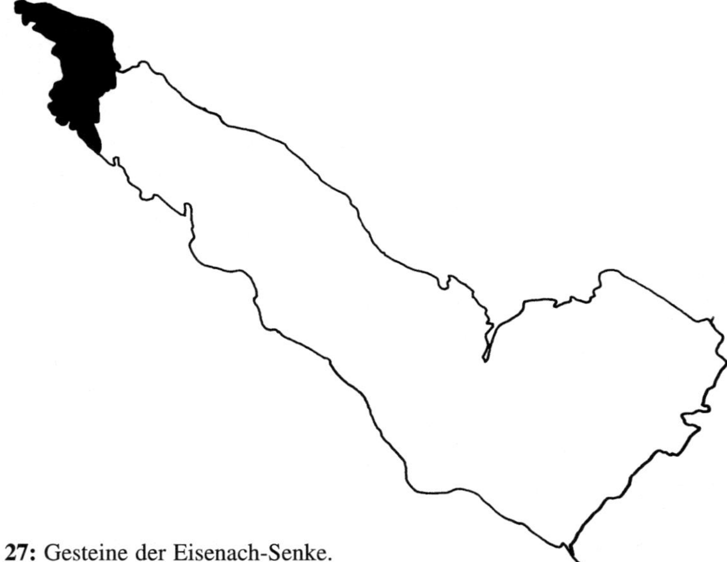

Abb. 27: Gesteine der Eisenach-Senke.

2.4.2 Oberkarbon bis Unterperm (tieferes Rotliegend)

An der West- bzw. SW-Flanke des Ruhla-Kristallins sind als Erosionsrelikt Rotsedimente und Rhyolithe des Unterrotliegend und Granitporphyr erhalten geblieben. Sie entsprechen, zusammen mit wesentlich älteren metamorphen Gesteinen, dem Schuttlieferant der Eisenach-Formation.

In den Rotsedimenten, die beispielsweise an der Straße zwischen Ruhla und Etterwinden über kristallinem Untergrund anstehend zu finden sind, lassen sich vereinzelt Pflanzenreste als Wurzelsysteme nachweisen. Ihre stratigraphische Einstufung ist unsicher – am wahrscheinlichsten lassen sich die Rotsedimente mit Gesteinen der Georgenthal-Formation der Thüringer Wald-Senke vergleichen.

2.4.3 Eisenach-Formation (höheres Rotliegend)

Tab. 16: Stratigraphischer Aufbau: Eisenach-Formation.

Hangendes: Zechstein
Grenzkonglomerat
Grenzschieferton
Hauptkonglomerat
Oberer Schieferton
Aschburg-Konglomerat
Mittlerer Schieferton
Wartburg-Konglomerat
Unterer Schieferton
Wachstein-Konglomerat
Basalkonglomerat
Hangschuttbrekzien
Liegendes: Ruhla-Kristallin

Im Westen des Ruhla-Kristallins besteht die sich allmählich verschmälernde Thüringer Wald-Scholle aus einer markanten Sedimentfolge des Oberrotliegend und wird von einem etwas breiteren Zechsteinsaum umrahmt. In dieser sanften Mittelgebirgslandschaft thront die Wartburg bei Eisenach. Unweit haben sich die Klamm der Drachenschlucht und eine größere Zahl schluchtartiger Talungen in die Rotsedimente der Eisenach-Formation eingeschnitten (SENFT 1858, WEBER 1926, 1938, 1942, 1944).

Bei der Erstkartierung von NAUMANN (1913) wurde die Sedimentfolge den „Tambacher Schichten“ zugeordnet und damit dem Oberrotliegend des zentralen Thüringer Waldes gleichgestellt.

KNOTH (1960, 1969, 1970) versuchte einen ersten lithostratigraphischen Vergleich zwischen den „Tambacher Schichten" des Tambach-Beckens und den „Tambacher Schichten" der Eisenach-Senke. Fossilien waren damals aus dem Oberrotliegend der Eisenach-Senke noch unbekannt. Die vulkanitfreien „Tambacher Schichten" in der Eisenach-Senke wurden von LÜTZNER (1978a, 1979, 1981) in „Eisenacher Schichten" (= Eisenach-Formation) umbenannt.

Die Eisenach-Formation besteht aus einem mehrfachen Wechsel von 50 bis 180 m mächtigen, rotbraunen, Fanglomerathorizonten mit 20 bis 90 m mächtigen Schiefertonhorizonten.

Die Eisenach-Formation erreicht eine Gesamtmächtigkeit von etwa 200 bis 600 m. Innerhalb der Schiefertonhorizonte treten Sandsteinlinsen mit Rippelschichtung und Sandsteinbänke im Wechsel mit „geschieferten" Ton- und Siltsteinen auf. Reine Sandsteine und Tonsteine treten auffälligerweise in den Hintergrund.

Die Fanglomerate sind überwiegend schlecht sortiert. Ihr Geröllbestand aus Rhyolith, Quarz, Granit, Glimmerschiefer und Quarzit ist überwiegend nur kantengerundet. Die Gerölle „schwimmen" teilweise in einer rotbraunen Matrix aus Ton-, Silt- oder Feinsandstein. Der Geröllbestand wechselt teilweise vom fast „reinen" Glimmerschieferkonglomerat zum fast „reinen" Rhyolithkonglomerat. Meist handelt es sich aber um polymikte Fanglomerate.

Die Eisenach-Formation kann in zwei Schichtkomplexe untergliedert werden.

1. Schichtkomplex: Basalkonglomerat bis Wartburg-Konglomerat einschließlich Unterer Schieferton, lateral sehr unregelmäßig ausgebildet, häufige Verzahnung der Fazies, fossilführend.
2. Schichtkomplex: Mittlerer Schieferton bis Grenzkonglomerat, lateral relativ regelmäßig ausgebildet, Nachweis von windgeschliffenen Geröllen „Dreikantern" (NAUMANN 1913), Ablagerung in einem ausgeglicheneren Relief, Entfernung zum Liefergebiet vergrößerte sich.

Horizontweise ist in den feinklastischen Rotsedimenten ein erhöhter Gehalt an Hellglimmer festzustellen. In dieser Fazies könnte man die Gesteine leicht mit Glimmerschiefer verwechseln. Ein hoher Anteil an Geröllen kristalliner Gesteine, verkittet mit einer Ton- und Siltstein-Matrix verleihen den Fanglomeraten ein ungewöhnliches Aussehen. Dagegen sind die Ton- und Siltsteine selten deutlich geschichtet und meist mit Feinsand nesterartig durchsetzt. Zum Teil ist diese Erscheinung auf sandige

Trockenrißfüllungen innerhalb der feinklastischen Horizonte zurückzuführen. Das Auftreten von gut gerundeten Sandkörnern und mineralischen Einschlüssen im Ton- bzw. Siltstein führte während der Diagenese zu *Guillemnites*-Druckerscheinungen, die man fälschlich als Fossilien interpretierte (z.B. als Hydromedusen, Conchostraken usw. siehe MÜLLER 1978, WALTER 1983, SCHNEIDER 1996, WERNEBURG 1996). Besonders Salzpseudomorphosen, Eiskristallabdrücke, mm-große Mineraleinschlüsse, nahezu fehlende Lamination, *Guillemnites*-Erscheinungen und z.T. erhöhte Glimmeranreicherungen unterscheiden den feinklastischen Anteil der Eisenach-Formation recht deutlich von den feinklastischen Sedimentgesteinen des Rotliegend in der Thüringer Wald-Senke. Bereits NAUMANN (1913) bezeichnete die Schichtenfolge als „Abhangschutt" eines alten Gebirges,

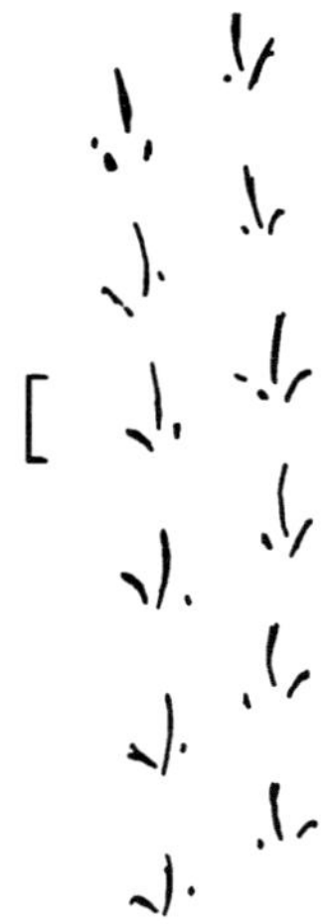

Abb. 28: Arthropodenfährte. Maßstab: 1 cm.

dessen „Rumpfreste" man heute noch im Ruhla-Kristallin erkennen kann und vermutete ein wüstenähnliches Klima. Die Gerölle belegen keinen großen Transportweg.

Das Basalkonglomerat ist in Abhängigkeit vom Gestein des unmittelbaren Untergrundes teils aus Glimmerschiefer – teils aus Rhyolithgeröllen aufgebaut (z.B. Glimmerschiefergerölle im Bereich der Mönchskappen).

Der hangende Untere Schieferton bzw. das Wartburg-Konglomerat sind unterschiedlich mächtig und miteinander verzahnt. MARTENS (1979, 1983a, b) beschrieb erste Spurenfossilien und Körperfossilien (Arthropoden- und Tetrapodenfährten, Conchostraken) aus dem Unteren Schieferton der Eisenach-Formation. Die bisher nachgewiesene Fossilführung beschränkt sich auf den unteren Abschnitt des Unteren Schiefertons im Liegenden eines zwischen Wilhelmsthal und Etterwinden ausgebildeten, mehrere Meter mächtigen Konglomerathorizontes.

Es erfolgt innerhalb des Unteren Schiefertons ein relativ plötzlicher, möglicherweise klimatisch gesteuerter Fazieswechsel, da im oberen Abschnitt des Unteren Schiefertons keine Körper- und Spurenfossilien auftreten.

Der schlechte Rundungsgrad und die Geröllgröße in den Fanglomerathorizonten des Wartburg-Konglomerates läßt Vergleiche mit dem Finsterberg- und Totenstein-Konglomerat zu. Allerdings gibt es bisher keine Anhaltspunkte für eine Korrelation.

Mit der Ablagerung des Mittleren Schiefertons und dem hangenden geringmächtigen Aschburg-Konglomerat beginnt in der gesamten Eisenach-Senke eine ausgeglichenere Sedimentation. Diese Ablagerungsbedingungen lassen sich bis zum Grenzkonglomerat verfolgen.

Trotz intensiver Prospektion im Gesamtprofil der Eisenach-Formation beschränkt sich die Fossilführung bisher nur auf die Unteren Schiefertone (WALTER 1983). Das spricht für eine zum Hangenden deutlich zunehmende Aridisierung mit einer lebensfeindlichen Fazies im Ablagerungsraum der Eisenach-Formation. Die biostratigraphische Position der Eisenach-Formation war lange Zeit umstritten, da Fossilien fehlten (KNOTH 1960, 1970, LÜTZNER 1987). Die im Jahre 1979 entdeckten Fossilien an der Basis der Eisenach-Formation und die nur schwache Winkeldiskordanz im Übergang zwischen Grenzkonglomerat und marinem Zechstein sprechen für eine stratigraphische Position der Eisenach-Formation im Oberperm. Das Grenzkonglomerat kann man als selbständige Einheit von der Eisenach-Formation trennen oder der Eisenach-Formation zuordnen. Daraus entstehen folgende zwei Varianten:

1. Annahme eines längeren Zeitraumes fehlender Sedimentation zwischen der Oberen Tambach-Formation und der Unteren Eisenach-Formation von ca. 10 bis 20 Ma eines relativ geringen Zeitraumes zwischen Grenzkonglomerat und Zechsteintransgression.

2. Annahme eines längeren Zeitraumes (10 Ma) ohne Sedimentation bzw. Diskordanz zwischen Grenzschieferton der Eisenach-Formation und Grenzkonglomerat.

Das 5 bis 10 m mächtige Grenzkonglomerat, das jüngste Glied der Eisenach-Formation, wird schwach diskordant vom Zechsteinkonglomerat überdeckt. Nach MENNING u.a. (1988) gehört das Grenzkonglomerat ins Hangende der oberpermischen Illawarra-Umpolung – ein weiteres Indiz für das oberpermische Alter der gesamten Eisenach-Formation.

Die kontinuierliche Senkungstendenz in der Eisenach-Senke als nordöstlicher Ausläufer der Hessischen Senke findet ihre Fortsetzung im Unteren Zechstein mit der Ablagerung des relativ mächtigen Werrasteinsalzes im Werra-Becken.

Die Bildung der Eisenach-Senke verlief mehr oder weniger zeitgleich mit einer stärkeren Hebung des variszischen Rumpfes im Bereich des Ruhla-Kristallins bis zur Schwelle von Buchenau. Dieser Hebungsvorgang begann möglicherweise schon im Zeitraum der Ablagerung der Rotterode- und Tambach-Formation. Am besten verdeutlicht dies das Finsterberg-Konglomerat mit der relativ plötzlichen Schüttung metamorpher Gesteine aus dem Gebiet des Ruhla-Kristallins in das Tambach-Becken.

Die Annahme einer ursprünglichen Bedeckung des Ruhla-Kristallins mit Sedimenten und Vulkaniten der Georgenthal- bis Oberhof-Formation (siehe Winterstein-Mulde) setzt eine Senkungstendenz im Bereich des Ruhla-Kristallins zu dieser Zeit, aber auch kräftige Abtragungsvorgänge im Zeitraum ab Rotterode-Formation bis Oberperm voraus.

Unklar ist das Alter der untersten Fanglomerate der Eisenach-Formation und damit der Beginn der Einbeziehung des Gebietes der Eisenach-Senke ins Sedimentationsniveau. Tektonisch begründete Senkungsbewegungen, vermutlich ab höherem Unterperm, sind anzunehmen.

Auf einer Linie: Kleiner Thüringer Wald – Suhler Granitkessel – Rotterode-Mulde – Ruhla-Kristallin zeigt die Auflagerung des basalen Zechsteins überwiegend auf kristallinem Untergrund die erreichte Erosionsbasis im höheren Perm. Dabei muß man mit dem erosiv bedingten Verlust mächtiger Sedimente und Vulkanite vor allem des Unterrotliegend rechnen.

2.5 Zechstein (Oberperm)

Die in der Eisenach-Formation angezeigte allgemeine Senkungstendenz im höheren Perm ist Teil einer weitspannigen Absenkung Mitteleuropas, insbesondere der Norddeutsch-Polnischen Senke, weit unter den damaligen Meeresspiegel als Vorläufer des Germanischen Beckens. Vergleichbar ist dieser Zustand mit dem Death Valley in Kalifornien. Nur so wird verständlich, daß ein Meeresvorstoß aus NW relativ schnell den mitteleuropäischen Raum überflutete und dabei gleichgestaltete, relativ geringmächtige Sedimente (Zechsteinkonglomerat, Kupferschiefer) ablagern konnte. Die Überflutung betraf die zuvor erosiv eingeebneten Rotliegendbecken und Teile der Gebirgsrümpfe des kristallinen Variszikums.

Die zunächst folgende Ablagerung von geringmächtigem Zechsteinkonglomerat und Kupferschiefer beendete eine mehr als 50 Millionen Jahre andauernde kontinentale Phase in Mitteleuropa.

Auch der Thüringer Wald versank mit Ausnahme einzelner Inseln bzw. Untiefen zwischen Ruhla-Kristallin und Schwarzburg-Antiklinorium im Zechsteinmeer. Außerdem belegen riffartige Bildungen bei Bad Liebenstein und Altenstein sowie Schichtausfälle eine Abweichung von der Normalfazies des Zechsteins. Mächtige Steinsalzablagerungen sind nördlich des Thüringer Waldes, aus dem Werra-Becken und aus dem Mellrichstadt-Becken nachgewiesen. Später versanken auch die Inseln als letzte terrestrische Bastionen im Zechsteinmeer (MENNING 1985).

Aus dem Gebiet der Wegscheide bei Oberhof beschrieb bereits ZIMMERMANN (1888a, b, 1908a) verkieselte Blöcke mit zechsteinzeitlichen Fossilien, die in Störungszonen erhalten geblieben sind. Sie belegen eine zechsteinzeitliche Überflutung im Bereich der „Oberhöfer Porphyrplatte“. Ebenso belegen Zechsteinrelikte in tektonisch geschützter Lage bei Steinheid die ursprüngliche Verbreitung des Zechsteins im südöstlichen Thüringer Wald (FALK & BIEWALD 1990, BIEWALD 1983, 1993b).

Der wenige Dezimeter mächtige Kupferschiefer wurde bereits in früheren Jahrhunderten am Rande des Thüringer Waldes mit unterschiedlichem Erfolg wegen seines Kupfergehaltes bergmännisch gewonnen. Besonders interessant waren die Reviere zwischen Ilmenau und Elgersburg, Schmerbach, westlich Eisenach bis Richelsdorfer Gebirge und Kupfersuhl bis Schweina.

Besondere paläontologische Bedeutung haben die Funde von vollkörperlich erhaltenen Fischen und Pflanzenresten in den Ilmenauer Schwielen (MÜLLER 1962), Fische und Invertebraten bei Schmerbach und Fisch- und Reptilfunde westlich von Eisenach erlangt.

2.6 Trias bis Kreide (Mesozoikum)

Im Gebiet des heutigen Thüringer Waldes lagerten sich im Mesozoikum innerhalb des Germanischen Beckens die insgesamt etwa 2000 m mächtigen Sedimentfolgen aus Buntsandstein, Muschelkalk, Keuper und Lias ab. Beweise ergeben sich indirekt aus den weitestgehend normal entwickelten Profilen im Randbereich des Thüringer Waldes und direkt im Nachweis von Buntsandstein im Graben von Scheibe-Alsbach unweit von Steinheid (BIEWALD & WUNDERLICH 1998).

Die Überdeckung des Thüringer Waldes mit dem Liasmeer kann nur aus dem Vergleich zwischen den Reliktvorkommen bei Gotha und Eisenach mit den Vorkommen von Franken geschlußfolgert werden.

Unweit Steinheid ist eine Scholle aus Zechstein- und Buntsandsteinsedimenten als Erosionsrelikt auf der Höhe des Schwarzburg-Antiklinoriums erhalten geblieben. Es ist der Rest einer ursprünglich von Pößneck bis Kulmbach reichenden Zechstein/Trias-Bedeckung.

Frühestens ab Dogger führten epirogene und erste saxonische Krustenbewegungen zu einer Differenzierung des Germanischen Beckens. Eine überwiegend kontinentale Phase begann. Die Bruchschollentektonik führte in den einzelnen Gebieten zu unterschiedlich tiefreichender Erosion. Eine Unterbrechung brachte der Vorstoß des Cenoman-Meeres. Sedimente des Ereignisses sind als Relikte nur im entfernten Ohmgebirge nachgewiesen worden.

2.7 Tertiär

Die vor allem NE- und SW-gerichteten Täler bzw. Rücken und Hochflächen innerhalb des Thüringer Waldes enthalten Anzeichen einer tertiären Terrassierung. Relikte älterer Talschotter an den Talhängen sind nur noch im Bereich des Schwarzburg-Antiklinoriums nachweisbar (z.B. Schwarzatal).

Den heutigen Thüringer Wald muß man als das Ergebnis eines mehrphasigen Hebungsvorganges ohne längere Unterbrechungen auffassen. Wann die vorläufig letzte bedeutende Hebung stattfand, ist bisher nicht befriedigend geklärt. Die Meinungen schwanken zwischen Eozän und Pleistozän (v. FREYBERG 1923b, ELLENBERG 1993).

Die Bildung der tektonischen Struktur „Thüringer Wald" einschließlich der erosiven Zerstörung seiner mesozoischen Haube war schon in prätertiärer Zeit erfolgt. Bestandteile einer tertiären Einebnungsfläche lassen sich heute noch in Hochflächen des Schwarzburg-Antiklinoriums und in den Gipfelplateaus des mittleren und südöstlichen Thüringer Waldes nachweisen (PHILIPPI 1910, EBERT 1922, WEBER 1941).

Sedimentablagerungen des Tertiär/Quartär-Grenzbereiches sind bis in die Gegenwart in der Umgebung des Thüringer Waldes erhalten geblieben (FRITSCH 1887b). Es sind dies die Vorkommen von Rippersroda (FRITSCH 1885, MAI, MAJEWSKI & UNGER 1963), westlich vom Hohen Kreuz bei Stadtilm und die Walkerde von Dienstedt (südlich Kranichfeld) nördlich des Thüringer Waldes. Südlich des Thüringer Waldes fand man u.a. im Liegenden eines Basaltes bei Friedelshausen, etwa 250 m über dem heutigen Werratalgrund, Sedimente mit Thüringer Wald-Geröllen.

2.8 Quartär

Die letzte Hebungsphase des Thüringer Waldes gegenüber seiner mesozoischen Umgebung wird im Pleistozän vermutet (WÜST 1901, ELLENBERG 1993). SPREITZER (1937) sprach von einer Hebungsphase zwischen der Elster II- und der Saale I-Vereisung. Von altpleistozänen Bewegungen im nördlichen Vorland des Thüringer Waldes sprach ZIEGENHARDT (1965). LÜTTIG (1955) vermutete langsame epirogene Aufwärtsbewegungen im Pleistozän des Harzes (1 mm/ Jahr), die sich auch auf den nahen Thüringer Wald übertragen lassen. MÖBUS (1966) vermutet den letzten tektonischen Schub im Harz (Thüringer Wald ?) im Pliozän.

Altpleistozäne Zersatzgrobschotter (z.B. am Boxberg bei Gotha) können als Resultate der letzten größeren Hebung zu Beginn des Quartärs angenommen werden. Deutliche Veränderungen im Flußsystem im Vorland des Thüringer Waldes deuten auf weitere Schollenbewegungen oder Salinartektonik während des Pleistozäns (CREDNER 1851, UNGER 1971).

Die epirogenen Hebungsvorgänge erfaßten nicht nur den Thüringer Wald und das Thüringisch-Vogtländische Schiefergebirge, sondern auch das Thüringer Becken. Zum Beispiel liegt die mittlere Höhe der relativ flachen Keuperebene zwischen Gotha und Erfurt bei etwa 250–300 m. Die rückschreitende Erosion schuf, ausgehend vom Raum Halle-Leipzig, markante Taleinschnitte im Thüringer Hochplateau.

Wesentliche Hinweise auf die Hebungsvorgänge des Thüringer Waldes ergibt die Analyse der Talbildung auf der NE- und der SW-Abdachung des Thüringer Waldes. Die Thüringer Wald-Scholle wurde relativ gleichmäßig von SW bzw. NE in Richtung Rennsteig zertalt. Das Ergebnis war eine Kammlinie im Bereich des heutigen Rennsteiges. Recht unterschiedlich wirkten die Glazial- und Interglazialzeiten auf diesen Erosionsprozess.

Von einigen Autoren wurde zeitweilig sogar eine Vergletscherung des Thüringer Waldes angenommen (WOLFF 1912, HABENICHT 1913, REGEL 1913, REICHARDT 1913, ZAHN 1919). Dafür gibt es jedoch nach heutiger Kenntnis keine Hinweise. Lediglich Hangschuttdecken und Solifluktionserscheinungen können als Relikte der Glazialzeiten gedeutet werden (REGEL 1892). Nach WEBER (1955) soll der Thüringer Wald in seinen höchsten Lagen eine Firnhaube getragen haben. Bodenfließen und Hangschuttbewegungen erfolgten in der wärmeren Jahreszeit und sind bis in die Gegenwart nicht zum Stillstand gekommen.

Auffällig ist der Nachweis älterer, flachgründiger Talstrukturen, z.B. im Bereich der Täler zwischen Georgenthal und Tabarz. Die Oberkanten zahlreicher Felsgebilde und zugehörige Einebnungsflächen an den Talhängen, z.B. entlang der Apfelstädt mit Seitentälern und im Lauchagrund entsprechen möglicherweise einem früheren Erosionsniveau des Thüringer Waldes mit einer ausgeglicheneren Morphologie. Die vorläufig letztmalige Heraushebung des Thüringer Waldes um etwa 20 bis 40 m führte zu einer verstärkten Tiefenerosion bis zur Bildung der heutigen, relativ schmalen Talauen mit ihren recht steilen, z.T. felsigen bis canyonartigen Talhängen.

Die jüngste Geschichte des Thüringer Waldes wurde vor allem von der Waldentwicklung nach dem Ende der letzten Eiszeit in den vergangen 12 000 Jahren bestimmt. Die Hochmoore (z.B. Saukopfmoor, Beerberg-Hochmoor) belegen in ihrem Pollenspektrum die nacheiszeitliche Waldentwicklung (JAHN 1930).

In den letzten 1500 Jahren seiner bisherigen Geschichte spielten auch zunehmend die Einflüsse durch die menschliche Besiedlung eine Rolle.

Nach starken Waldrodungsphasen im Mittelalter trat eine verstärkte Tiefenerosion in den Tälern auf, die bis heute nach einer systematisch betriebenen Aufforstung der Gebirgshänge mit Plantagenwald weitestgehend eingedämmt werden konnte.

3. Lagerstätten, Bergbau, Mineralfunde

Verschiedene sedimentäre, tektonische und magmatische Prozesse während der weit zurück verfolgbaren geologischen Geschichte der Thüringer Wald-Gesteine schufen eine Reihe von kleineren Erz- und Minerallagerstätten. Schon vor Jahrhunderten gaben sie Anlaß für einen bescheidenen, aber regional durchaus bedeutenden Bergbau (v. FREYBERG 1923c, 1926). Ebenso verhielt es sich mit der Gewinnung verschiedener Steine- und Erdenrohstoffe. Der Nachweis von Steinkohle, besonders bei Manebach, war eine wichtige Energiegrundlage für weitere Industriezweige. Steinkohle war gegenüber Holzkohle vorteilhafter beim Betreiben von Schmelzhütten und metallverarbeitenden Betrieben.

Steinbrüche verschiedener Größenordnung und angelegt in unterschiedlichen Gesteinsarten lassen sich heute noch vom Schwarzburg-Antiklinorium bis in die Gegend um Eisenach nachweisen. Sie liefern schon seit Jahrhunderten das Baumaterial für Straßen, Wege und Ansiedlungen. Gesteinsfarben und -strukturen prägen heute noch die architektonischen Eigenheiten der Dörfer und Städte der Region.

Im östlichen Teil dominieren die dunklen Schiefer zur Dach- und Hauswandverkleidung, ein Einfluß des Dachschieferreichtums im Schwarzburg-Antiklinorium und im angrenzenden Frankenwald. Dachschiefer wurde bis vor wenigen Jahren nur noch in den Tagebauen bzw. Untertage bei Lehesten am NW-Rand des Frankenwaldes gewonnen. Bedeutung erlangte im 19. Jahrhundert die Verarbeitung von Griffelschiefern des Ordoviziums zu Schreibgriffeln und von Kulmschiefern zu Schiefertafeln für den Schulunterricht. Dieser spezielle Zweig der Schieferverwertung entwickelte sich besonders zwischen Lehesten und Steinach (Schieferstraße und Schiefermuseum Steinach).

Im mittleren Thüringer Wald zieren Hauswände, Mauern, Gartenzäune und Wege Sandsteinplatten der oberen Goldlauter-Formation, aus rotbraunen Rhyolithtuffen der Oberhof-Formation und aus schokoladebraunen Tambach-Sandsteinen der Tambach-Formation. Besonders der Tambach-

Sandstein gelangte wegen seiner Qualität als Baustein in zahlreiche Städte und Gemeinden des Thüringer Landes. Die berühmte Wartburg bei Eisenach wurde teilweise aus festem Fanglomerat der Eisenach-Formation (Wartburg-Konglomerat) erbaut – ein Baustein, der in heute längst verfallenen Steinbrüchen in unmittelbarer Umgebung gewonnen wurde.

Im Gebiet zwischen Oberhof, Crawinkel und Tambach-Dietharz nutzte man eine spezielle Ausbildung des Rhyoliths für die Herstellung von Mühlsteinen für Getreidemühlen – so entstand der Name „Mühlsteinporphyr". In Crawinkel existierten beispielsweise im Jahre 1875 noch 11 Mühlsteinbetriebe, die zusammen im Jahr mehr als 600 Mühlsteine produzierten (IMMER 1957). Das Crawinkler Mühlsteingewerbe läßt sich sogar auf das Jahr 1519 zurückverfolgen. Steinbrüche befanden sich am Borzel, im Schmücker Graben und entlang der Lütsche.

Die politschen und wirtschaftlichen Veränderungen in Ostdeutschland nach 1989 haben auch im Thüringer Wald zum völligen Niedergang des Mineral- und Erzbergbaus geführt. Er hat heute nur noch historische Bedeutung.

Der Bedarf an Zuschlagstoffen für den Straßen- und Wegebau stieg jedoch enorm an. Bestehende Steinbrüche wurden erweitert und erhielten modernste Aufbereitungsanlagen. Neue Steinbrüche wurden angelegt. So stiegen die Fördermengen des für die Bitumenherstellung bestens geeigneten basaltähnlichen Dolerites der Hühnberge zwischen Schnellbach und Ebertswiese am Rennsteig.

Vergrößerte Abbaue entstanden im intermediären Vulkanit („Leuchtenburg-Gestein") bei Tabarz. Aber auch in Rhyolithen der Möhrenbach- bis Oberhof-Formation werden gegenwärtig noch Steinbrüche betrieben. Bekannt wurde vor allem der zu „Gräfenhainer Sand" aufbereitete Rhyolith der Oberhof-Formation unweit Gräfenhain. Weitere Rhyolithabbaue werden bei Etterwinden und unweit Breitenbach betrieben.

Goldquarzgänge entsprechen der ältesten Gangmineralisation im Schwarzburg-Antiklinorium. Sie treten als linsenförmige Milchquarzgänge in Gesteinen des Oberen Proterozoikums bis Ordoviziums auf (siehe Goldmuseum Theuern). Als Muttergestein für die Goldgehalte sind die Schiefer der Frauenbach-Formation zu deuten (FISCHER 1966, HAHNE u.a. 1985). Höhere Konzentrationen existieren als Seifengold in quartären Flußablagerungen des Schwarzburg-Antiklinoriums (z.B. Schwarzatal). Die Goldgehalte der Goldquarzgänge liegen weit unterhalb der Bauwürdigkeitsgrenze (v. FREYBERG 1923c). Historischer Bergbau läßt sich von Reichmannsdorf (Goldberg), von Goldisthal und Steinheid nachweisen (HESS VON WICHDORFF 1914b).

Bis vor wenigen Jahren gab es noch einen aktiven, kleinen, regional bedeutenden Bergbau auf Eisen, Mangan, Kobalt, Kupfer, Schwerspat und Flußspat. Die zugehörigen Lagerstättentypen konzentrieren sich vor allem auf sedimentär gebildete Erzanreicherungen im Altpaläozoikum und im Kupferschiefer sowie auf Mineralisationen im Bereich von mesozoisch entstandenen Gangstrukturen (saxonische Gangmineralisation). Erkennbar ist eine Ausscheidungsabfolge: 1. Siderit-Calcit, 2. Fluorit, 3. Baryt, 4. Anhydrit und 5. Quarz (MEINEL 1993). Auf weitere Untergliederungen nach Abfolgen gehen WERNER (1958) und SCHRÖDER (1969) ein.

Kleinere Hämatitlagerstätten sind aus der Gegend von Ruhla bekannt (Mühlrain-, Wasserberg- und Gerberstein-Gangzug), bei Brotterode (Gehege und Seimberg), bei Suhl (z.B. Kirschbaum- Gangzug), bei Asbach und bei Friedrichroda im Bereich des Gottlob (Hämatit, Mn-Erze und seltene Minerale).

Bei Schmiedefeld kennt man die Lagerstätte Crux. Die Magnetitanreicherungen weisen auf eine postmagmatisch-kontaktmetasomatische Bildung mit voroberkarbonischem Alter hin.

Die Manganerzlagerstätten des Thüringer Waldes haben ebenfalls nur noch historische Bedeutung. Das Arlesberg-Gehlberger Revier besteht aus zahlreichen Mineralgängen (darunter 4 größere Gangzüge). Die vorherrschenden Minerale sind Manganit, Pyrolusit und Braunit. Ein weiteres Erzrevier liegt bei Ilmenau, das Öhrenstocker Revier. Hauptvererzung ist Pyrolusit zusammen mit Calcit und Baryt. Im Gebiet um Luisenthal ist eine Mn-Pb-Cu-Lagerstätte bekannt. An den ehemaligen Bergbau im mittleren Thüringer Wald erinnert auch das technische Denkmal des Tobiashammers zwischen Luisenthal und Ohrdruf (GOETZE 1937, 1940).

Im Schmalkalder Revier am SW-Rand des Thüringer Waldes förderte man karbonatische Eisenerze entlang der Klinge- und Stahlberg-Störung. Die Stahlberg-Störung besteht aus einem 900 m langen und bis 40 m mächtigen Erzkörper aus Limonit und Baryt. Die Lagerstätten sind an Zechsteinkalk gebunden und entstanden metasomatisch durch Sideritisierung der umliegenden Zechsteinkalke bzw. Dolomite. Ein weiteres Eisenerzlager ist die Lagerstätte „Mommel“ nordwestlich des Trusetales. Sie besteht aus einem 550 m langen und bis 80 m breiten Limonit-Baryt-Erzkörper und aus

Gängen der Baryt-Fluorit-Abfolge. Der Bergbau in diesem Gebiet läßt sich bis auf das frühe Mittelalter zurückverfolgen (BÖHNE 1915, 1922, 1925, OELSNER 1956, MESSERSCHMIDT 1999).

Zu den bedeutendsten Lagerstätten, die bis vor wenigen Jahren noch wirtschaftliche Bedeutung hatten, gehören die Baryt- und die Baryt/Fluorit-Mineralisationen (FRITSCH 1887a, MÄDLER & SCHRÖDER 1967, SCHRÖDER 1969). Es handelt sich dabei um die Fluoritlagerstätte des Reviers Ilmenau-Gehren (Floßberg-Gang, Stechberg-Gang), den Floßberg-Gangzug bei Steinach und die Gruben „Mommel“ und „Hühn“ bei Trusetal im Schmalkalder Revier. Die Flußspatgrube „Hühn“ besteht aus bis 900 m langen und bis 10 m mächtigen Spatgängen parallel zur Randstörung des Thüringer Waldes. Das Ilmenau-Gehrener Revier besaß die größere Bedeutung. Es gehört zur saxonischen Karbonspat-Baryt-Fluorit-Sulfid-Abfolge.

Am SW-Rand des Thüringer Waldes bei Bad Liebenstein-Schweina befindet sich im Bereich flachherzynischer Störungen die wichtigste Kobaltlagerstätte. Die als Rücken bezeichneten Gänge erreichen 500 m Länge und 0,5 bis 1,6 m Mächtigkeit. Es handelt sich um die saxonische Baryt (Karbonspat)-Abfolge mit Co-Ni-Cu-As-Erzen. Die Kobalterzbildung steht im Zusammenhang mit dem nahen Kupferschiefer. Kleinere Kobaltvorkommen von rein historischer Bedeutung liegen bei Friedrichroda, Kupfersuhl und Asbach (Belege in Slg. v. HOFF, Museum der Natur Gotha). Ein Selenerzvorkommen am Tannenglasbach bei Neustadt a. R. tritt im Bereich einer herzynisch streichenden Störung auf und hat nur mineralogische Bedeutung.

Verschiedene marin-sedimentär entstandene Erz- und Minerallagerstätten erlangten vor allem im südöstlichen Thüringer Wald in den vergangenen Jahrhunderten bergbauliche Bedeutung.

Zur Vitriol- und Alaungewinnung nutzte man pyrithaltige Alaunschiefer in Gruben bei Großbreitenbach, Wildenspring und Altenfeld sowie die Vorkommen silurischer Graptolithenschiefer am Vitriolwerk von Garnsdorf bei Saalfeld, am Wetzelstein bei Saalfeld, im Schwefelloch bei Schmiedefeld, in Arnsbach bei Gräfenthal und im Alaunwerk bei Döschnitz.

Besonders in der Gräfenthal-Formation (Ordovizium) entstanden im Randbereich von Flachmeeren mit lagunären Küstensäumen oolithische Eisenerzlager (Chamositerze, HETZER 1958). Die 1 bis maximal 20 m mächtigen Lager sind diagenetisch und metamorph umgewandelt und enthalten Chamosit, Quarz, Thuringit und Siderit. Der Eisengehalt schwankt zwischen 30 und 36 %. Die bedeutendsten Lagerstätten konzentrieren sich am SE-Rand des Schwarzburg-Antiklinoriums: Schmiedefeld, Gebersdorf, Eisenberg südlich Unterwirrbach, Wittmannsgereuth, Dittrichshütter Mulde, bei Steinach und Mengersgereuth-Hämmern.

Im Rotliegend des Thüringer Waldes suchte man in den vergangenen Jahrhunderten vor allem nach buntmetallverdächtigen, bituminösen Schwarzschiefern und nach Steinkohleflözen.

Fossilführende dunkle limnische Horizonte im Pochwerksgrund bei Goldlauter enthalten Erznieren (überwiegend vererzte Koprolithen) mit Pyrit, Arsenopyrit-, Cu-, Pb- und Ag-Gehalten. Am bekanntesten war die Grube „Goldene Rose" bei Goldlauter. Vergleichbare Bergbauversuche lassen sich an zahlreichen weiteren Schwarzschiefervorkommen nachweisen. Auskunft darüber geben vor allem die Erläuterungen der alten Auflagen der Geologischen Spezialkarten des Thüringer Waldes.

Die Suche nach fossilen Brennstoffen (Steinkohle) war im Verbreitungsgebiet der Georgenthal- und Manebach-Formation mehr oder weniger erfolgreich gewesen. Besondere Bedeutung erlangten die Steinkohlenflöze in der Umgebung des Ortes Manebach (früher Manebach und Kammerberg). Zu beiden Seiten der Ilm wurden bis zu 8 Flöze nachgewiesen. Das bekannteste Steinkohlevorkommen der Georgenthal-Formation ist die Öhrenkammer bei Ruhla an der Ostflanke des Ruhla-Kristallins. Der Steinkohlenbergbau förderte auch im Thüringer Wald, besonders bei Manebach, wissenschaftliche Untersuchungen an wertvollen Pflanzenfossilien. Anfang des 19. Jahrhunderts begründete damit E.F. v. SCHLOTHEIM in Gotha die wissenschaftliche Paläobotanik.

Große Teile der Thüringer Wald-Scholle werden vom zu Tage ausstreichenden Kupferschiefer eingerahmt. Besonders sein Kupfergehalt führte in den vergangenen Jahrhunderten zu bergbaulichen Aktivitäten. Die Kupfergehalte konzentrieren sich im randnahen Bereich auf 0,7 bis 1,5 % und im hangenden Teil des Zechsteinkonglomerates (Sanderz) mit 2 bis 5 %. Am NE-Rand des Gebirges schürfte man im Kupferschiefer bei Stedtfeld, Mosbach, Schmerbach, Fischbach, Cabarz, Catterfeld, im Ilmenauer Revier bis Königsee, bei Bad Blankenburg und Saalfeld. Am SW-Rand des Thüringer Waldes förderte man Kupferschiefer bei Epichnellen, Eckardtshausen, Kup-fersuhl, Waldfisch, Glücksbrunn bis Schweina.

Aus der umfangreichen Mineralliste des Thüringer Waldes sind besonders zu erwähnen: 1. Minerale in den sogen. „Schneekopfkugeln" bzw.

„Porphyrkugeln", besonders schön im Anschliff: Achat, Bergkristall, Quarz, Amethyst, Baryt, Fluorit, Calcit, Hämatit.

2. Minerale des historischen Bergbaues und der noch aktiven Steinbrüche: Allophan, Andradit, Anhydrit, Ankerit, Aragonit, Arsenkies, Aventurin, Azurit, Baryt, Bornit, Calcit, Chrysokoll, Covellin, Crednerit, Emplektit, Erythrin, Fahlerz, Fluorit, Gips (Marienglas), Gold, Goethit, Hämatit, Kryptomelan, Kupferkies, Lazulith, Lepidokrokit, Limonit, Magnetit, Magnetkies, Malachit, Molybdänglanz, Nickelin, Orthit, Orthoklaszwillinge, Pyrit, Pyrolusit, Quarz, Rammelsbergit, Scheelit, Siderit, Skutterudit, Zinkblende (u.a. LÜDECKE 1978, VOLLSTÄDT, SCHMIDT & WEIß 1991).

4. Exkursionen

4.1 Allgemeine Hinweise zum Sammeln von Fossilien und Mineralen

Der Rennsteig zwischen Hörschel und Blankenstein bei Lobenstein ist zwar der beliebteste deutsche Höhenwanderweg, er eignet sich aber weniger zum Kennenlernen der Geologie, Paläontologie und Mineralogie des Thüringer Waldes. Hierzu empfiehlt es sich, die zahlreichen, quer zum Gebirgskamm verlaufenden Täler zu nutzen. Kann man sie doch als profilartige Einschnitte interpretieren, die auf einfachste Weise an zahlreichen natürlichen und künstlichen Aufschlüssen Einblick in den inneren geologischen Bau des Mittelgebirges gestatten. Felsbildungen, Straßen- und Weganschnitte, Steinbrüche, Steilufer an Flüssen und Bächen, verfallene Bergbaustollen, Mundlöcher und Halden bieten dazu beste Gelegenheiten.

Mineral- und Fossilfundstellen werden oft durch „ungeordnet“ angelegte Schurflöcher angezeigt. Dies ist besonders an den Vorkommen der „Schneekopfkugeln“ festzustellen. Denken Sie dabei bitte an Sammelerlaubnisse und die Rechte des Landeigentümers!

Der Thüringer Wald läßt sich streckenweise mit dem Auto, häufiger aber nur zu Fuß geologisch erkunden.

Einige haben mehr paläontologisches, andere mehr geologisches und wieder andere rein mineralogisches Interesse. Für jeden bietet der Thüringer Wald Überraschungen. Betreten Sie das Gebirge nicht ohne geologische und topographische Karte, möglichst im Maßstab 1 : 25 000. Noch recht brauchbar sind die alten geologischen Karten des Thüringer Waldes im Maßstab 1 : 25 000 mit ihren Erläuterungen. Gehen Sie auf Wanderungen nicht ohne Lupe, Geologenhammer, Rucksack und Wanderschuhe!

Die einzelnen Aufschlüsse, ob natürlich oder künstlich von Menschenhand entstanden, werden in stratigraphischer Reihenfolge vorgestellt und erläutert. Jeder kann sich nach Belieben seine individuelle Route zusammenstellen oder lediglich einzelne Aufschlüsse gezielt ansteuern, bestaunen und untersuchen. Umfangreiche Literaturangaben zu den einzelnen Themen und Aufschlüssen gestatten ein intensiveres Studium, einfache Lageskizzen erleichtern das Auffinden.

Die Aufschlüsse werden mit einer Übersicht der Gesteinsarten, Fossilien, Minerale und besonderen geologischen Erscheinungen vorgestellt. Beachten Sie dabei, daß Fossil- oder Minerallisten nie vollständig sein können. Die Listen ergaben sich aus Literaturan-

gaben oder eigenen Aufsammlungen. Sie werden freundlich aufgefordert, Neufunde dem Autor mitzuteilen.
Für die allgemeine Charakterisierung des Aufschlusses werden folgende Symbole verwendet:

 natürlicher Aufschluß (z.B. Felsen, erosiv entstandene Aufschlüsse an Gebirgsbächen, Höhlen)

 künstlicher Aufschluß (Steinbruch, Straßenböschung, Weganschnitt)

 historische Bergbauanlage (Mundloch, Halde, Schaubergwerk)

 Lesesteine im Boden

 Aufschluß unter Naturschutz (Geotop)

 Vor Betreten des Aufschlusses Genehmigung einholen!

 Betrachten des Aufschlusses nur aus Sicherheitsabstand

 Fossilfundstelle

 Mineralfundstelle

 Aufschluß mit Auto erreichbar

 Aufschluß nur zu Fuß erreichbar

Der Thüringer Wald gehört weder zu den fossilhöffigsten noch zu den mineralreichsten Landschaften Deutschlands. Dennoch warten auf Fossil- und Mineralsammler genügend Entdeckungsmöglichkeiten. Besonders die Liste der bisher bekannt gewordenen fossilen Arten aus dem Rotliegend ist einzigartig in Mitteleuropa und vergrößert sich weiterhin von Jahr zu Jahr. Dies entspringt der Eigenschaft kontinentaler Sedimentfolgen im Gegensatz zu den weitestgehend bekannten Fossilinhalten mariner Folgen in Mitteleuropa.

Natürlich kommt es auf die fachlichen Vorkenntnisse, genügend Ausdauer und gute Beobachtungsgabe an, um auch im Thüringer Wald Fossilien und Minerale sammeln zu können. Die meist noch unzureichende geologische Neukartierung des Gebietes erfordert das vorausgehende Studium der bis über 100 Jahre alten geologischen Meßtischblätter im Maßstab 1 : 25 000 und ihrer Erläuterungen. Trotz des Alters dieser Karten und zahlreicher Veröffentlichungen handelt sich auch aus eigener Erfahrung um die wichtigsten Quelle für das Auffinden von regional meist recht eng begrenzten und meist nur zu Fuß erreichbaren Fossil- und Mineralfundstellen.

Das Proterozoikum und Altpaläozoikum des Schwarzburg-Antiklinoriums und das Rotliegend garantieren auch für die Zukunft, neue und interessante Fossilfundstellen zu entdecken. Beispiele aus der jüngsten Vergangenheit sind die Entdeckung der Wirbeltierfundstätte „Bromacker" 1974, der Fossilfundstellen „Hefteberg" bei Rotterode und „Große Kerbe" bei Elgersburg 1980, der Lokalität „Fischhalde" bei Manebach 1981 und der ersten Fossilfundstätte in der Eisenach-Formation bei Wilhelmsthal 1979.

Neuaufschlüsse bei der Anlage neuer Steinbrüche, Straßen und Wege im Thüringer Wald werden für die Entwicklung neuer Vorstellungen von der geologischen Geschichte dieses Gebirges eine zunehmende Rolle spielen. Die Mehrzahl der Steinbrüche deckt vulkanische Gesteine (Rhyolith, Andesit, Melaphyr, Dolerit) auf. Die Auffindung von Mineralstufen bleibt dabei bescheiden. Besondere Bedeutung auf mineralogischem Gebiet haben nach wie vor die weit verstreuten und oft nur wenigen Sammlern bekannten Fundstellen der Kristall- oder Achat-gefüllten „Schneekopfkugeln". Die bekanntesten Fundstellen, z.B. am Seebachsfelsen bei Friedrichroda, werden noch regelmäßig von Sammlern aufgesucht, sind aber durch jahrelange, intensive Schürfversuche weitestgehend abgesammelt und gleichen einer Mondlandschaft.

Seit Januar 1992 gelten beim Sammeln von Fossilien die entsprechenden Bestimmungen des neuen Thüringischen Denkmalschutzgesetzes. Danach sind alle wissenschaftlich wertvollen Fossilien Eigentum des Landes Thüringen und meldepflichtig bzw. gegen eine entsprechende Entschädigungsleistung abgabepflichtig. Beachtet werden sollten beim Sammeln auch die Bestimmungen des Naturschutzgesetzes und die Eigentumsverhältnisse im Bereich der Fundstellen. Gezielte Fossilgrabungen können nur mit Genehmigung des Thüringischen Landesamtes für Archäologische Denkmalpflege (Museum für Ur- und Frühgeschichte Weimar) durchgeführt werden. Wissenschaftlich interessante Fossilfunde im Altpaläozoikum und Rotliegend des Thüringer Waldes können z.B. direkt dem Museum der Natur Gotha gemeldet werden. Beim Betreten ehemaliger Schachtanlagen und Stollen in Altbergbaugebieten besteht erhöhte Lebensgefahr! Tragen Sie mit dazu bei, die Schönheiten des Naturparkes „Thüringer Wald" für spätere Generationen zu erhalten.

Foto 1: Wedelausschnitt des Farnsamers *Autunia conferta,* Homigtal bei Breitenbach. Möhrenbach-Formation.
Original: Slg. Museum der Natur, Gotha. Foto: Th. Martens.

Foto 2: Wedelausschnitt von *Walchia piniformis* im Sandsteingeröll von der Basis des Schieferschuppen-Konglomerats, Hohes Tal, Breitenbach bei Schleusingen, Original: Slg. Museum der Natur, Gotha. Foto: Th. Martens.

Foto 3: Rhyolith mit großen Feldspateinsprenglingen, typischer „Älterer Rhyolith“ von der Schmalwassertalsperre bei Tambach-Dietharz. Oberhof-Formation. Foto: Th. Martens.

Foto 4: Angeschnittene „Porphyrkugel“ mit Achatfüllung, Fundort: Seebachsfelsen bei Friedrichroda, Original: Slg. Museum der Natur, Gotha. Durchmesser ca. 6 cm. Foto: Th. Martens.

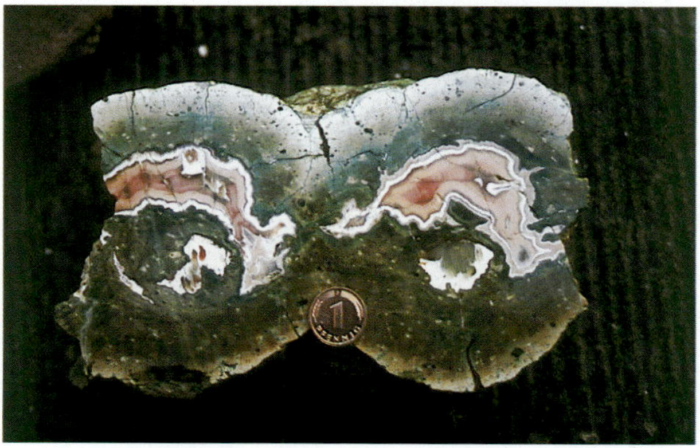

Foto 5: Angeschnitte „Porphyrkugeln“ mit Achatfüllung, Fundort: Nesselhof bei Tambach-Dietharz, Orginal: Slg. Museum der Natur, Gotha. Foto: Th. Martens.

Foto 6: Große Rhyolithgerölle im Bielstein-Konglomerat an der Straße Tambach–Dietharz–Rennsteig, Tambach-Formation. Foto: Th. Martens.

Foto 7: Blick vom Rennsteig in den Ungeheuren Grund bei Tabarz. Foto: Th. Martens.

Foto 8: Blick auf die Ohratalsperre, Gesteine der Oberhof-Formation. Foto: Th. Martens.

Foto 9: *Orobates pabsti* (Ursaurier), komplettes Skelett wurde während der Grabung 1998 am Bromacker bei Tambach-Dietharz entdeckt. Tambach-Formation. Original: Slg. Museum der Natur, Gotha. Foto: D. Berman. Maßstab entspricht 10 cm.

Foto 10: *Diadectes absitus*, „Tambacher Ursaurier". Schädellänge ca. 13 cm, Skelettfund während der Grabung am Bromacker bei Tambach-Dietharz 1993. Tambach-Formation. Original: Slg. Museum der Natur, Gotha. Foto: Th. Martens.

Foto 11: Fisch *(Ellonichthys),* Gottlob-Steinbruch bei Friedrichroda. Goldlauter-Formation. Länge des Körpers ca. 14 cm. Original: Slg. Museum der Natur, Gotha. Foto: Th. Martens.

Foto 12: Regentropfen-Einschlagskrater (Niederschlagsmarken) auf Tonstein vom Hefteberg bei Rotterode. Rotterode-Formation. Bildausschnitt 12 cm lang. Foto: Th. Martens.

4.2 Ruhla-Kristallin

(1) Westfuß des Lotzerödchens am Eingang zum Schleifkothengrund nordöstlich Steinbach

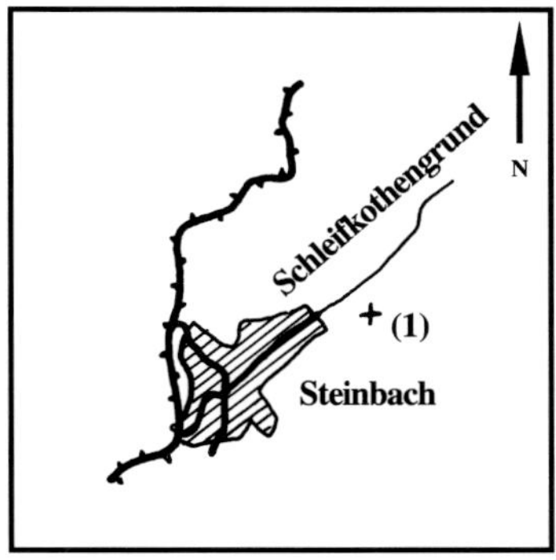

Anreise/Lage: Über Bad Liebenstein-Steinbach, schmale Zufahrt im Schleifkotengrund (Parkmöglichkeit am letzten Gebäude), Waldweg am Westfuß des Lotzerödchen-Hanges benutzen.

Geologie/Stratigraphie: Steinbach-Augengneis (Liebenstein-Gruppe, Kernzone, Kambroordovizium), Ruhla-Granit mit großen Feldspäten, Kakiritzone, Aplitgängen.

Beschreibung: Zwischen Schleifkothengrund und Thüringer Tal ist der Steinbach-Augengneis verbreitet. Namengebend treten in dem grobflaserigen Biotitgneis augenförmige Kalifeldspatkristalle auf. Am Berghang ist der Steinbach-Augengneis in Felsklippen anstehend aufgeschlossen. Er besteht aus etwa 31 % Quarz, 30 % Kalifeldspat, 26 % Plagioklas, 12 % Biotit und 0,4 % Akzessorien (WUNDERLICH 1991). Es werden drei Typen unterschieden:

1. ebenzeiliger, augenarmer bis augenfreier Typ,
2. augenreicher Normaltyp mit Kalifeldspat-, Quarz-, Plagioklas-, und Quarz-Plagioklas-Kalifeldspataugen und
3. lagig-flachlinsiger Typ.

Am Aufschluß findet man vor allem den Normaltyp mit Augen in verschiedenen Deformationsstufen. Die Augengneise sind kuppelförmig entlang einer NNE-SSW-Achse emporgewölbt und durchragen diapirartig die Liebenstein-Migmatite. Im Gefügebild des Augengneises ist ein erstarrter blasto-mylonitischer Deformations-Kristallationsprozeß erhalten geblieben. Im Hangenden folgt nahe der Grenze zum Ruhla-Granit ein Aplitkörper. Der Ruhla-Granit zeigt nach Pb/Pb-Altern von Einzelzirkonen Werte von 293±5 Ma (BRÄTZ et al. 1996) und ist damit wesentlich jünger als der Augengneis. Zwischen Augengneis und dem E-W-streichenden Süd-Kontakt des

Ruhla-Granites ist eine etwa 10–100 m mächtige Kataklasitzone ausgebildet. Die am Kontakt beteiligten Komponenten sind durch intensive Kataklase deformiert. Es handelt sich um schwarze bis dunkelgraugrüne, dichte Massen die durch eine Spröddeformation entstanden sind (WUNDERLICH 1991). Die strukturlose Mikrobrekzie bzw. der Kataklasit bilden die Kakiritzone und entsprechen einer tektonischen Brekzie an Störungen.

(2) Eingang zum Thüringer Tal mit Eselssprung und Katzenstein nördlich Bairoda

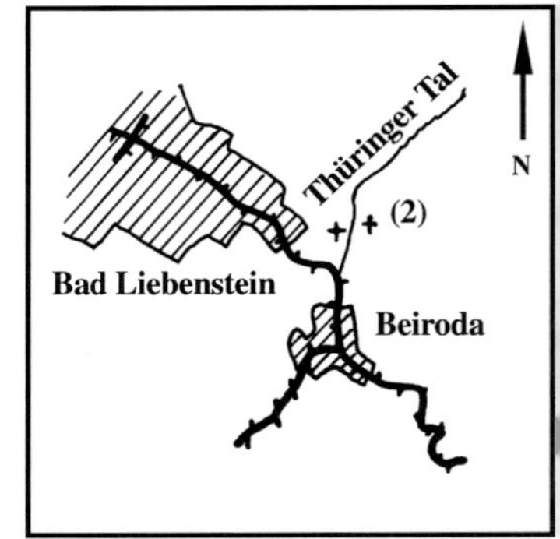

Anreise: Über Bad Liebenstein und Bairoda, Parkmöglichkeit am Eingang zum Thüringer Tal, Beginn eines geologischen Lehrpfades.

Geologie/Stratigraphie: Liebenstein-Migmatit (Liebenstein-Gruppe, Kernzone, Kambro-ordovizium), Katzenstein-Granit, Riffkalke (Zechstein).

Beschreibung: Am Zugang zum Thüringer Tal befindet sich ein stillgelegter Steinbruch, in dem migmatitische Amphibolgneise anstehen, die den Kontakt zur Randfazies des angrenzenden Katzenstein-Granites erkennen lassen. Die Normalausbildung des Katzenstein-Granites ist weiter nördlich am Katzenstein zu finden, wo zum Teil recht große Felsblöcke den Talhang zieren.

Das Gefügebild des Amphibolgneises wird stark von der Migmatisation geprägt. Die Vergesellschaftung von Biotit-Oligoklasgneisen, Amphibol- und Amphibol-Biotitgneisen und Amphiboliten wird genetisch als eine ehemalige Folge aus Metagrauwacken mit Basiten, Tuff- und Schalsteineinlagerungen gedeutet (WUNDERLICH 1991). Die verschiedenen Stadien der metatektischen Migmatisation können vor allem an den Amphiboliten erkannt werden.

Der Katzenstein-Granit entspricht einer E-W verlaufenden Spaltenintrusion und bildet einen scharfen Kontakt zu den Migmatiten.

Oberhalb des Steinbruches lagern in taschenförmigen Vertiefungen Reste der Riffkalke der zechsteinzeitlichen Werraserie. Der Katzenstein bildete zu Beginn des Zechstein eine Insel bzw. eine Untiefe im Zechsteinmeer.

(3) Ehemaliger Steinbruch am Busbahnhof (ehemaliger Bahnhof) bei Ruhla

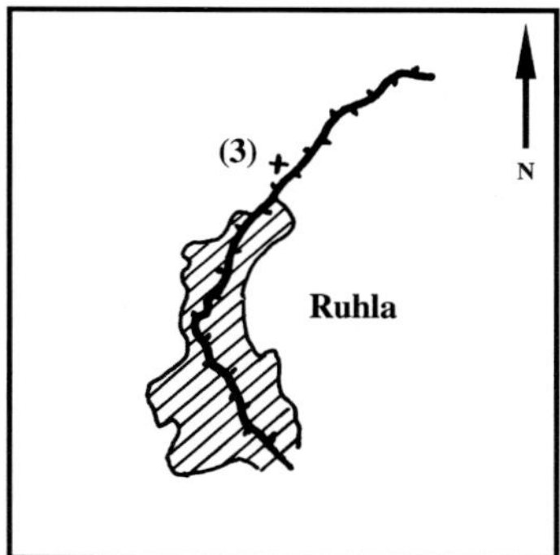

Anreise/Lage: B 87 aus Richtung Eisenach bzw. Thal, nördlicher Ortseingang von Ruhla.

Geologie/Stratigraphie: Metamorphe Gesteine (Gömigenstein-Formation, Ruhla-Gruppe, Kambrium).

Beschreibung: Hier wurden bereits im 19. Jahrhundert bis etwa 1930 Gesteine der Mittleren Vulkanitfolge der Gömigenstein-Formation zur Schottergewinnung für den Bau der Eisenbahnlinie Ruhla-Wutha abgebaut. Im Steinbruch ist folgendes Profil erkennbar:

Das Liegende ist ca. 5 m mächtig. Im unteren Teil des Aufschlusses stehen 0,5 bis 1 m mächtige Amphibolitlagen im Wechsel mit bis 0,5 m mächtigen Turmalin-Granat-Biotitschiefern an. In den Amphiboliten ist ein granoblastisches Quarz-Plagioklas-Gefüge nachzuweisen (WUNDERLICH 1991).

Darüber folgen 4 m mächtige, bräunliche, hellglimmerführende Turmalin-Granat-Glimmerschiefer. Der hangende Profilabschnitt des ehemaligen Steinbruches besteht aus einer ca. 6 m mächtigen, tuffigen bis tuffitischen Wechsellagerung aus Chloritschiefern und hellglimmerführenden Granat-Biotitschiefern. Die gesamte Schichtenfolge streicht zwischen 130° und 150° und fällt nach N ein. Bankung und Kristallisationsschieferung verlaufen parallel.

Oberhalb des Bruches wurden Quarzgänge mit geringer goldhaltiger Arsenkiesführung beschrieben (HESS v. WICHDORFF 1914b). Weitere Mineralfunde sind Rutil, Magnetkies, Pyrit, Kobalt und Fluorit.

Wenig unterhalb (nördlich) des Steinbruches sollte man einen weiteren geologisch interessanten Aufschluß an der B 87 besichtigen.

(4) „Gemischte Gänge“ bei Trusetal

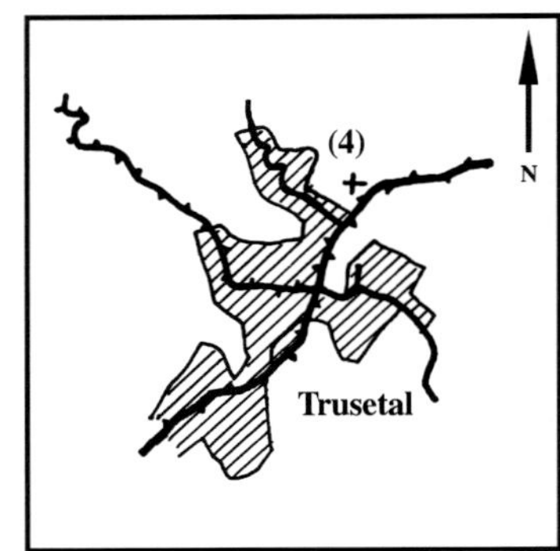

Anreise/Lage: Aufschluß südwestlich Trusetaler Wasserfall am nördlichen Ortsausgang von Trusetal.

Geologie/Stratigraphie: Trusetal-Granit (porphyrisch, xenolithreich) mit „Gemischten Gängen“ (Gangfüllung, verschiedenes Rotliegend-Alter).

Beschreibung: An einem Stolleneingang ist im Trusetal-Granit ein Schwerspatgang erkennbar. Der Granit ist ein grobkörniger (porphyrischer) und xenolithreicher Biotitgranit mit zahlreichen Kalifeldspatblasten und in deutlicher Wollsackverwitterung erhalten. Weiter nordöstlich wird er von ESE-WNW-streichenden Vulkanitgängen durchsetzt. An den Salbändern ist ein Kersantit ausgebildet (1. Intrusionsschub). Im Zentrum des Ganges befindet sich Syenitporphyr (2. Intrusionsschub). Das Ergebnis waren geometrisch komplexe Gangstrukturen, die nacheinander unterschiedliche magmatische Schübe widerspiegeln (Gemischter Gang). Die Gangstrukturen wurden zu unterschiedlichen Zeiten reaktiviert. Mit Ihrer Genese haben sich zahlreiche Autoren beschäftigt (Loretz 1888, Heide 1922).

4.3 Schwarzburg-Antiklinorium

(5) Straße von Großbreitenbach nach Oelze bzw. von Altenfeld nach Oelze

Anreise/Lage: Anfahrt aus Richtung Großbreitenbach, Talwege und bewaldete Talhänge mit Felsklippen.

Geologie/Stratigraphie: Gesteine der Kernzone des Schwarzburg-Antiklinoriums und Katzhütte-Gruppe (Jungpoterozoikum).

Beschreibung: Entlang der Straße bzw. Talwege steht im Oelzetal bzw. nahe der ehemaligen Oelzetalmühle der sogen. „Kernquarzit" und Phyllit der Kernzone des Schwarzburg-Antiklinoriums an. Er besteht aus einem grauen, dichten Quarzit. Es handelt sich um das älteste Gestein des südöstlichen Thüringer Waldes. Altersmäßig wird er dem Jungproterozoikum zugeordnet. Unterhalb der Oelzetalmühle erfolgt an der Blumenau-Überschiebung der Wechsel zwischen Gesteinen der Kernzone und Gesteinen der Katzhütte-Gruppe, die ebenfalls ins Jungproterozoikum gestellt werden.

(6) Ehemalige Dachschieferbrüche am Langen Berg (809 m) bei Gillersdorf

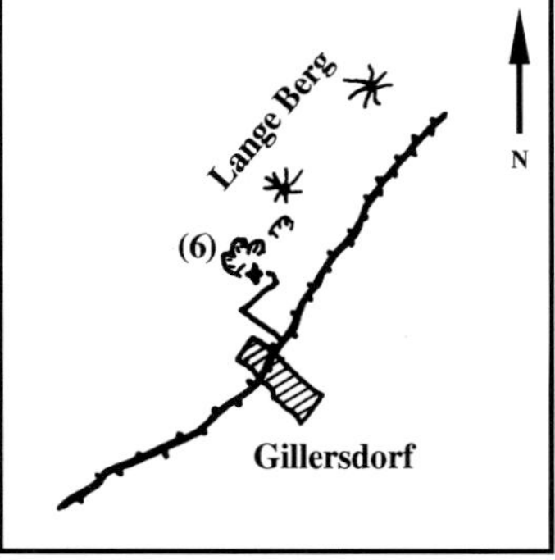

Anreise/Lage: Anfahrt über befahrbaren Feldweg bis etwa 1 km nördlich von Gillersdorf.

Geologie/Stratigraphie: Gillersdorf-Dachschiefer (Goldisthal-Gruppe, Kambrium).

Beschreibung: Am Langen Berg nördlich von Gillersdorf sind in mehreren stillgelegten und teilweise mit Wald bewachsenen Steinbrüchen und Halden die Gillersdorf-Dachschiefer aufgeschlossen, die zur Goldisthal-Gruppe gestellt werden. Es handelt sich um dunkelgraue, sandstreifige, schwach phyllitische, dünnplattig spaltende Tonschiefer, die lagenweise Gerölle eines hellgrauen, dichten Quarzites und Pyritkonkretionen enthalten. Zum Hangenden gehen die Schiefer in Lange Berg-Quarzit über (KRAUSE & KATZUNG 1999).

Vor allem wegen der guten Fernsicht lohnt sich der Besuch des KARL-GÜNTHER-Denkmals (letzter Fürst von Schwarzburg-Sondershausen) in der Nähe der Steinbrüche.

(7) Aufschlüsse und Profilfolge an der Straße von Goldisthal nach Scheibe-Alsbach

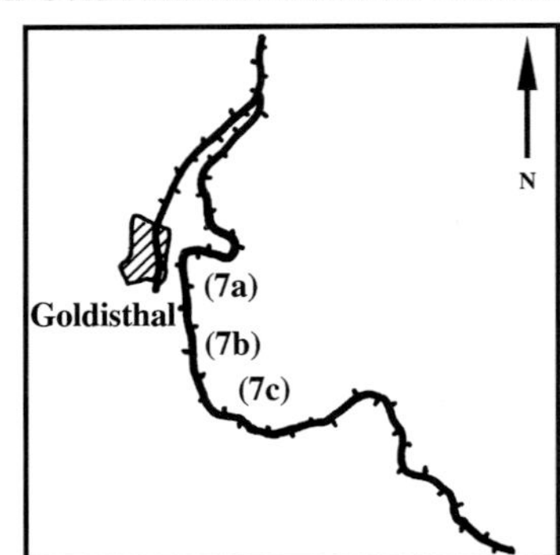

Anreise/Lage: Anfahrt auf Straße von Goldisthal nach Scheibe-Alsbach.

Geologie/Stratigraphie: Profil der Oberen Frohnberg-Gruppe (Präkambrium) bis Phycoden-Formation (Ordovizium) mit eingelagerten Vulkaniten, z.B. der Rotseifenberg-Melaphyr.

Beschreibung:

(7a) Rotseifenbergsporn: Am Rotseifenbergsporn ist eine Grauwacken-Tonschiefer-Wechsellagerung der Oberen Frohnberg-Gruppe einschließlich der Gesteine der gesamten Goldisthal-Gruppe als steil nach N schieferungsparallel einfallendes Schichtpaket aufgeschlossen. Es handelt sich um die Nordflanke der Wurzelberg-Mulde (BIEWALD 1993a).

(7b) Rotseifenberg-Melaphyr: Spätpostkinematischer Magmatit (Kersantit, verschiedene Orthoklasrhyolithe, selten Melaphyre) innerhalb der Frauenbach-Wechsellagerung und dem Frauenbach-Quarzit (BIEWALD 1993a). Im Bereich des Naturdenkmales sind ein massiger Melaphyr sowie eine melaphyrische Intrusivbrekzie als vulkanische Schlotbrekzie aufgeschlossen. Das Gestein ist dunkelblaugrau bis schwarzgrau gefärbt und sehr hart. Es wird ein Rotliegend-Alter angenommen.

(7c) Neuhammer-Aufschiebung: Mit einer Sprunghöhe von etwa 200 m ist der Obere Frauenbach-Quarzit mit 60° auf blaugraue Phycodenschiefer aufgeschoben. Der Aufschluß befindet sich im Bereich der Straßenkilometer 3,4 – 3,45 und ist als geologisches Naturdenkmal gekennzeichnet (BIEWALD 1993a).

(8) Goldberg bei Reichmannsdorf

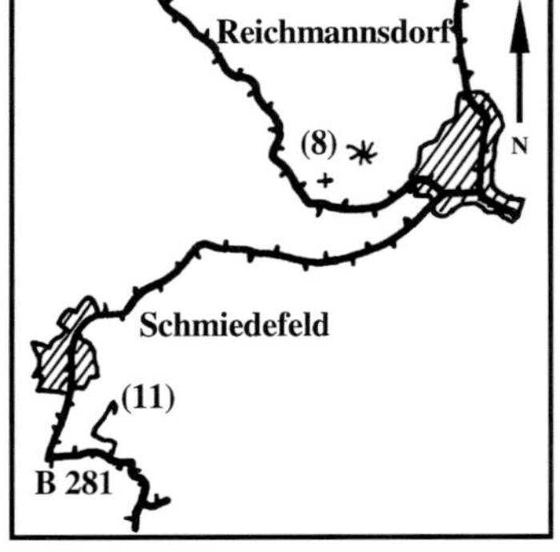

Anreise/Lage: Anfahrt auf B 281 über Neuhaus/Rennweg und Schmiedefeld nach Reichmannsdorf oder von Saalfeld aus auf B 281. Wanderung zum Goldberg westlich Reichmannsdorf.

Geologie/Stratigraphie: Reste alter Schachtanlagen im Quarzit (Ordovizium).

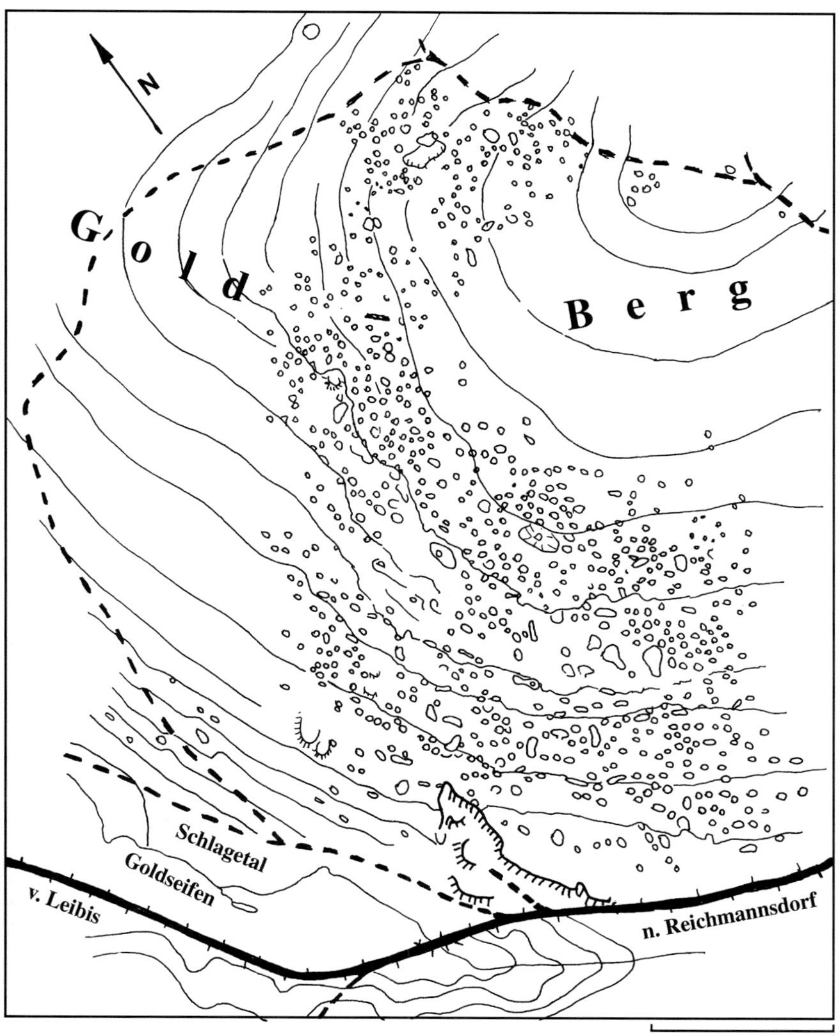

Abb. 29: Karte des Goldberges bei Reichmannsdorf, neu gezeichnet nach HESS v. WICHDORFF (1914b) mit zahlreichen alten Grubenbauen. Maßstab: 100 m.

Beschreibung: Namen wie Goldisthal und Goldberg deuten auf ehemaligen Goldbergbau. Westlich Reichmannsdorf liegt der Goldberg. Er baut sich im wesentlichen aus ordovizischem Quarzit auf. Das Gestein wird von goldführenden Quarzgängen durchdrungen. Sie gaben schon im Mittelalter, nach Angaben von HESS v. WICHDORFF (1914b) vor allem zwischen 1200 und 1400, Anlaß für den Bergbau. Das Erz wurde in etwa 900 Schächten in geringer Tiefe gewonnen. Nach heutigen Vorstellungen wurden gewinnbringende Goldgehalte wohl kaum gefördert. Der durchschnittliche Goldgehalt der Quarze beträgt 0,5 g/t. Als Begleitminerale treten Roteisenerze und Brauneisenmulm auf.

Das Goldfieber und ein hoffnungsvolles „Glück auf" lockten immer wieder Bergleute in diese Gegend. Die letzten Goldmünzen aus Reichmannsdorfer Gold wurden zwischen 1764 und 1766 geprägt.

(9) Unteres Schwarzatal bei Schwarzburg

Anreise/Lage: Anfahrt auf der B 88 über Bad Blankenburg, dann in Richtung Schwarzburg bis Gaststätte „Schweizerhaus". Wanderung entlang der Schwarza oder über Trippstein nach Schwarzburg.

Geologie/Stratigraphie: Phycodenschiefer und Trippstein-Quarzit (Frauenbach-Formation, Phycoden-Formation, Ordovizium).

Beschreibung: Zu beiden Seiten des Unteren Schwarzatales zwischen Bad Blankenburg und Gaststätte „Schweizerhaus" ist ein umfassender Einblick in die Phycodenschiefer der Phycoden-Formation des Ordoviziums möglich. Namengebend ist das Charakterfossil dieses stratigraphischen Bereiches: *Phycodes circinatum.* Es handelt sich dabei um ein Spurenfossil, um einen Freßbau eines wurmartigen Tieres des ordovizischen „Wattenmeeres". Der überwiegend graugrüne Phycodenschiefer zeigt einen Wechsel zwischen Tonschiefer und quarzitischen Lagen und Bänken. Dieser feine lithologische Wechsel im Korngrößenbereich ist auch Voraussetzung für die Erhaltung von *Phycodes.*

In den Flußschottern der Talaue des Schwarzatales wurde aus sekundärer Lagerstätte in den vergangenen Jahrhunderten Seifengold gewaschen. Bei Niedrigwasser sind im

NW Tertiäre Einebnungsfläche SE

Schwarzatal

Abb. 30: Schematisches Querprofil vom Schwarzatal, stark überhöht. Maßstab: ca. 1 km.

Flußbett der Schwarza Strudellöcher erkennbar (HESS v. WICHDORFF 1914a), die goldhaltige Sedimente geführt haben sollen.

Einen besonders eindrucksvollen Blick in das Schwarzatal mit dem Ort Schwarzburg erhält man vom Trippsteinfelsen (Trippstein-Quarzit), den man von der Gaststätte „Schweizerhaus“ oder von Schwarzburg aus nach längerem Aufstieg am nordwestlichen Talhang in der Frauenbach-Formation erreichen kann.

(10) Griffelschieferbruch auf dem Fellberg (842 m) bei Steinach

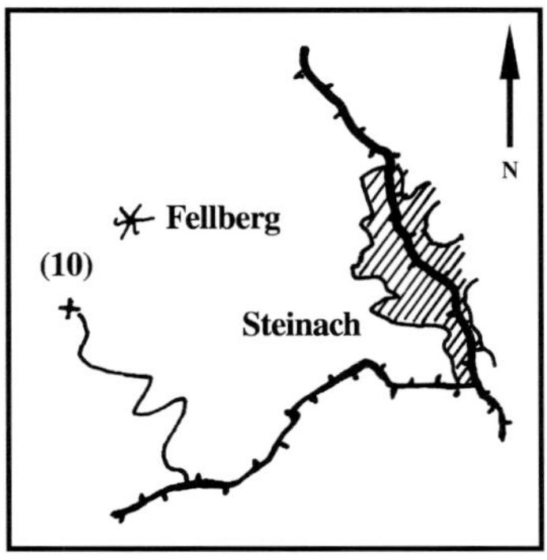

Anreise/Lage: Anfahrt von Neuhaus/Rennweg über Lauscha nach Steinach oder von Sonneberg aus.

Geologie/Stratigraphie: Griffelschiefer (Gräfenthal-Formation, Ordovizium).

Beschreibung: Am 842 m hohen Fellberg, besonders nahe der Gaststätte „Fellbergbaude“ findet man größere Halden und verwachsene, stillgelegte Abbaue von Griffelschiefer. Der Bergbau ist bereits seit dem 16. Jahrhundert bekannt, erfolgte aber vor allem zwischen 1853 und 1968.

1902 erbaute man die Fellberg-Großhütte für die industrielle Herstellung von Griffelrohlingen. In Steinach erfolgte die Verarbeitung der Rohgriffel zu Schreibgeräten. Etwa 30 Milliarden Schreibgriffel für die Schulkinder im In- und Ausland wurden zwischen 1853 und 1968 hergestellt.

Im Griffelschiefer sind selten Trilobiten, Kriechspuren, Kratzspuren sowie Freß- und Wohnbauten zu finden. Der Griffelschiefer gehört in den mittleren Abschnitt der Gräfenthal-Formation und ist bis etwa 200 m mächtig. Der petrographisch einförmige, dunkelgraublaue Tonschiefer zeigt einen deutlichen Winkel zwischen Schieferung und Schichtung. Die Schichtflächen stehen teilweise senkrecht zur Schieferung. Das Gestein zerfällt dadurch stengelförmig in einzelne Griffel (HUNDT 1935, VOLK 1948, 1955a, VOGEL 1992).

Der eigenartige stäbchenförmige Bruch des Schiefers ist am freiliegenden Haldenmaterial heute noch zu bewundern. Ein Lehrpfad gibt Erläuterungen.

(11) Eisenerzbergbau Schmiedefeld und Schaubergwerk „Morassina" in Schmiedefeld

Anreise/Lage: Anfahrt über B 281 nach Schmiedefeld, ehemalige Eisenerzabbaue südwestlich Schmiedefeld und Schaubergwerk „Morassina" im Schwefelloch südöstlich Schmiedefeld.

Infos: 036701-61577 (Schaubergwerk „Morassina").

Geologie/Stratigraphie: Chamosit, Thuringit (Oberer Eisenerzhorizont, Gräfenthal-Formation, Ordovizium), Alaun- und Kieselschiefer (Silur).

Beschreibung: Schmiedefeld, im Jahre 1414 erstmals urkundlich erwähnt, verdankt seine Entstehung dem Jahrhunderte zurückreichenden Eisenerzbergbau, der bis 1972 anhielt. Der historische Bergbau auf oolithische Eisenerze konzentrierte sich auf folgende Erztypen:

1. Chamosit, im frischen Zustand schwarz: wasserhaltiges Tonerde-Eisensilikat.
2. Thuringit, im frischen Zustand dunkelgrün: wasserhaltiges Tonerde-Eisensilikat.

Beide Eisenerze sind teilweise in Roteisenstein oder Brauneisenstein umgewandelt. Die Verhüttung der Erze erfolgte in Unterwellenborn bei Saalfeld. Die Ausbeute deckte längere Zeit den Bedarf der ehemaligen Maximilianshütte. Die Erze des Hauptlagers waren 3 bis 20 m mächtig, feinoolithisch, bestehend aus Chamosit und Siderit. Der Eisengehalt des Roherzes betrug bis 36 %; bemerkenswert war ein Titangehalt von 0,5 %. In den 30er Jahren erfolgte ein erweiterter Abbau (v. FREYBERG 1920, 1923a, LORETZ 1885b).

Ab 1683 wurden Alaunschiefer und Farberde gewonnen. Anfang des 18. Jahrhunderts übernahm der Handelsmann JOHANN LEONHARD MORASSI das Alaunschieferbergwerk im Schwefelloch bei Schmiedefeld und gab der Grube den Namen „Morassina".

Das Alaunschieferbergwerk „Grube Morassina“ ist seit 1993 als Schaubergwerk zu besichtigen. Die in den zurückliegenden Jahrhunderten entstandenen, farbenprächtigen Tropfsteinbildungen sind von besonderer Schönheit. In der Umgebung des Schaubergwerksgeländes sind die Alaun- und Kieselschiefer auch oberflächlich anstehend zu beobachten (MÜLLER 1993).

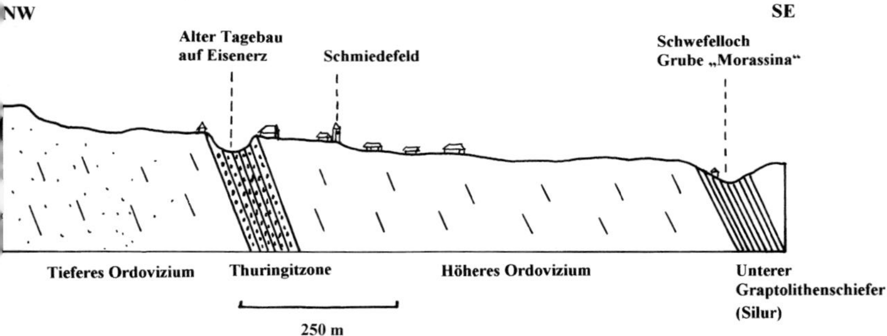

Abb. 31: Querprofil Schmiedefeld, neu gezeichnet nach REGEL (1892).

(12) „Feengrotten“ bei Saalfeld, Garnsdorf

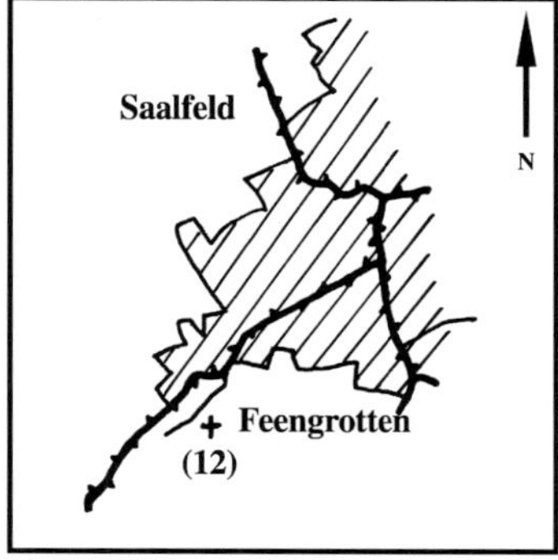

Anreise/Lage: Nördlicher Ortseingang von Saalfeld in Richtung Garnsdorf (Ausschilderung bis Parkplatz beachten !).

Infos: Tel.: 03671-55040 – Fax: 03671-5504-40 – Internet: www.feengrotten.de

Geologie/Stratigraphie: Alaun- und Kieselschiefer (Silur).

Beschreibung: Die silurischen bis unterdevonischen Alaunschiefer an der Südostflanke des Schwarzburg-Antiklinoriums gelangen bei Saalfeld in den Bereich der Eichenberg-Gotha-Saalfeld-Störungszone. Die kohlenstoffreichen Alaunschiefer führen reichlich

Phosphoritknollen, Pyrit und verschiedene Spurenelemente wie z.B. B, V, U, Ti, Cr, Mo, Co, Cu und Zn. Schwefelkies ist in feinsten Kristallen (Würfelform) bis zu nußgroßen Knollen angereichert oder bildet Linsen im Schiefer.

Bei der Verwitterung des Alaunschiefers wurden mit Unterstützung des sauerstoffhaltigen Oberflächenwassers verschiedene chemische Substanzen mobilisiert und lagerten sich als Sekundärminerale in zahlreichen Hohlräumen ab. Das Vorkommen von Pyrit und Markasit und die Entstehung von Schwefelsäure in den Alaunschiefern hat dabei eine große Bedeutung gespielt. Die Hohlräume (Grubenbaue) entstanden künstlich während des Jahrhunderte andauernden Bergbaues.

Die Garnsdorfer Gruben „Jeremias Glück" und „Ferdinand", in denen Alaunschiefer abgebaut wurde, sind durch die Ausscheidungen von Sekundärmineralen in Form von buntgefärbten Tropfsteinen besonders berühmt geworden. Heute tragen die erhaltenen Abbaue den Namen „Feengrotten".

Wichtige Minerale der „Feengrotten" sind: Arseneisenocker, Pittizit, Diadochit, Orthodiadochit, Allophan, Eisenvitriol, Pissophan, Graphit, Pyrit, Markasit, Gümbelit, Limonit, Calcit, Aragonit, Melanterit, Pickeringit und Gips.

Die Alaun- und Vitriolgewinnung aus altpaläozoischen, pyrithaltigen und kohlenstoffreichen Schiefern reicht im Gebiet von Saalfeld urkundlich bis ins 16. Jahrhundert zurück (ENCELIUS 1551). Historische Nachrichten zum Alaunschieferabbau stammen von 1530, 1543, 1599, 1676 (MEYER 1936). Im Zeitraum von 1744 bis 1752 wurden im Bereich der heutigen „Feengrotten" Alaunschieferbergbau und eine Siedehütte betrieben. Man häufte das Material dazu im Freien auf Holzbühnen an. Durch langsames Begießen mit Wasser zerfielen die sulfidischen Verbindungen. Bei diesem künstlich ausgelösten Verwitterungsvorgang entstanden Eisensulfat und Schwefelsäure. Das Eisensulfat wurde in Bleipfannen aufgefangen und eingedickt. Teilweise wurde das kohlenstoffhaltige Gestein auf den Holzbühnen durch Abbrennen geröstet (Röstbühnen). Aus der sogenannten Mutterlauge gewann man durch Zusätze von Eisen und Kupfer bei gleichzeitigem Sieden Alaun und Vitriol. (LANGE 1989, 1990). Alaun nutzte man zum Gerben von Leder, grünen Vitriol zu Unkrautbekämpfung und blauen Vitriol verwendete man für die Holzkonservierung und den Weinbau.

Erst im Jahre 1757 kam es zu einem dauerhafteren Abbau im Arnsgereuther Tal. Das Alaunwerk wurde von dem kursächsischen Amtmann zu Weida, JOHANN EHRENREICH JEREMIAS und dem Saalfelder JOHANN JACOB NOLDE geführt. So erhielt die Grube den Namen „Jeremias Glück". Es waren bis zu 10 Bergleute beschäftigt. Im 19. Jahrhundert übernahm der Leipziger Handelsmann und Bankier CHRISTIAN GOTTLOB FREGE den Betrieb und modernsierte den Abbau und die Gewinnung von Eisenvitriol. Der Alaunschieferbergbau durchlebte rentable und unrentable Zeiten.

FREGE baute einen neuen Stollen, der dem heutigen Eingangsbereich der „Feengrotten" entspricht. Es entstanden neue, kammerförmige Weitungsbaue, das heutige „ZIMMERMANN-Labyrinth", die „HESS von WICHDORFF-Grotte" und die „Blaugrüne Grotte". Die Jahresproduktion an Eisenvitriol lag zwischen 3 und 8 t. Die Fortschritte in der chemischen Industrie bei der Alaunherstellung sorgten für den Niedergang des Bergbaus. Das Garnsdorfer Vitriolwerk und der Abbau von Alaunschiefer wurden zwischen 1859 und 1860 endgültig eingestellt (Lange, Senf & Lochner 1992).

Aus den Ockerabsätzen der ausströmenden Grubenwässer begann der Saalfelder Kaufmann August Wohlfahrt eine bescheidene Gewinnung von Farberde. Dieser Abbau hielt bis 1909 an.

Der Nachweis erhöhter Radioaktivität und die erhöhten Eisen-, Arsen- und Sulfatgehalte der Grubenwässer führte zu Überlegungen, sie zu Heilzwecken zu nutzen. Der Berliner Kaufmann Adolf Mützelburg begann mit der Untersuchung der beim Bergbau entstandenen Hohlräume. Dabei entdeckte man die inzwischen entstandenen farbenprächtigen Neubildungen verschiedenster Minerale an den Grubenwänden. Mützelburg entschloß sich, aus den Grubenbauen eine Schauhöhle zu gestalten. Nach kurzen Erschließungsarbeiten wurden die „Feengrotten" im Jahre 1914 als Schauhöhle eröffnet. Die Grubenwässer sollten für Heilzwecke genutzt werden. Es kam im Jahre 1924 zur Gründung eines Quellenforschungsinstitutes.

Die „Feengrotten" verzeichneten bereits nach dem 1. Weltkrieg mehr als 100 000 Besucher, 1952 schon mehr als 300 000 Besucher. Der Name „Feengrotten" stammt von

1

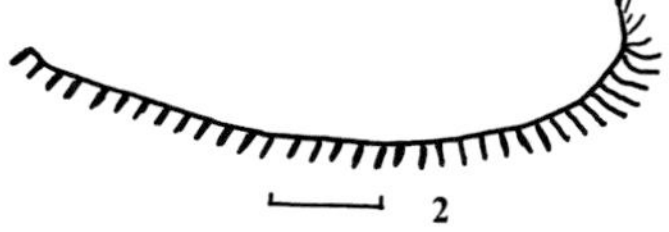

Abb. 32: Graptolithen aus dem Silur: 1 – *Rastrites maximus*, 2 – *Monograptus communis*. Maßstab: 1 cm.

dem thüringisch-preußischen Landesgeologen Hans Hess v. Wichdorff (1877–1932), der sich u.a. auch mit dem Thüringer Bergbau beschäftigte (Hess v. Wichdorff 1914c, Hess v. Wichdorff & Berg 1923). In den letzten Jahren entwickelten sich die „Feengrotten" mit mehr als 200 000 Besuchern jährlich zum bedeutendsten Touristenmagnet für den Saalfelder Raum.

Im Zusammenhang mit dem Vitriolbergbau und dem Abbau der Kieselschiefer als Straßen- und Wegebaumaterial kam auch die Artenvielfalt an Graptolithen zutage. Erste umfassende Aufsammlungen besonders aus dem Saalfelder Raum wurden von dem Lehrer Reinhard Richter (1813–1884) unternommen (Richter 1869, 1875). Die späteren Arbeiten von Münch (1952) und Jäger (1955, 1959, 1964) ermöglichen heute eine detaillierte und weltweit anwendbare, biostratigraphische Zonengliederung von den Unteren Graptolithenschiefern des Silur bis in die unterdevonischen Oberen Graptolithenschiefer. Graptolithenaufsammlungen sind auch heute noch in der Umgebung von Saalfeld möglich.

(13) Straßenprofil 1 km südlich Oberloquitz

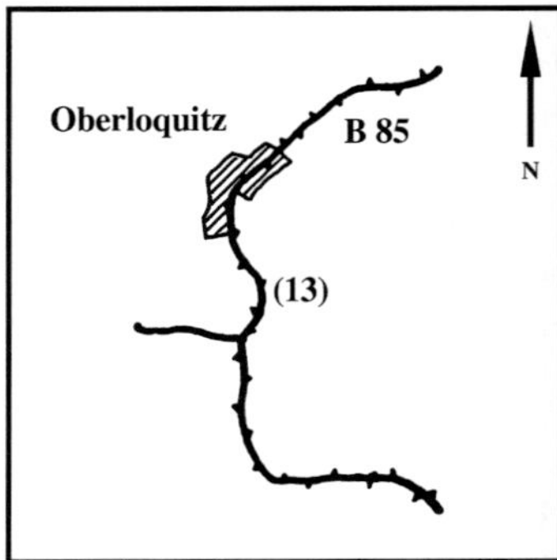

Anreise/Lage: Anfahrt B 85 aus Richtung Saalfeld oder Kronach nach Oberloquitz, Wanderung entlang des Straßenprofiles etwa 1 km südlich Oberloquitz.

Geologie/Stratigraphie: Obere Graptolithenschiefer bis Tentakulitenknollenkalk, Tentakulitenschiefer und Nereitenquarzit (Silur-Devon-Grenzbereich).

Beschreibung: Im Norden beginnt das Profil mit den steil gestellten Oberen Graptolithenschiefern und enthält die Silur/Devon – Grenze (*uniformis*-Zone). Der Aufschluß wurde von SCHMIDT (1939) und JAEGER (1955, 1959) beschrieben und ist als Richtprofil für das Saxothuringikum nutzbar. Nach dem Fossilinhalt ist eine Korrelation mit der böhmischen Lochkovium-Stufe im Barrandium möglich. Zum Hangenden der Oberen Graptolithenschiefer stellt sich der fossilreiche Obere Schalenbankhorizont ein.

Der Tentakulitenknollenkalk beginnt mit einer ca. 0,5 m mächtigen Kalksandsteinbank mit Conodonten (JENTZSCH 1962). Die Schichtungstextur der Kalksandsteinbank läßt eine stärkere Strömung zur Bildungszeit vermuten (LANGBEIN & MEINELL 1985). Der ca. 25 m mächtige, steil einfallende Tentakulitenknollenkalk wird durch eine Zweiteilung in einen unteren kalkreichen Teil mit kleinen Knollen und einen oberen großknolligen Kalkknotenschiefer getrennt. Im Fossilinhalt der Knollenkalke dominieren die Tentakuliten, z.B. *Nowakia acuaria* (ZAGORA 1964), seltener treten Nautiloideen, Trilobiten und Bivalven (Cardioconchien) auf. Günstig ist auch der Übergang in die Tentakulitenschiefer aufgeschlossen. In den Tonschiefern treten zum Hangenden dezimeterstarke Quarzitbänke und Nereitenquarzite auf.

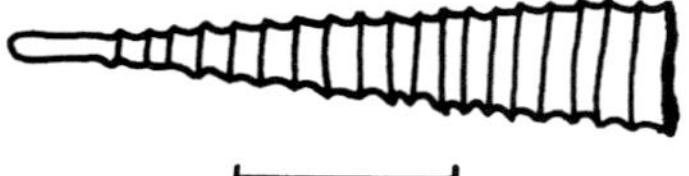

Abb. 33: Tentakulit aus dem Unterdevon (*Nowakia acuaria*). Maßstab: 1 cm

(14) Bohlen bei Saalfeld

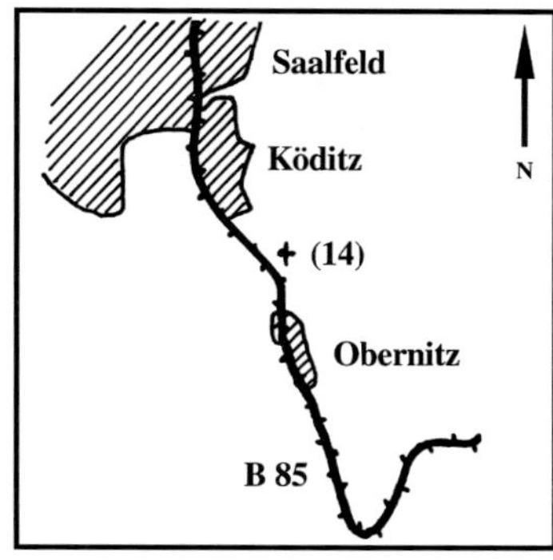

Anreise/Lage: Anfahrt von Saalfeld aus, ca. 700 m langer und bis 120 m hoher felsiger Talhang entlang der B 85 nach Obernitz, gute Übersicht vom oberen Eingang der Saalfelder Schokoladenfabrik.

Geologie/Stratigraphie: Gefaltete und tektonisch gestörte Gesteinsfolge (Oberdevon), diskordant überlagert von der Werra-Folge des Zechsteins.

Beschreibung: Zu den wissenschaftlich interessantesten und geologisch wie paläontologisch bedeutendsten Aufschlüssen im gefalteten Altpaläozoikum am Rande des Thüringer Waldes gehört die Bohlenwand bei Saalfeld. Sie erstreckt sich als östlicher Hang des Saaletales südlich Saalfeld, ca. 700 m bis zur Ortschaft Obernitz mit einer Höhe von fast 120 m.

Entlang des teils natürlich, teils durch ehemaligen Steinbruchbetrieb entstandenen felsigen Hanges ist vor allem das im höheren Unterkarbon gefaltete Oberdevon angeschnitten, das mit deutlicher Diskordanz vom Zechstein überlagert wird. Das in weiträumige Sättel und Mulden gefaltete, gesamte Oberdevon- bis Untertournaisium-Profil wird zusätzlich durch mehrere Verwerfungen in Schollen gegliedert. Das etwa senkrecht zu den Faltenachsen eingeschnittene Saaletal ermöglicht den günstigen Einblick in den Schichtenaufbau.

Eine erste wissenschaftliche Darstellung veröffentlichte FÜCHSEL (1761). Es folgten Untersuchungen von RICHTER (1848, 1869) und MEYER (1920). Die systematische Profilaufnahme begann mit PFEIFFER (1954). In den zurückliegenden Jahrzehnten erbrachten zahlreiche biostratigraphisch-paläontologische Analysen der einzelnen Schichtenfolgen des Bohlen-Profiles umfangreiche Ergebnisse (BLUMENSTENGEL 1965, 1979, 1994, BARTZSCH & WEYER 1985, 1986 u.a.). Der Bohlen bei Saalfeld wurde so zu einem internationalen Richtprofil. Noch heute bezieht man sich im wesentlichen auf die grundlegende Bearbeitung der Schichtenfolge von PFEIFFER (1954).

Das gesamte Oberdevon kann bei Beachtung unterschiedlicher Aufschlußverhältnisse am Bohlen abgelaufen werden. Man sollte dabei jedoch beachten, daß es sich um ein geologisches Naturdenkmal handelt!

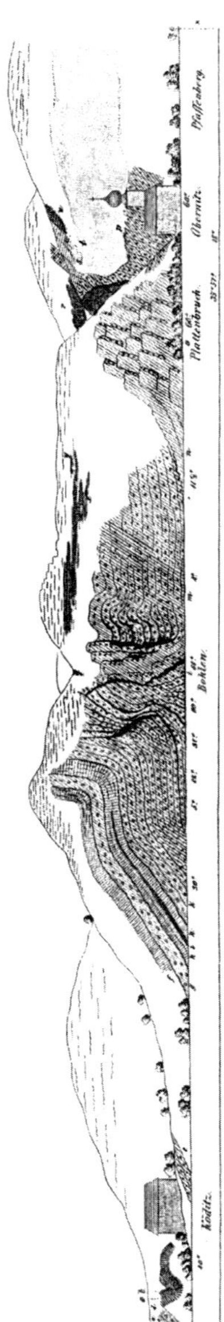

Abb. 34: Profil vom Bohlen bei Saalfeld nach RICHTER (1848).

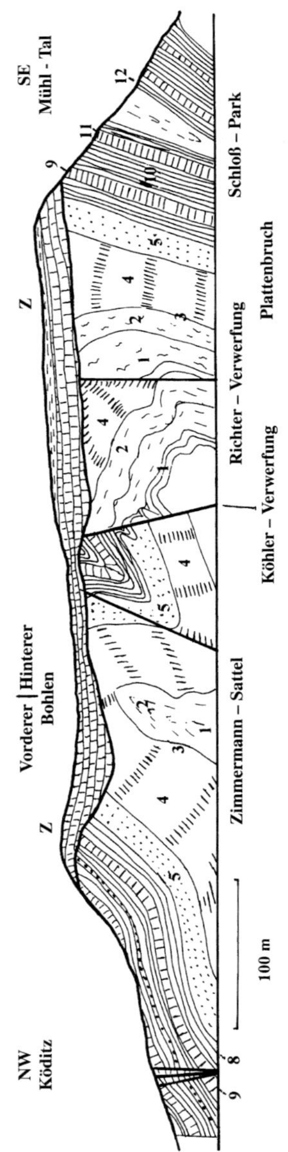

Abb. 35: Profil der Bohlenwand, neu gezeichnet nach PFEIFFER (1954).

Das Profil beginnt mit den ca. 40 m mächtigen Schwärzschiefern im Mitteldevon (Eifelium-Givetium-Bereich) und reicht bis ins Tournaisium, Unterkarbon (GANDL 1989). Zu erkennen sind u.a. der Obere Alaunschiefer nördlich der Köhler-Verwerfung und südlich in Richtung Plattenbruch der Wetzschiefer des Ober-Frasniums und die *Trimerocephalus*-Schiefer der *Cheiloceras*-Stufe. Deutlich läßt sich auch die Ammonoideen-führende Wagnerbank ausmachen. Schließlich folgen die Unteren und ca. 12 m mächtigen Oberen Clymenien-Schichten mit mehreren Quarzithorizonten.

Bekannt wurde die marine Fauna aus Cephalopoden, Trilobiten, Gastropoden, Lamellibranchiaten, Brachiopoden, Echinodermen, Korallen und aus verschiedenen Mikrofossilgruppen (WEYER 1984, WEYER & BARTSCH 1978).

Die gefaltete altpaläozoische Schichtenfolge wird nach einer Winkel-Diskordanz von Kupferschiefer und Zechsteinkalk der Werra-Folge überlagert. Die altpaläozoische Schichtenfolge wurde während der terrestrischen Phase im Rotliegend tiefgründig durch eine Rotfärbung verändert.

Tab. 17: Schichtenfolge Bohlen bei Saalfeld.

Stratigraphie und Bezeichnung der Schichten am Bohlen		**Nummern n. MEYER (1920)**	**Formation**
Unter-Karbon	**Rußschiefer**		
	Oberste Kalkknollenschiefer	**12**	
Oberdevon	**Hangender Quarzit**	**11**	**Saalfeld-Formation**
	Obere Clymenien-Schichten	**10**	
	Hauptquarzit	**9**	
	Untere Clymenien-Schichten	**8**	
	Wagnerbank	**7**	
	Trennschicht	**6**	
	Kleinknotige Kalk-Schichten	**5**	
	***Trimerocephalus*-Schichten**	**4**	
	Oberer Alaunschiefer	**3**	**Braunwacken-Wetzschiefer-Formation**
	Wetzschiefer-Schichten	**2**	
	Unterer Alaunschiefer	**1a**	
	Braunschiefer- und Braunwacken-Schichten	**1**	
Mitteldevon	**Schwärzschiefer**		

Wichtige Fossilien aus dem Oberdevon des Raumes Saalfeld sind:

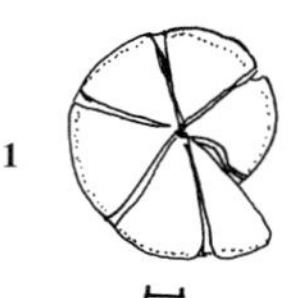

Abb. 36: Cephalopoden aus dem Oberdevon: 1 – *Cheiloceras* sp., 2 – *Platyclymenia* sp.. Maßstab: 1 cm.

Conodonten: *Bispathodus bispathodus, Bis. ultimus ziegleri, Bis. ultimus ultimus*

Tentakuliten: *Striatostyliolina striata, Homoctenus tenuicictus, Hom. ultimus, Tentaculites deubeli*

Cephalopoden: *Manticoceras, Cymaclymenia striata, Wocklumeria sphaeroides*

Ostrakoden: *Tricornina ventrocerata, Bairdia trigona, Tubulibairdia unispina, Rectoplacera elongata, Rec. robusta, Healdia anterodepressa*

Trilobiten: *Harpes radians Trimerocephalus mastophtalmus, Cryphops? wocklumeriae*

Gastropoden: *Platystoma, Euomphalus, Bellerophon*

Lamellibranchiaten: *Buchiola, Cardiola, Posidonia*

Brachiopoden, **Echinodermen** und **Korallen:** *Syringaxon zimmermanni, Petraia minima*

4.4 Thüringer Wald-Senke

(15) Ehrenberg bei Ilmenau

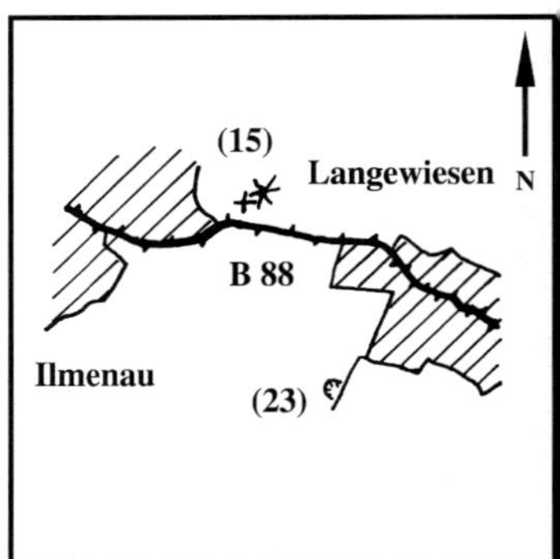

Anreise/Lage: Von Ilmenau auf der B 88 in Richtung Langewiesen.

Geologie/Stratigraphie: Thüringer Hauptgranit, kristalline Gesteine einschließlich kontaktmetamorpher Gesteine zum Granit (Altpaläozoikum).

Beschreibung: Der Ehrenberg zwischen Ilmenau und Langewiesen spielte in der Erforschungsgeschichte des Thüringer Waldes eine auffällige Rolle. Bereits im Jahre 1789 beschrieb der Ilmenauer Bergrat VOIGT die Gesteine dieses Gebietes. 1876 widmete sich SCHMIDT in seiner Dissertation diesem Gebiet. Neubearbeitungen folgten von CRONACHER (1909), dann LORETZ, SCHEIBE & ZIMMERMANN (1908), BANKWITZ (1967) u.a.

Der Ehrenberg legt fensterartig das Grundgebirge am Nordostrand des Thüringer Waldes frei und ermöglicht so den Einblick in das östliche Randgebiet des Thüringer Hauptgranites und in Teile des kontaktmetamorph veränderten Schiefermantels. Am Westhang des Ehrenberges und am Osthang zwischen Ehrenberg und Hammerberg vor Langewiesen tritt ein mittelkörniger, hornblendeführender Granit in Erscheinung. Eine besondere Ausbildung, die als Schriftgranit zu bezeichnen ist, findet sich nahe dem Ehrenberg.

Die innere Kontaktzone ist im Steinbruch „Schillerhöhe" (Geologisches Naturdenkmal) aufgeschlossen. Zu beobachten sind: Hornfels, Amphibolithornfelse mit Augit, Granat und Epidot. Etwa 1 km östlich an der B 88 sind bis Ortseingang Langewiesen graugrüne Schiefer erkennbar. Am S-Hang des Ehrenberges unterhalb der B 88 ist in einem Steinbruch (Geologisches Naturdenkmal) hornblendereiches Gestein und Uralitdiabas als Lagergang erhalten.

(16) Granitfenster bei Manebach, Langebachtalmündung

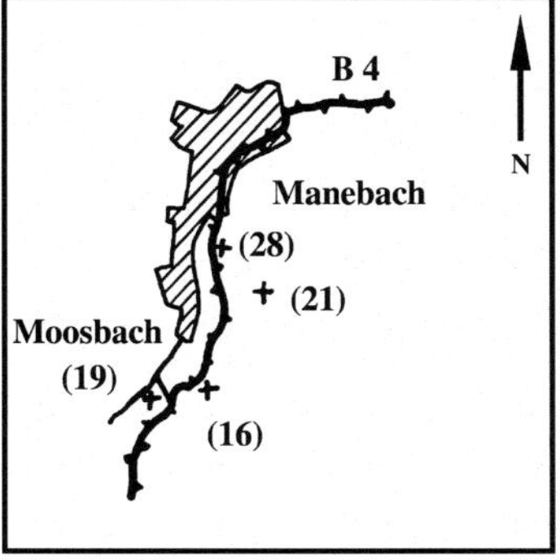

Anreise/Lage: Anfahrt bis südlich Manebach an der B 4.

Geologie/Stratigraphie: Thüringer Hauptgranit (Unterkarbon).

Beschreibung: Es handelt sich um einen mäßig grobkörnigen Granodiorit aus 21 % Quarz, 15 % Kalifeldspat, 5 % Biotit, 9 % Hornblende und 1 % Akzessorien (BANKWITZ & KAEMMEL 1957). Der fensterartige Grundgebirgsanschnitt, erosiv in der Ilmtalaue freigelegt, zeigt im Bereich einer ehemaligen „Sandgrube“ (ehem. Gewinnung von „Mauersand“ und Straßenschotter) wollsackartig verwitterte Körper aus Granodiorit mit einem Aplitgang. Der Aplitgang wurde zur Pflastersteingewinnung abgebaut. Die intensive Granitverwitterung hat teilweise präpermisches Alter (SCHEIBE 1902).

Im Hangenden folgt ein Arkosesandstein mit Geröllen von Quarz, Kieselschiefer, Quarzit der basalen Möhrenbach-Formation. Das „Granitfenster“ liegt im „Kleinen Ilmtalsattel“. Die Bildung des Thüringer Hauptgranites (Ilmtal-Suhl-Granit) wird ins höhere Unterkarbon (337±7 Ma) gestellt.

(17) Öhrenkammer („Eherne Kammer“) bei Ruhla

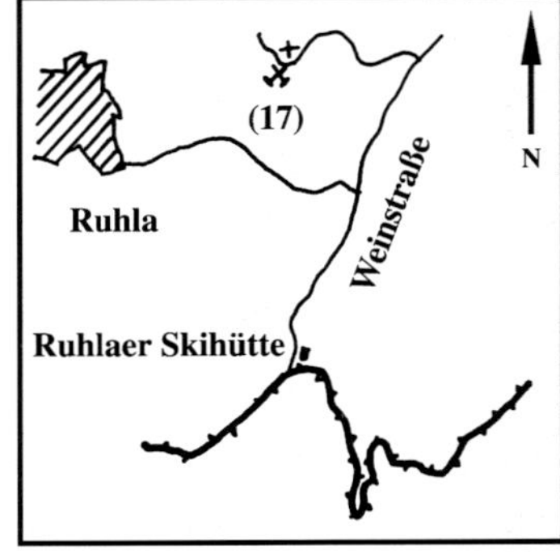

Anreise/Lage: Anfahrt über Ruhla, Winterstein oder Bad Liebenstein zum Parkplatz Ruhlaer Skihütte, Wanderung über „Weinstraße“ zu den Altbergbau-Halden am Waldweg in der Öhrenkammer zwischen Ruhla und Winterstein.

Geologie/Stratigraphie: Flözführende Basissedimente (Öhrenkammer-Sedimente, basale Georgenthal-Formation, Unterrotliegend).

Beschreibung: Im Bereich eines nach N abfallenden Steilhanges und mehrerer hangparalleler Waldwege findet man heute noch Haldenreste des historischen Steinkohlenbergbaues. Die Halden sind Überreste eines lokal bedeutenden Altbergbaues auf Steinkohle, der vor allem zwischen 1742 und 1780 aktiv betrieben wurde. Die Mächtigkeit der Flöze war gering, gering daher auch die Ausbeute an Steinkohle.

Wissenschaftliche Bedeutung erlangte die Lokalität durch die geologischen („geognostischen“) und paläontologische Untersuchungen von HEIM (1796–1806), SCHLOTHEIM (1804, 1820), WEISS (1878), FRIEDRICH (1878), BORNEMANN (1878), GOTHAN (1928), REICHARDT (1932a), MEINHOLD (1951, 1980), HAUBOLD (1985) u.a.

In den Halden und teilweise auch im Anstehenden lassen sich graugrüne, glimmerreiche Sandsteine sowie fossilführende, graue Ton- und Siltsteine nachweisen. Die Schichtenfolge repräsentiert eine Mischung aus fluviatilen und limnischen Grausedimenten. Sie werden als Öhrenkammer-Schichten (bzw. -Sedimente) bezeichnet und charakterisieren in typischer Ausbildung die Basissedimente der Georgenthal-Formation, die unmittelbar auf Glimmerschiefer des Ruhla-Kristallins auflagern. Die paläontologischen, insbesondere paläobotanischen Erkenntnisse resultieren bisher vor allem aus dem Inhalt der flöznahen „Halden-Sedimente". Die Untersuchungen der zurückliegenden 200 Jahre haben folgende Faunen- und Florenreste ergeben:

1. Flora

Lepidophyten (baumförmige Bärlappgewächse): *Lepidophyllum majus* (Sporophylle von Lepidodendron), *Subsigillaria* cf. *brardii*, *Stigmaria fucoides*, *Bergeria*

Sphenophyllen (Keilblattgewächse): *Sphenophyllum longifolium*, *Sph. oblongifolium*, *Sph. verticillatum*, *Sph. schlotheimii*, *Sph. angustifolium*

Calamiten (baumförmige Schachtelhalmgewächse): *Calamites suckowii*, *Cal. undulatus*, *Cal.* sp., *Calamostachys tuberculata*, *Cal.thuringiaca*, *Calamariophyllum zeaeforme*, *Annularia spicata*, *Ann. stellata*, *Ann. galioides*, *Asterophyllites equisetiformis*, *Ast. longifolius*, *Volkmannia sp.*

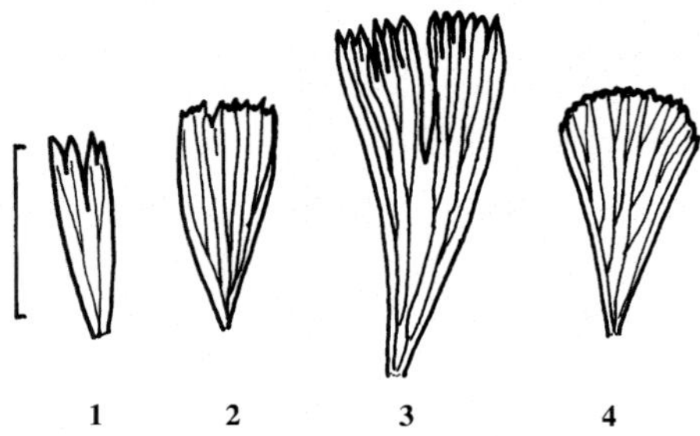

Abb. 37: Blättchen von Sphenophyllen (Keilblattgewächse): 1 – *Sphenophyllum angustifolium*, 2 – *Sphenophyllum oblongifolium*, 3 – *Sphenophyllum longifolium*, 4 – *Sphenophyllum verticillatum*, neu gezeichnet nach REMY & REMY (1977). Maßstab: etwa 1 cm.

Farne: *Nemejcopteris feminaeformis*, *Pecopteris arborescens*, *Pec. cyathea*, *Pec. pseudobucklandii*, *Pec. bredowii*, *Pec.* cf. *candolleana*, *Pec. oreopteridia*, *Pec. cf. bredovii*, *Pec. pseudoreopteridia*, *Pec. pinnatifida*, *Pec. aquilina*, *Pec. pluckeneti*, *Pec. pteroides*, *Pec.* cf. *polymorpha*, *Pec. unita*, *Pec. sternbergii*, *Aphlebia flabellata*, *Aph. dissoluta*

Pteridospermen (Farnsamer): *Sphenopteris matheti-Gr.*, *Sph. obtusiloba*, *Sph. weissi*, cf. *Sph. cremeriana*, *Alethopteris subelegans*, *Cyclopteris scissa*, *Callipteridium pteridium*, *Neuropteris* sp., *Dicksonites pluckenetii*

Cordaiten: *Cordaites principalis*, *Cord.* sp.

Coniferophyten (Koniferen): *Walchia piniformis, Ernestiodendron* cf. *filiciforme, Trigonocarpus noeggerathi, Samaropsis* sp.

2. Fauna

Lamellibranchiaten (Muscheln): Antracosien *(Anthraconaia)*

Insekten: *Phylloblatta flabellata, Dictiomylacris densistriata*

Fische: *Acanthodes* sp., *Xenacanthus*-Zähne, *Elonichthys* sp., *Rhabdolepis* sp., *Paramblypterus* sp.

(18) Stillgelegter Steinbruch im Schloßbrunntal bei Georgenthal

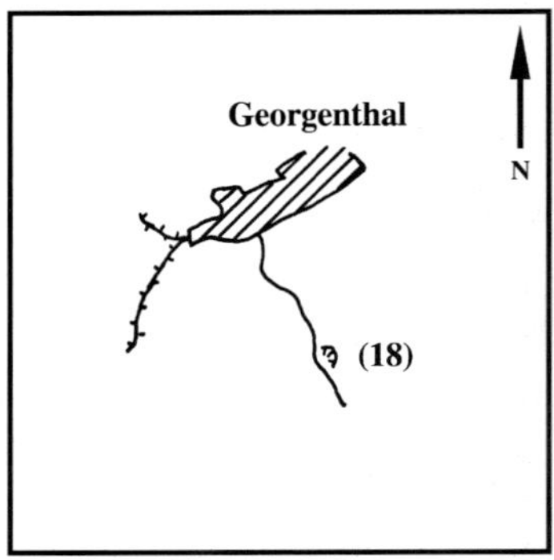

Anreise/Lage: Anfahrt aus Richtung Gotha nach Georgenthal, Wanderung im Schloßbrunntal bis zum stillgelegten Steinbruch an der Straße zur Wechmarer Hütte.

Geologie/Stratigraphie: Vulkanit, Tuff (Georgenthal-Formation, Unterrotliegend) überlagert von basalen Teilen des Bielstein-Konglomerates (Tambach-Formation).

Beschreibung: Innerhalb eines ehemaligen Steinbruches am nördlichen Hang des mittleren Schloßbrunntales steht ein glimmerhaltiger Andesit mit Brocken- und Lapillituffen sowie ein Pyroxen-Olivin-Andesit mit brekziöser Randfazies an (ANDREAS u.a. 1996). Die Schichtenfolge der Georgenthal-Formation wird direkt von grobem Rhyolith bzw. Andesitkonglomeraten der Unteren Tambach-Formation (Bielstein-Konglomerat) überlagert. Die Auflagerungsebene des Bielstein-Konglomerates ist nach kräftigen Schollenhebungen im Zeitraum zwischen Rotterode- und Tambach-Formation und nach gleichzeitigen Erosionsvorgängen in diesem Raum entstanden. Dadurch kommt es zum Ausfall der klassischen Rotliegend-Formationen im Umfeld von Georgenthal. Im Gegensatz dazu ist nur wenige Kilometer westlich vom Aufschluß, zwischen Finsterbergen und Rennsteig, das Rotliegendprofil noch relativ vollständig ausgebildet.

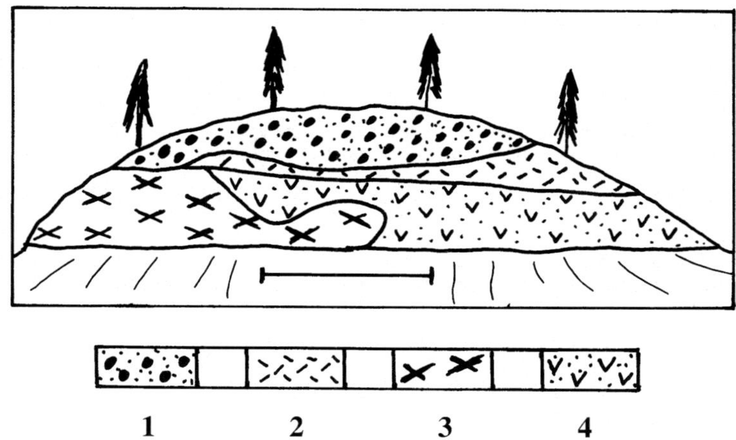

Abb. 38: Profil des Steinbruches im Schloßbrunntal nach ANDREAS & VOIGT (1972): 1 – grobklastisches Bielstein-Konglomerat (Tambach-Formation), 2 bis 4 – Georgenthal-Formation: 2 – Pyroxen-Olivin-Plagioklas-Andesit, 3 – Biotit-Andesit, 4 – Andesit-Tuff. Maßstab: 20 m.

(19) Uferböschung an der Ilm nahe Moosbach bei Manebach

Anreise/Lage: Anfahrt von Ilmenau über Manebach entlang der B 4 oder über Moosbach, Wanderung zum Steilufer an der Ilm, **Lageplan** s. S. 129.

Geologie/Stratigraphie: Fossilführende Basissedimente der Stechberg-Schichten (Möhrenbach-Formation, Unterrotliegend).

Beschreibung: Nahe der ehemaligen Porzellanfabrik „Moosbach“ zwischen der Ilm und dem befahrbaren Weg an der nordwestlichen Talseite stehen am Weg und am Steilufer der Ilm tektonisch gestörte, fossilführende Basissedimente der Stechberg-Schichten (Möhrenbach-Formation) an. Noch bis vor wenigen Jahren bestand ein weiterer Aufschluß in dem parallel verlaufenden Mühlgraben (inzwischen verfüllt). Reste der ehemaligen Porzellanfabrik „Moosbach“ (alte Bezeichnung der Lokalität) sind kaum noch zu erkennen.

Die Basissedimente der Stechberg-Schichten enthalten überwiegend Reste einer limnischen Fauna und auffällig wenig Florenreste. Bearbeitet wurde diese Lokalität bereits von REICHARDT (1932a, b) und GOCHT (1955).

Paläontologische Untersuchungen begann der Verfasser 1978. Dabei wurde die Conchostrakenfauna erstmals untersucht (MARTENS 1983a, b). Gleichzeitig konnten erstmals Triopsiden und *Isopodichnus*-Spurensysteme im Rotliegend des Thüringer Waldes nachgewiesen werden. Systematische Grabungen von MAX MARTENS (Reichenbach/Vgtl.) zwischen 1983 und 1990 in den graugrünen, laminierten Siltsteinen im südlichen Teil des Ilmufers ergaben eine größere Zahl von Branchiosauriern, die als disartikulierte und artikulierte Skelettreste vorliegen (WERNEBURG 1996).

Überreste von Fischen beschrieben bereits REICHARDT (1932a, b) und GOCHT (1955). Dabei handelt es sich überwiegend um disartikulierte Reste von Elonichthiden (mündliche Mitteilung von TH. SCHINDLER, Mainz). Weitere Untersuchungen zur Fischfauna und Paläoökologie erfolgten von SCHNEIDER (1985), SCHNEIDER & ZAJIC (1994) und GEBHARDT (1986, 1988a). GEBHARDT analysierte vor allem die Fauna der 10 bis 20 cm mächtigen Onkoid-führenden, limnischen Karbonate.

Im Profil wechseln graugrüne, laminierte Siltsteine und graugrüne, schiefrige Feinsandsteine mit dunkelgrauen, siltigen Tonsteinen voller Netzleisten und bituminösen Karbonathorizonten.

Schon seit REICHARDT (1932a) wird über das stephanische Alter der fossilführenden Sedimente nachgedacht. Untersuchungen, vor allem von WERNEBURG (1989b, 1995), bestätigten eine zunächst vermutete Altersgleichheit mit dem Stephanium C der Wettin-Formation in der NE-Saale-Senke.

Der Fossilinhalt erscheint nach älteren Auflistungen von REICHARDT (1932a, b) und intensiven, systematischen Grabungen in den 80er und 90er Jahren relativ artenreich (MARTENS 1983a, b, SCHNEIDER 1985, 1996, SCHNEIDER & ZAJIC 1994, WERNEBURG 1996):

1. Flora

Überreste von Pflanzen sind selten und beschränken sich vor allem auf schichtparallele Wurzelsysteme. Nachgewiesen wurden bisher nur:

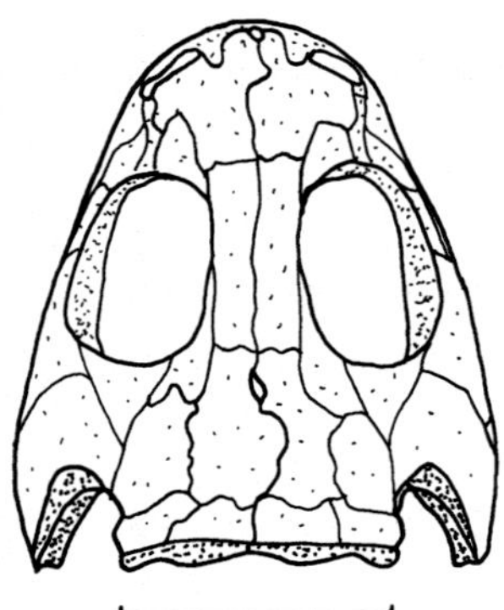

Abb. 39: Branchiosaurier (*Branchierpeton saalensis*), Rekonstruktion des Schädels nach WERNEBURG (1996). Maßstab: 1 cm.

Calamiten (baumförmige Schachtelhalme): *Calamites suckowii*

Coniferophyten (Koniferen): *Walchia* sp.

2. Fauna:

Vermes (Würmer): *Spirorbis*?

Lamellibranchiaten (Muscheln): Anthracosien (*Anthraconaia*)

Gastropoden (Schnecken): „*Anthracopupa*"

Ostrakoden: In Schwarzschieferhorizonten teilweise massenhaft.

Conchostraken: Z.T. massenhaft, in schlechter Erhaltung und nur selten als *Pseudestheria* sp. M bestimmbar, möglicherweise identisch mit *Pseudestheria breitenbachensis* und *Pseudestheria convexa* von der Lokalität „Breitenbach" bei Schleusingen.

Triopsiden: Nur wenige Exemplare zusammen mit Conchostraken.

Invertebratenspuren: *Isopodichnus* sp., vermutlich Bewegungsspur (Weidespur) von Conchostraken. Faziell bemerkenswert ist, daß im Profil sedimentgefüllte Grabgänge, z. B. von *Scoyenia* weitestgehend fehlen.

Fische: Überwiegend disartikulierte und nur selten artikulierte Reste von: Palaeonisciden (*Elonichthys* sp. und *Paramblypterus* sp.), *Acanthodes* sp., Dipnoer (*Conchopoma*), Elasmobranchii (*Bohemiacanthus*, *Xenacanthus*, *Ortha-canthus*, *Lissodus*, *Sphenacantus*).

Amphibien: Die Funde von Branchiosauriern konzentrieren sich vor allem auf wenige Schichtfugen im südlichen Profilabschnitt am Ilmufer, wo sie innerhalb einer geringmächtigen graugrünen Silt-Tonstein-Wechsellagerung relativ zahlreich vorkommen. Auffällig ist, daß sie nicht zusammen mit Fischen auf gleicher Schichtfläche auftreten. Es handelt es sich vor allem um die Form *Branchierpeton saalensis*, die auch aus dem Stephanium C von Wettin bei Halle/Saale bekannt ist und um Formen der Gattungen *Apateon* und *Branchiosaurus*.

(20) Haldenreste im Lohmetal bei Gehren, südlich Langewiesen

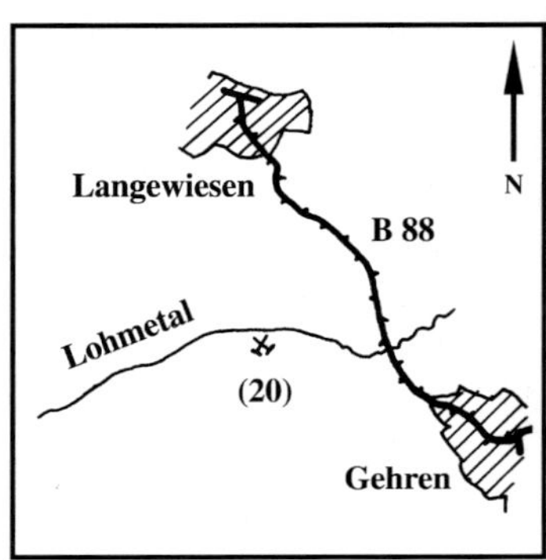

Anreise/Lage: Anfahrt auf der B 88 von Gehren nach Langewiesen, Wanderung vom Eingang ins Lohmetal bis Altbergbauhalden gegenüber dem Großen Tragberg.

Geologie/Stratigraphie: Verschiedene Sedimente der Lohme-Schichten (Möhrenbach-Formation, Unterrotliegend).

Beschreibung: Fossilführende, feinklastische Grausedimente im höheren Abschnitt der Möhrenbach-Formation (Lohmetal-Sedimente der Lohme-Schichten nach ANDREAS u.a. 1996). Die Fundstelle gewann bereits durch erste Aufsammlungen von LORETZ, MAHR und POTONIÉ paläobotanisches Interesse. Erstmals beschrieb REICHARDT (1932a) ausführlich die Lokalität „Lohmetal“. Es handelt sich um mehrere kleine Halden eines bescheidenen Bergbauversuches am südlichen Talhang des Lohmetales gegenüber dem Großen Tragberg.

Aus den unterschiedlichen Abschnitten der Halden lassen sich noch recht gut die bei der bergmännischen Auffahrung angetroffenen Gesteine unterscheiden, ohne das ursprüngliche stratigraphische Übereinander zu kennen. Beteiligt sind:

- graublaue siltige Tonsteine mit Pflanzenresten,
- dunkelgraue Siltsteine mit Anthracosien und Ostrakoden,
- Konglomerate mit Rhyolithgeröllen,
- oolothische Karbonate mit Fischresten und
- graue Sandsteine.

Der Fossilinhalt besteht nach Angaben bei REICHARDT (1932a) und Aufsammlungen des Verfassers aus:

1. Flora

Calamiten (baumförmige Schachtelhalme): *Annularia sphenophylloides, Ann. stellata, Asterophyllites equisetiformis*

Sphenophyllen (Keilblattgewächse): *Sphenophyllum oblongifolium*

Farne: *Pecopteris arborescens, Pec.* sp., *Pec. unita, Pec. bredovoii*

Pteridospermen (Farnsamer): *Sphenopteris cremeriana, Odontopteris subcrenulata, Alethopteris subelegans*

Coniferophyten (Koniferen): *Ernestiodendron filiciforme*

2. Fauna

Lamellibranchiaten (Muscheln): Anthracosien, Nachweis z.T. massenhaft in Siltsteinen.

Ostrakoden: Nachweis z.T. massenhaft.

Fische: *Acanthodes* sp., *Elonichthys* sp.

(21) Großer Hermannstein bei Manebach

Anreise/Lage: Anfahrt auf der B 4 bis Manebach, Wanderung zum Großen Hermannstein, **Lageplan** s. S. 129.

Geologie/Stratigraphie: Kickelhahn-Rhyolith (Ilmenau-Formation, Unterrotliegend).

Beschreibung: Der Große und Kleine Hermannstein besteht aus dem Kickelhahn-Rhyolith – einer über 100 m starken Vulkanitdecke. Der Rhyolith enthält in dichter, felsitischer Grundmasse nur wenige kleine Einsprenglinge von Feldspat und wenig Quarz. Charakteristisch ist ein löchriges Aussehen durch kleine, bis etwa 1 cm große Drusenräume, die meist mit Quarzkristallen ausgekleidet sind. Eine sphärolithische Ausbildung ist sehr verbreitet. Es zeigen sich kleine Kugeln bis Nußgröße, die leicht herauswittern. Die Felsgebilde des Kleinen und Großen Hermannsteins ermöglichen umfangreiche Einblicke in die petrographischen Eigenheiten des Kickelhahn-Rhyoliths oberhalb von Manebach.

(22) Stillgelegter Steinbruch im Kienberg-Rhyolith am Großen Hundskopf bei Allzunah

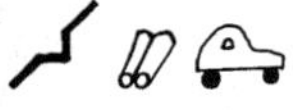

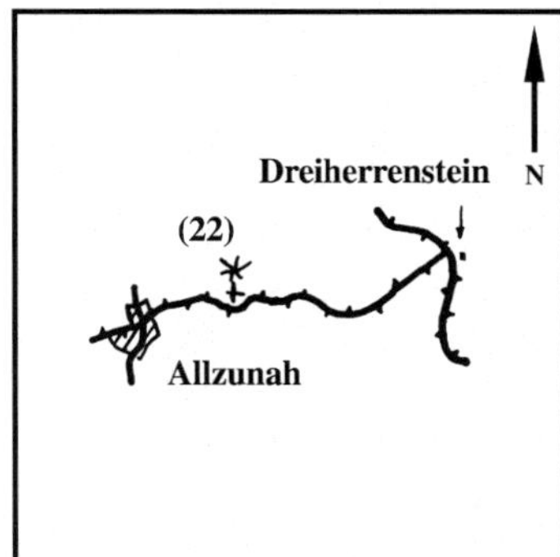

Anreise/Lage: Anfahrt über Allzunah oder von der B 4 zum Großen Dreiherrenstein, Steinbruch nahe der Straße.

Geologie/ Stratigraphie: Kienberg-Rhyolith der Öhrenstock-Schichten (Möhrenbach-Formation, Unterrotliegend).

Beschreibung: Südlich des Gipfels des Großen Hundskopfes nahe am Rennsteig ist in einem stillgelegten Steinbruch der intrusive Kienberg-Rhyolith der Öhrenstock-Schichten aufgeschlossen (MICHAEL 1994, LÜTZNER 1995). Es handelt sich um einen sauren Vulkanit mit relativ kleinen bis mittelkörnigen Feldspateinsprenglingen (Sanidin und Plagioklas) und wenig Biotit. Der Rhyolith enthält Xenolithe intermediärer vulkanischer Gesteine. Der Kienberg-Rhyolith ist Bestandteil eines Vulkanitkomplexes, welcher sich über ein Gebiet von 12 x 25 km in NE-SW-Richtung ausdehnt (ANDREAS, LÜTZNER & WUNDERLICH 1999). Die Vulkanite werden vom Kienberg-Tuff, z.B. zwischen Gehren und Neustadt/R., begleitet.

(23) Stillgelegter Steinbruch am Kirschberg südwestlich Langewiesen

Anreise/Lage: Anfahrt auf der B 88 über Langewiesen, Wanderung beginnt am südwestlichen Ortsrand von Langewiesen und folgt dem Weg bis zum ehemaligen Steinbruch, **Lageplan** s. S. 128.

Geologie/Stratigraphie: Andesitischer Öhrenstock-Ignimbrit der Öhrenstock-Schichten (Möhrenbach-Formation, Unterrotliegend).

Beschreibung: Der ehemalige Steinbruch östlich der Kuppe des Kirschberges südwestlich Langewiesen zeigt einen massigen und bankigen Öhrenstock-Ignimbrit. Er wird als Produkt eines vulkanischen Glutwolkenausbruches gedeutet (MICHAEL 1971, LÜTZNER 1995). Es handelte sich ursprünglich um ein Gemisch aus Lavatröpfchen, Bimssplittern und heißen Gasen. Das vulkanische Produkt bildete einen Ignimbrit, einen sogenannten Schweißtuff. Er besitzt eine Mächtigkeit von 300 m und wird stratigraphisch nach Angaben von ANDREAS u.a. (1996) in die obersten Teile der Möhrenbach-Formation gestellt. Seine Verbreitung beschränkt sich auf das Gebiet zwischen Lindenberg bei Ilmenau bis nördlich des Floßberges.

Die dunkelrot gefärbte Hauptmasse ähnelt einem Andesit. Es handelt sich aber um zahlreiche, kleine, eckige, teils gerundete Bruchstücke von Rhyolith, Andesit und Schiefergebirgsmaterial. Im Steinbruch wird eine tuffige Fazies des Ignimbrites von der porphyrischen Fazies (Rekristallisation) überlagert. Typisch für den Öhrenstock-Ignimbrit sind die Schichtungslosigkeit und die relativ grobe Klüftung senkrecht zur Plättungsebene des Gesteins (ANDREAS, LÜTZNER & WUNDERLICH 1999).

(24) Stillgelegter Steinbruch am NE-Hang des Rotkopfes bei Möhrenbach

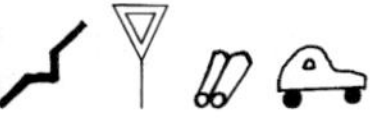

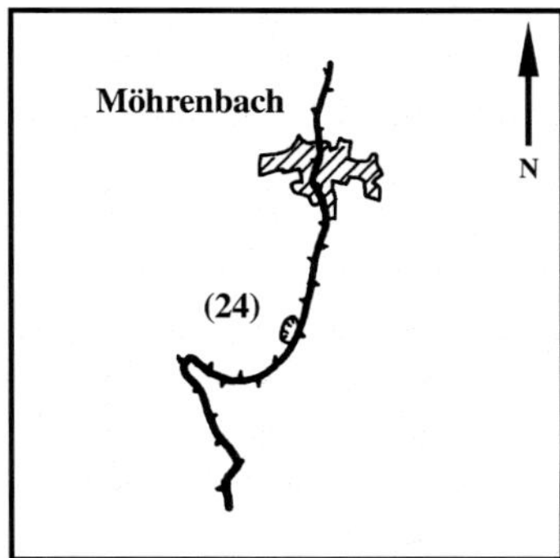

Anreise/Lage: Anfahrt auf der Straße von Gehren über Möhrenbach nach Hohe Tanne, stillgelegter Steinbruch an der Straße.

Geologie/Stratigraphie: Andesit/Tuff-Wechselfolge der Ochsenbach-Schichten (Möhrenbach-Formation, Unterrotliegend).

Beschreibung: Der stillgelegte Steinbruch erschließt eine Erguß-Tuff-Wechselfolge innerhalb der Ochsenbach-Schichten. Es handelt sich um Andesite mit porphyrischem Gefüge in unterschiedlicher petrographischer Ausbildung. Die zugehörigen Deckenergüsse (10 bis über 20 m mächtig) überlagern sich direkt oder werden von Tuffen (Lapillituffe, Aschentuffe, Brockentuffe) und Brekzien getrennt. Die Abfolge ist durch Vulkanotektonik und jüngere Bruchtektonik in einzelne Schollen gegliedert. Nach dem prozentualen Mineralbestand werden folgende Andesitdecken unterschieden:

- Pyroxenführender Hornblende-Biotitandesit
- Pyroxenführender Biotit-Hornblendeandesit
- Pyroxen- und hornblendeführender Biotitandesit
- Hornblende- und pyroxenführender Biotitandesit

Der 3. und 4. Erguß lagern über einer fossilführenden Tuffitfolge von etwa 5 m Mächtigkeit. Sie belegt eine relative Tieflage der Schichtenfolge während der vulkanischen Aktivitäten. Der Umwandlungsgrad der Andesite ist typisch für entsprechende Gesteine im Thüringer Wald. Zu den Umwandlungsprodukten gehören: Sericit, Hellglimmer (Muskovit), meist Calcit, Albit, Chlorite, Quarz, kaolinartige Produkte, Fe-Oxide und Titanminerale (meist Leukoxen). Die Umwandlungen stehen nicht im Zusammenhang mit der rezenten Verwitterung des Gesteins (VOIGT 1972, ANDREAS u.a. 1996, ANDREAS, LÜTZNER & WUNDERLICH 1999).

(25) Homigtal bei Breitenbach nordwestlich von Schleusingen (Biosphärenreservat)

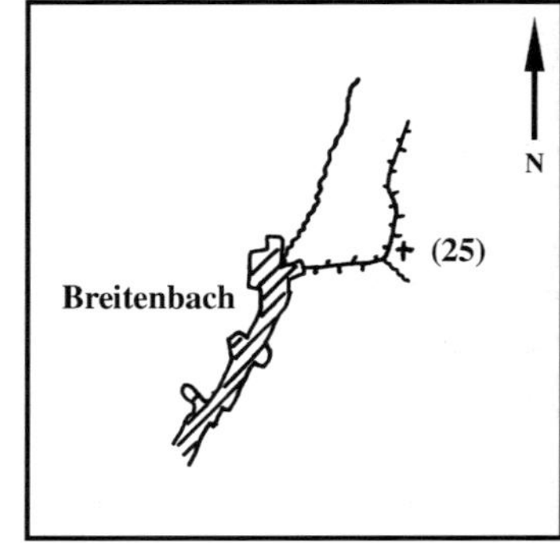

Anreise/Lage: Anfahrt von Schleusingen über Breitenbach, Parken am oberen Ortsausgang, Wanderung ins Homigtal.

Geologie/Stratigraphie: Fossilführende Grausedimente der Ilmtal-Sedimente (Möhrenbach-Formation).

Beschreibung: Die stratigraphische Zuordnung der fossilführenden Sedimente im Homigtal bei Breitenbach wurde zuletzt von WUNDERLICH 1978 und SCHNEIDER, WALTER & WUNDERLICH (1982) näher erläutert. Im Hangenden des Kohlsteig-Konglomerates lagern nach einer konglomeratisch-sandigen Übergangszone fossilführende, grauschwarze Ton- und Siltsteine. Diese nach LÜTZNER (1972) 100 bis 150 m mächtige Folge wird im Hangenden deutlich diskordant vom Schieferschuppen-Konglomerat verhüllt. Das Schieferschuppen-Konglomerat enthält im Hohen Tal unmittelbar an

Abb. 40: Farnsamer (*Autunia naumanni*), neu gezeichnete Schemazeichnung nach REMY & REMY (1983). Maßstab: 1 cm.

seiner Basis Gerölle aus fossilführendem Silt- bis Feinsandstein als Aufarbeitungsprodukte des unmittelbaren Liegenden. Dies spricht für eine erhebliche zeitliche Lücke zwischen den fossilführenden Grausedimenten im Gebiet Homigtal–Ochsenwiese–Hohes Tal und der Ablagerung des Schieferschuppen-Konglomerates.

Die Schwierigkeiten bei der stratigraphischen Einstufung wurden oben bereits dargestellt. Wie aus den Untersuchungen der Conchostrakenfauna erkennbar ist, können die Grausedimente als Äquivalente der Möhrenbach-Formation eingestuft werden.

Die Kenntnisse der Fossilführung der Grausedimente gehen auf Untersuchungen bzw. Aufsammlungen von POTONIÉ (1893), REICHARDT (1932a), REMY & REMY (1977), ARNHARDT (1968, 1972), SCHNEIDER (1978), WUNDERLICH 1978, SCHNEIDER, WALTER & WUNDERLICH (1982), MARTENS (1983a, b), HAUBOLD (1985), KERP & HAUBOLD (1988) und SCHNEIDER & WERNEBURG (1993) zurück.

1. Flora

Sphenophyllen (Keilblattgewächse): *Sphenophyllum oblongifolium, Sph. verticillatum*

Calamiten (baumförmige Schachtelhalmgewächse): *Calamites gigas, Cal.* sp., *Calamostachys tuberculata, Asterophyllites equisetiformis, Annularia sphenophylloides, Ann. stellata, Equisetites zeaeformis*

Abb. 41: Farnsamer (*Autunia conferta*), neu gezeichnet nach REMY & REMY (1983). Maßstab: 1 cm.

Farne: *Pecopteris abbreviata, Pec. arborescens, Pec. cyatha, Pec. bioti, Pec. candolleana, Pec. feminaeformis, Pec. hemitelioides, Pec. oreopteridia, Pec. pseudoreopteridia, Pec. pinatifida, Pec. pluckeneti, Pec. truncata, Aphlebia flabellata*

Pteridospermen (Farnsamer): *Sphenopteris burgkensis, Sph. cremeriana, Sph. germanica, Sph. beyschlagii, Alethopteris grandini, Ale. subelegans, Neuropteris auriculata, Neu. gleichenioides, Neu. planchardi, Neu. pseudoblissi, Callipteridium gigas, Odontopteris minor, Odo. lingulata, Odo. obtusa, Odo. subcrenulata, Taeniopteris* *multinervis, Tae. jejunata, Cyclopteris trichomanoides, Autunia conferta, Aut. naumanii, Rhachiphyllum lyratifolia, Rha.* sp., *Lodevia nicklesii, Lod. oxydata*

Cordaiten: *Cordaites borassifolius, Cor. principalis, Cor.* sp., *Cordaianthus* sp.

Coniferophyten (Koniferen): *Ernestiodendron filiciforme, Walchia piniformis, Gomphostrobus bifidus, Samaropsis* sp., *Rhabdocarpus* sp., *Trigonocarpus* sp.

2. Fauna

Lamellibranchiaten (Muscheln): Anthracosien

Ostrakoden: z.T. massenhaft.

Conchostraken: *Pseudestheria convexa, Pse. breitenbachensis*

Insekten: *Sysciophlebia balteata, Anthracoblattina arnhardti, Syscioblatta slusiensis, Compsoblatta frankei, Spiloblattina homigtalensis, Blattinopsis* cf. *arnhardti, Phyloblatta* cf. *brückneri, Poroblattina* sp., *Moravamylacris* sp., *Opsiomylacris proceriformis, Ops. preciosa*

Krebse: *Uronectes* (selten)

Fische: Xenacanthiden (*Xenacanthus sessilis*), *Acanthodes*, Palaeonisciden, Koprolithen

(26) Unteres Sembachtal bei Winterstein

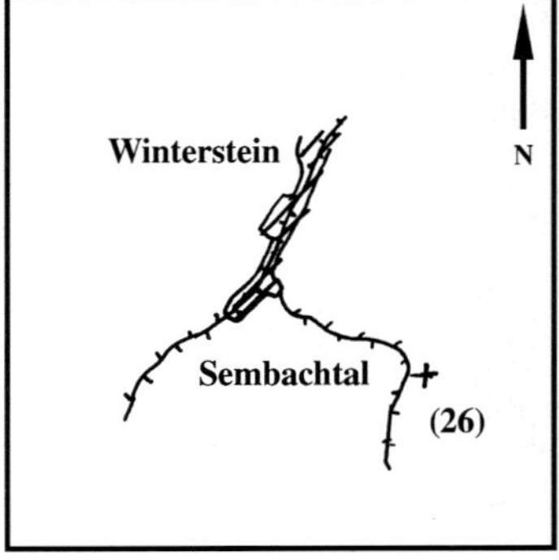

Anreise/Lage: Anfahrt über Winterstein bis Eingang ins Untere Sembachtal (Parkmöglichkeit), Wanderung in das Untere Sembachtal.

Geologie/Stratigraphie: Treppenstein-Rhyolith und Sedimentfolge der Ilmenau-Formation, Äquivalente der Manebach-Formation und Unteren Goldlauter-Formation.

Beschreibung: Etwa 1 km südöstlich Winterstein tritt der aus Richtung Inselsberg kommende Sembach in eine horstartig emporgehobene Scholle des Treppenstein-Rhyoliths der Ilmenau-Formation (Lindenberg-Schichten nach ANDREAS u.a. 1996) ein. Der gegen die Erosion recht widerstandsfähige Treppenstein-Rhyolith bildet schroffe Felswände und einzelne Felsnadeln (z.B. Treppenstein und Kiliansstein). Der Treppenstein-Rhyolith zeigt eine auffällige Fluidaltextur; vereinzelt findet man mit Achat oder kleinen Quarzkristallen gefüllte Hohlräume. Der Rhyolith wird von geringmächtigen, grauen Brocken-, Lapilli- und Staubtuffen überlagert. Im Hangenden folgt ein teils intrusiv, teils deckenförmig ausgebildeter Melaphyr. Er ist meist deutlich als Mandelstein mit relativ großen Quarz- bzw. Calcit-Mandeln erhalten (Typ Ebertsheide-Melaphyr). Der basische Vulkanit wird stellenweise von Tuffen und graugrünen tuffhaltigen Siltsteinen überlagert (ANDREAS & WUNDERLICH 1998b).

Als Äquivalente Schichten der Ilmenau-Formation folgt ein 10 bis 40 cm mächtiger dunkelgrauer, teils scherbig, glasartig brechender und wabenartig anwitternder, verkieselter Karbonathorizont. Er läßt sich besonders am südlichen Talhang gegenüber dem Treppenstein verfolgen. Seine Bildung steht möglicherweise im Zusammenhang mit dem zeitgleichen basischen Vulkanismus. Im Hangenden folgen bis etwa 10 m mächtige überwiegend schwarze, lagenweise gelblichgraue bis dunkelgraugrüne kohlenstoffreiche, fossilführende Ton-, Silt- und Feinsandsteine. Sie enthalten eine typisch limnische Fossilgemeinschaft aus Conchostraken, Fischen, Amphibien und in einigen Lagen eine Ufernähe anzeigende artenreiche Flora. Amphibien- und Pflanzenreste sind auf einen wenige cm mächtigen Horizont (Sembach-Horizont nach WERNEBURG 1989a) konzentriert. Die Schwarzschiefer wurden bisher der Goldlauter-Formation (AMTHOR 1913), der Oberen Gehren-Formation (ANDREAS 1971), der Unteren Manebach-Formation (HAUBOLD 1985) und der Ilmenau-Formation (ANDREAS u. a. 1996, SCHNEIDER 1996) zugeordnet.

Überlagert werden die Schwarzschiefer deutlich diskordant von einer fluviatilen Folge aus graugrünen Silt- und Sandsteinen, die sowohl der Manebach-Formation (ANDREAS u.a. 1996) als auch der Unteren Goldlauter-Formation zugeordnet werden können. Sie sind auffällig fossilfrei, enthalten lediglich Strömungsmarken und Niederschlagsmarken.

Die Kenntnisse der Fossilführung der Grausedimente gehen auf Untersuchungen bzw. Aufsammlungen von POTONIÉ (1893), REICHARDT (1932a), MARTENS 1983a, b, HAUBOLD (1985), GEBHARDT (1988) und WERNEBURG (1989a) zurück.

1. Flora

Calamiten (baumförmige Schachtelhalmgewächse): *Annularia stellata, Calamostachys tuberculata, Cal.* sp., *Asterophyllites dumasii*

Farne: *Pecopteris arborescens, Pec. candolleana, Pec. pinnatifida, Pec. feminaeformis, Pec.* sp.

Pteridospermen (Farnsamer): cf. *Sphenopteris matheti, Sph. germanica, Neuropteris planchardi, Odontopteris osmundaeformis, Odo. subcrenulata, Autunia conferta, Dichophyllum flabellifera, Lodevia suberosa, Lod. nicklesii,* cf. *Sphenocallipteris raymondii*

Cordaiten: *Cordaites* sp.

Coniferophyten (Koniferen): *Ernestiodendron filiciforme, Walchia piniformis, Gomphostrobus bifidus, Samaropsis* sp., *Cardiocarpus* sp.

2. Fauna

Lamellibranchiaten (Muscheln): Anthracosien

Conchostraken: *Pseudestheria angulata*

Fische: *Paramblypterus* sp., z. T. relativ großwüchsige Formen, *Acanthodes* sp., isolierte Zähne von *Xenacanthus* sp., *Bohemiacanthus*

Amphibien: *Melanerpeton sembachense, Apateon dracyiensis, Limnogyrinus edani, Onchiodon langenhani*

(27) Lindenberg bei Ilmenau

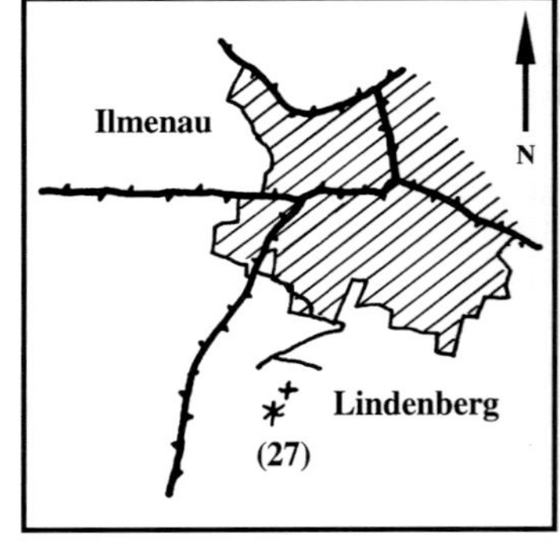

Anreise/Lage: Anfahrt über Ilmenau, Wanderung zum Nordost-Hang am Lindenberg.

Geologie/Stratigraphie: Fossilführende Sedimente und Tuffite der Lindenberg-Schichten (Ilmenau-Formation).

Beschreibung: Bereits seit Ende der 20er Jahre sammelte der Lehrer und Freizeitforscher OTTO GIMM an der schon von LORETZ, SCHEIBE & ZIMMERMANN (1908) erwähnten Fossillokalität „Lindenberg bei Ilmenau“. Spätestens seit der Arbeit von GOTHAN & GIMM (1930) wird die paläobotanische und biostratigraphische Bedeutung der Lokalität „Lindenberg“ diskutiert (u.a. REICHARDT 1932a, KOZUR 1980, HAUBOLD 1985, BARTHEL & RÖSSLER 1993).

Die Sedimente vom Lindenberg wurden bisher als „Untere Tonsteine der Oberen Gehrener Schichten“ bezeichnet. Nach ANDREAS u.a. (1996) werden sie heute als Bestandteil der Lindenberg-Schichten innerhalb der Ilmenau-Formation aufgefaßt. Es handelt sich um grauviolette bis gelbbraune, tuffitische, deutlich laminierte Ton- und Siltsteine bzw. um stark verfestigte bzw. verkieselte, splittrig brechende Staubtuffe mit Lapilli und Tuffiten (LÜTZNER 1981). Ihr Vorkommen verteilt sich auf den nordöstlichen Abhang des Lindenberges bis ins Gabelbachtal. Das deutlich feingeschichtete bzw. laminierte Gestein zeigt im Anschliff stellenweise auffällige, treppenförmige Schichtverwerfungen, wie man sie beispielsweise beim „Florentinischen Landschaftsmarmor“ aus Norditalien beobachten kann. Bereits CREDNER (1843) schrieb dazu: „Hier sieht man die Sandsteine des Steinkohlengebirges gefrittet und die schwächeren mit Schieferton wechselnden Lagen desselben in ein bandjaspisähnliches Gestein umgewandelt...". CARLÉ & GIMM (1938) erklärten die Verkieselung der Tonsteine u.a. als „Frittung durch Wärmeeinwirkung". Die Schichtverwerfungen („Quälung") wurden als Folge tektonischer Bewegungen nahe der Floßbergspalte interpretiert. GRUMBT (1960) sprach von „bis ins Handstück verfolgbaren Kleinstörungen". BARTHEL & RÖSSLER (1993) griffen die Erscheinungen in den Unteren Tonsteinen vom Lindenberg erneut auf und erkannten in der Struktur der Kleinstörungen die Überlieferung „seismischer Schocks". Sie bezeichneten das Gestein als Seismit (SEILACHER 1969).

Im Sinne von GOTHAN & GIMM (1930) handelt es sich bei der Flora um eine typische „Vergesellschaftung der Nichtflözbildner". Es wurden bisher nur Überreste einer mesophilen bis xerophilen Flora entdeckt. (LORETZ, SCHEIBE & ZIMMERMANN 1908, GOTHAN & GIMM 1930, REICHARDT 1932a, HAUBOLD 1985, BARTHEL & RÖSSLER 1993). Nach einigen Autoren repräsentiert die Flora die höchstmögliche Position der Rotliegend- bzw. Permbasis im Thüringer Wald (KATZUNG & DÖRING 1973, BARTHEL & RÖSSLER 1993):

1. Flora

Calamiten (baumförmige Schachtelhalmgewächse): *Calamites gigas*, *Calamostachys* sp., *Asterophyllites* sp.

Pteridospermen (Farnsamer): *Sphenopteris germanica, Taeniopteris jejunata, Schuetzia anomala, Baieridium aphlebiaeforme, Odontopteris lingulata, Lodevia suberosa, Dichophyllum flabellifera, Autunia conferta*

Abb. 42: Farnsamer (*Dichophyllum flabellifera*), neu gezeichnete Schemazeichnung nach REMY & REMY (1959). Maßstab: 1 cm.

Abb. 43: Konifere (*Ernestiodendron filiciforme*), neu gezeichnete Rekonstruktion nach HAUBOLD (1983). Maßstab: 1 cm.

Cordaiten: *Cordaites* sp., *Cor. principalis*

Coniferophyten (Koniferen): *Ernestiodendron filiciforme, Walchia piniformis, Culmitzschia speciosa, Cul.* cf. *parvifolia, Gomphostrobus bifidus, Samaropsis crampii, Dicranophyllum gallicum, Cardiocarpus* sp., *Trigonocarpus* sp.

2. Fauna

Das Fehlen von Faunenresten in den Unteren Tonsteinen wurde von BARTHEL & RÖSSLER (1993) als Hinweis für eine lebensfeindliche Fazies gedeutet. Diese Aussage steht aber im Widerspruch zu den nachgewiesenen Pflanzen. Sicher fehlt es noch an gezielten Aufsammlungen !

(28) Manebach, Straßenböschung der B 4 nahe Bushaltestelle und Forstmeistersweg

Anreise/Lage: Anfahrt aus Richtung Ilmenau auf der B 4 bis Manebach, Parkmöglichkeit am südlichen Ortsausgang von Manebach, Profilbegehung im Bereich der Bushaltestelle (Halde vom „Neuen Schacht“) und Straßenböschung der B 4 von Manebach in Richtung Stützerbach, Lageplan s. S. 129.

Geologie/Stratigraphie: Profilausschnitt der Flözführenden Zone (Manebach-Formation).

Beschreibung: Die wissenschaftlich bedeutendste Fundstelle einer hygrophilen Flora im Rotliegend Mitteleuropas ist unter den Sammelnamen „Manebach“ bzw. „Kammerberg“ in die Literatur eingegangen. Die ursprünglich aus den Ortschaften Manebach und Kammerberg im Tal der Ilm bestehenden Bergbausiedlungen unweit der Stadt

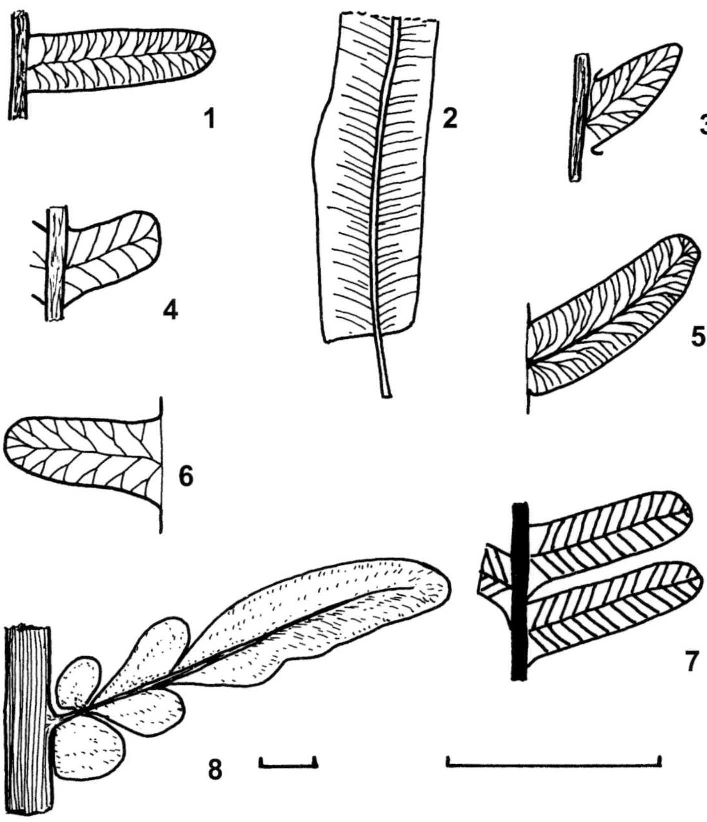

Abb. 44: Manebacher Pflanzen: Farne: 1 – *Pecopteris candolleana*, 3 – *Pecopteris plumosa*, 4 – *Pecopteris arborescens*, 5 – *Pecopteris polymorpha*, 6 – *Pecopteris potoniéi*, 7 – *Pecopteris hemitelioides*; rechter Maßstab: 1 cm. Farnsamer: 2 – *Taeniopteris jejunata*, 8 – *Odontopteris lingulata*; linker Maßstab entspricht 1 cm. Neu gezeichnet nach Schemazeichnungen von Remy & Remy (1977).

Ilmenau tragen heute den einheitlichen Ortsnamen Manebach. Das klassische Profil der flözführenden Zone liegt am südlichen Ortsausgang der B 4 (Ilmenau-Schleusingen).

Der mit Unterbrechungen mehrere Jahrhunderte hindurch aktive Bergbau auf Steinkohle hat an beiden Hängen des Ilmtales vor allem in Form von Halden und Stollenmundlöchern bis heute Spuren dieser Abbaue hinterlassen. Bedeutendste Förderzeiten der „Manebacher Steinkohle“ waren 1731–1907, 1922–1924 und 1945–1949 (LORETZ, SCHEIBE & ZIMMERMANN 1908, HESS v. WICHDORFF & GOTHAN 1926, v. FREYBERG 1932a, b, MÄGDEFRAU 1942, GRAUPNER 1952, HOEHNE 1957b, DEUBEL 1927, 1960, SCHWAB 1964).

In der flözführenden Zone bei Manebach wurden insgesamt 8 autochthone Steinkohlenflöze mit den zugehörigen Wurzelböden nachgewiesen. Die davon im Abbau befindlichen Flöze erreichten bis 70 cm Mächtigkeit. Es handelte sich um anthrazitische Glanzkohle mit gutem Heizwert und nur 6–10 % Aschegehalt. Oder es wurde nur unreine Fett- bis Magerkohle mit Aschegehalten von 15–32 % gefördert (LEUTWEIN & RÖSLER 1956, SCHWAB 1964). Die Kohle verwendetet man vor allem als Schmiedekohle.

Die Flözentstehung war an die längerfristige Aufrechterhaltung der charakteristischen flözbildenden Fazies im Becken oder nahe des Beckenrandes gebunden. Die Kohlenstoffanreicherung war von einem intensiven Pflanzenwachstum, der Erhaltung absterbender Pflanzen bei konstant hohem Grundwasserstand, geringen Absenkungsbeträgen des Beckens und gleichzeitig relativ geringer Sedimentzufuhr abhängig.

Neben den Begleithorizonten im Liegenden und Hangenden der Flöze treten noch gröbere Sandsteine als Rinnenfüllung, einzelne lakustrine Horizonte und Verkieselungserscheinungen im Gebiet um Manebach auf (LÜTZNER 1969, MARTENS 1981).

So haben sich in dieser Gegend schon recht frühzeitig Geologen und vor allem Paläobotaniker eingefunden. Dabei wurde man auf die ausgezeichnete Erhaltung der vor allem im Hangenden der Flöze, in den sogenannten „Kräuterschiefern“, vorkommenden Pflanzenreste aufmerksam.

Die erste Mitteilung über Pflanzenfunde von Manebach erschien bereits 1695 von F. HEYN. Wenige Jahre später, im Jahre 1709, erschien in dem Werk von G.F. MYLIUS „Memorabilium Saxoniae subterraneae“ = „Des unterirdischen Sachsens seltsame Wunder der Natur“ die älteste Abbildung Manebacher Pflanzen. Der Herzoglich-Gothaische Kammerpräsident E.F. v. SCHLOTHEIM (1765–1832) veröffentlichte im Jahre 1804 in dem Werk: „Beschreibung merkwürdiger Kräuterabdrücke und Pflanzenversteinerungen“ erstmals unter Nutzung der botanischen, binären Nomenklatur fossile Pflanzen und begründete damit die wissenschaftliche Paläobotanik als speziellen Wissenschaftszweig der Geowissenschaften. Die Lokalität „Manebach“ wurde nach und nach zu einer bedeutenden Typuslokalität für zahlreiche Pflanzen des Rotliegend und zur Typuslokalität der etwa 180 m mächtigen Manebach-Formation.

Die wissenschaftliche Bearbeitung der Manebacher Pflanzenfossilien ist mit einer Reihe bedeutender Paläobotaniker verbunden: E.F. v. SCHLOTHEIM, E. WEISS, K. GRAF STERNBERG, H. POTONIÉ, W. GOTHAN, W. & R. REMY, K. MÄGDEFRAU, M. BARTHEL u.a.

Die paläobotanische Erforschung der Lokalität „Manebach“ war immer ein typisches Beispiel für eine enge Zusammenarbeit bedeutender privater Fossilsammler bzw. Freizeitforscher mit Wissenschaftlern. Zu nennen sind vor allem: J.C. MAHR, O. GIMM, A. ARNHARDT u.a.

Als wichtigstes Ergebnis einer Zusammenarbeit von GOTHAN & GIMM (1930) wurde hier die Erkenntnis gewonnen, daß bereits zur Ablagerungszeit der Manebach-Formation mehrere standortabhängige Pflanzengesellschaften (Assoziationen I bis III) existierten (GOTHAN 1944). Man unterschied „Flözbildner“ und „Nichtflözbildner“ und eine Mischassoziation aus I und II. Die in der Manebach-Formation vorherrschende Assoziation der „Flözbildner“ findet sich vorwiegend im flözhangenden „Kräuterschiefer“. Das Liegende der Manebacher Flöze bildet ein Wurzelboden – ein Beleg für die Autochthonie der Kohlen.

Relativ neu für die Lokalität „Manebach“ ist die Kenntnis eines limnischen Horizontes mit einer Fauna aus großwüchsigen Palaeonisciden und einer ufernahen Pflanzengesellschaft unter dem Namen „Fischhalde“ (HOEHNE 1957a, MÜLLER 1957b, MARTENS 1981). Vor allem die Fischfauna der „Fischhalde“ weicht deutlich von der Fischfauna der Möhrenbach- und Goldlauter-Formation ab. Die Kenntnis der „Fischhalde“ und eines zugehörigen limnischen Horizontes zwischen Manebach und Gehlberg mit neuen Floren- und Faunenresten regten weitere paläozoologische Untersuchungen außerhalb der flöznahen Fazies an. Die bisher einseitige paläobotanische Analyse konnte damit beendet werden. Die wissenschaftliche Bearbeitung der Flora und Fauna der Lokalität „Manebach“ ist jedoch noch nicht abgeschlossen.

Insbesondere die artenreiche, hygrophile Flora, die autochthonen Kohleflöze und die Vorherrschaft von Grausedimenten im fluviatilen bis limnischen Bereich deuten auf ein tropisch-feuchtwarmes Klima ohne ausgeprägte Trockenzeiten.

Die folgende Auflistung der Flora und Fauna kann nur einen Überblick geben, da trotz der Bedeutung der Lokalität bisher eine Gesamtrevision fehlt (VOIGT 1808, v. SCHLOTHEIM 1801, 1804, 1820, SCHMID 1878, POTONIÉ 1893, BARTHEL 1980a, b, c, 1982a, b, 1983, 1985, BARTHEL & RÖSSLER 1995, SCHNEIDER & WERNEBURG 1998).

1. Flora

Lepidophyten (baumförmige Bärlappgewächse): *Sigillaria brardii*

Sphenophyllen (Keilblattgewächse): *Sphenophyllum angustifolium, Sph. oblongifolium, Sph. thonii*

Calamiten (baumförmige Schachtelhalmgewächse): *Calamites undulatus, Cal. multiramis, Cal. suckowii, Cal. gigas, Cal. carinatus, Cal. varians, Asterophyllites longifolius, Ast. equisetiformis, Metacalamostachys dumasii, Calamostachys tuberculata, Palaeostachya thuringiaca, Macrostachya* sp., *Calamariophyllum zeaeforme, Annularia stellata, Ann. carinata, Ann. mucronata, Ann. galioides, Ann. spicata*

Farne: *Pecopteris arborescens, Pec. cyathea, Pec. candolleana, Pec. densifolia, Pec. monyi, Pec. potoniei, Pec. polypodioides, Pec. lepidorhachis, Pec. oreopteridia, Pec. hemitelioides, Pec. pseudo-bucklandii, Pec. unita, Pec. polymorpha, Pec. sternbergii,*

Pec. plumosa, Pec. abbreviata, Pec. predowii, Pec. bucklandi, Pec. pennaeformis, Pec. pseudoreopteridia, Pec. thuringiaca, Aspidiopsis coniferoides var. *minor, Nemejcopteris feminaeformis, Remia pinnatifida, Psaronius haidingeri, Aphlebia acanthoides, Aph. erdmannii, Aph. flabellata, Aph. germarii*

Pteridospermen (Farnsamer): *Reticulopteris germarii, Alethopteris schneideri, Ale. grandini, Ale. subelegans, Sphenopteris germanica, Sph. cremeriana, Sph. matheti, Sph. burgkensis, Sph. weissi, Dicksonites pluckenetii, Neuropteris neuropteroides, Neu. cordata, Neu. planchardii, Neu. auriculata, Neu. pseudoblissi, Odontopteris osmundaeformis, Odo. lingulata, Odo. subcrenulata, Taeniopteris multinerva, Tae. jejunata, Dichophyllum cf. flabellifera, Lodevia suberosa, Lod. nicklesii, Autunia conferta*

Cordaiten: *Cordaites palmaeformis, Cor. principalis*

Coniferophyten (Koniferen): *Ernestiodendron filiciforme, Walchia piniformis, Culmitzschia laxifolia, Cul. parvifolia, Cul.* cf. *speciosa, Odovicia hypnoides, Dicranophyllum gallicum, Dadoxylon, Gomphostrobus* sp., *Walchiostrobus* sp., *Cardiocarpus* sp., *Samaropsis* sp., *Trigonocarpus* sp.

2. Fauna

Lamellibranchiaten: Antracosien, relativ großwüchsig.

Conchostraken: *Lioestheria* sp., *Pseudestheria* sp., „*Estheria nana*" (LUDWIG 1861)

Ostrakoden: Häufig, bisher unbearbeitet.

Insekten: *Compsoblatta frankei, Phyloblatta manebachensis, Phy. gimmi, Anthracoblattina* sp., *Sysciophlebia* sp.

Arthropleuren: Arthropleura-Fragment

Diplopoda: *Pleurojulus steueri*

Arachniden: *Brachylycosa*? *manebachensis*

Invertebratenspuren: *Scoyenia*-Grabgänge

Fische: *Xenacanthus* sp. (isolierte Zähne), Paramblypteriden: relativ großwüchsig bis ca. 40 cm lang.

Amphibien: Eryopide

Tetrapodenfährten: *Protritonichnites lacertoides*

(29) Pochwerksgrund bei Goldlauter

Anreise/Lage: Anfahrt von Suhl bis Goldlauter, Wanderung zu den Bergbauhalden im oberen Pochwerksgrund nordnordöstlich Goldlauter.

Geologie/Stratigraphie: *Acanthodes*-Schichten (Untere Goldlauter-Formation).

Beschreibung: Der Pochwerksgrund (Lautergrund) verläuft nordnordöstlich von Goldlauter als ein tief eingeschnittener Talgrund in Richtung Rennsteig. Der Ort Goldlauter liegt noch im Bereich des Thüringer Hauptgranites.

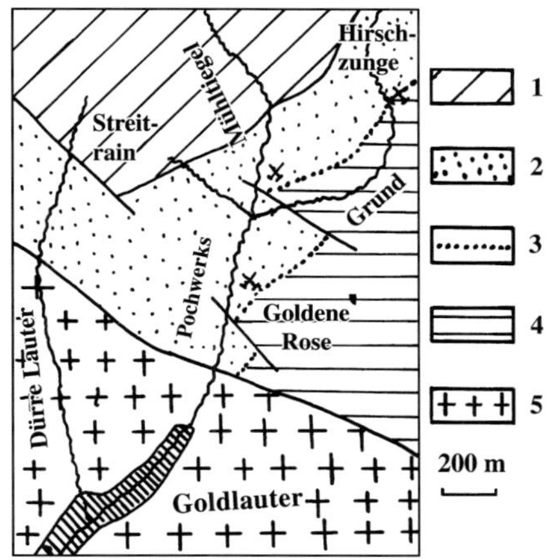

Abb. 45: Geologische Karte vom Pochwerksgrund, neu gezeichnet nach FREYBERG (1923). 1 – Sedimente der Oberhof-Formation, 2 bis 4: Sedimente der Goldlauter-Formation, 3 – „Erznierenschiefer", 5 – Thüringer Hauptgranit.

Südwestlich, unterhalb der Schmücke, wurden nahe einer Wegbiegung zu beiden Seiten des Tales durch Bergbau vergangener Jahrhunderte Schwarzschiefer der Unteren Goldlauter-Formation aufgeschlossen. Das Vorkommen kann als Typuslokalität der *Acanthodes*-Schichten bzw. des *Acanthodes*-Horizontes bezeichnet werden. Es handelt sich nach ZIMMERMANN (1908b) um 20 bis 30 m mächtige, dunkelgraue bis graugrüne teilweise laminierte Silt- und Tonsteine. Sie fallen mit etwa 20° nach NW ein. Das Gebiet zwischen dem oberen Ortsausgang von Goldlauter und dem hinteren Pochwerksgrund kann auch als Typusgebiet der Goldlauter-Formation betrachtet werden.

Der seit dem 16. Jahrhundert aktive Bergbau föderte vor allem Erzanreicherungen in nierenförmigen Konkretionen („Schwülen") mit 3–4 cm Durchmesser und bis 12 cm Länge. Der Kern dieser noch heute auffindbaren Konkretionen enthält meist einen Koprolithen mit Fischresten. Nahe der Basis der Schwarzschieferfolge treten höhere Bitumengehalte und Erzanreicherungen in den Nieren auf. Der Schwarzschiefer wird von Kalkspatgängen durchsetzt.

Aktiv waren die Gruben „Die Goldene Rose“ seit 1769 (1775), „Sankt Jacob“, „Weiße Lilie“ (1729–1733) und „Hirschzunge“. Nach ANSCHÜTZ (1788) sollen im „Goldenen Rosenstollen“ dünne Kohlenflöze vorgekommen sein. An Erzen bzw. Mineralen wurden gefördert: Arsenkies, Kupferkies, arsenreiches Fahlerz, Pyrit, Kupferglanz, Rotgültigerz, Gediegen Silber, Gediegen Kupfer, selten Bleiglanz und geringe Mengen Gold (ANSCHÜTZ 1788, FANTASNY 1962, KATZUNG 1964).

Untersuchungsergebnisse zur Fossilführung der dunkelgrauen, bituminösen Ton- und Siltsteine werden seit dem 19. Jahrhundert veröffentlicht (POTONIÉ 1893, ZIMMERMANN 1908b, GOTHAN & GIMM 1930, REICHARDT 1932a und HAUBOLD 1985).

1. Flora

Calamiten (baumförmige Schachtelhalmgewächse): *Calamites* sp., *Annularia stellata, Asterophyllites equisetiformis, Calamariophyllum zeaeforme*

Farne: *Nemejcopteris feminaeformis, Pecopteris cyathea, Pec. candolleana, Pec. sternbergii, Pec. pseudobucklandii, Pec.* cf. *arborescens, Pec.* cf. *pinnatifida*

Abb. 46: Konifere (*Walchia piniformis*), neu gezeichnete Rekonstruktion nach HAUBOLD (1983). Maßstab: 1 cm.

Pteridospermen (Farnsamer): *Sphenopteris* cf. *germanica, Sph. cremeriana, Autunia conferta, "Callipteris praelongata", Alethopteris schneideri, Neuropteris planchardii, Reticulopteris germarii*

Cordaiten: *Cordaites* sp.

Coniferophyten (Koniferen): *Walchia piniformis, Culmitzschia speciosa, Cul. parvifolia, Cul. goeppertiana, Ernestiodendron filiciforme, Walchiostrobus, Walchianthus, Gomphostrobus, Cardiocarpus, Samaropsis, Trigonocarpus Dicranophyllum gallicum*

2. Fauna

Lamellibranchiaten (Muscheln): Anthracosien

Conchostraken: *Lioestheria*

Insekten: *Sysciophlebia balteata, Opsiomylacris procerus, Anthracoblattina prorecta*

Fische: *Acanthodes* sp., *Xenacanthus* sp., *Paramblypterus* sp., Koprolithen

Amphibien: Branchiosaurier

(30) Sperberbach unterhalb der Schmücke

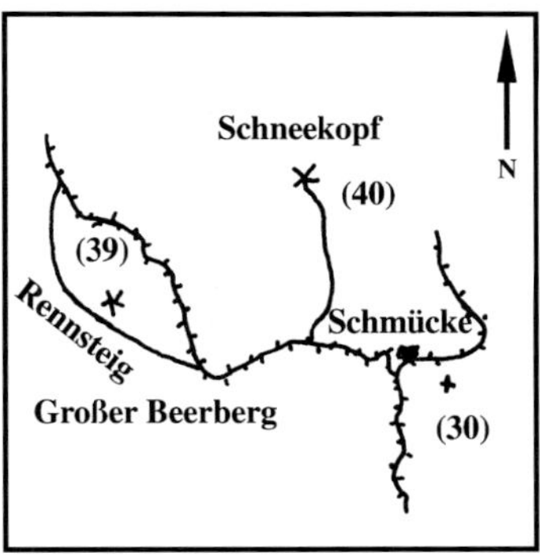

Anreise/Lage: Anfahrt über Suhl oder Oberhof bis zur Schmücke, Wanderung in das obere Sperberbachtal.

Geologie/Stratigraphie: Fossilführender Schwarzschiefer (Goldlauter-Formation).

Beschreibung: Die Schmücke, ein beliebtes Ausflugsziel am Rennsteig, liegt am SE-Rand der „Oberhöfer Porphyrplatte" und ca. 8 km südöstlich von Oberhof. Wenig unterhalb des Parkplatzes entspringt der Sperberbach. Auf seinen ersten 200 m durchfließt er Konglomerate und Sandsteine der Goldlauter-Formation, in denen stellenweise fossilführende Schwarzschiefer eingeschlossen sind. Der Schwarzschieferhorizont liegt stratigraphisch höher als der klassische *Acanthodes*-Horizont am Pochwerksgrund. Der Sperberbach hat das im Liegenden folgende Untere Konglomerat der Goldlauter-Formation in voller Mächtigkeit erosiv angeschnitten. Man kann es weiter talabwärts durchsteigen; es bildet zahlreiche Felsklippen.

Im Liegenden folgen graugrüne und violettgraue Silt- und Sandsteine. Eine Talweitung in Richtung Sachsendelle kündigt die feinklastische, kohleführende Manebach-Formation an. Haldenreste und verfallene Mundlöcher verweisen auf ehemaligen Steinkohlenbergbau an der Sachsendelle. Wenig unterhalb führt ein Waldweg wieder talaufwärts in Richtung Rennsteig, vorbei an der Lokalität „Blauer Stein", wo man ebenfalls in früheren Zeiten nach Steinkohle grub.

1. Flora

Die Flora wurde bisher noch nicht umfassend untersucht. Es finden sich vor allem Pteridospermen (Farnsamer) und Coniferophyten (Koniferen).

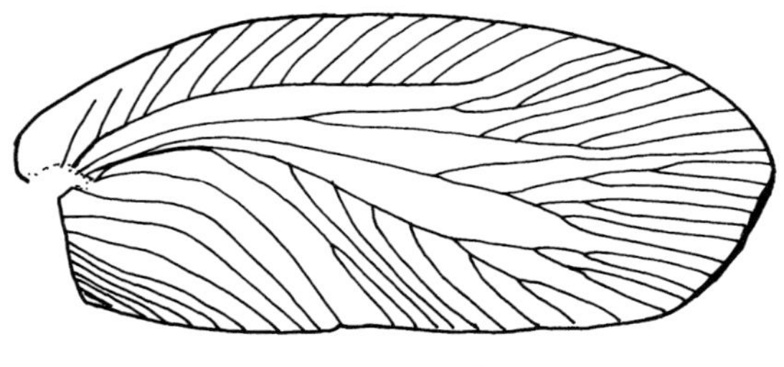

Abb. 47: Flügelgeäder der Spiloblattinidae. Maßstab: 1 cm.

2. Fauna

Conchostraken: *Pseudestheria* sp.

Insekten: *Sysciophlebia balteata, Spiloblattina sperbersbachensis, Spil. weissigensis, Blattinopsis tradefurcata, Phyloblatta gimmi*

Fische: *Acanthodes* sp.

(31) Schottersteinbruch bei Tabarz

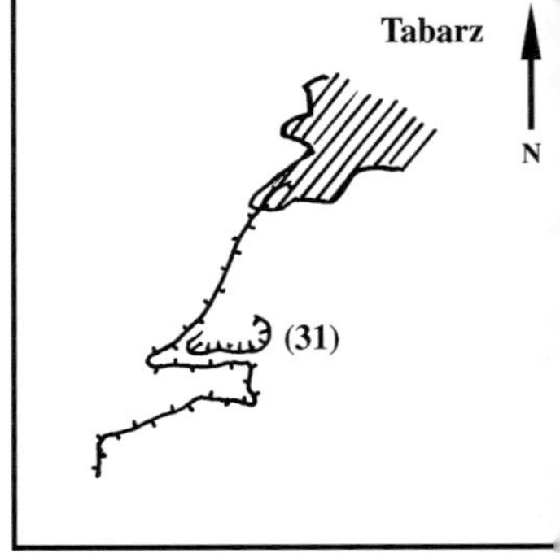

Anreise/Lage: Anfahrt über Tabarz (Inselsbergstraße). Vor Betreten Genehmigung bei Betriebsleitung einholen!

Geologie/Stratigraphie: Intermediärer Vulkanit und Sedimente (höhere Goldlauter-Formation).

Beschreibung: An der Straße Tabarz – Kleiner Inselsberg liegt der Steinbruch des Schotterwerkes Tabarz. In mehreren Etagen wird zur Herstellung von Splitt und Schotter das gangförmig auftretende „Leuchtenburg-Gestein“ – ein dunkelgrauer, feinkörniger Trachyandesit – abgebaut. Das Ganggestein wird von rotbraunen und grauen Sandsteinen sowie grauen Silt- und Tonsteinen mit einer zum Teil interessanten Fossilführung umschlossen. Der Trachyandesit hat kontaktmetamorph auf die umliegenden Sedimente mit ihrem Fossilinhalt gewirkt. Die unterschiedlichen Sedimentgesteine gehören der Goldlauter-Formation an (WERNEBURG 1988b, MARTENS 1990a, 1991, 1992a, SCHNEIDER & WERNEBURG 1993, ZESSIN 1997).

1. Flora

Die Flora wurde bisher noch nicht umfassend untersucht. Es finden sich vor allem Pteridospermen (Farnsamer) und Coniferophyten (Koniferen).

Abb. 48: Fragment vom Vorder- und Hinterflügel eines Insektes. Maßstab: 1 cm.

2. Fauna

Lamellibranchiaten (Muscheln): Anthracosien

Conchostraken: *Pseudestheria* sp.

Insekten: *Spiloblatttina sperbersbachensis*, *Spil. weissigensis*, *Thueringoedischia trostheidei*, *Pinegia*?, Flügelfragmente eines großen Insektes mit 40 bis 50 cm Flügelspannweite (Abb. 48)

Fische: *Paramblypterus* sp., Xenacanthodier

Amphibien: *Apateon dracyiensis, Schoenfelderpeton prescheri, Branchierpeton reinholdi*

Reptilien: Araeoscelide?

Tetrapodenfährten: *Ichniotherium cottae, Protritonichnites lacertoides*

(32) Stillgelegter Steinbruch am Gottlob bei Friedrichroda

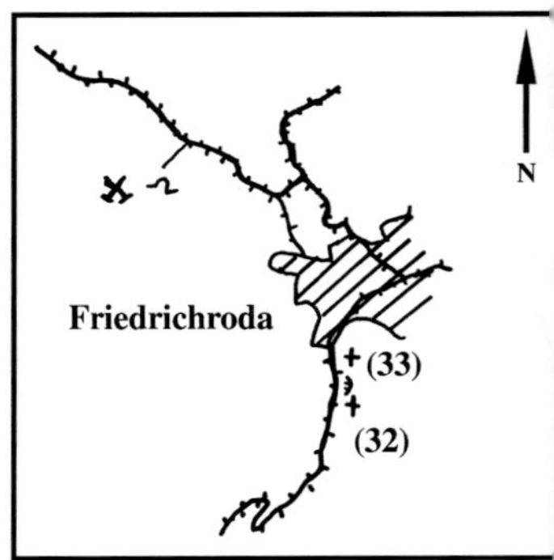

Anreise/Lage: Anfahrt über Friedrichroda, keine Parkmöglichkeit am Steinbruch „Gottlob"!

Geologie/Stratigraphie: Sedimentfolge mit Schwarzschieferhorizont (Obere Goldlauter-Formation).

Beschreibung: Am südlichen Ortsausgang von Friedrichroda im Schilfwassertal südöstlich der Straße nach Kleinschmalkalden wurde schon vor mehr als 100 Jahren mit dem Abbau von Sandsteinplatten (sog. Flurplatten) und von Straßenschotter für allerlei Bauzwecke begonnen (WAGNER 1892).

Der Steinbruch am Westhang des 573 m hohen Gottlob ist heute ein Geologisches Naturdenkmal. Die Bedeutung als Fossilfundstätte war eng mit dem aktiven Steinbruchbetrieb verbunden. Die Hauptfundzeit für Fossilien reichte etwa von 1885 bis ca. 1940 Zahlreiche Sammler und Freizeitforscher, wie z.B. F. KONTHER, A. LANHENHAHN und K. EISFELD, sorgten sich um eine intensive Aufsammlung der Fossilien. Es wurde insbesondere ein nur wenige dm mächtiger limnischer Horizont graugrüner bis dunkelgrauer und schwarzer toniger Siltsteine, etwa 6 bis 10 m über dem Straßenniveau besammelt. Die Fossilfunde gelangten durch Tausch und Schenkungen in viele Museen und Universitätssammlungen Europas (z.B. Naturkundemuseum Berlin, Geiseltalmuseum Halle, Museum der Natur Gotha, Staatliches Museum für Mineralogie und Geologie Dresden).

In den Sandsteinen plattiger Ausbildung fand Prof. BERNHARD von COTTA im November 1847 die ersten Tetrapodenfährten im Rotliegend Deutschlands (COTTA 1848). Prof HANS POHLIG aus Bonn beschrieb von hier erstmals die Fährte *Ichniotherium cottae* im Jahre 1892. Erste Funde des Branchiosauriers „*Protriton petrolei*" wurden von WEISS (1877) und FRITSCH (1879) erwähnt. Vor allem zwischen 1895 und 1908 beschäftigte

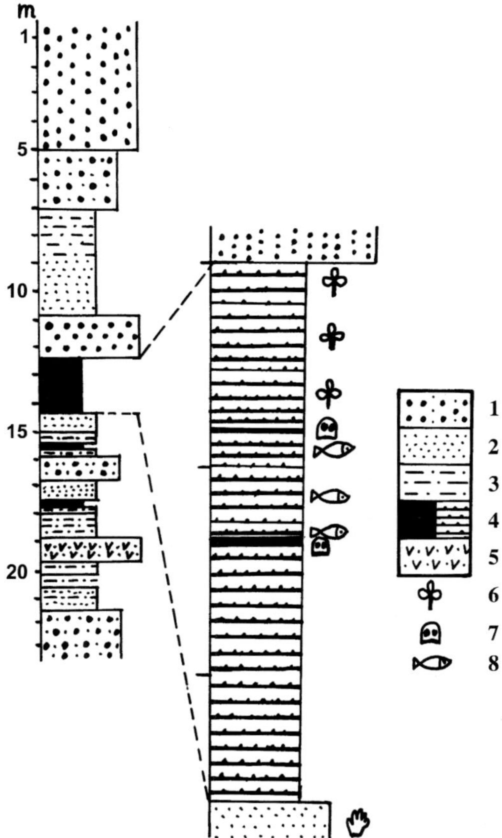

Abb. 49: Lithostratigraphisches Profil Gottlob: 1 – Konglomerat, 2 – Sandstein, 3 – feinsandiger Schluffstein, 4 – Schluff-und Tonstein (laminiert), 5 – Tuff, 6 – Pflanzen, 7 – Branchiosaurier, 8 – Fische. Maßstab in Meter-Angabe. Neu gezeichnet nach BICKEL (1937) und LÜTZNER (1987).

sich Prof. WILHELM PABST mit der Analyse der Tetrapodenfährten des Rotliegend und damit auch mit den Fährten vom Gottlob-Steinbruch.

Im Steinbruch ist die Bank eines splittrig brechenden Staubtuffes, des Tuffes Nr. 2 nach ANDREAS & HAUBOLD (1975), verfolgbar. Die Tuffbänke werden zur stratigraphischen Gliederung der Goldlauter-Formation im Thüringer Wald benutzt. Die Schichtenfolge am Gottlob wird, zusammen mit dem im Hangenden folgenden felsbildenen Gottlob-Konglomerat, in die Obere Goldlauter-Formation des Unterrotliegend gestellt (HAUBOLD 1985). Das Gottlob-Konglomerat ist der Rest eines mächtigen Schuttfächers aus Andesit-, Rhyolith- und Granitgeröllen. Die Sandsteine am Gottlob-Steinbruch zeigen ein Einfallen von etwa 10° nach SE.

Eine Bearbeitung des Fossilinhaltes der Schichtenfolge erfolgte vor allem von POHLIG (1885/1886, 1886, 1887a, b, c, 1892), KUNISCH (1890), PABST (1895, 1908), LANGANHAN (1889, 1905, 1906, 1909a, b, 1911, 1914), ZIMMERMANN (1924), FLORIN (1938), ROSELT (1962), HAUBOLD (1975, 1985), SCHINDLER (mündl. Mitt.) und WERNEBURG

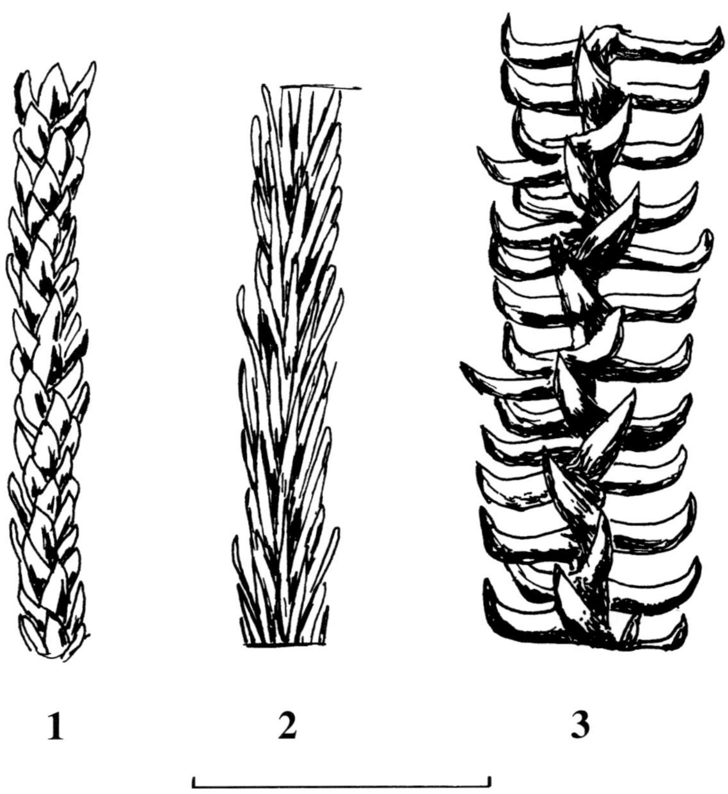

Abb. 50: Koniferen vom Gottlob: 1 – *Otovicia hypnoides*, 2 – *Culmitzschia angustifolia*, 3 – *Hermitia germanica*. Neu gezeichnete Rekonstruktionen nach HAUBOLD (1983). Maßstab: 1 cm.

(1986, 1988a). Bemerkenswert ist eine horizontgebundene Fossilführung, insbesondere innerhalb der limnischen Fazies aus:

1. Flora

Algen: *Schizopteris trichomanoides*

Calamiten (baumförmige Schachtelhalmgewächse): *Calamites gigas, Cal.* sp., cf. *Annularia, Asterophyllites* sp., *Calamostachys dumasii*

Pteridospermen (Farnsamer): *Odontopteris lingulata, Odo. latifrons, Autunia conferta, Arnhardtia mouretii, Arn. scheibei, Pterispermostrobus sp.*

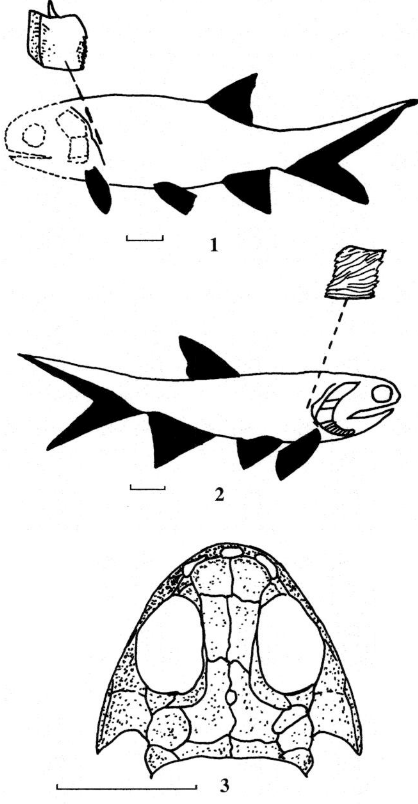

Abb. 51: Fische und Branchiosaurier vom Gottlob: 1 – *Paramblypterus* sp., 2 – *Rhabdolepis* sp., *Melanerpeton eisfeldi.* 1 und 2 neu gezeichnet nach BOY (1976); Maßstab: 2 cm. 3 – Rekonstruktion nach WERNEBURG (1988); Maßstab: 1 cm.

Cordaiten: *Cordaites* sp.

Coniferophyten (Koniferen): *Culmitzschia angustifolia, Cul. parvifolia, Cul. goeppertiana, Walchia piniformis, Otovicia hypnoides, Hermitia germanica, Her. arnhardtii, Ernestiodendron filiciforme, Dicranophyllum gallicum, Gomphostrobus bifidus, Walchiopremnon* sp., *Walchianthus* sp., *Walchiostrobus* sp., *Cardiocarpus* sp., *Samaropsis* sp.

Ginkgophyten (Ginkgogewächse): *Sphenobaiera digitata, Trichopitys heteromorpha*

2. Fauna

Coelenteraten (Hohltiere): Hydromedusen (Süßwasserquallen)

Fische: Aeduelliden (*Westollia*), Elonichthyide (*Elonichthys*): Nach mündl. Mitt. von TH. SCHINDLER, Mainz, gehört die Mehrzahl der von POHLIG (1892) beschriebenen Fischarten zu den Elonichthyiden, das sind etwa 90 % des Fischinhaltes. Es sind fast 10% Paramblypteriden oder Aedulliden (*Westollia crassa*) zu finden. *Acanthodes* wurden nur sehr selten nachgewiesen. *Xenacanthus*, *Bohemiacanthus*, Fischkoprolithen

Amphibien: *Apateon contheri, Ap. flagrifera* (*flagrifera* etwa 90 % der Funde), *Melanerpeton eisfeldi, Onchiodon labyrinthicus*

Tetrapodenfährten: *Amphisauropus latus, Protritonichnites lacertoides, Ichniotherium cottae*

Profil des klassischen Fossilhorizontes

Das ursprüngliche Profil des fossilreichen Schwarzschieferhorizontes am Gottlob-Steinbruch ist heute nicht mehr vollständig aufgeschlossen bzw. abgetragen. Nach Angaben von BICKEL (1937) in einem Zeitungsartikel der „Gothaer Stadtnachrichten" war damals noch folgendes Feinprofil festgestellt worden:

Hangendes:	**Konglomerat**
0 – 20 cm:	sandiger Schiefer mit kleinen Pflanzenresten
20 – 52 cm:	glimmer- und quarzreicher, daher sehr harter, sandiger Schieferton mit kleinen Pflanzenresten
52 – 83 cm:	Schieferton mit rotbraunen Pflanzenresten
83 – 84,5 cm:	**Schieferton mit Branchiosauriern**
84,5 – 99 cm:	sandiger Schieferton mit rotgefärbten Fischen
99 – 127,5 cm:	hellgrauer Schieferton mit wenig Fischen
127,5 – 136,5cm:	schwarzer Schieferton mit viel Fischen
136,5 – 138,5 cm:	**Schieferton mit kleinen Branchiosauriern**
138,5 – 258,5 cm:	fossilleerer Schieferton „Grund des Sees"
Liegendes:	**Sandsteine mit Marken und Tetrapodenfährten**

(33) Felsen am Gottlob bei Friedrichroda (Gottlob-Konglomerat)

Anreise/Lage: Anfahrt über Friedrichroda, Wanderung zum Gottlob-Felsen, **Lageplan** s. S. 156.

Geologie/Stratigraphie: Gottlob-Konglomerat (Obere Goldlauter-Formation).

Beschreibung Die Goldlauter-Formation besteht aus feinklastischen Grausedimenten und aus regional unterschiedlich benannten Konglomeratschüttungen mit jeweils unterschiedlichen Geröllzusammensetzungen. Die Geröllgröße und Mächtigkeit der Konglomerate nimmt zum Beckenzentrum deutlich ab. Hier überwiegen graue bis graugrüne Sand- und Siltsteine mit limnischen Horizonten (LÜTZNER 1978a, b, 1979).

Etwa zwischen Friedrichroda und dem Lauchagrund bei Tabarz ist in der Oberen Goldlauter-Formation das Gottlob-Konglomerat entwickelt; es ist besonders deutlich in den Felsen am Hang des Gottlob bei Friedrichroda zu beobachten.

Die Mächtigkeit wird auf ca. 200 m geschätzt. Es besteht aus 85–90 % Andesiten bis maximal 50 cm Durchmesser (durchschnittl. 5 cm Durchmesser), etwa 10 % Rhyolith und vereinzelt Granit. Die Farbe ist rötlichgrau bis braunviolett.

BUCH (1824) hielt das Gestein am Gottlob für einen Melaphyr. MÜHLENBERG (1908) untersuchte es im Rahmen einer Dissertation. Er deutete das Gestein als eine Verschmelzung aus deutlich abgerollten Geröllen mit einem vulkanischen Gestein. Er gab dem „Mischgestein" die Bezeichnung „Rhyoakumulat". Von späteren Bearbeitern des Gottlob-Konglomerates wurde diese Deutung nicht weiter verfolgt.

Aus dem Gebiet am Gottlob läßt sich bis in die 2. Hälfte des 19. Jahrhunderts Bergbau auf Braunstein, Roteisenstein (Hämatit) und Schwerspat nachweisen. Es wurden die seltenen Minerale Crednerit, Volporthit, Gelbeisenerz, Goethit und Xanthosiderit gefunden (VOLLSTÄDT, SCHMIDT & WEIß 1991).

(34) Lochbrunnen bei Oberhof

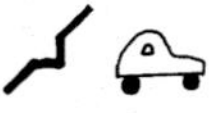

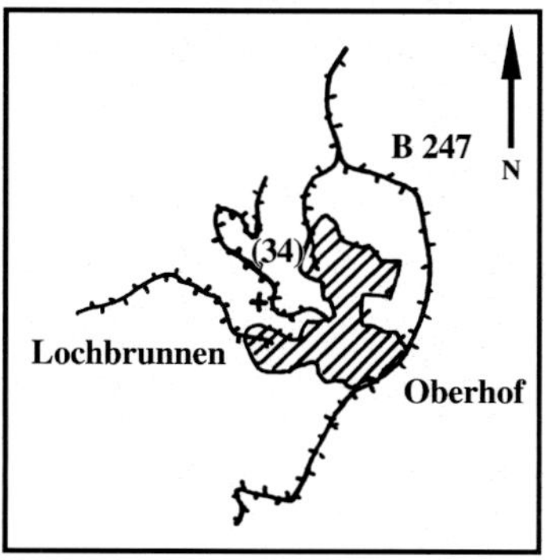

Anreise/Lage: Anfahrt über Oberhof, Parkmöglichkeiten im Zentrum, Wanderung in Richtung Obere Schweizer Hütte.

Geologie/Stratigraphie: Fossilführende feinklastische Grausedimente der Unteren Sedimentzone (*Protriton*-Horizont) der Oberhof-Formation.

Beschreibung: Innerhalb einer tektonisch isolierten Scholle nahe der Kehltal-Spalte im Bereich der „Oberhöfer Porphyrplatte“ stehen an der Straße von Oberhof zur Oberen Schweizer Hütte am Lochbrunnen Sedimentgesteine eines *Protriton*-Horizontes an. Der Lochbrunnen bei Oberhof gilt seit der geologischen Erstkartierung des Blattes Crawinkel-Oberhof (ZIMMERMANN 1908a) als eine Typuslokalität der *„Protriton*-Schichten“. Bereits FRITSCH (1875) beschrieb den für diesen Horizont namengebenden *„Protriton petrolei*“ – einen Branchiosaurier.

Die stratigraphische Zuordnung des Oberhöfer *Protriton*-Horizontes innerhalb der Oberhof-Formation ist bis heute nicht eindeutig geklärt:

ZIMMERMANN (1908a) bemerkte: „...Es muß aber hervorgehoben werden, daß gerade hier bei Oberhof die Stellung der Protritonschichten in der Gesamtschichtenfolge durchaus nicht klar ist und daß diese nicht ohne Bedenken der soeben anderweitig gekennzeichneten Gruppe eingereiht werden können...“.

NAUMANN (1929) stellte das Profil am Lochbrunnen mit dem „Unteren und Oberen Estherienhorizont“ in die „Mittleren Oberhöfer Schichten“.

ARNHARDT (1972) stellte den *Protriton*-Horizont in Verbindung mit dem Älteren Oberhöfer Porphyr und empfahl eine Umbenennung in *Gampsonyx*-Horizont.

MARTENS (1983a, b) beschrieb die Conchostrakenfauna des „Unteren Protritonhorizontes“ vom Lochbrunnen als Teil der Unteren Sedimentzone der Oberhöfer Schichten. Es besteht im Artbereich Übereinstimmung mit der Conchostrakenfauna des „Oberen Protritonhorizontes“ vom Wintersbrunnen bei Finsterbergen.

HAUBOLD (1985) ordnete die fossilführenden Grausedimente am Lochbrunnen zum „Unteren Protritonhorizont“.

Die etwa 20 bis 24 m mächtige Folge stark wechselnder lakustrischer Sedimente enthält eine lagenweise individuenreiche Invertebratenfauna aus „Anthracosien“, Conchostraken und Ostrakoden. In einigen Lagen tritt der kleine Krebs *Gampsonyx fimbriatus* oft massenhaft auf. Branchiosaurier sind dagegen nur selten zu finden und auf wenige Lagen beschränkt. Die Flora enthält eine typisch seeufernahe Walchien-Callipteriden-Vergesellschaftung. Die erste Florenübersicht gab REICHARD (1932a).

Genauere Profilaufnahmen erfolgten von NAUMANN (1929, 1932) und ARNHARDT (1972), siehe auch HAUBOLD (1985). Von NAUMANN (1929) wurden ein Unterer und ein Oberer Estherienhorizont (Estherien = Conchostraken) ausgegliedert. Die fossilführende Schichtenfolge wurde den „Mittleren Oberhöfer Schichten“ zugeordnet.

Der Fossilinhalt besteht nach GOTHAN & GIMM (1930), MÜLLER (1957a, 1975), MARTENS (1983a, b), HAUBOLD (1985), WERNEBURG (1983, 1988c) aus:

1. Flora

Sphenophyllen (Keilblattgewächse): *Sphenophyllum oblongifolium*

Calamiten (baumförmige Schachtelhalmgewächse): *Annularia carinata-mucronata, Ann. mucronata, Ann. spicata, Asterophyllites longifolius, Calamostachys dumasii*

Farne: *Pecopteris candolleana, Pec. cyathea, Pec. oreopteridia, Pec. pinnatifida, Pec. sternbergii, Aphlebia* sp.

Pteridospermen (Farnsamer): *Sphenopteris germanica, Odontopteris lingulata, Odo. subcrenulata, Neuropteris neuropteroides, Alethopteris schneideri, Autunia naumannii, Arnhardtia scheibei, Dichophyllum flabellifera, Rhachiphyllum lyratifolia, Lodevia nicklesii, Cyclopteris* sp., *Taeniopteris abnormis.*, *Dicksonites pluckenetii, Callipteridium gigas*

Cordaiten: *Cordaites* sp.

Ginkgophyten (Ginkgogewächse): *Sphenobaiera digitata*

Coniferophyten (Koniferen): *Walchia piniformis, Hermitia arnhardtii, Culmitzschia parvifolia, Cul. laxifolia, Ernestiodendron filiciforme, Dicranophyllum gallicum, Dic. hallei, Walchiostrobus* sp., *Trigonocarpus* sp., *Samaropsis* sp.

2. Fauna

Lamellibranchiaten (Muscheln): Anthracosien, z.T. massenhaft in einzelnen Bänken

Conchostraken: *Lioestheria pseudotenella, Pseudestheria* sp. *Limnolimnadia* sp.

Ostrakoden: lagenweise häufig

Krebse: *Uronectes fimbriatus*, auf einigen Schichtflächen häufig

Insekten: *Opsiomylacris postuma, Ops. postelegans, Germanoprisca zimmermanni*

Fische: *Amblypterus* sp., *Xenacanthus* sp.

Amphibien: *Apateon flagrifera oberhofensis*

Tetrapodenfährten: *Amphisauropus imminutus*

Profil am Lochbrunnen (nach NAUMANN 1929, ergänzt durch BOY und MARTENS):

Hangendes: vermutlich mehr als 0,40 m fossilleere Sandsteine

0,15 m	graue zum Teil gelbliche glimmerreiche Sandsteinschiefer (äußerst fossil reich: Walchien, Callipteriden, *Odontopteris lingulata*)
0,17 m	graubraune Sandsteine (fossilleer)
0,20 m	graue zum Teil gelbliche glimmerreiche Sandsteinschiefer (sehr fossilreich: Walchien, Callipteriden, *Odontopteris lingulata*)
0.03 m	blaugrauer Schieferton (*Walchia piniformis*, *Odontopteris lingulata*)
0,05 m	graue zum Teil gelbliche glimmerreiche Sandsteinschiefer (*Sphenopteris germanica*)
0,35 m	gelbe und braune Sandsteine (fossilleer)
0,05 m	grauer feinstglimmeriger Tonschiefer (Branchiosaurier, häufig)
0,05 m	graublauer sehr harter und dichter Sandstein (fossilleer)
0,95 m	graue zum Teil gelbliche glimmereiche Sandsteine (lagenweise sehr fossilreich)
1,05 m	graue bis grünliche plattige Sandsteine (lagenweise fossilreich)
1,10 m	blaugrauer bis schwärzlicher Schieferton (Oberer Estherienhorizont, Branchiosaurier, Walchien, Cordaiten, *Odontopteris subcrenulata*, Callipteriden u.a.)

0.15 m	rostbrauner, mürber, mulmiger Schieferton
0,95 m	grünblaue bis graugrüne Schiefertone und Sandsteinschiefer (Conchostraken, Walchien, Cordaiten, *Sphenopteris germanica*, u.a.)
1,8 m	blaugraue bis schwarze Schiefertone (Anthracosien, *Gampsonyx*, Walchien, *Sphenopteris germanica*, *Odontopteris subcrenulata*, Callipteriden, u.a.)
0,12 m	grauer Sandstein (Pflanzenreste)
0,40 m	blaugraue bis sandige Schiefertone (Pflanzenreste)
0,40 m	graue, sandige Schiefer (Pflanzenreste, Walchien)
0,14 m	grauer, dickplattig brechender Sandstein
0,18 m	dünnplattiger, sandiger Schiefer
0,15 m	grauer, plattig brechender Sandstein
2,5 m	blaugraue Schiefertone, ober etwa 0,5 m sandig
0,05 m	grauer, dunkelbraun verwitternder Sandstein
1,0 m	blaugraue Schiefertone
0,4 m	dunkelbrauner Sandstein, oben plattig (pflanzenreich, Walchien, Cordaiten)
1,6 m	graue, violette bis rötliche Schiefertone, in der Mitte Sandsteinbank (Unterer Estherienhorizont, Conchostraken, Anthracosien, Walchien, *Odontopteris subcrenulata*)
bis 0,26 m	grauer, dunkelbraun verwitternder Sandstein
1,4–1,66 m	grauer und rötlicher, teilweise glimmerreicher Schieferton (Pflanzenhäcksel)
1,8 m	grauer, dunkelbraun verwitternder, teilweise rötlicher Sandstein
1,3 m	graue und rötliche Schiefertone

Liegendes: 8,4 m graue und rötliche Schiefertone

(35) Rundwanderweg an der Ohratalsperre bei Luisenthal, Zentrum der „Oberhöfer Porphyrplatte"

Anreise/Lage: Anfahrt über Luisenthal und Schwarzwald (Parkplatz unterhalb der Talsperre), Ausschilderung für Rundwanderweg beachten. Wegen der langen Wegstrecke wird die Nutzung eines Fahrrades empfohlen, **Lageplan** s. Abb. 52.

Geologie/Stratigraphie: Vulkanite und Pyroklastika der „Oberhöfer Porphyrplatte" (Oberhof-Formation).

Beschreibung: Ein beliebtes Ausflugsziel ist die Trinkwassertalsperre im Ohratal oberhalb Luisenthal bzw. Schwarzwald. Der Staubereich der Ohratalsperre, erbaut zwischen 1960 und 1966, liegt im Zentrum der „Oberhöfer Porphyrplatte".

Empfohlen wird ein Rundwanderweg, der am Parkplatz unterhalb der Talsperre beginnt, etwa 100 m flußabwärts die Apfelstädt überquert und am westlichen Talhang nach kurzem Aufstieg den befestigten, hangparallelen Weg um die Ohratalsperre erreicht.

Der fast 13 km lange Rundwanderweg zeigt verschiedene Aufschlüsse in der Zone der Jüngeren Rhyolithe mit dem pyroklastischen Hauptzwischenmittel und Aufschlüsse in der Zone der Älteren Rhyolithe. Es können verschiedene Ausbildungsformen der Oberhöfer Rhyolithe und charakteristische pyroklastische Erscheinungen beobachtet werden, die von Lapillituffen, Tuffiten mit Geröllen bis zu Sedimentbildungen reichen.

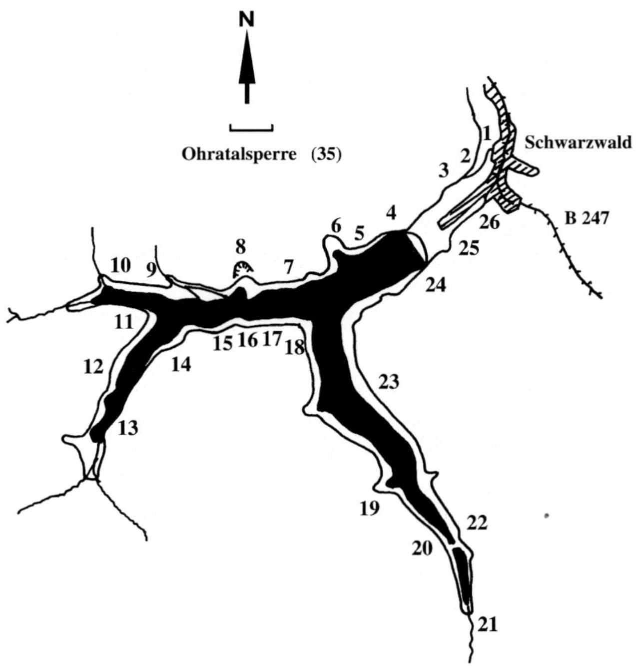

Abb. 52: Lageplan der Ohratalsperre mit Rundwanderweg und den Aufschlüssen 1 bis 26. Erläuterung der Aufschlüsse im Text. Maßstab: 300 m.

Folgende interessante Einblicke in die aus Rhyolithen und Pyroklastika der Oberhof-Formation bestehende imposante Berglandschaft sind möglich:

Punkt 1: Nach Überquerung der Apfelstädt unterhalb des Parkplatzes steht feinkörniger Rhyolith an, der hangaufwärts von einem Rhyolith mit zahlreichen, cm-großen Kristalldrusen abgelöst wird (Punkt 2).

Punkt 3: Erreicht man die befestigte Straße in Richtung Talsperre, steht ein schokobrauner bis violettgrauer feinkörniger Rhyolith mit hellorangefarbenen Schlieren an (Zone der Jüngeren Rhyolithe).

Punkt 4: Schokobrauner Rhyolith und Tuffe mit grünlichen bzw. braunen Einschlüssen (vermutlich ehemalige Sedimente) gehen recht deutlich nach ca. 300 m südwestlich des Talsperrengebäudes in deutlich geschichtete und nordwestlich einfallende Lapillituffe über (Punkt 5).

(bis Punkt 8: Pyroklastische Sedimente des Hauptzwischenmittels im Hangenden der Zone der Älteren Rhyolithe).

Punkt 6: Lapillituffe mit dm-großen Rhyolitheinschlüssen (Bomben?).

Punkt 7: Deutlich einfallende Lapillituffe (löchrige Gesteinsstruktur), vereinzelt Quarzdrusen.

Punkt 8: Wegbiegung kurz vor dem stillgelegten Steinbruch, nach Norden einfallende Rhyolithtuffe mit einzelnen deutlich gerundeten Rhyolithgeröllen. Im Steinbruch wurde für den Talsperrenbau ein dichter, feinkörniger und schokofarbener Rhyolith mit deutlichem Fließgefüge abgebaut. Der Rhyolith zeigt säulige Absonderung (bis Punkt 15: Zone der Jüngeren Rhyolithe).

Punkt 9: Im Bereich eines Felsdurchbruches tritt eine vulkanische Brekzie aus blaugrauem bis schokofarbenen Rhyolith auf.

Punkt 10 bis 12: Es folgt nun auf längerer Wegstrecke über den Talgrund des Kammerbach ein überwiegend blaugrauer, hellgrauer bis schokobrauner, feinkörniger Rhyolith, z.T. mit Fließgefüge.

Punkt 13: Pegel „Luisenthal 3“ mit Meßstelle für Schneehöhe.

Punkt 14: Im Bereich vom Rhyolith ist eine Felsnadel aus Rhyolithbrekzie (Bestandteile mit deutlichem Fließgefüge) erhalten geblieben.

Punkt 15: Anstehend ist ein mittelkörniger, schokofarbener Rhyolith mit größeren Feldspatkristallen.

Punkt 16: Die Straßenböschung enthält bis kopfgroße Rhyolithgerölle in einer tuffitischen Matrix (Hauptzwischenmittel).

Punkt 17: Es folgt ein schokofarbener Rhyolithtuff mit vielen kleinen Hohlräumen und grünlichen Einschlüssen.

Punkt 18 bis 20: Bis zum südlichen Ende der Vorsperre im Silbergrund sind mittelkörnige blaugraue Rhyolithe z.T. im Wechsel mit Rhyolithtuffen anstehend (Zone der Älteren Rhyolithe).

Punkt 21: Am Weg nach Oberhof im Silbergraben stehen imposante Felsklippen (Triefsteinfelsen) aus feinkörnigem z.T. schokofarbenem Rhyolith. Hier befindet sich der Eingang zum Gerastollen als Verbindungsstollen zwischen Geratal und Ohratalsperre.

Auf dem Rückweg zur Hauptsperre der Ohratalsperre führt der Weg wieder vorbei an der Vorsperre mit hellgrauem Rhyolith (22 bis 23) bzw. vorbei an schokofarbenem Rhyolith der Zone der Älteren Rhyolithe im Bereich des Schüttdammes der Sperrmauer (24). Am steil abfallenden Weg zurück zum Parkplatz (25) erkennt man wieder deutlich geschichtete Rhyolithtuffe bzw. Tuffite. Kurz vor dem Parkplatz tritt nochmals hellgrauer Rhyolith auf (26).

(36) Falkenstein bei Tambach-Dietharz

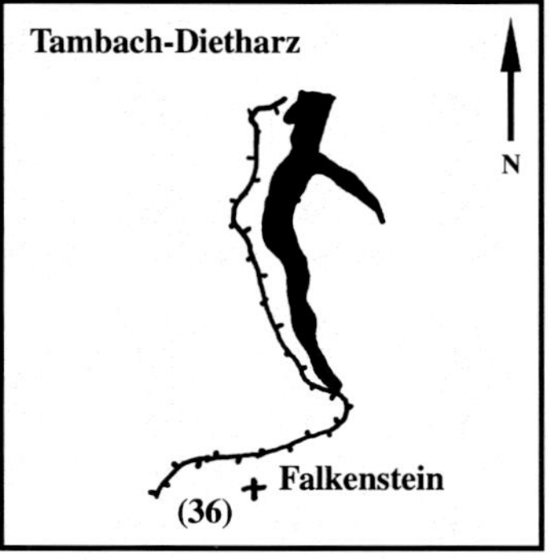

Anreise/Lage: Anfahrt bis Tambach-Dietharz, Wanderung zum Falkenstein im oberen Schmalwassergrund.

Geologie/Stratigraphie: Rhyolith (Jüngerer Rhyolith, Oberhof-Formation).

Beschreibung: Im oberen Schmalwassergrund südöstlich Tambach-Dietharz oberhalb des südlichen Stauraumes der Schmalwassertalsperre erhebt sich etwa 100 m über den Talgrund das bedeutendste Felsgebilde im Thüringer Wald – der Falkenstein. Der Felsen liegt am Westrand der „Oberhöfer Porphyrplatte“ und besteht aus feinkristallinem Jüngeren Oberhof-Rhyolith (BEHRENDT 1968).

Der Felsen wird als Kletterfelsen benutzt und enthält Aufstiegsrouten bis zum Schwierigkeitsgrad 8. Der Falkenstein ist als Erosionshärtling während der Talbildung im Schmalwassergrund entstanden.

Abb. 53: Falkenstein (historische Darstellung nach v. HOFF).

(37) Ehemalige Tuffsteinbrüche am Rennsteig nahe der Straße von Tambach-Dietharz nach Schnellbach

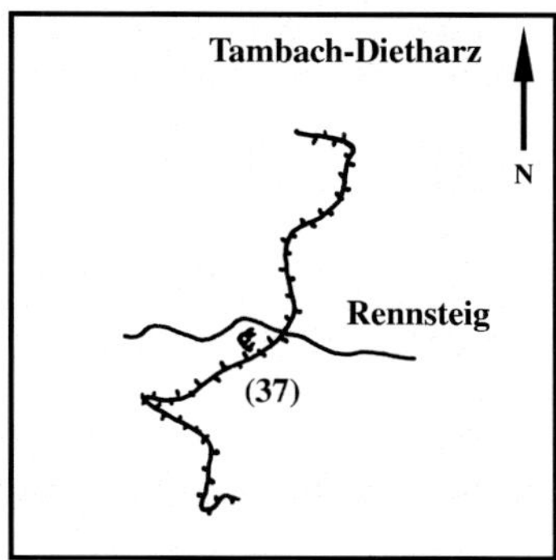

Anreise/Lage: Anfahrt über Tambach-Dietharz oder Schnellbach bis zum Rennsteig (Parkplatz). Wanderung zu ehemaligen Steinbrüchen.

Geologie/Stratigraphie: Tuffite und Tuffe (Oberhof-Formation).

Beschreibung: Südlich des Rennsteiges nahe der Straße Tambach-Dietharz-Schnellbach befinden sich stillgelegte Steinbrüche und Halden in rotbraunen Rhyolithtuffen und tuffitischen Sandsteinen der Oberhof-Formation. Die früher zu allerlei Bauzwecken genutzten, widerstandsfähigen Gesteinsplatten entstammen einer Wechselfolge aus mehr oder weniger intensiv umgelagerten Rhyolithtuffen und den dabei entstandenen Mischprodukten aus tonig-siltigen Sedimenten. Selten handelt es sich um echte Tuffe.

Diese für die mittlere Oberhof-Formation charakteristische Sedimentfolge entstand während oder unmittelbar nach vulkanischen Tufferuptionen in der weiteren Umgebung des Ablagerungsraumes. Die gleichzeitig aktive Erosion sorgte für eine schnelle Umlagerung der noch unverfestigten vulkanischen Aschen. Die endgültige Ablagerung erfolgte erst nach einer Vermischung mit sandigen, siltigen und tonigen Sedimenten unter vorherrschend fluviatilen Bedingungen. Genauere sedimentpetrographische Untersuchungen in diesem Profilbereich müssen noch erfolgen, um den exakten

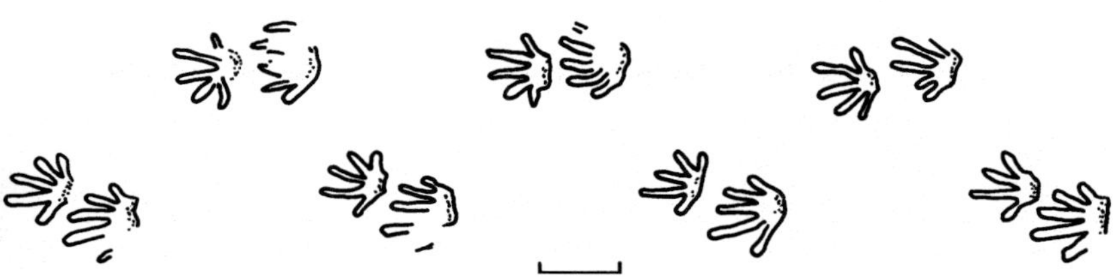

Abb. 54: Tetrapodenfährte (*Varanopus microdactylus*) vom Nesselberg bei Tambach-Dietharz. Maßstab: 3 cm.

Sedimentationsmechanismus zu ergründen. Es finden sich alle Übergänge von echten Rhyolithtuffen ohne Umlagerungserscheinungen bis zu gut geschichten, fluviatil oder limnisch entstandenen tuffitischen Feinklastika. Ein wichtiges Indiz für fluviatile Umlagerung sind Strömungsmarken, Pflanzenfragmente und Tetrapodenfährten (KORN 1933). Nachgewiesen wurden bisher:

1. Flora

Coniferophyten (Koniferen): Walchien-Wedelreste

2. Fauna

Tetrapodenfährten: *Ichniotherium cottae, Tambachichnium schmidti, Varanopus microdactylus*

(38) Inselsberg (916 m) bei Brotterode

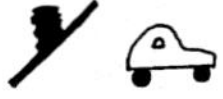

Anreise/Lage: Anfahrt über Friedrichroda oder Schmalkalden bis Parkplatz am Kleinen Inselsberg (Rennsteig), Wanderung zu Gipfel des Inselsberges.

Geologie/Stratigraphie: Inselsberg-Rhyolith der Zone der Älteren Rhyolithe (Oberhof-Formation).

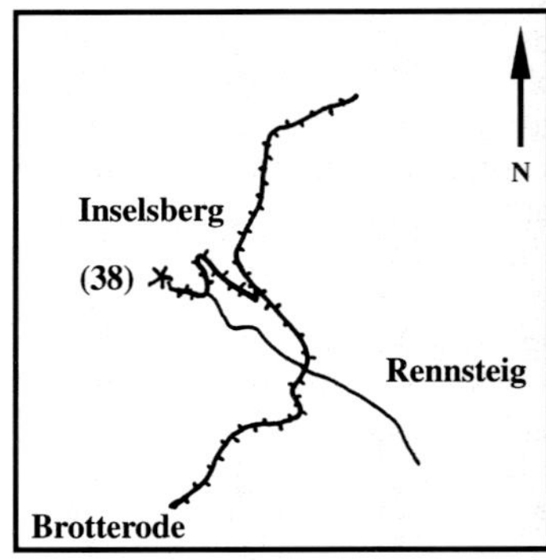

Beschreibung: Steigt man vom Parkplatz am Kleinen Inselsberg bzw. Grenzwiese zum Gipfel des Großen Inselsberges auf, wechselt der Weg (Rennsteig) von einer flachen Hochfläche aus Sedimenten der Oberhof-Formation (am Parkplatz) zum steil ansteigenden Rhyolithhärtling des 916 m hohen Inselsberges. Zwischen dem Brotterode-Gneis im SW und dem Inselsberg-Rhyolith verläuft die Inselsberg-Störung. Der grobkörnige Rhyolith ist intrusiver Natur und gehört zur Zone der Älteren Rhyolithe der Oberhof-Formation. Der höhere Widerstand gegen die Verwitterung ist Ursache für diese „inselartige" Bergkuppe. Erhalten geblieben ist der Stumpf eines tropfenförmigen Intrusivkörpers in einem relativ tiefen erosiven Anschnitt. Der Inselsberg-Rhyolith bildet zahlreiche Felsklippen, die Reitsteine, den Venetianerstein und den Beerbergstein.

Der im Jahre 1330 erstmals als Emseberg bezeichnete und seit etwa 1655 Inselsberg genannte Rhyolithhärtling überragt die umliegenden Berge um ca. 100 m und ermög-

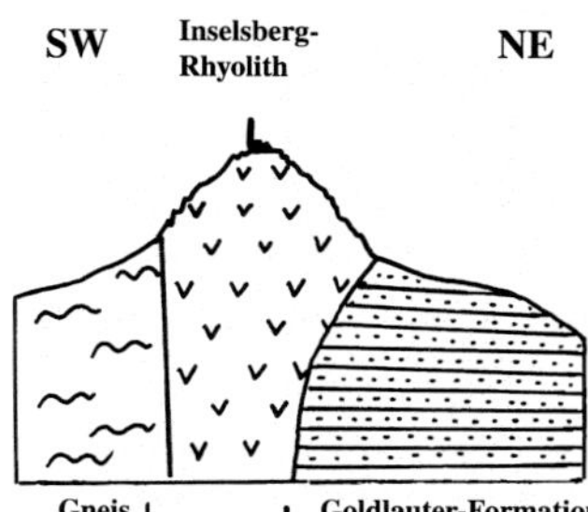

Abb. 55: Vereinfachtes geologisches Profil des Inselsberges, deutlich überhöht. Maßstab: 1 km.

licht vom Gipfelplateau einen ausgezeichneten Fernblick nach Nordwesten, Norden, Osten und Südosten. Bekannt sind die Inversionswetterlagen, wenn der Gipfel des Inselsberges wie eine „Insel" aus dem umliegenden „Wolkenmeer" herausragt. Bekannt sind große Fernsichten bis zum Gipfel des Brockens im Harz. Nach Nordwesten fällt der Inselsberg mit mehr als 40° ins Inselsberger Loch ab. Die relativ hohen Niederschläge (Jahressumme von etwa 1104 mm) ließ zahlreiche Quellbäche entstehen. Unter Herzog Ernst dem Frommen entstand 1649 die erste Gipfelbaude auf Sachsen-Gothaischer Seite. 1975 entstand der Fernsehtum. Früher bestand auch eine Wetterstation auf dem Gipfel.

(39) Großer Beerberg (982 m) nahe der Schmücke

Anreise/Lage: Anfahrt von Oberhof oder der Schmücke, Wanderung vom Parkplatz am Rennsteiggarten entlang des Rennsteiges bis zu „Plänkners Aussicht", **Lageplan** s. S. 153.

Geologie/Stratigraphie: Rhyolith der Zone der Jüngeren Rhyolithe (Oberhof-Formation).

Beschreibung: Vom Abzweig der „Suhler Ausspanne" am Rennsteiggarten führt eine schmale Straße parallel zum Rennsteig vorwiegend über Rhyolithe der Oberhof-Formation. Man betritt das Naturschutzgebiet „Großer Beerberg" und nach 15 bis 20 Minuten erreicht man „Plänkners Aussicht" mit einem schönen Blick von der neu errichteten Aussichtspattform in den Suhler Granitkessel und das südwestliche Vorland.

Mittels eines von hier bergauf führenden Weges erreicht man nach wenigen Minuten die höchste Erhebung des Thüringer Waldes, den 982 m hohen Gipfel des Großen Beerberges.

Im Bereich der Rhyolithkuppe ist ein holozänes Hochmoor erhalten. Es entstand vor ca. 4500 Jahren während einer Phase erhöhter Niederschläge. Es bildete sich ein 2,9 ha großes und bis 4 m mächtiges Torflager – das Beerberg-Hochmoor (JAHN 1930).

(40) Schneekopf (978 m) zwischen Oberhof und Schmücke

Anreise/Lage: Anfahrt von Oberhof oder der Schmücke. Wanderung vom Parkplatz am Rennsteig zum nordöstlich gelegenen Gipfel, **Lageplan** s. S. 153.

Geologie/Stratigraphie: Rhyolith der Zone der Jüngeren Rhyolithe (Oberhof-Formation).

Beschreibung: Rhyolithhärtling, dessen waldfreie und nach der Wende neu gestaltete Gipfelregion bei geeigneter Fernsicht einen hervorragenden Fernblick bis zum Harz (Brocken) und zum Erzgebirge (Fichtelberg) gestattet (BRÜCKMANN 1786).

An den steilen Nord- und Nordostabhängen des Schneekopfes sind Blockhalden bzw. Verwitterungsdecken im Zusammenhang mit der letzten Eiszeit (periglazial) entstanden und bis in die Gegenwart erhalten geblieben. Die Gipfelregion besteht aus einem Rhyolith mit Fluidaltextur.

Die Bezeichnung „Schneekopfkugel", gemeint sind die mineralgefüllten Rhyolithkugeln (siehe z.B. Lokalität am Seebachsfelsen), entstand im Zusammenhang mit Vorkommen in der weiteren Umgebung des Schneekopfes.

(41) „Porphyrkugeln" unweit des Seebachsfelsens bei Friedrichroda

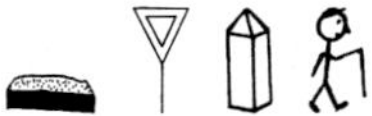

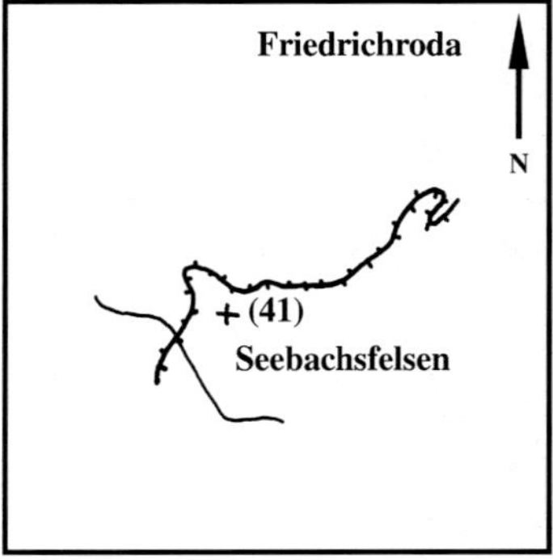

Anreise/Lage: Anfahrt von Friedrichroda Richtung Heuberghaus, Parkplatz am Heuberghaus. Wanderung in das Kühle Tal zum Seebachsfelsen, Vorkommen im Wald.

Geologie/Stratigraphie: „Porphyrkugeln" der Zone der Älteren Rhyolithe (Oberhof-Formation).

Beschreibung: Unter dem Sammelnamen „Schneekopfkugeln“ oder „Porphyrkugeln“ werden mit sternförmig umgrenzten Drusenräumen oder mit Achat erfüllte kugelförmige Rhyolithabsonderungen bezeichnet, die vor allem an die Randfazies der Älteren Rhyolithe gebunden sind (ZIMMERMANN 1924, HAAKE & HOLZHEY 1989, HOLZHEY 1993, 1997).

Bei dem Gestein vom Seebachsfelsen handelt es sich um einen Trachyandesit (Seebachsfels-Porphyrit, SCHNEIDER 1903). Das südöstlich gelegene, 100 bis 150 m breite, in N-S-Richtung ausstreichende Vorkommen von „Porphyrkugeln” liegt dagegen in der Zone der Älteren Rhyolithe der Oberhof-Formation.

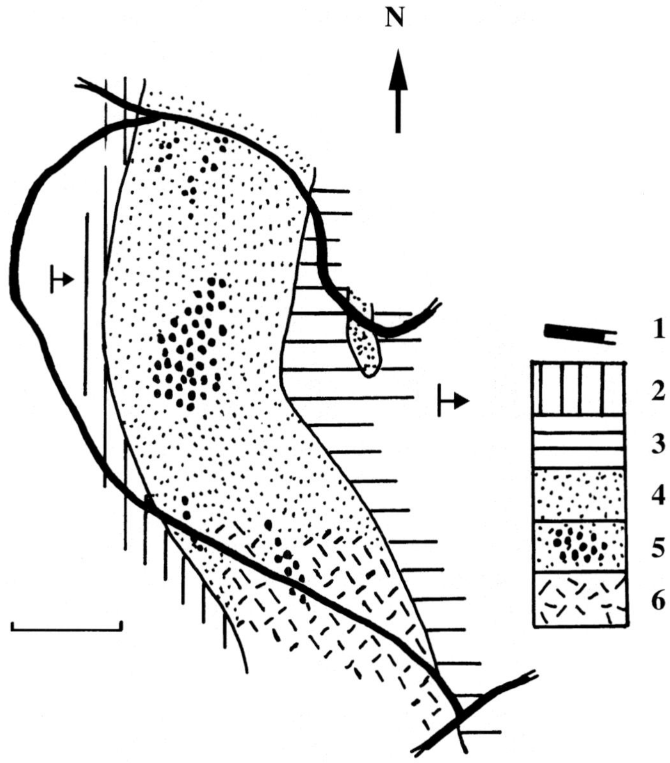

Abb. 56: Geologische Karte des „Porphyrkugel”-Vorkommens, neu gezeichnet nach HOLZHEY (1997): 1 – Waldweg, 2 – Sand-und Siltstein mit Tuffeinschaltungen, 3 – Rhyolithtuff, 4 bis 6 Älterer Rhyolith: 4 – Zone der Sphärolithfazies, 5 – Zone der Kugelfazies, 6 – Zone der Normalfazies, Maßstab 100 m.

In der Ausstrichzone des Rhyolithvorkommens sind die „Porphyrkugeln" innerhalb einer Zone der Sphärolith- und Kugelfazies konzentriert. Diese Fazies befindet sich überwiegend im Randbereich des dom- und deckenförmigen Rhyoliths (HOLZHEY 1997). Vor allem an der Liegendgrenze der höheren Abschnitte (bzw. des mittleren und nördlichen Teiles) des bis 100 m mächtigen Rhyolithkörpers findet man Kugelbildungen im Durchmesser zwischen 1 und ca. 30 cm mit unterschiedlicher Mineralisierung (HOLZHEY 1994a).

Zur Genese der „Schneekopfkugeln", benannt nach klassischen Vorkommen unweit des Schneekopfes südöstlich Oberhof, gibt es bis heute unterschiedliche Ansichten (ANDREAS 1988b, HOLZHEY 1993). HOLZHEY hat vor allem zwischen 1988 und 1992 umfangreiche Untersuchungen zur Klärung der Genese der Kugelbildungen durchgeführt:

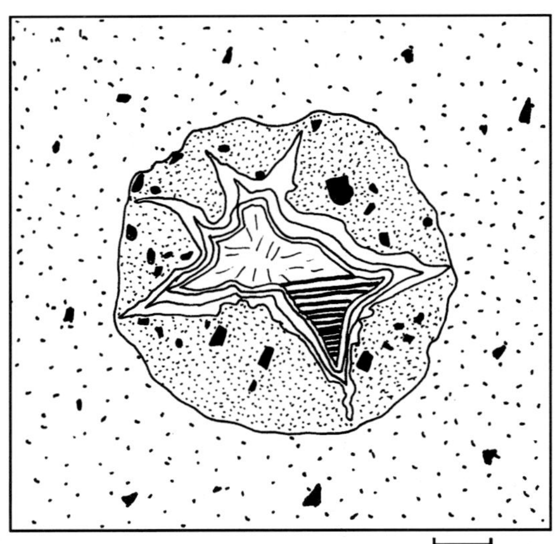

Abb. 57: Querschnitte einer „Porphyrkugel" mit Achatfüllung in Rhyolithmatrix. Maßstab: 1 cm.

Die im Anschliff häufig sternförmigen Hohlräume können mit verschiedenen Quarzvarietäten (Achat, teilweise Uruguay-Achat, Bergkristall, Amethyst, grüne jaspisartige Bildungen) und den Begleitmineralen Baryt, Fluorit, Calcit oder Hämatit angefüllt sein. Die „Porphyrkugeln" sind an die Zonen des Hangend- und Liegendkontaktes von Quell- und Staurücken bzw. um den Liegendkontakt von Lavaströmen gebunden. Die kugelführende Fazies ist durch ein sphärolithisches Gefüge des Nebengesteins der Kugeln (Rhyolith) charakterisiert. Teilweise bildet die „Kugel" einen konzentrisch-schaligen Kern – eine Lithophyse. Der Kugelkern reißt durch Volatilfreisetzung auf. Die Quarzmineralisation des Kugelkerns besteht aus Internbrekzien, Achaten und phanerokristallinem Quarz mit einer nacheinander entstandenen Mineralabfolge (HOLZHEY 1993, 1997).

Erste „Schneekopfkugeln" wurden schon am Ende des 18. Jahrhunderts von J.C. HEIM (1799) von K.E.A. v. HOFF (1812) aus dem sogenannten „Kugelporphyr" beschrieben. Seitdem sind sie ein beliebtes Sammelobjekt für Mineralfreunde und Urlauber im Thüringer Wald. Das südöstlich vom Seebachfelsen gelegene Vorkommen gehört zu den bekanntesten Fundstellen in der Region. Metertiefe Schurflöcher, umgestürzte Fichten und Steinhaufen deuten auf eine noch anhaltende, intensive Sammeltätigkeit.

Das auf eine Fläche von etwa 50 x 150 m beschränkte Hauptvorkommen wurde schon intensiv besammelt und ist nahezu erschöpft.

Im Thüringer Wald lassen sich noch mehr als 30 Porphyrkugelfundstellen nachweisen. Die Mineralfüllung bzw. Ausbildung der „Porphyrkugeln" ist meist fundorttypisch. „Porphyrkugeln" mit Achatfüllung stellen eine Sonderform dar (subjektive Auslese des Sammlers!). Die Mehrzahl der „Porphyrkugeln" enthält keine optisch interessante Mineralfüllung, sondern „nur" Quarz oder kristallfreie Hohlräume.

Etwa 80 % der Vorkommen im Thüringer Wald sind an die Älteren Rhyolithe der Oberhof-Formation gebunden (HOLZHEY 1982, 1985, 1988, 1993, 1994a, b, 1995). ANDREAS (1988b) verwies auch auf Porphyrkugeln, die im Kontaktbereich zwischen Rhyolithen und Rotsedimenten entstanden.

(42) Wintersbrunnen – Leinatal bei Finsterbergen

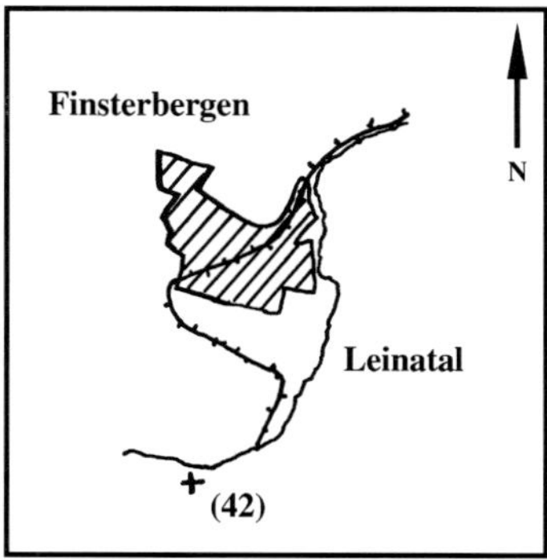

Anreise/Lage: Anfahrt über Engelsbach nach Finsterbergen, Wanderung in das Leinatal.

Geologie/Stratigraphie: Graue bis rotbraune fossilführende Ton-, Silt- und Sandsteine der Oberen Sedimentzone (Oberhof-Formation).

Beschreibung: Etwa 1 km südlich des Ortes Finsterbergen verläßt das langsam ansteigende Leinatal das felsbildende Bielstein-Konglomerat der Tambach-Formation. Es tauchen im unmittelbaren Liegenden die dunkelgrau bis rotbraun gefärbten Sedimente der Oberen Sedimentzone der Oberhof-Formation auf. Entlang eines Lehrpfades erreicht man am Wintersbrunnen die Überreste eines alten Bergbauversuches auf Kupfer (verfallenes Stollenmundloch). Anlaß dazu gaben sicher die im Bachbett der Leina anstehenden dunkelgrauen bzw. schwarzen kalkhaltigen Tonsteine der Oberen *Protriton*-Schichten der Oberen Oberhof-Formation. Die Schichtenfolge fällt deutlich nach NE ein und ist an beiden Talhängen zu verfolgen. Noch vor wenigen Jahren konnte man im Bereich des eingestürzten Mundloches dunkelgraue Ton- und Siltsteine mit Pflanzenresten und Conchostraken bergen. Im Bachbett der Leina waren schwarze, kohlenstoffreiche Kalkschiefer mit Conchostraken und Fischen anstehend zu finden. Die Fossilführung wurde bisher erwähnt von HAUBOLD (1985), MARTENS (1983a, b), WERNEBURG (1983, 1988c) u. a.

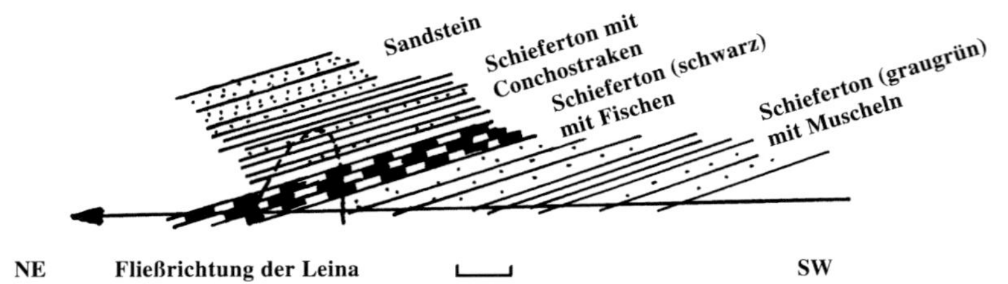

Abb. 58: Profil am Wintersbrunnen mit Fossilführung. Maßstab: 1 m.

1. Flora

Die Florenliste bezieht sich auf die gesamte obere Sedimentzone der Oberhof-Formation im Raum Friedrichroda-Finsterbergen (HAUBOLD 1985):

Farne: *Pecopteris* cf. *cyathea*, *Pec.* cf. *pinnatifida*, *Pec.* sp.

Pteridospermen (Farnsamer): *Sphenopteris germanica, Autunia conferta, Aut. naumannii, Rhachiphyllum lyratifolia, Lodevia* cf. *nicklesii, Arnhardtia scheibei, Dichophyllum flabellifera, Odontopteris lingulata, Neuropteris neuropteroides*

Cordaiten: *Cordaites* sp.

Ginkgophyten (Ginkgogewächse): *Sphenobaiera digitata*

Coniferophyten (Koniferen): *Walchia piniformis, Otovicia hypnoides, Ernestiodendron filiciforme, Gomphostrobus* sp., *Walchianthus* sp., *Samaropsis* sp., *Cardiocarpus* sp.

2. Fauna:
Lamellibranchiaten (Muscheln): Anthracosien
Ostrakoden: In einigen Horizonten massenhaft (unbearbeitet)
Conchostraken: *Lioestheria pseudotenella*
Fische: *Paramblypterus* sp.

(43) Dolerit der Hühnberge bei Schnellbach

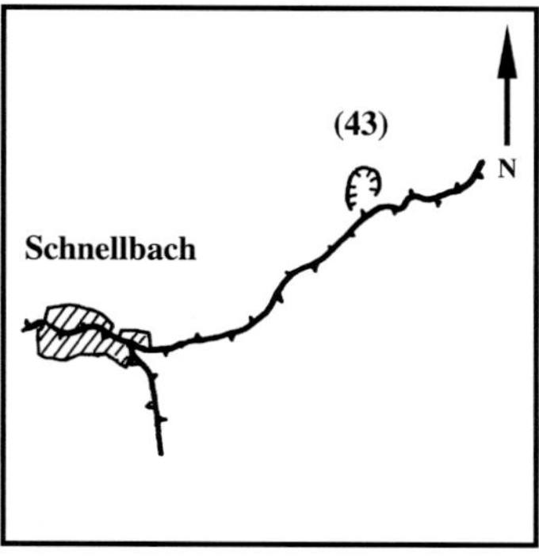

Anreise/Lage: Anfahrt von Tambach-Dietharz oder Schnellbach. Vor Betreten des Steinbruchgeländes Genehmigung zur Besichtigung bei der Geschäftsleitung einholen!

Geologie/Stratigraphie: Dolerit mit Kontaktzone zum Nebengestein (Bildung zwischen Rotterode- und Tambach-Formation).

Beschreibung: Als Syenit (HEIM 1796–1806), Hypersthenfels bzw. Diabas (CREDNER 1843), Mesodiabas (VOLAND 1965) und schließlich Hühnberg-Dolerit (ANDREAS u.a. 1996) wird ein basischer Vulkanit bezeichnet, der als Lagergang mehr als 10 km entlang einer NNE-SSW orientierten Spalte in die untere bis obere Oberhof-Formation im mittleren Thüringer Wald eingedrungen ist (KATZUNG & OBST 1996). Sein heutiger erosiver Anschnitt reicht vom Gebiet südlich Schnellbach über die Ebertswiese, den Vorderen, Mittleren und Hinteren Hühnberg bis westlich Finsterbergen.

Vom Unteren Tambach-Konglomerat wird der Lagergang bereits erosiv angeschnitten, so daß der Dolerit im Zeitraum zwischen Oberer Oberhof-Formation bis Basis Tambach-Formation (vermutlich in der Rotterode-Formation) intrudiert sein muß (LÜTZNER 1995). Im Geröllbestand des Unteren Tambach-Konglomerates läßt sich Dolerit bisher nicht nachweisen. Die Bohrung Schnellbach 1/62 belegt eine Mächtigkeit des Dolerits von 350 m. Als Lagergang besitzt das Gestein einen deutlichen Liegend- und Hangendkontakt aus verkieselten Sedimenten (Hornfels), den bereits CREDNER (1843) als „bandjaspisartig gestreiften Hornstein, bzw. als „schwarzen bis dunkelbraunroten, jaspisartigen Kieselschiefer“ erwähnte.

Der Dolerit zeigt einen zonaren Aufbau. Das Gestein besteht überwiegend aus Klinopyroxen, Plagioklas (40–70 %), Olivin, Titanomagnetit und Ilmenit und hat eine graugrüne Farbe. Im hangenden Bereich handelt es sich um einen quarz- und orthopyroxenführenden Dolerit, im mittleren Teil des Vulkanitkörpers um einen olivinführenden Dolerit und nahe dem Liegendkontakt um einen orthopyroxenführenden Dolerit (VOLAND 1965).

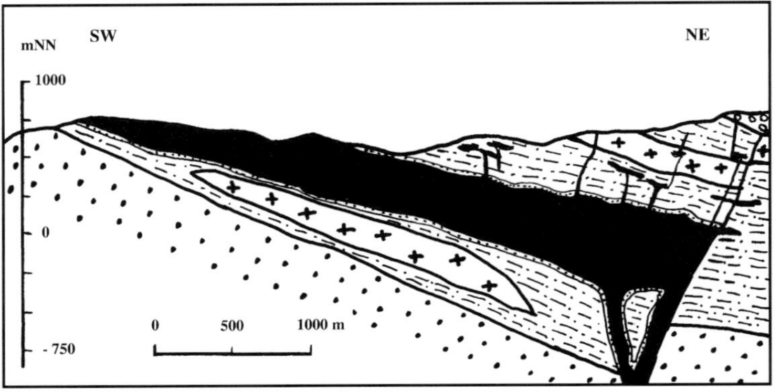

Abb. 59: Profil des Doleritvorkommens bei Schnellbach, neu gezeichnet nach LÜTZNER (1987): 1 – Tambach-Formation (Bielstein-Konglomerat), 2 – Sedimente der Oberhof-Formation, 3 – Rhyolith, 4 – Kontaktzone zum Dolerit (Hornfels), 5 – Dolerit, 6 – Sedimente der Goldlauter-Formation.

Das Gestein wird schon seit längerer Zeit in verschiedenen Steinbrüchen zwischen Schnellbach und Ebertswiese am Rennsteig gewonnen. Zur Zeit besteht der umfangreichste Abbau im Steinbruch Nesselgrund unweit Schnellbach oberhalb der Straße Schnellbach-Tambach-Dietharz (Diabaswerk Nesselgrund GmbH & Co. KG Schnellbach). Der Abbau erfolgt im Tagebau seit 1970.

Das Gestein ist ein idealer Rohstoff für Straßenbeläge (Wasserbausteine, Schotter, Splitte in verschiedenen Korngrößen). Es besitzt eine gute Bitumenbindigkeit. Früher wurden auch Pflastersteine hergestellt. Zwischen 1928 und 1930 entstand eine Seilbahn zum nördlichen Ortsrand von Tambach-Dietharz für den Transport des Gesteins. Die Anlage ist inzwischen wieder abgebrochen.

Der Dolerit enthält einige für Sammler interessante Minerale. Es sind nach Angaben von HAAKE (1972) und SCHMIDT (1986): Albit, Analcim, Apophyllit, Babingtonit, Bleiglanz, Calcit, Chlorit, Datolith, Epidot, Hämatit, Harmotom, Ilmenit, Kupferkies, Prehnit, Pumpellyit, Pyrit, und Zinkblende.

(44) Steinbrüche am Gasberg bei Rotterode und Lokalität „Hefteberg“

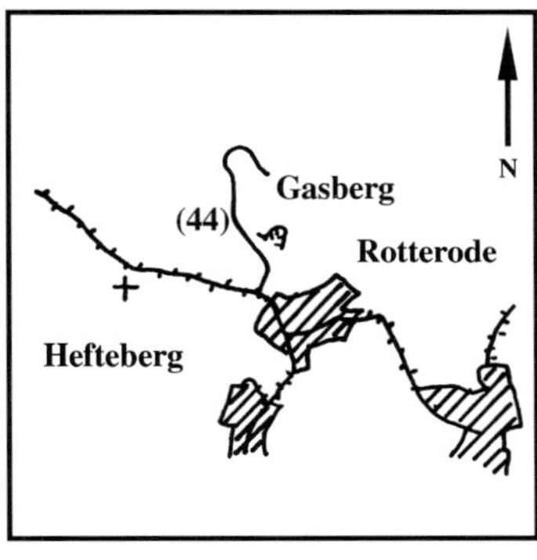

Anreise/Lage: Anfahrt über Rotterode zum Gasberg (Parkplatz), Besichtigung der stillgelegten Steinbrüche und Wanderung zum gegenüber liegenden Hefteberg.

Geologie/Stratigraphie: Sand- und Siltsteine (Rotterode-Formation).

Beschreibung: Nördlich des Ortes Rotterode nahe Steinbach-Hallenberg erhebt sich in Richtung Rennsteig der Gasberg. In seinem Bereich wurden vor längerer Zeit mehrere Steinbrüche in den rotbraunen Sandsteinen der Rotterode Formation angelegt. Sie lieferten nur wenige Fossilien, insbesondere Tetrapodenfährten und einige Pflanzenreste. Die Schichtenfolge der Rotterode-Formation besteht in diesem Bereich aus einem Wechsel von geröllführenden Sandsteinbänken mit geringmächtigen Zwischenlagen von Feinsandsteinen und Siltsteinen. Es handelt sich überwiegend um fluviatile Rotsedimente. Die Fossilführung konzentriert sich auf die feinklastischen Zwischenlagen (HAUBOLD 1975).

Die stillgelegten Steinbrüche gelten als Typuslokalität der Rotterode-Formation. Südwestlich des Gasberges, nahe der Straße Rotterode-Asbach, entdeckte MARTENS (1983a, b) die bedeutende Fossilfundstelle „Hefteberg“. Die in angewittertem Zustand dünnplattig spaltenden rotbraunen bis graugrünen Silt- und Feinsandsteine der Rotterode-Formation führen eine einzigartig erhaltene Tetrapoden- und Arthropodenfährtenvielfalt (WALTER 1983, WALTER & WERNEBURG 1988):

1. Flora

Calamiten (baumförmige Schachtelhalmgewächse): *Calamostachys dumasii*

Coniferophyten (Koniferen): *Walchia* sp., *Dicranophyllum halli*, verkieseltes Holz

2. Fauna

Lamellibranchiaten (Muscheln): Anthracosien

Conchostraken: *Lioestheria* sp.

Insekten: c.f. *Moravamylacris kukalovae*

Invertebratenspuren: cf. *Scoyenia gracilis*

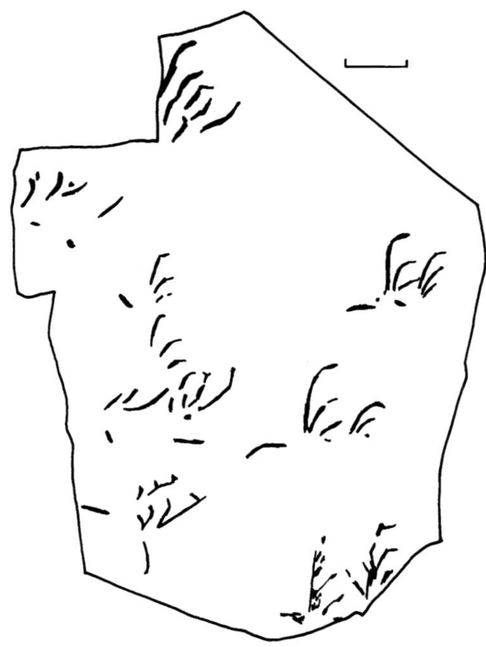

Abb. 60: Tetrapodenfährte (*Protritonichnites lacertoides*) vom Hefteberg bei Rotterode. Maßstab: 2 cm.

Arthropodenfährten: *Striatichnium natalis, Heftebergichnus volitatus, Lunichnus rotterodense, Rotterodichnium longiuum*

Vertebratenspuren: *Amphisauropus imminutus, Amp. latus, Protritonichnites lacertoides, Anthichnium salamandroides, Ichniotherium cottae*, Abdruck eines Tetrapodenrumpfes

(45) Felsen im Schmalwassergrund/Maderbachtal

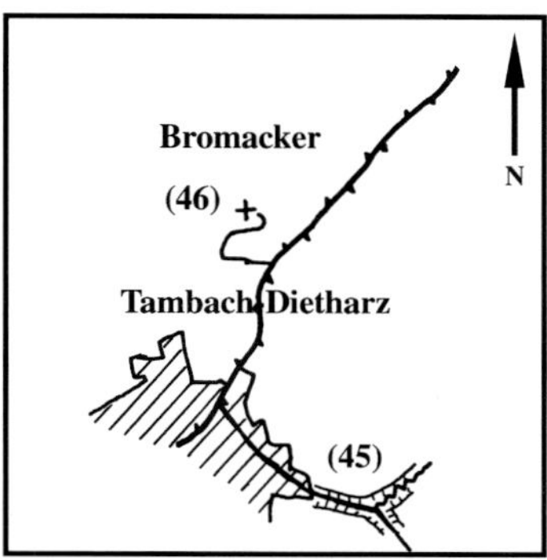

Anreise/Lage: Anfahrt über Tambach-Dietharz in den Schmalwassergrund (Parkplatz am Eingang zum Maderbachtal.

Geologie/Stratigraphie: Canyonartige Felsen im Bielstein-Konglomerat (Tambach-Formation).

Beschreibung: Im Kontakt zwischen Unterem Tambach-Konglomerat und Jüngerem Rhyolith bzw. Sedimenten der Oberhof-Formation im Osten, Südosten und Süden der Tambach-Mulde treten häufig entlang des oberen Apfelstädtgrundes und der zugehörigen Seitentäler markante Felsbildungen zu beiden Seiten des Talhanges auf, die kanzelartige Klippen, mauerförmige Steilwände und canyonartige Talformen erzeugen. Das felsbildende Gestein ist das Untere Tambach-Konglomerat (Bielstein-Konglomerat).

Besonders eindrucksvoll ist ein solcher „Minicanyon" ab Ortsausgang Tambach-Dietharz bis in den Maderbachgrund zu verfolgen. Zu beiden Seiten des Tales steigen nahezu senkrecht Felswände aus Rhyolithkonglomerat der Tambach-Formation empor und erreichen in 10 bis 20 m Höhe ein mehr oder weniger ebenes Plateau, das in die normale Hangneigung übergeht. Das bereits von K.E.A.v. HOFF erwähnte „Hühnloch" ist eine markante Auswaschung im Konglomerat im unteren Schmalwassergrund.

Der schluchtartige Maderbachgrund ermöglicht außerdem einen günstigen Einblick in die Ablagerungsbedingungen des Konglomerates. Es besteht aus unterschiedlich stark gerundeten Rhyolithgeröllen bis über 30 cm Durchmesser im Wechsel mit fanglomeratartigen Schüttungen und Sandsteinlagen.

Das Liefergebiet der Konglomerate ist der in unmittelbarer Nähe liegende „Oberhöfer Porphyrkomplex", der damals zeitweilig als Erosionsgebiet wirkte. Die Flußläufe der prätambacher Zeit gruben sich canyonartig in die Rhyolithdecke ein. Das so entstandene Paläorelief läßt sich noch heute als „Prätambacher Relief" in unmittelbarer Nähe des Maderbachgrundes am aufgeschlossenen Kontakt zum liegenden Rhyolith nachweisen (CHROBOK 1964, 1967a, b, LÜTZNER 1979).

(46) Steinbrüche am Bromacker bei Tambach-Dietharz

Anreise/Lage: Anfahrt über Georgenthal oder Tambach-Dietharz zum Parkplatz nahe Lohmühle, Wanderung zum Bromacker (Lehrpfad beachten !), **Lageplan** s. S. 181.

Geologie/Stratigraphie: Tambach-Sandstein (Tambach-Formation, höheres Rotliegend).

Beschreibung: Am Bromacker, früher auch „Seeberger Fahrt" genannt, am nördlichen Ortsausgang von Tambach-Dietharz liegt die Typuslokalität des fossilführenden Tambach-Sandsteins (Tambach-Formation, höheres Rotliegend). Die Lokalität „Bromacker" ist seit über 100 Jahren als klassische Fundstätte für ausgezeichnet erhaltene Tetrapodenfährten (PABST 1895 bis 1908) und verschiedene Invertebratenspuren (MÜLLER 1954, 1955, 1956a, 1969) bekannt. Außerdem entwickelte sie sich seit fast 3 Jahrzehnten zur bedeutendsten Fundstätte terrestrischer Wirbeltiere des Unteren Perm in Europa (MARTENS 1994a, b, 1995, BERMAN, SUMIDA & LOMBARD 1997 u.a.).

Der bereits mehr als 150 Jahre zurückreichende Abbau von Sandsteinplatten für allerlei Bauzwecke ließ vor allem entlang der Straße von Georgenthal nach Tambach-Dietharz mehrere Steinbruchbetriebe entstehen, in denen noch bis nach dem II. Weltkrieg „Tambacher Sandstein" gebrochen wurde. Mit dem Steinbruchbesitzer LUCY endete der Abbau Ende der 70er Jahre. Im Frühjahr 1995 wurde von der Firma Naturstein-Tambach GmbH ein neuer Steinbruch am Bromacker unmittelbar nördlich des ehemaligen Lucy´schen Steinbruches angelegt. Die Nachfrage nach dem wertvollen, rotbraunen Sandstein im Natursteingewerbe war erneut angestiegen. Im Herbst 1999 übernahm die Natursteinfirma TRACO aus Bad Langensalza den Sandsteinabbau.

Im neu entstandenen Sandsteinbruch ist ein Profil von ca. 8 bis 10 m erschlossen. Dabei handelt es sich um den Topbereich des zwischen 60 und 100 m mächtigen Tambach-Sandsteins. Das Steinbruch-Profil besteht vom Liegenden zum Hangenden aus relativ gleichkörnigem, teilweise schräggeschichtetem Feinsandstein mit verschieden mächtigen Silt- und Tonsteinzwischenlagen, die den Sandstein in mehrere Bänke gliedern. Im Hangenden der oberen Sandsteinbank folgt ca. 1 bis 3 m mächtiger, feinsandiger bis toniger Siltstein. Die Siltsteine werden von feldspatreicheren Sandsteinen mit Rhyolith- und Kristallingeröllen überlagert.

Die vertikal orientierte Klüftung in zwei mehr oder weniger rechtwinklig aufeinander stehenden Hauptrichtungen ermöglicht die Gewinnung größerer Sandsteinblöcke und schafft natürliche Bruchkanten. An diesen sind die für den Schichtaufbau des Tambach-Sandsteins typischen Sedimentstrukturen erkennbar. Innerhalb der Sandsteinbänke sind Schrägschichtung mit Korngrößenwechsel und Einlagerungen von Tonsteinklasten und seltenen Geröllen auffällig.

Innerhalb der geringmächtigen tonig-siltigen Zwischenlagen sind säulenartig orientierte Anschnitte der mit Sand gefüllten fossilen Trockenrisse (Netzleisten) überliefert. Auch

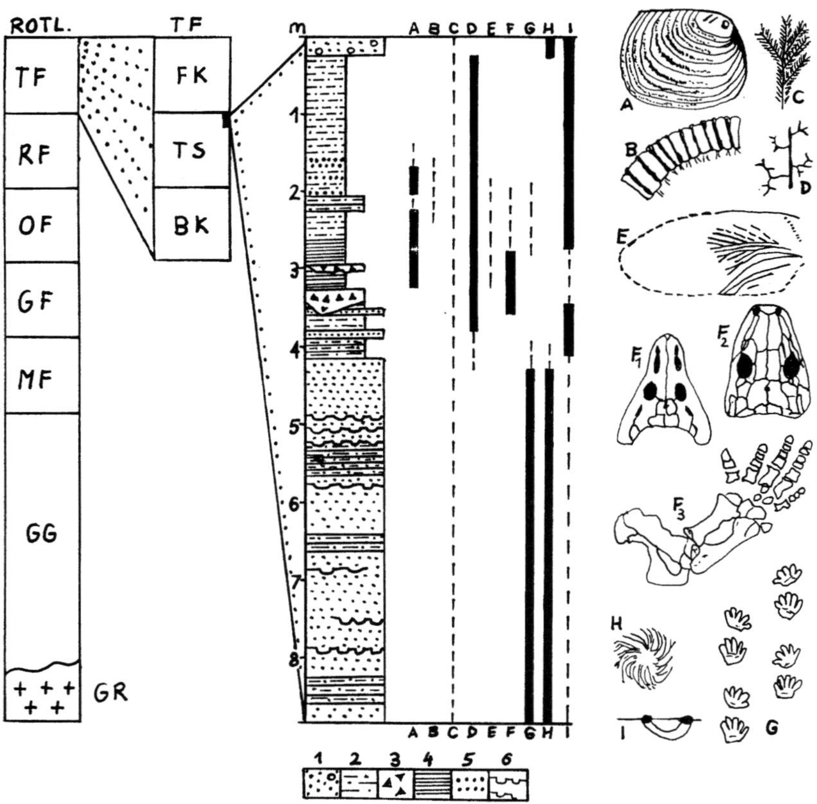

Abb. 61: Lithostratigraphisches Profil und Fossilführung am Bromacker: ROTL. – Rotliegend (ohne Mächtigkeitsangaben), TF – Tambach-Formation, RF – Rotterode-Formation, OF – Oberhof-Formation, GF – Goldlauter-Formation, MF – Manebach-Formation, GG – Gehrengruppe, GR – Thüringer Hauptgranit, FK – Finsterberg-Konglomerat, TS – Tambach-Sandstein, BK – Bielstein-Konglomerat. 1 – feinkörniger Sandstein mit Geröllen, 2 – Siltstein, 3 – durch Bioturbation veränderter Siltstein mit Tonsteinklasten, 4 – laminierter Tonstein und Siltstein, 5 – feinkörniger Sandstein, 6 – Austrocknungsmarken. m – Mächtigkeit in Meter, A – Conchostraken, B – Myriapoden, C – Koniferen, D – Wurzelsysteme, E – Insektenflügel, F1 bis F3 – Tetrapodenskelette, G – Tetrapodenfährten, H – *Tambia spiralis*, I – sedimentgefüllte Grabgänge.

die schüsselartige Verbiegung der durch Austrocknung in Schollen zerbrochenen, ehemaligen Schlammschichten ist im Bereich der Siltlagen sichtbar.

Der rot- bis graubraun gefärbte, meist schräggeschichtete Feinsandstein mit grünlichen Flecken und Schlieren gliedert sich in 0,1 m bis über 1,5 m, im Durchschnitt 0,3 m mächtige Bänke. Die Bänke werden von cm- bis mehrere m- mächtigen Siltsteinlagen unterbrochen Die geringmächtigen, tonigen Siltsteinlagen bilden die charakteristischen lateralen „Trennfugen" der Sandsteinbänke, an deren Unterflächen die teilweise äußerst gut erhaltenen Tetrapodenfährten und vor allem die auffällige Invertebratenspur *Tambia spiralis* vorkommen (PABST 1908, MÜLLER 1954, 1969 u.a.). Die bis zu mehreren Metern mächtigen Siltsteine zwischen den Sandsteinbänken sind glimmerreich, schwach geschichtet und überwiegend körperfossilfrei.

In den ca. 200 m südlich des Steinbruches gelegenen Grabungsfeldern der Wirbeltiergrabung „Bromacker" folgen im Hangenden der abbauwürdigen Sandsteine ca. 4 m mächtige, feinsandige bis tonige und horizontweise laminierte Siltsteine mit mehreren Fossilhorizonten (MARTENS 1980a, 1982c, 1988a, MARTENS, SCHNEIDER, WALTER 1981). Im Hangenden schließt das Profil, wie im nördlich gelegenenen Steinbruch, mit einem bis zu 1 m mächtigen geröllführenden Arkosesandstein ab, den man im Bereich der Lokalität „Bromacker" als Basishorizont des Finsterberg-Konglomerates definieren kann.

Die vom Verfasser bereits 1974 entdeckten ersten Tetrapoden-Skelettreste und Invertebraten (MARTENS 1980a, 1983a, b) führten ab 1975 zu systematischen Wirbeltiergrabungen, ab 1978 unter Leitung des Museums der Natur Gotha und ab 1993 gemeinsam mit Wirbeltierpaläontologen aus den USA.

In der nun schon fast 30 Jahre andauernden Grabungsphase konnten mehr als 30 Skelette von bisher 8 verschiedenen, terrestrisch adaptierten Tetrapoden (Ursaurier) entdeckt werden, die bisher nur aus den klassischen, unterpermischen Fundgebieten der USA beschrieben waren. Im Gattungs- und Artbereich handelt es sich überwiegend um Erstfunde im Weltmaßstab.

Die vor allem zeitaufwendige Präparation und wissenschaftliche Bearbeitung der Skelettfunde wird im Rahmen verschiedener wissenschaftlicher Projekte gemeinsam vom Museum der Natur Gotha und dem Carnegie Museum of Natural History in Pittsburgh, USA, durchgeführt.

Der aktuelle Kenntnisstand ist das Ergebnis von mehr als 100 Jahren Forschungsarbeit. In dieser Zeit standen die Steinbrüche am Bromacker bei Tambach-Dietharz immer wieder im Mittelpunkt des geologischen und paläontologischen Interesses, wie zahlreiche Arbeiten belegen (PABST 1895 bis 1908, SCHEIBE 1890, NOPSCA 1923, LOTZE 1927, SCHMIDT 1959, MÜLLER 1954, 1969, STEINER & SCHNEIDER 1963, HAUBOLD 1973a, 1996, 1998, SAMUEL 1978, MARTENS 1975, 1980a, 1982c, 1983a, b, 1988a, 1989, 1990b, 1994a, b, 1995, FRIEDEL 1976, LÜTZNER 1981, MARTENS, SCHNEIDER, WALTER 1981, BOY & MARTENS 1991b, BERMAN & MARTENS 1993, BARTHEL & RÖSSLER 1994a, FEHLER 1996, SUMIDA, BERMAN & MARTENS 1994, 1996, 1998,

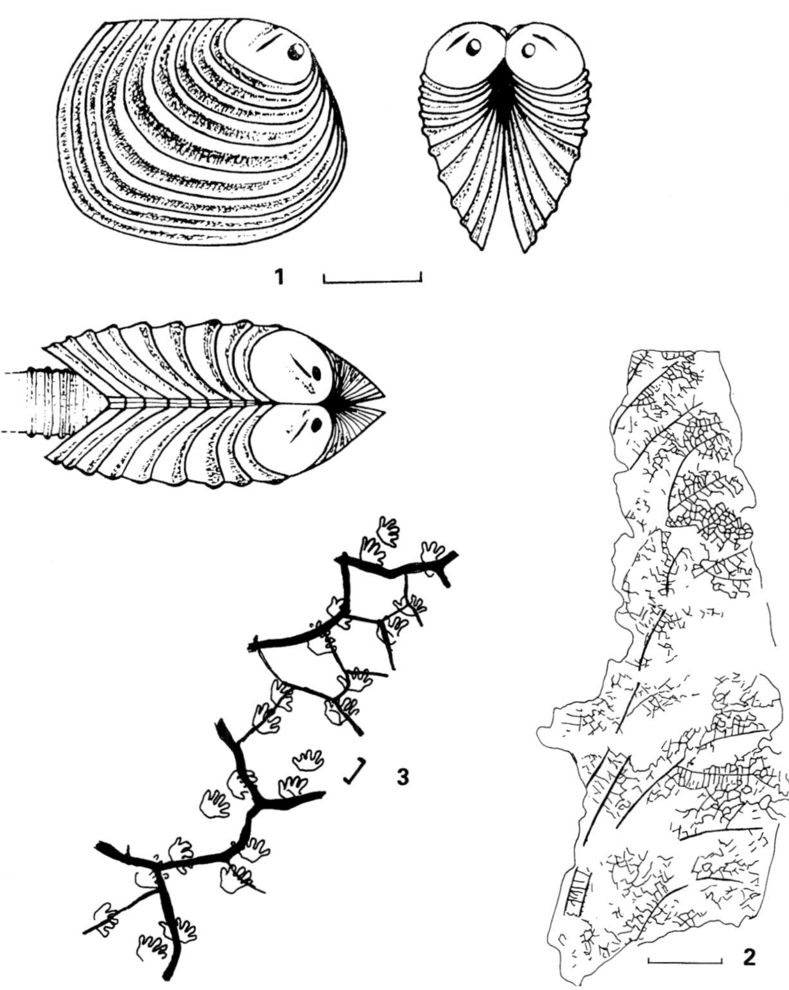

Abb. 62: Fossilien vom Bromacker: 1 – Conchostrake in drei Ansichten (*Lioestheria monticula*); Maßstab: 1 mm. 2 – Fragment eines Insektenflügels; Maßstab: 1 cm. 3 – Tetrapodenfährte (*Ichniotherium cottae*); Maßstab: 10 cm.

BERMAN, SUMIDA & LOMBARD 1997, BERMAN, SUMIDA & MARTENS 1998, EBERTH, BERMAN, SUMIDA & HOPF, BERMAN, REISZ, MARTENS & HENRICH 2001, KLEMBARA, MARTENS & BARTIK 2001 u.a.).

Seit 1997 wird in der Dauerausstellung des Museums der Natur Gotha „Ursaurier zwischen Thüringer Wald und Rocky Mountains" die wissenschaftliche Bedeutung der Fundstätte „Bromacker" präsentiert.

Der Bromacker ist eines der seltenen paläontologischen „Fenster" in die terrestrische Lebewelt zu Beginn des Perms. Die Fundstätte ist heute bereits vergleichbar mit bedeutenden klassischen Wirbeltierfundstellen in Nord-Zentral-Texas und Nord-Zentral-Neu Mexiko (USA).

1. Flora

Calamiten (baumförmige Schachtelhalmgewächse): Achsen, Fruktifikationen verschiedener Pflanzen (MARTENS 1975, BARTHEL & RÖSSLER 1994a)

Pteridospermen (Farnsamer): ? Callipteriden: Wedelreste (MÜLLER1954)

Abb. 63: Doppelskelett vom Bromacker (*Seymouria sanjuanensis*). Maßstab: 10 cm.

Coniferophyten (Koniferen): *Walchia piniformis, Ernestiodendron cf. filiciforme*

Bemerkungen: In Rotsedimenten des Rotliegend sind Pflanzenreste nicht als inkohlte Blatt- oder Achsenreste fossil erhalten. Dies gilt insbesondere auch für den Tambach-Sandstein. Die Pflanzenreste sind auf den Schichtflächen nur schwach als dünne Tonhäutchen oder zusammen mit den Saurierfährten als erhabene Reliefs erkennbar. Markant sind grünlichgrau gefärbte Wurzelsysteme mit körperlich überlieferten Wurzeln in calcitischer Erhaltung (Durchmesser zwischen l und 15 mm). Sie sind Bestandteile fossiler Bodenhorizonte.

2. Fauna

Conchostraken: *Lioestheria monticula,* charakteristisches Auftreten vor allem in den Conchostrakenhorizont C1 und C2 mit Überresten des Weichkörpers (paarige Antennen, Teile des gegliederten Rumpfes, MARTENS 1983a).

Insekten: cf. *Anthracoblattina- Kunguroblattina* sp., *Phylloblatta, Moravamylacris kukalovae,* cf. *Opsiomylacris* sp., Blattodea-Larve, zahlreiche Flügelfragmente unterschiedlicher Insektengruppen mit Flügelspannweiten bis etwa 20 cm (MARTENS, SCHNEIDER & WALTER 1981, MARTENS 2002).

Myriapoden: Es lassen sich mehrere Typen unterscheiden. Eine genaue taxonomische Bearbeitung ist noch nicht erfolgt. Funde sind allgemein selten (MARTENS 1982c).

Invertebratenspuren:

Scoyenia gracilis: Die sedimentgefüllten Grabgänge sind wesentlich an der Bioturbation im Ton/Siltsteinbereich beteiligt und zeigen deutliches Stopfgefüge. Als Spurenerzeuger werden sedimentfressende Invertebraten vermutet (MARTENS 1975). *Tambia spiralis:* Die auffälligste Lebensspur im Tambach-Sandstein steht in Verbindung mit Grabgängen (Bioturbation) ohne Stopfgefüge. Als Spurenerzeuger werden Arthropoden (Insektenlarven) vermutet (MÜLLER 1969, MARTENS 1975). Möglicherweise waren aber kleine grabende Tetrapoden die Erzeuger (Vergleich mit *Megatambichnus*).

Striatichnium bromackerense: Möglicherweise handelt es sich um eine Schwimmspur eines bisher unbekannten Invertebraten (MARTENS 1982c), *Striatichnium* sp. und weitere Problematica.

Amphibien:

Tambachia trogallas (Trematopidae): 1 vollständiges, artikuliertes Skelett mit Schädel, 1 isolierter Schädel (MARTENS 1990b, SUMIDA, BERMAN & MARTENS 1998).

Seymouria sanjuanensis (Seymouridae): 1 isolierter Schädel und weitere artikulierte Reste, zwei komplette und artikulierte Skelette im Verband (BERMAN & MARTENS 1993, BERMAN, HENRICI, SUMIDA & MARTENS 2000).

Diadectes absitus (Diadectidae): 6 mehr oder weniger artikulierte Skelette mit Schädel, 2 Skelette ohne Schädel, 1 isolierter Schädel, zahlreiche disartikulierte oder teilartikulierte Knochenreste zu *Diadectes* gehörend. Die „breiten Klauen, die Stämmigkeit der Zehen, die breite Fußwurzel und der relativ mächtige Schultergürtel" sprechen nach SCHMIDT (1959) für grabende Tätigkeit des Tieres. So vermuteten bereits NOPSCA (1923) und LOTZE (1927) Beziehungen zwischen Diadectiden und den Erzeugern der Fährte *Ichniotherium cottae.* Es handelt sich wahrscheinlich um Pflanzenfresser mit Körperlängen zwischen 80 und 100 cm (MARTENS 1980a, BERMAN, SUMIDA & MARTENS 1998).

Reptilien:

Thuringothyris mahlendorffae (Protorothyrididae): Bisher wurden mehrere Kleinskelette nachgewiesen. Es handelt sich vermutlich um kleine Insektenfresser (BOY & MARTENS 1991). Verschiedene Sklelette kleinwüchsiger Tiere lassen sich taxonomisch noch nicht exakt zuordnen.

Eudibamus cursoris (Bolosauridae): 1993 wurde ein etwa 26 cm langes Skelett gefunden, daß als ältester Verteter der Bolosauriden gewertet wird. Das kleine Reptil mit deutlich längeren Hinterextremitäten bewegte sich teilweise im aufrechten Gang (BERMAN REISZ, SCOTT, HENRICI, SUMIDA & MARTENS 2000).

Dimetrodon teutonis (Pelycosaurier): 1999 wurden einige Wirbel mit stark verlängerten Dornfortsätzen entdeckt. Damit konnte erstmals die Gattung *Dimetrodon* außerhalb der USA nachgewiesen werden (BERMAN, REISZ, MARTENS & HENRICI 2001). Skelette von Vertretern weiterer Pelycosauriergattungen können bisher nur vermutet werden

Tetrapodenfährten:

Ichniotherium cottae: Zu dieser markanten Fährtenart gehören etwa 95% aller am Bromacker bisher aufgefundenen Fährten. NOPSCA (1923) und LOTZE (1927) vermuteten bereits Beziehungen der Fährte zu den Diadectiden. Nach den Fährten zu urteilen wurden von den Fährtenerzeugern zeitweise auch Tümpel mit schlammigem Untergrund betreten. Es wurden bisher selten zugehörige Schwanzschleifspuren gefunden (PABST 1895–1908, HAUBOLD 1971, FICHTER 1998, VOIGT & HAUBOLD 2000).

Varanopus microdactylus: Die Fährte wurde am Bromacker äußerst selten nachgewiesen. Als Erzeuger wird ein kleines Reptil vermutet (MÜLLER 1954).

Tambachichnium schmidti: Die Fährte wurde äußerst selten nachgewiesen. Als Erzeuger wird ein schnellfüßiges Reptil (Fleischfresser), möglicherweise aus der Gruppe der Bolosauriden oder Araeosceliden, vermutet (MÜLLER 1954).

Dimetropus acrodactylus: Die Fährte wurde am Bromacker relativ selten gefunden (ca 4 %). Sie zeigt meistens eine Schwanzschleifspur und gitterartige Hautpanzerabdrücke der Körperunterseite. Der Erzeuger bewegte den Körper sehr nahe über dem Boden. Die Zehen trugen Krallen. Als Erzeuger wird ein Pelycosaurier (Fleischfresser) vermutet Die Fährte erinnert an das Fußskelett von *Dimetrodon*, *Varanosaurus* oder *Haptodus* (PABST 1895–1908, HAUBOLD 2000).

Besondere Spuren von Tetrapoden:

Hautabdrücke: Zusammen mit Tetrapodenfährten sind Eindrucksmuster erhalten, die als Hautabdrücke aus dem Bereich des Rumpfes und der Extremitäten gedeutet werden können.

Schwanzschleifspuren:Vor allem im Zusammenhang mit der Fährte *Dimetropus acrodactylus* sind Schleifspuren des Schwanzes überliefert (PABST 1908, STEINER & SCHNEIDER 1963).

Schwimmspuren: Im Zusammenhang mit Fährten treten bogenförmig oder geradlinig angelegte Kratzspuren auf, die während des Schwimmvorganges eines Tetrapoden beim Kontakt mit der Sedimentoberfläche gebildet wurden.

Megatambichnus: Großflächig angelegte Grabspuren findet man vor allem im Grenzbereich zwischen bioturbat verändertem Gestein und dem Gestein mit deutlich erhaltenen Schichtungsmerkmalen. Die Mehrzahl der Spurensysteme ist im Bereich oder im Liegenden des deutlich laminierten Ton/Siltsteinhorizontes zu finden. In gleicher Position treten die Didectiden-Skelette auf.

Die Grabspuren bzw. Grabbauten bestehen aus schräg zur Schichtung bzw. spiralartig angelegten Grabgängen mit Durchmessern von 20 bis 30 cm und großflächig verteilten Wühlspuren aus bogenförmig angelegten Halbreliefs (SMITH 1987).

(47) Moortal und Große Kerbe zwischen Roda und Elgersburg

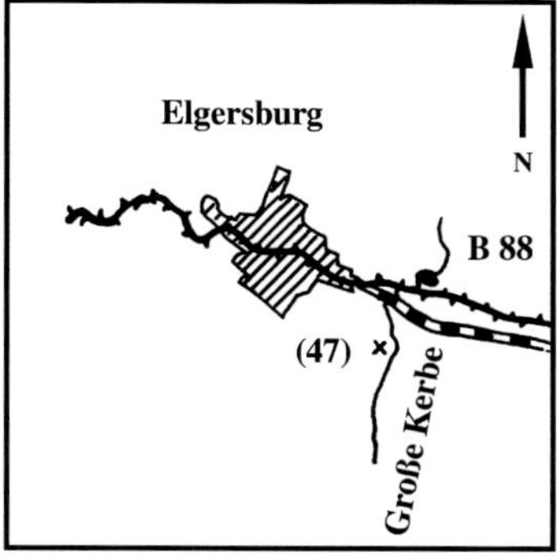

Anreise/Lage: Anfahrt über Elgersburg oder Roda. Wanderung in das Moortal zum Taleinschnitt der Großen Kerbe.

Geologie/Stratigraphie: Schwalbenstein-Konglomerat, Roda-Sandstein, Elgersburg-Sandstein und Totenstein-Konglomerat (Elgersburg-Formation).

Beschreibung: Am NE-Rand des Thüringer Waldes unweit Ilmenau zwischen Elgersburg und Roda ist eine mit der Tambach-Formation vergleichbare Schichtenfolge (Elgersburg-Formation) nachweisbar. Das Verbreitungsgebiet der Elgersburg-Formation wird als Elgersburg-Becken bezeichnet (LÜTZNER 1966b, KNOTH 1970). Die Schichtenfolge zeigt Übereinstimmung, aber auch deutliche Abweichungen gegenüber der Tambach-Formation des Tambach-Beckens.

Einen umfassenden Einblick in wichtige Profilabschnitte gewährt das Tal der Großen Kerbe bei Roda. Die Schichtenfolge fällt nach NE ein, beginnt im SW mit dem Schwalbenstein-Konglomerat, das petrographisch dem Bielstein-Konglomerat bei Tambach-Dietharz ähnelt. In der Großen Kerbe folgt im Hangenden ein basischer Vulkanit (Melaphyr) intrusiver und extrusiver Natur, der auch von Schwalbenstein-Konglomerat überlagert wird. Talabwärts schalten sich mehr und mehr Sandsteine ein. Es folgt der Abschnitt des Roda-Sandsteins.

Der Roda-Sandstein kann als ein Äquivalent des Tambach-Sandsteins gedeutet werden. Vor allem die bisher nachgewiesene Tetrapodenfährte und die Invertebratenspuren mit *Tambia spiralis* sind deutliche Beweise (MARTENS 1980b). Im Hangenden des Roda-Sandsteins folgt nochmals das Schwalbenstein-Konglomerat.

Im Talausgang im Bereich des Moortales beginnt das Verbreitungsgebiet des ca. 50 m mächtigen Elgersburg-Sandsteins. Er steht im Ortsbereich von Elgersburg an, gilt bisher als fossilleer und zeigt wenig Widerstand gegen die Verwitterung (Bildung des Moortales). Der Elgersburg-Sandstein soll äolischer Entstehung sein. Vor der endgültigen Sedimentation kam es möglicherweise zu fluviatilen Umlagerungen.

Im Bahnanschnitt zwischen Elgersburg und Roda bzw. am Westhang des Totensteines bei Elgersburg nahe der B 88 ist der jüngste Profilabschnitt der Elgersburg-Formation anstehend zu finden. Es handelt sich um das Totenstein-Konglomerat – ein überwiegend aus Rhyolithen bestehendes Fanglomerat mit seltenen Sandsteinlinsen (MARTENS 1980b).

Am Eingang zum Kohltal südlich Elgersburg ist in einem aufgelassenen Steinbruch der Elgersburg-Rhyolith aufgeschlossen. Er bildet eine Staukuppe innerhalb des Schwalbenstein-Konglomerates.

Die bisher nachgewiesene Flora und Fauna stammt aus dem Roda-Sandstein in der Großen Kerbe.

Abb. 64: Lebensspur (*Tambia spiralis*). Maßstab: 1 cm.

1. Flora

Coniferophyten (Koniferen): verschiedene Walchien

2. Fauna

Invertebratenspuren: *Tambia spiralis, Striatichnium bromackerense, Scoyenia gracilis*

Tetrapodenfährten: *Ichniotherium cottae*

(48) Die „Ilmenauer Schwielen" von der Sturmheide bei Ilmenau

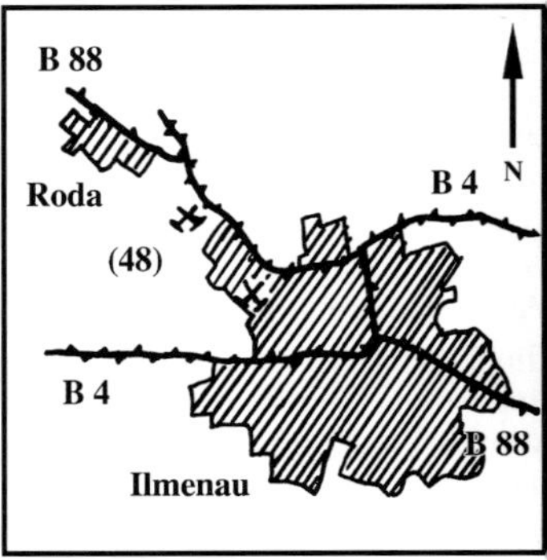

Anreise/Lage: Anreise über Ilmenau, Wanderung zu den ehemaligen Bergbauhalden an der Sturmheide am westlichen Stadtrand von Ilmenau.

Geologie/Stratigraphie: Kupferschiefer (Unterer Zechstein).

Beschreibung: Zwischen Ilmenau und Elgersburg ist der nördliche Rand des Thüringer Waldes nicht durch eine Bruchlinie begrenzt. Das Rotliegend fällt vor allem im Bereich des Elgersburg-Beckens steil nach NE ein. Dies gilt auch für den mehr oder weniger diskordant auflagernden Zechstein. Er streicht als schmales Band aus; nach Auslaugung des salinaren Anteils bildete sich eine gebirgsrandparallele Senke aus. Zahlreiche Halden und Pingen markieren heute noch den einstigen Kupferschieferbergbau und die Lage der Ausstrichzone des Kupferschiefers. Aktivitäten des Kupferschieferbergbaues im Gebiet um Ilmenau lassen sich bis 1216 zurückverfolgen. Beispiele sind das Rodaer Werk und das Sturmheide Werk, dessen Stollen bis 240 m tief und bis 8892 m lang war (WAGENBRETH 1983a).

Die Erzanreicherung trat vor allem im steilstehenden Bereich des Kupferschieferflözes auf. Die letzten umfangreichen Bergbauversuche unterstützte der Bergrat VOIGT aus Ilmenau zusammen mit GOETHE in den Jahren 1792 bis 1796.

An der Sturmheide westlich von Ilmenau wurden aus einer Kupferschiefergrube und von den zugehörigen Halden nierenförmige Konkretionen mit charakteristischem Fossilinhalt beschrieben. Ein Teil der Pflanzen und Fische ist vollkörperlich erhalten (MÜLLER 1962). Die nierenförmigen Bildungen wurden unter dem Namen „Ilmenauer Schwielen“ und „Ilmenauer Schiefernieren“ nicht nur unter Sammlern bekannt.

MÜLLER (1962) machte dabei erstmals auf die vollkörperliche Erhaltung einiger Fische von *Palaeoniscus macropomus* und *Palaeoniscus* cf. *freieslebeni* sowie der Konifere *Voltzia liebeana* aufmerksam. Die Bildung und Stabilisierung der Konkretionen erfolgte frühdiagenetisch. Die im Sediment enthaltenen Fischleichen waren durch Zersetzungsgase deutlich aufgetrieben. Die verbleibenden Hohlräume füllten sich anschließend mit Calcit und stabilisierten die körperlich erhalten gebliebenen Fossilien.

Am Nordrand der Stadt Ilmenau nahe der B 88 erstreckt sich ein Teichgebiet, das durch Auslaugung von Zechsteinablagerungen aus einer Anzahl von Erdfällen entstanden ist. Heute gehören dazu der Große Teich, der Brandenburger Teich, der Dixbixer Teich, der Neuhäuser Teich, der Steinteich und das Prinzessinenloch, die zusammen ein Flächennaturdenkmal bilden (HUNECK, IRMER & LANGE 1987).

(49) Marienglashöhle bei Friedrichroda

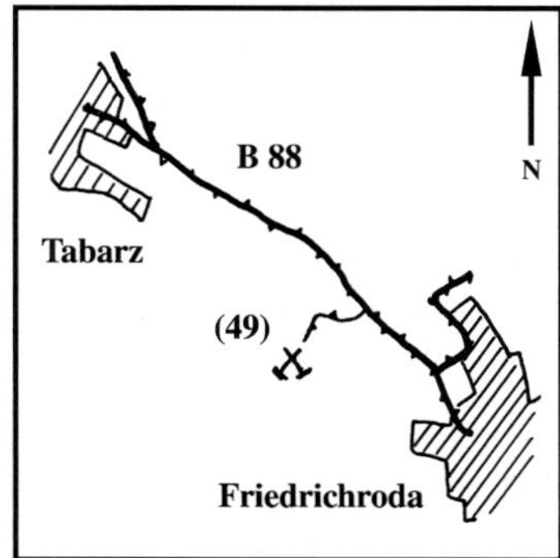

Anreise/Lage: Kurze Wanderung vom Parkplatz an der B 88 zwischen Friedrichroda und Tabarz.

Geologie/Stratigraphie: Gips, teilweise auskristallisiert als „Marienglas“ (Mittlerer Zechstein).

Beschreibung: Zwischen dem Ausgang des Ungeheuer Grundes und dem Ort Friedrichroda am Nordostrand des Thüringer Waldes liegt die bedeutendste Kristallhöhle Thüringens, die Marienglashöhle. Im Jahre 1750 begann man mit dem Vortrieb des „Herzog-Ernst-Stollens" auf der Suche nach Kupfer und Eisenerz. Dabei fand man 1778 ein nutzbares Gipsvorkommen. Der Gipsabbau erfolgte von 1778 bis 1903 (HOFF & JACOBS 1807–1812, BUCH 1824).

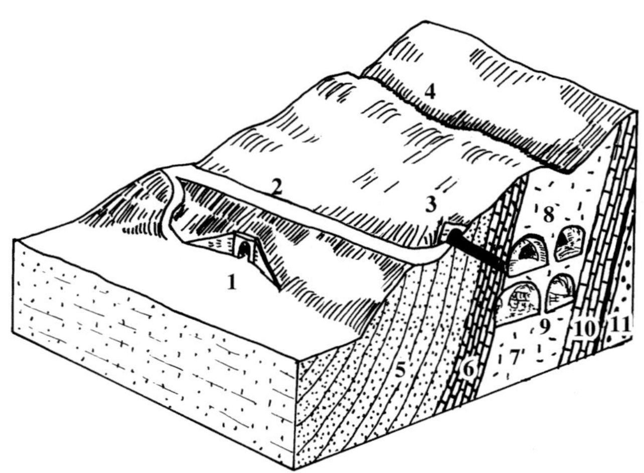

Abb. 65: Schematisches Blockbild der Marienglashöhle, neu gezeichnet nach WAGENBRETH (1970): 1 – Eingang zur Höhle, 2 – Waldweg Friedrichroda-Tabarz, 3 – Ausgang der Höhle, 4 – Pingengelände, 5 – Buntsandstein, 6 – Plattendolomit, 7 – Gips, 8 – Obere Sohle der Höhle, 9 – Untere Sohle der Höhle, 10 – Zechsteinkalk mit Kupferschiefer, 11 – Rotliegend.

In einem natürlichen Hohlraum entdeckte man 1784 größere Mengen großkristalliner, frei gewachsener, ebenflächiger und durchsichtiger Gipskristalle, die zunächst separat abgebaut wurden. Dieser kristalline, glasklare Gips eignete sich zur Ausschmückung von Altären, Kronleuchtern und Marienbildern. Dabei entstand der Name „Marienglas" als Bezeichnung für eine spezielle Varietät des Gipses (CREDNER 1841, 1846a, 1859). Im Jahre 1848 wurde der Marienglasabbau eingestellt – so blieben bis heute große Teile der Kristallgrotte erhalten.

Das ehemalige Bergwerk, zunächst „Marienhöhle" genannt, konnte erstmals 1903 von Touristen besichtigt werden. Um 1923 wurde die Höhle bereits von 500 bis 1000 Personen pro Monat besichtigt. Nach dem II. Weltkrieg verfiel die Höhle. Die Stadt Friedrichroda bemühte sich um Wiederherstellung des Höhlensystems mit Unterstützung des Geologen OTTO WAGENBRETH. Erst seit dem 30. November 1968 kann das Schaubergwerk mit Namen „Marienglashöhle" als beliebtes Ausflugsziel tausender Touristen wieder bestaunt werden.

Die Marienglashöhle liegt am Nordostrand des Thüringer Waldes. Im Eingangsstollen zur Schauhöhle (Gipsabbaue, Herzog-Ernst-Stollen) ermöglicht ein „geologisches Fenster" den direkten Blick auf die tektonisch bedingte Aufrichtungszone aus Buntsandstein und Mittlerem Zechstein. Zu sehen sind: 1,5 m rote und graue Ton- und Sandsteine des Unteren Buntsandsteins und Obere Letten und Plattendolomit des Zechsteins. Die Gipsabbaue bzw. die bedeutende Gipskristallgrotte liegt innerhalb eines 30 bis 40 m mächtigen Gipskörpers, der 60 bis 70° nach Nordosten einfällt und zum Mittleren Zechstein gehört (WAGENBRETH 1970, 1971).

Besonders sehenswert sind die Eingangshalle der Höhle, die bereits erwähnte Marienglas-Kristallgrotte in der unteren Sohle mit 2 bis 8 cm dicken und 10 bis 60 cm langen Kristallen aus Marienglas und der Höhlensee.

(50) Altensteiner Höhle bei Bad Liebenstein

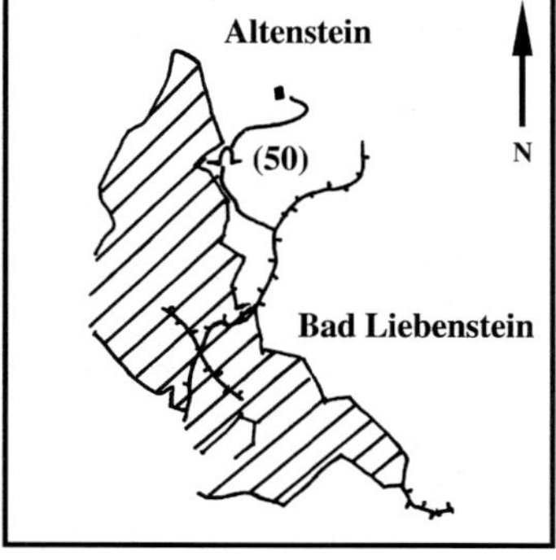

Anreise/Lage: Anfahrt über B 19 aus Richtung Meiningen-Gumpelstadt über Bad Liebenstein, Eingang zur Höhle in der Gemeinde Schweina, nahe Glücksbrunner Park, unterhalb der Straße zum Schloß Altenstein.

Information: Tel.: 036961-71216

Geologie/Stratigraphie: Karstbildungen im Riffkalk (Zechstein, Quartär).

Beschreibung: Am SW-Rand des Thüringer Waldes führt ein schmales Zechsteinband zu einer starken Untergliederung der Landschaft. Schon seit Anfang des 17. Jahrhunderts werden die kohlensäurehaltigen und eisenreichen Quellen um Bad Liebenstein zu Heilzwecken für Herz- und Kreislauferkrankungen genutzt. Die Mineralsalzgehalte der Wässer entstammen u.a. den Zechsteinablagerungen des Untergrundes, die Kohlensäure den Nachwirkungen des tertiären Vulkanismus der Rhön.

Am Ostrand des Glücksbrunner Parkes und unweit der Parkanlagen des Schlosses Altenstein befindet sich der Eingang zur Altensteiner Höhle. In der Umgebung hinterließen riffartige Bildungen des Zechsteinmeeres markante Felshärtlinge. In einem der Felsen wurde bereits 1801 eine natürliche Kluft zu einer sogenannten „Windharfe" künstlich erweitert. Bei starkem Wind soll man dumpfe Töne wahrgenommen haben.

Die Bildung der Altensteiner Höhle steht im engen Zusammenhang mit der tektonisch bedingten Heraushebung des Thüringer Waldes. In den zechsteinzeitlichen Dolomiten und Kalksteinen bildeten sich vielgestaltige Karsthöhlungen. Am 28. Juni. 1799 wurde zufällig bei Sprengarbeiten zum Bau einer Straße der Eingang zur heutigen Altensteiner Höhle entdeckt. Ihre Eröffnung als Schauhöhle konnte bereits im Jahre 1802 erfolgen.

Das Höhlensystem erreicht nach bisheriger Kenntnis eine Längenausdehnung von ca. 800 m und bis etwa 12 m Höhe. Besonders eindrucksvoll sind der „Musik-Platz", der Turm im „Dom", der 50 m² umfassende Höhlensee und der „Morgentordom".

Der aus Bryozoen und Kalkalgen aufgebaute „Höhlenkalkstein" ist an zahlreichen Stellen gut zu erkennen. Tropfsteine fehlen allerdings im Höhlensystem (PETER 1999).

(51) Sandberg bei Steinheid

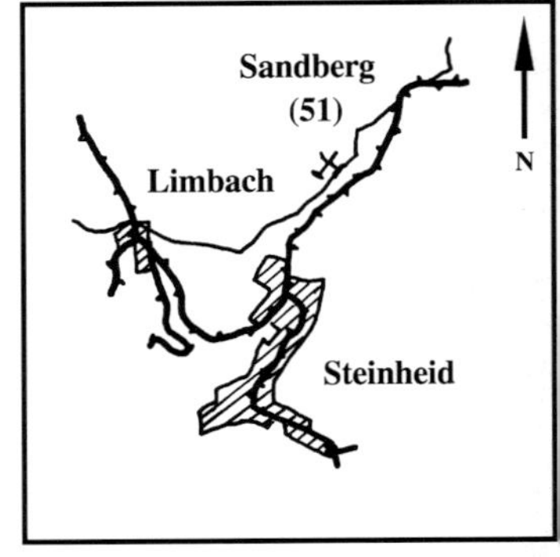

Anreise/Lage: Anfahrt über Neuhaus am Rennweg, B 281 in Richtung Steinheid, Wanderung zum Sandberg entlang Rennsteig.

Geologie/Stratigraphie: Sandstein und Letten (Mittlerer und Oberer Zechstein, Mittlerer Buntsandstein).

Beschreibung: Im Gebiet des Sandberges bei Steinheid auf der Hochfläche des Schwarzburg-Antiklinoriums ist entlang einer herzynisch streichenden Störung ein schollenartiger Erosionsrest aus Zechstein- und Buntsandsteinablagerungen erhalten geblieben. Dies ist ein wichtiger Beleg dafür, daß der gesamte Thüringer Wald mit Mesozoikum bedeckt war. Die Sedimentscholle liegt im Bereich der Wasserscheide zwischen den Einzugsgebieten von Elbe im Norden und Main (bzw. Rhein) im Süden (VOLK 1937, 1951, DITTRICH 1966, JUNGWIRTH & SEIFERT 1966, BIEWALD 1983, 1993b).

K.E.A. v. HOFF hatte bereits 1807 die Meinung vertreten: „Man muß sich durch alle Kennzeichen berechtigt glauben, diesen Berg dem jüngeren oder Flözsandstein beizuzählen" (HOFF & JACOBS 1807–1812).

In den heute mit Wald überwachsenen ehemaligen Steinbrüchen am Sandberg wurde teils gröberer, geröllführender Sandstein und kaolinhaltiger Sand des Mittleren Buntsandsteins für die Porzellanherstellung gewonnen. Die Verarbeitung erfolgte in den nahegelegenen Porzellanwerkstätten. Wie man heute noch beobachten kann, wurde der Sandstein auch für die Herstellung der Grenzsteine am dortigen Rennsteigabschnitt verwendet. Bergab in Richtung Schwarzaquelle sind Reste des Mittleren und Oberen Zechsteins nachweisbar. Im Unteren Zechstein war dieses Gebiet möglicherweise noch Festland.

4.5 Eisenach-Senke

(52) Steilufer des Baches nahe der Altenberger Mühle bei Wilhelmsthal südwestlich Eisenach

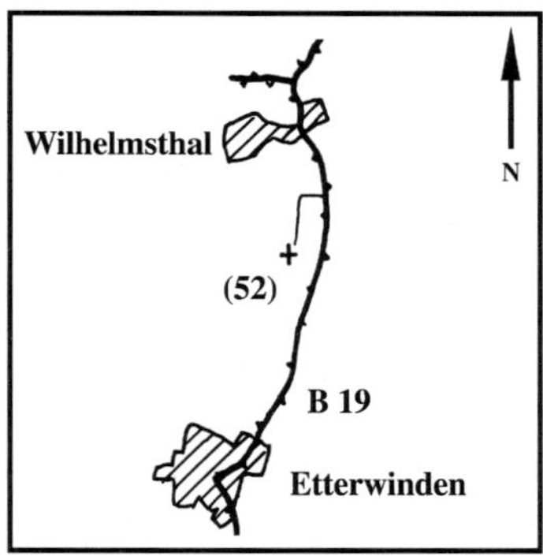

Anreise/Lage: Anfahrt über Wilhelmsthal oder Etterwinden (B 19), Wanderung zum südwestlichen Steilufer der Elte.

Geologie/Stratigraphie: Ton/Siltsteine im Wechsel mit Sandsteinen der Unteren Schiefertone (Eisenach-Formation).

Beschreibung: Die Eisenach-Formation besteht aus einem mehrmaligen Wechsel von fanglomeratischen Schüttungen und feinklastischen Horizonten (Basalkonglomerat und Unterer Schieferton bis Grenzkonglomerat). Der Untere Schieferton wird im Bereich von Wilhelmsthal durch eine geringmächtige fanglomeratische Schüttung in einen unteren und einen oberen Teil getrennt.

Innerhalb der Eisenach-Formation ist nur der untere Teil des Unteren Schiefertons fossilführend (MARTENS 1979, 1983a, b, WALTER 1983). Neben Arthropoden- und Tetrapodenfährten fanden sich bisher nur vereinzelt Conchostraken, die eine wichtige biostratigraphische Bedeutung besitzen. Die einzelnen fossilführenden Bereiche lassen sich vor allem zu beiden Seiten des Tales zwischen Wilhelmsthal und Etterwinden im Anstehenden nachweisen.

Die Ablagerungen bestehen aus rotbraunen, glimmerreichen Feinsandsteinen mit Schräg- und Linsenschichtung oder aus einer Wechsellagerung von rotbraunen Sandsteinen und Tonsteinen mit wechselndem Sandanteil. Der Gesteinswechsel erfolgt im dm-Bereich. Von der Basis der Sandsteinbänke verlaufen Netzleisten (fossile Trockenrisse) vertikal in die darunter liegenden Tonsteine.

Die Tonsteine enthalten als seltene Körperfossilien Conchostraken (*Pseudestheria wilhelmsthalensis*). Zwischen den Tonsteinen und den Sandsteinen lassen sich stellenweise, z.B. nahe der Altenberger Mühle, schiefrig spaltende, ockerfarbene bis

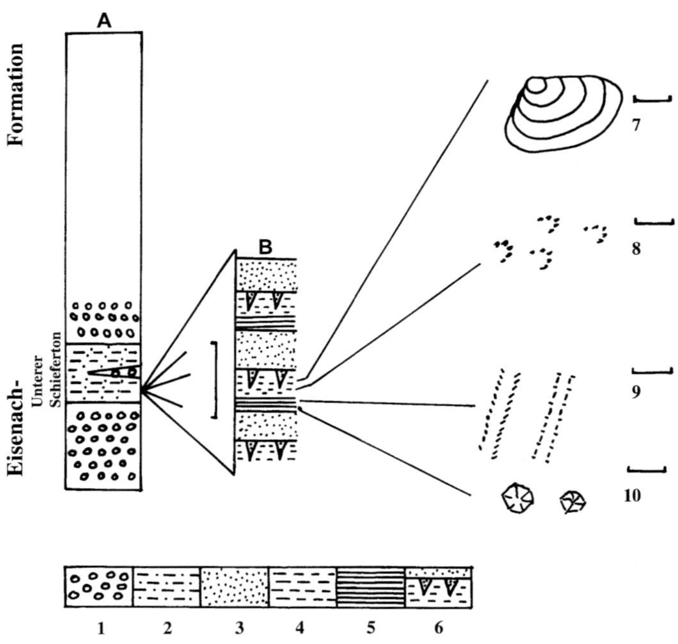

Abb. 66: Lithostratigraphisches Profil mit Fossilführung: Profil A – tiefere Bereiche der Eisenach-Formation, Profil B – Profilausschnitt im Unteren Schieferton (Maßstab: 1 m), 1 – Konglomerat, 2 – Schieferton, 3 – Sandstein, 4 – Tonstein, 5 – Tonstein „geschiefert", 6 – Austrocknungsmarken im Tonstein mit Sandstein gefüllt, 7 – Conchostraken, *Pseudestheria wilhelmsthalensis,* (Maßstab: 1 mm), 8 – Tetrapodenfährten (Maßstab: 5 cm), 9 – Insektenfährten (Maßstab: 10 cm), 10 – medusoide Marken (Maßstab: 1 cm).

rotbraune Ton- bzw. Siltsteine nachweisen. Auf den Schichtflächen sind Arthropoden- und Tetrapodenfährten erhalten geblieben (MARTENS 1979).

Millimetergroße rundliche Mineraleinschlüsse und sternförmige Figuren, die von einigen Autoren irrtümlich als Abdrücke von Hydromedusen (*Medusina limnica*) gedeutet wurden (SCHNEIDER 1996 u.a.), kann man überwiegend anorganisch gebildeten Marken zuordnen. Besonders in den Tonsteinen lassen sich Salzkristallpseudomorphosen und radialstrahlige Strukturen (?Frostmarken) nachweisen (MARTENS 1982c). Zum Teil extrem hohe Glimmergehalte in Silt- und Feinsandsteinen und die fanglomeratischen Schüttungen belegen ein nahe gelegenes kristallines Hochgebiet aus vorherrschenden Glimmerschiefern.

Mineralische Einschlüsse und Marken sind auch in den übrigen Schiefertonen bis zum Genzschieferton häufig nachweisbar; dagegen fehlen hier bisher Funde von Spuren- und Körperfossilien.

1. Flora

? *Taeniopteris* sp., entdeckt 2002 von S. VOIGT.

2. Fauna

Conchostraken: *Pseudestheria wilhelmsthalensis*

Arthropodenfährten: *Permichnium bidirectum, Per. gracilis, Lithographus niersteinensis, Heterotripodichnus inclinatus, Het. uniformis, Het. medioimpressus, Etterwindichnus regularis, Tarsichnus tripedialis, Punctichnus bipunctatum, Secundumichnus tenellus, Sec. alternans, Euproopichnus altenbergensis, Eup. bifurcatus, Pentapodichnus bilateralis*

Tetrapodenfährten: cf. *Laoporus* sp., *Protritonichnites* sp.

(53) Drachenschlucht bei Eisenach

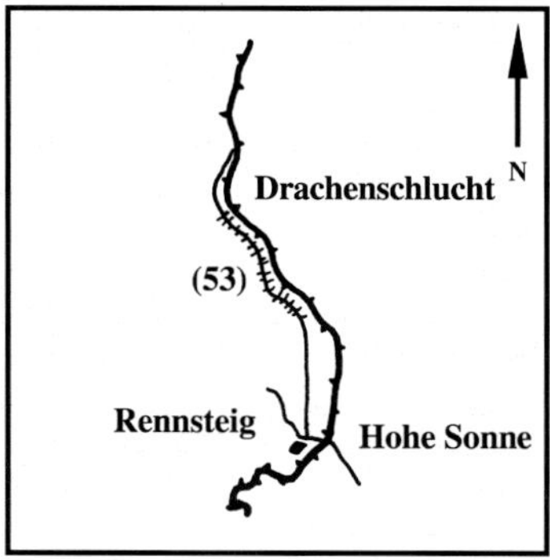

Anreise/Lage: Anfahrt über Eisenach auf der B 19 bis Parkplatz nahe Eingang zur Drachenschlucht, Wanderung durch die Drachenschlucht bis zur „Hohen Sonne“ am Rennsteig.

Geologie/Stratigraphie: Wartburg-Konglomerat (Eisenach-Formation).

Beschreibung: Die besonderen petrographischen Eigenschaften der Sedimentgesteine der Eisenach-Formation ermöglichten am Nordwestende des Thüringer Waldes die Entstehung einer eigenartigen Erosionslandschaft. Sie unterscheidet sich deutlich vom übrigen Thüringer Wald. Ausgeprägte Kluftrichtungen in den Konglomeraten und die unterschiedliche Widerstandsfähigkeit der Gesteine der Eisenach-Formation erzeugten canyonartige bis klammartige Täler mit allerlei Felsgebilden. Sie regten schon vor längerer Zeit die Phantasie der Menschen an. Es wurden wohlklingende Namen wie Elfengrotte, Luisengrotte, Landgrafenschlucht, Drachenschlucht usw. vergeben. Besondere Erosionsvorgänge im Bereich des Wartburg-Konglomerates erzeugten am Südausgang des Marienthales bei Eisenach die landschaftlich überaus reizvolle Drachenschlucht (HALFAR 1883).

Die Erosionskraft des kleinen, nahe der ehemaligen Gaststätte „Hohe Sonne" entspringenden Steinbaches sägt unaufhaltsam in das harte Gestein des Wartburg-Konglomerates. Dabei nutzt der Bach die vorgegebenen Hauptkluftrichtungen, um nach und nach in die Tiefe zu gelangen.

Im Wartburg-Konglomerat überwiegt die Tiefenerosion des Baches. Dies gilt auch für die Seitenschluchten, die ebenfalls erweiterte Kluftspalten darstellen. Von früheren Erosionsstadien findet man in den Felswänden Auskolkungen, Erosionskessel und Strudelnischen. Hat der Bach den Tonstein im Liegenden des Wartburg-Konglomerates erreicht, weitet sich die Drachenschlucht zum Annatal.

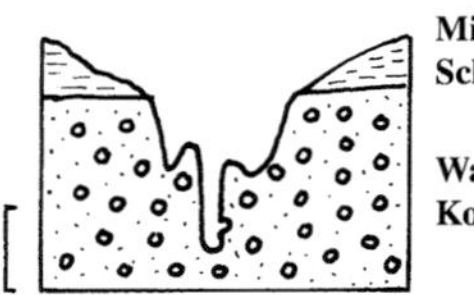

Abb. 67: Schematisches Profil durch die Drachenschlucht. Maßstab: 5 m.

JOHANNES WALTER schrieb 1921 u.a. folgendes über die Drachenschlucht: „...Wir wählen, um den Vorgang der Talbildung zu verfolgen, den Weg von der Hohen Sonne aus ... *Das Tälchen verengt sich mehr und mehr, der Pfad wird enger und steiler und plötzlich versinkt der Bach in einer dunklen Felsenspalte. Es ist der Punkt erreicht, wo die vorher nur oberflächlich abspülenden Gewässer kräftig genug sind, um durch ihre Stoßkraft und durch mitgerissene Steinchen sich eine scharfe Rinne in den Felsen zu schneiden. Kunstvoll leitet der Pfad auf steilen Stufen bald neben, bald über dem schäumenden Wasser. Mit jedem Schritte schließen sich die Felsenwände mehr über unserem Haupte, und bald sind wir in der engen Drachenschlucht, mitten in der Werkstatt der Erosion. Dumpf braust der Bach zu unseren Füßen, rieselnd tropft das Wasser von moosbewachsenen Felsenwänden, und wenn wir unseren Blick nach oben wenden, um das schmale Band des Himmelsblau zu verfolgen, dann erblicken wir übereinander mehrere Reihen flacher Nieschen, welche die Wasserstände eines früheren Stadiums der Talbildung markieren. Dann aber sehen wir eine Anzahl schmaler Spalten, sich rechtwinklig kreuzend, die Felswände durchschneiden und erkennen, daß die häufigen Wendungen der Talschlucht durch die Richtung der einander ablösenden Klüfte vorgezeichnet sind...*". Die Drachenschlucht oder der „Little Grand Canyon" – ein durchaus passender Vergleich zum großen Bruder im SW der USA – zeigt aus nächster Nähe alle Vorgänge der Tiefenerosion.

Die Drachenschlucht wurde vom Forstrat GOTTLOB KÖNIG im Jahre 1832 zugänglich gemacht. Dies geschah mit Unterstützung der Großherzogin MARIA PAWLOWNA (Gattin das damaligen weimarischen Großherzogs und späteren Königs der Niederlande). Nach ihrer Schwester ANNA (großes „A" am Eingang zur Schlucht) wurde das Tal in Annatal umbenannt.

Die Drachenschlucht ist 198 m lang, bis 10 m tief und an der schmalsten Stelle nur 86 cm breit. Die stets feuchten Gesteinswände, die hohe Luftfeuchtigkeit und die auch in den Sommermonaten anhaltende Kühle ermöglichen das Wachstum einer speziellen „Schluchtflora". Im Winter wird häufig der Zugang durch eine Vereisung der Wände versperrt. Die Frostsprengung löst Gesteinsmaterial aus den steilen Fanglomeratfelsen. In der Drachenschlucht ist das Vorkommen des Gelben Veilchens (*Viola biflora*) als ein Eiszeitrelikt bekannt.

(54) Wartburg bei Eisenach und Felswand an der Wartburgschleife unterhalb der Wartburg

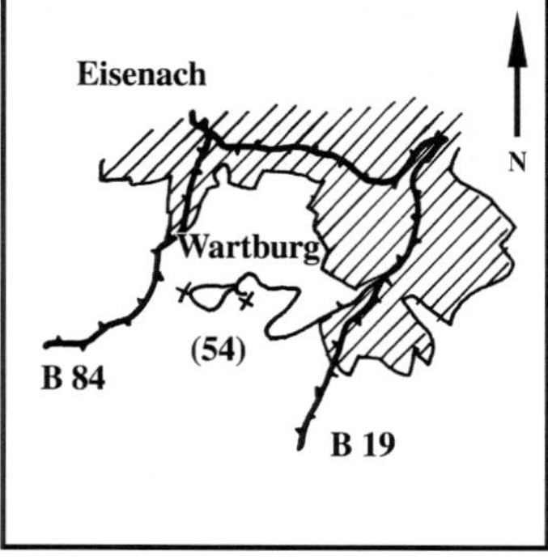

Anreise/Lage: Anfahrt zur Wartburg von Eisenach aus bis zum Parkplatz. Kurze Wanderung über Wartburgschleife zur Wartburg.

Geologie/Stratigraphie: Wartburg-Konglomerat einschließlich Basis (Eisenach-Formation).

Beschreibung: Südwestlich von Eisenach erheben sich einige dicht bewaldete Bergkuppen aus dem mesozoischen Vorland und bilden zusammen das nordwestliche Ende des Thüringer Waldes. Weithin sichtbar thront die mittelalterliche Wartburg als bedeutendstes historisches Wahrzeichen der Stadt Eisenach.

Die Bauten der umfangreichen Burganlage wurden bereits vor Jahrhunderten in den relativ widerstandsfähigen Wartburg-Konglomerat der Eisenach-Formation gegründet. Auch für den Bau der Burganlage nutzte man dieses feste Gestein aus der unmittelbaren Umgebung. Die gröberen, meist schlecht gerundeten Bestandteile (vor allem kristalline Gesteine, Quarz, Granit, Rhyolith) sind regellos durchmischt und enthalten rotbraun gefärbtes Zement aus Ton-, Silt- und Feinsandsteinnestern. Eine Schichtung ist nur selten erkennbar. Die Durchmischung aller Kornfraktionen ist ein typisches Merkmal der Konglomerate der Eisenach-Formation.

Nordwestlich der Wartburg unmittelbar an der Wartburgschleife neben dem Restaurant „Zum Parkhaus" wurde in den Jahren 1929–1930 eine Böschung angelegt, die Sedimente der Eisenach-Formation freilegte. Im unteren Teil des Profiles sind die höheren Bereiche des Unteren Schiefertons mit einzelnen Konglomeratbänken aufgeschlossen. Oberhalb der Terasse steht das Wartburg-Konglomerat an. Besonders auffällig ist der scharfe Wechsel von Konglomerat und „Schieferton" im unteren Profilteil.

Die Grobklastika strömten flutwellenartig aus dem nahen, aktivierten Schuttfächer in den zeitweise mit Wasser bedeckten Randbereich einer mit tonhaltigen Schlamm gefüllten Senke. Es entstand der ebene und scharfe Wechsel zwischen Tonstein und Schuttstrom. Die konglomeratische Schüttung kam zur Ruhe. Die Hangendgrenze des Schuttstromes lag noch unter Wasserbedeckung im See. Es bildete sich mit relativ scharfer Grenze über der Konglomeratbank der nächste Tonhorizont. Erst mit dem deutlichen Einsetzen des Wartburg-Konglomerates wurde die feinklastische Sedimentation nach Südwesten zurückgedrängt.

(55) Profil am Bahnhof Förtha bei Eisenach

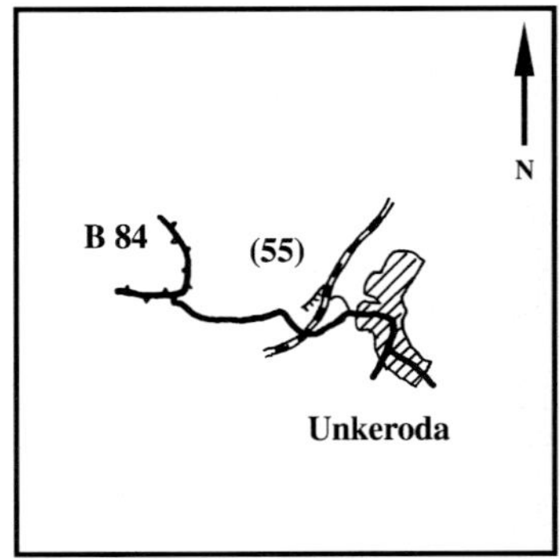

Anreise/Lage: Anfahrt aus Eisenach über B 84 nach Förtha und Unkeroda zum Bahnhof Förtha (Hanganschnitt am Bahnhof).

Geologie/Stratigraphie: Grenzkonglomerat bis Zechsteinkalk und „Blasenwacke" (Eisenach-Formation bis Mittlerer Zechstein).

Beschreibung: Im Jahre 1853 entstand beim Bau der Eisenbahn-Strecke Eisenach-Förtha, direkt am Bahnhof Förtha, eine Steilböschung, die heute als Geologisches

Naturdenkmal den bedeutendsten Aufschluß für den Grenzbereich Oberrotliegend – Zechstein in Thüringen markiert. In der Literatur wird er auch als „Klassisches Zechsteinprofil Epichnellen" bezeichnet (GEYER 1996, GEYER, JAHNE & STORCH 1999).

Über dem noch unverändert rotbraun gefärbten Grenzkonglomerat der Eisenach-Formation setzt das grau verfärbte Konglomerat als Grauliegendes ein. Es gehört noch zur Eisenach-Formation. Die Graufärbung ist als zechsteinzeitlich einzuschätzen.

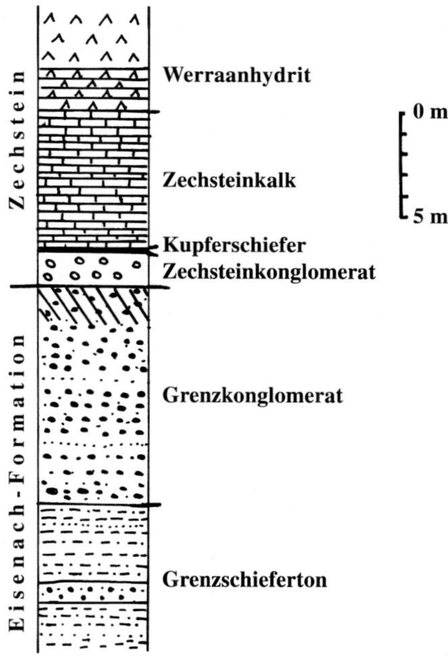

Abb. 68: Lithostratigraphisches Profil gegenüber Bahnhof Förtha, neu gezeichnet nach LÜTZNER (1987).

Das rasch vordringende Zechsteinmeer erzeugte ein überwiegend grobklastisches Aufarbeitungsprodunkt mit wechselnden Mächtigkeiten, das als Zechsteinkonglomerat bezeichnet wird und die Basis des Zechsteins bildet. Nun folgt der bis etwa 50 cm mächtige Kupferschiefer, im Hangenden ca. 6,5 m Mergelschiefer (Zechsteinkalk, Unterer Zechstein) und schließlich ca. 5 m „Blasenwacke" (verwitterter Werraanhydrit, Mittlerer Zechstein). Das Profil läßt sich auf mehr als 100 m verfolgen und ist schon häufig Gegenstand geologischer und paläontologischer Untersuchungen gewesen (KOZUR 1977a).

(56) Basaltgang am Bahnhof Hörschel

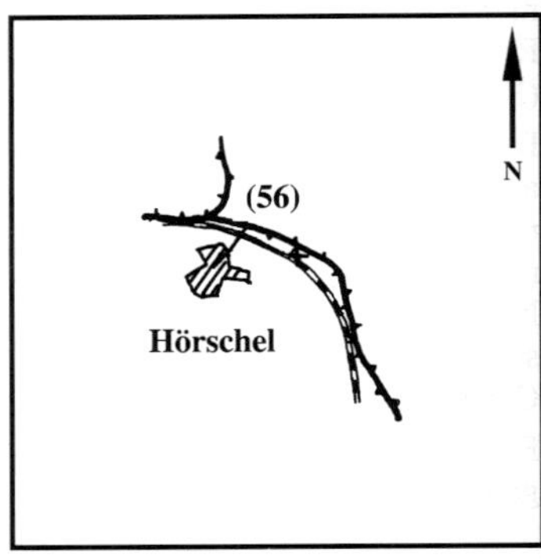

Anreise/Lage: Anfahrt zum Bahnhof Hörschel aus Richtung Eisenach, Besichtigung des geologischen Fensters (Geologisches Naturdenkmal).

Geologie/Stratigraphie: Geringmächtiger Basaltgang (Limburgit) im Unteren Muschelkalk (Trias, Tertiär).

Beschreibung: Spuren des tertiären Rhön-Vulkanismus lassen sich nördlich der Rhön bis zum Bahnhof Hörschel westlich Eisenach nachweisen. Innerhalb einer Zerrspalte des Unteren Muschelkalkes (Wellenkalk) ist ein geringmächtiger Basaltgang (Limburgit) erhalten geblieben. Er wurde beim Bau der Werra-Eisenbahn 1849 deutlich freigelegt und ist heute als Geologisches Naturdenkmal im Bereich einer Stützmauer als geologisches Fenster einsehbar. Das Alter des Basaltes wird auf etwa 25 Millionen Jahre geschätzt.

(57) Stopfelskuppe nordwestlich von Förtha

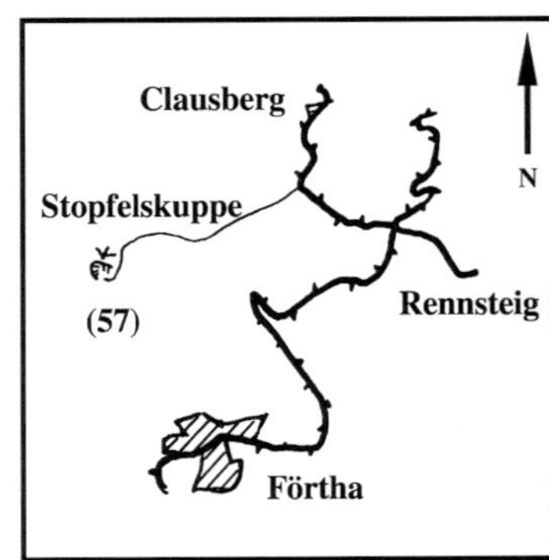

Anreise/Lage: Anfahrt auf B 84 von Eisenach bis Förtha, Wanderung zur Stopfelskuppe (413 m).

Geologie/Stratigraphie: Basalt (Limburgit) aus dem Miozän.

Beschreibung: Im ehemaligen Basaltsteinbruch auf der Stopfelskuppe nordwestlich von Förtha wurde bereits im 18. Jahrhundert Basalt zur Pflasterherstellung abgebaut. Es handelt sich um das Erosionsrelikt eines Vulkanbaues aus dem nördlichen Randbereich des miozänen Rhön-Vulkanismus. Vor ca. 25 Millionen Jahren lag die Landoberfläche mehr als 200 m über dem gegenwärtigen Niveau. Die Spaltenfüllungen aus Richtung Rhön kann man mit Unterbrechung nördlich bis zum Bahnhof Hörschel verlängern (HOFF 1810, 1821, SARTORIUS 1823).

Bei dem mehrere Meter mächtigen Basaltgang handelt es sich um Limburgit, den man als Lesesteine noch finden kann. Der Limburgitgang (Olivinkristalle in dunkler Grundmasse aus Olivin, Augit, Magnetit und vulkanischem Glas) lagert in einem Basalttuff mit Bomben, Lapilli und gefritteten Buntsandsteinbrocken. Außerdem treten Nephelinitgänge auf (BORNEMANN 1883). Der Basalt stieg gangförmig im Buntsandstein auf. Der Sandstein wurde zu einem kontaktmetamorph gefritteten, jaspisartigen Gestein umgewandelt.

Ein weiteres Basaltvorkommen findet man an der Pflasterkaute bei Marksuhl (Geologisches Naturdenkmal).

5. Geologische Sammlungen, Museen, Schaubergwerke und Höhlen

5.1 Sammlungen zur Geologie und Paläontologie des Thüringer Waldes

(HOFF 1812, ZITTEL 1899, CLAUS 1926, GOETZE 1928, v. FREYBERG 1932b, GOTHAN 1944, WAGENBRETH 1983a, b, BARTHEL 1982a, 1983, 1985, WIEFEL 1997)

AMTHOR, REINHOLD: Gesteine des Thüringer Waldes; Slg. im Museum der Natur Gotha

ARNHARDT, ALFRED: Fossilien, insbesondere Pflanzen des Rotliegend; Slg. im Naturhistorischen Museum Schleusingen

CREDNER, HEINRICH (1809–1876): Minerale und Gesteine des Thüringer Waldes; Slg. im Museum der Natur Gotha

EISFELD, ALFRED (1883–1964): Fossilien, insbesondere Fische u. Pflanzen aus dem Unterrotliegend vom Gottlob bei Friedrichroda; Slg. im Museum der Natur Gotha und in der Universität Jena

FRANKE, HERMANN (1847–1932): Fossilien; Slg. im Naturhistorischen Museum Schleusingen

FÜCHSEL, GEORG CHRISTIAN (1722–1773): Fossilien, Gesteine des östl. Thüringer Waldes; Slg. im Naturhistorischen Museum Rudolstadt

GEORGI, PAUL (1891–1976): Fossilien, insbesondere Pflanzen des Rotliegend; Slg. im Naturhistorischen Museum Schleusingen

GIMM, OTTO (1890–1958): Fossilien, insbesondere Pflanzen des Rotliegend; Slg. im Museum für Naturkunde Berlin

GOETHE, JOHANN WOLFGANG v. (1749–1832): Minerale, Gesteine, Fossilien; Slg. in der Stiftung Weimarer Klassik

HEIM, JOHANN LUDWIG (1741–1819): Gesteine; Slg. im Museum der Natur Gotha

HOFF, KARL ERNST ADOLF v. (1771–1837): Minerale des Altbergbaus, Gesteine, Fossilien; Slg. im Museum der Natur Gotha

JACOBI, BERNHARD: Fossilien, insbesondere Tetrapodenfährten des Rotliegend; Slg. im Museum der Natur Gotha

KONTHER, FRITZ (1895–1968): Fossilien, vor allem vom Gottlob bei Friedrichroda; Slg. im Museum der Natur Gotha

MAHR, JOHANN CHRISTIAN (1787–1869): Fossilien von Manebach; Slg. Naturkundemuseum Berlin

MARTENS, THOMAS (geb. 1952): Fossilien, insbesonde Conchostraken, Arthropodenfährten, Fische, Tetrapoden und Tetrapodenfährten des Rotliegend; Slg. im Museum der Natur Gotha

MÜTZE, KARL (1909–1979): Fossilien; Slg. TU Bergakademie Freiberg

PABST, WILHELM (1856–1908): Fossilien, insbesondere Tetrapodenfährten des Rotliegend, Gesteinsdünnschliffe; Slg im Museum der Natur Gotha

PFEIFFER, HEINZ (1921–1994): Fossilien, insbesondere aus dem Devon bei Saalfeld, Bohlen; Slg. TU Bergakademie Freiberg

SCHLOTHEIM, ERNST FRIEDRICH v. (1764–1832): Fossilien, insbesondere Pflanzen aus dem Rotliegend; Slg. im Museum für Naturkunde Berlin

VOIGT, JOHANN CARL WILHELM (1752–1821): Gesteine, insbesondere Vulkanite, Kohle; Slg. im Museum der Natur Gotha

VOLK, MAX (1900–1969): Fossilien, insbesondere aus dem Altpaläozoikum des Schwarzburger Sattels; Slg. TU Bergakademie Freiberg und im Naturkundemuseum Erfurt

WALCH, JOHANN ERNST IMMANUEL (1725–1778): Fossilien; Slg. an der Universität Jena

WEBER, HANS (1892–1965): Gesteine; Slg. an der Universität Halle

WERNEBURG, RALF: Fossilien, insbesondere Branchiosaurier des Unterrotliegend; Slg. im Naturhistorisches Museum Schleusingen, TU Bergakademie Freiberg

WICHDORFF, HANS HESS v. (1877–1932): Minerale, Gesteine; Slg. im Museum der Natur Gotha

5.2 Wichtige Museen, Schaubergwerke und Höhlen

Museum der Natur Gotha

Information: Tel.: 03621-823010/17, Fax: 03621-823020

Das Museum der Natur Gotha besitzt als größtes naturwissenschaftliches Museum in Thüringen recht umfangreiche, historisch und wissenschaftlich wertvolle Bestände an Mineralen, Fossilien und Gesteinen des Thüringer Waldes.

Die ältesten Belege, es sind vor allem Minerale des Altbergbaues, stammen aus dem 18. Jahrhundert. Die Slg. K.E.A. v. HOFF (1771–1837) ist noch zu etwa 50 % vorhanden und enthält Minerale, Gesteine und Fossilien des Thüringer Waldes, gesammelt etwa zwischen 1790 und 1820, darunter wichtige Belege des damaligen Bergbaues. Die

v. HOFF-Sammlung gehört zu den wissenschaftshistorisch bedeutendsten Sammlungen des Thüringer Waldes.

Bis etwa 1920 gelangten immer wieder wichtige Belege des ehemaligen Bergbaues in die Sammlung. G. HOLZHEY schuf zwischen 1988 bis 1992 eine Spezialsammlung von verschiedenen „Schneekopfkugel"-Fundstellen des Thüringer Waldes.

Älteste Fossilfunde lieferte der Kupferschieferbergbau am Rande des Thüringer Waldes. Funde des 18. Jahrhunderts sind heute noch Bestandteil als Reste des ehemaligen Herzoglichen Naturalienkabinetts erhalten geblieben. Die Fossilsammlung des Gothaer Geheimen Rates E.F. v. SCHLOTHEIM, dem Begründer der wissenschaftlichen Paläobotanik, enthält zahlreiche Typen aus dem Thüringer Wald. Die Sammlung befindet sich heute im Naturkundemuseum Berlin.

Der größte, bisher zusammenhängend gefundene Wedel eines Baumfarnes aus der Flözführenden Zone der Manebach-Formation gelangte zu Beginn des 19. Jahrhunderts in das Museum. Etwa zwischen 1890 und 1908 schuf der Kustos der Naturwissenschaftlichen Sammlung des Herzoglichen Museums, Prof. Dr. W. PABST, die Grundlage der heute international bedeutendsten Spezialsammlung fossiler Tetrapodenfährten des Rotliegend, vor allem des Thüringer Waldes.

Das Gothaer Museum enthält umfangreiche Belegsammlungen zu klassischen Fossilfundstellen des Thüringer Waldes, wie z.B.: Bohlen bei Saalfeld, Manebach, Gottlob bei Friedrichroda, Öhrenkammer bei Ruhla, Bromacker bei Tambach-Dietharz, Lochbrunnen bei Oberhof und Leuchtenburg-Steinbruch bei Tabarz.

Zahlreiche Belegsammlungen zu neu entdeckten Fossilfundstellen im Rotliegenden des Thüringer Waldes entstanden im Museum seit 1978. Besonders zu erwähnen sind die mehrere 1000 Belegstücke enthaltende Sammlung fossiler Conchostraken des Rotliegend und der Trias und eine Spezialsammlung terrestrischer Wirbeltiere der Lokalität „Bromacker" bei Tambach-Dietharz.

Seit 1997 existiert die Dauerausstellung „Ursaurier zwischen Thüringer Wald und Rocky Mountains" Sie präsentiert u.a. wichtige Fossilfunde aus dem Rotliegend des Thüringer Waldes.

Naturkundemuseum Erfurt

Information: Tel./Fax: 0361-6422085

Die geowissenschaftlichen Sammlungen enthalten wichtige Belege und Spezialsammlungen zu klassischen Mineral- und Fossilfundstellen des Thüringer Waldes. In den letzten Jahrzehnten wurden keine Neuaufsammlungen im Thüringer Wald durchgeführt, da sich die Sammeltätigkeit des Museums auf Minerale weltweit verteilter Fundstellen und auf Fossilien des Mesozoikums im Thüringer Beckens konzentriert.

Das im Jahre 1995 neu eröffnete Naturkundemuseum Erfurt zeigt in der erdgeschichtlichen Dauerausstellung u.a. auch wichtige Fossilbelege aus dem Rotliegend des Thüringer Waldes.

Naturhistorisches Museum Schleusingen

Information: Tel.: 036841-5310, Fax: 036841-531225

Die relativ umfangreichen Mineralbestände des Museums enthalten wichtige Belege zu zahlreichen Mineralfundstellen des Thüringer Waldes. Das Museum besitzt wertvolle Sammlungen privater Sammler von Fossilien des Rotliegend des Thüringer Waldes. Unter der Leitung des Paläontologen Dr. R. WERNEBURG entstand eine Spezialsammlung aus Amphibienskeletten (vor allem Branchiosaurier) zahlreicher Lokalitäten des Unteren Rotliegend des Thüringer Waldes. Dazu werden systematische Grabungen durchgeführt.

Die von R. SCHMIDT geschaffene Mineralausstellung gibt einen sehenswerten Einblick in die wichtigsten Mineralvorkommen der einzelnen Teilgebiete des Thüringer Waldes. Das Schleusinger Museum präsentiert zur Zeit die bedeutendste Dauerausstellung zu dieser Thematik

Eine Dauerausstellung zum Thema „300 Millionen Jahre Thüringen" mit zahlreichen Fossilbelegen aus dem Thüringer Wald ist seit 2001 neuer Besuchermagnet des Museums.

Naturhistorisches Museum Rudolstadt

Information: Tel./Fax.: 03672-422145

Im Naturhistorischen Musem befindet sich schon seit dem 18. Jahrhundert eine bedeutende Sammlung aus Gesteinen, Mineralen und Fossilien Thüringens (Slg. FÜCHSEL). Die magazinierten Sammlungsbestände enthalten im geringen Umfang auch Fossilien des Thüringer Waldes einschließlich des Schwarzburg-Antiklinoriums (MARTENS 1988b). Gegenwärtig finden keine gezielten Aufsammlungen geologischer Objekte im Thüringer Wald statt.

Goldmuseum Theuern

Information: Tel./Fax: 036766-87814

Im Privatmuseum werden Ausstellungen zum Thema: „Gold", insbesondere zum Goldbergbau im Thüringer Wald vorgestellt.

Schiefermuseum Steinach/Thür.

Information: Tel.: 036762-30619

Ausstellungen zum Thema: Abbau und Verarbeitung von Dach- und Griffelschiefer, Beginn der Thüringisch-Fränkischen Schieferstraße.

Erlebnisbergwerk Merkers bei Bad Salzungen

Information: Tel.: 03695-613003

Mehrstündige Untertagebefahrungen in den ehemaligen Kaliabbauen der Grube „Merkers" vermitteln einen umfassenden Einblick vom ehemaligen Bergbau und den

Lagerungsverhältnissen der Zechsteinablagerungen. Höhepunkte sind die Salzkristallgrotte und die ehemaligen Lagerräume des „Goldschatzes der Deutschen Reichsbank“.

Besucherbergwerk „Hühn“ bei Trusetal

Information: Tel.: 036840-81087

Technisches Denkmal des ehemaligen Bergbaues bei Trusetal.

Besucherbergwerk „Finstertal“ (Eisen- und Braunsteingrube)

Information: Tel.: 03683-488037, Fax: 03683-601682

Technisches Denkmal des ehemaligen Bergbaues in Asbach bei Schmalkalden.

Marienglashöhle bei Friedrichroda

Information: Tel.: 03623-304953

Bedeutende Gipskristallhöhle (Altbergbau) im Zechstein bei Friedrichroda.

Altensteiner Höhle bei Bad Liebenstein

Information: Tel.: 036961-71216

Karsthöhle im Zechstein bei Altenstein.

Tropfsteinhöhle Kittelsthal

Information: Tel.: 036929-3315

Karsthöhle im Zechstein bei Kittelsthal.

6. Literatur

ALBERTI, G. (1960): Trilobiten aus den Tentakulitenschichten (Devon) vom Schaderthal (Ostthüringen). – Mitt. geol. Staatsinst. Hamburg **29**: 109–125; Hamburg.

AMTHOR, R. (1913): Heimatkunde für das Herzogtum Sachsen-Gotha, 1. Teil: Die geologische Beschaffenheit des Herzogtums Sachsen-Gotha. – 1–188, Selbstverl. Naturwiss. Ver. Gotha; Gotha.

ANDREAS, D. (1971): Das Rotliegende im Nordwestteil des Thüringer Waldes. – Kurzref. u. Exkursionsf., Tag. DGGW 1971, Suhl, Exk. B2: 45–56; Berlin.

– (1986): Das Rotliegende des Thüringer Waldes als Ergebnis divergenter Prozesse im Scheitelbereich eines mitteleuropäischen Großschollenscharniers. – Exkursionsf. GGW-Tag. 1986, Eisenach: 3–4; Berlin.

– (1988a): The structural dual character of the Rotliegendes in the Thuringian Forest and its surroundings. – Z. geol. Wiss. **16** (10): 979–992; Berlin.

– (1988b): Diskussionsbeitrag zu einer hydrothermal-postmagmatischen Genese der Vulkanitachate. – Z. angew. Geol. **34**: 65–71; Berlin.

– (1990): Übersicht über die Rotliegend-Folgen im Thüringer Wald. – In: ANDREAS, D., VOIGT, H. & MÄDLER, J.: Exkursionsf. 37. Jahrestagg. GGW – Regionale und Angewandte Geologie Thüringens (20. 8. bis 24. 8. 1990). – Exk. 6; Berlin.

– (1997): Das Rotliegend-Profil des Thüringer Waldes: Saale-Trog oder Thüringen-Fränkisch-Ostbayerische Senkenzone. – Kolloquium 1, „Stratigraphie, Sedimentation und Beckenentwicklung im Karbon und Perm". – TU Bergakademie Freiberg (Geologisches Institut), 48. Berg- und Hüttenmännischer Tag (18.–21. Juni 1997); Freiberg.

– (1998): Erläuterungen zur Geologischen Karte 1 : 25 000 von Thüringen: Blatt Oberhof (Gräfenroda), Nr. 5230. – 2. Aufl., Thür. Landesanst. Geol.; Weimar.

ANDREAS, D., ENDERLEIN, F. & MICHAEL, J. (1966): Zur Entwicklung des Rotliegenden im Thüringer Wald auf Grund neuer Kartierungsergebnisse. – Ber. dt. Ges. geol. Wiss. A **11** (1/2): 119–130; Berlin.

– – – (1974): Siles und Rotiegendes im Thüringer Wald und seinem südlichen Vorland. – In: HOPPE, W. & SEIDEL, G. (Hrsg.): Geologie von Thüringen. – 356–449; VEB H. Haack, Gotha/Leipzig.

ANDREAS, D. & HAUBOLD, H. (1973): Erste Information über die Richtgrenze Unteres/Oberes Autun (Unteres Perm, Unterotliegend) im Niveau der Goldlauterer Schichten des Thüringer Waldes. – Z. geol. Wiss. **1**: 509–514; Berlin.

– – (1975): Die biostratigraphische Untergliederung des Autun (Unteres Perm) im mittleren Thüringer Wald. – Schriftenr. geol. Wiss. **3**: 5–86; Berlin.

ANDREAS, D., HAUBOLD, H. & KATZUNG, G. (1975): Zur Grenze Stefan/Autun (Karbon/Perm). – Z. geol. Wiss. **3**: 689–716; Berlin.

ANDREAS, D., JUNGWIRTH, J. & WUNDERLICH, J. (1992): Die strukturelle Entwicklung des Thüringer Waldes und seiner Vorländer. – Geol. Bl. NO-Bayern **42** (Gedenkschrift HANS WEBER): 109–126; Erlangen.

ANDREAS, D., KÄSTNER, H., SEIDEL, G., WIEFEL, H. & WUJDERLICH, J. (1996): Geologische Karte Thüringer Wald 1 : 100 000. – Thür. Landesanst. Geol.; Weimar.

ANDREAS, D., LÜTZNER, H. & WUNDERLICH, J. (1999): Das Permokarbon des Thüringer Waldes. Teil 2: Verbreitung und Probleme der Abgrenzung und Gliederung des sedimentär-vulkanogenen Permokarbons im mittleren und südöstlichen Thüringer Wald. – Exkursionsf., Herbstexk. vom 16.–17. 10. 1999, Elgersburg, Thür. Geol. Verein, 78 S.; Jena.

ANDREAS, D. & MICHAEL, J. (1966): Zur geologischen Situation am Ostrand des Saaletroges im Thüringer Wald. – Hallesches Jb. mitteldt. Erdgesch. **7**: 15–38; Leipzig.

ANDREAS, D. & WUNDERLICH, J. (1998a): Tektonische Verhältnisse am Westthüringer Quersprung (Nordwestlicher Thüringer Wald). II. Spät- und postvaristische Entwicklung an der Reifstieg-Störung und die frühe Entwicklungsphase des Ringgau-Fränkischen Lineamentes. – Beitr. Geol. Thür., N. F. **5**: 39–72; Jena.

– – (1998b): Das Permokarbon des Thüringer Waldes. Teil 1: Verbreitung und Probleme der Abgrenzung und Gliederung des sedimentär-vulkanogenen Permokarbons im nordwestlichen und mittleren Thüringer Wald. – Exkursionsf., Herbstexk. vom 12 bis 13. 9. 1998, Winterstein, Thür. Geol. Verein, 52 S.; Jena.

ANSCHÜTZ, J.M. (1788): Die Gebirgs- und Steinarten des kursächsischen Hennebergs, des Schneekopfs und Ruppbergs.

ARNHARDT, A. (1968): Paläobotanische Beobachtungen im Stefan und Rotliegenden des Thüringer Waldes.– Paläont. Abh., B **2** (4): 751–761; Berlin.

– (1972): Tektonik, Stratigraphie und Flora des Stefan und Rotliegenden im Thüringer Wald. – Ber. dt. Ges. geol. Wiss., A, **17** (1): 81–100; Berlin.

ATANASOV, O. & JORDAN, H. (1969): Zur Stratigraphie und Paläontologie der Schwärzschiefer des thüringischen Devons. – Mber. dt. Akad. Wiss. Berlin **11** (2): 144–146; Berlin.

BANKWITZ, P. (1962): Zur Tektonik und Metamorphose der Kernzone des Schwarzburger Sattels. – Mber. dt. Akad. Wiss. Berlin **4**: 669–671; Berlin.

– (1967): Probleme des Faltenbaus besonders in den Katzhütter Schichten (Präkambrium) im Schwarzburger Sattel (Thüringen). – Geologie **16**: 1083–1102; Berlin.

– (1968): Phyllittektonite verschiedenen Alters in einem Querprofil durch den Schwarzburger Sattel. – Geologie **17**: 720–752; Berlin.

– (1970): Über die Basisfolge des Kambriums (Goldisthaler Schichten) und ihre Grenze zum liegenden Proterozoikum (Katzhütter Schichten) an der SE-Flanke des Schwarzburger Sattels. – Geologie **19**: 1023–1047; Berlin.

– (1988): Schwarzburger Antiklinorium. – In: Exkursionsf.: Fundament und Deckgebirge. – 136–153; Zentralinst. Phys. Erde, Potsdam.

BANKWITZ, E. & BANKWITZ, P. (1975): Zur Sedimentation proterozoischer und kambrischer Gesteine im Schwarzburger Antiklinorium. – Z. geol. Wiss. **3**: 1279–1305, Berlin.

BANKWITZ, P. & BANKWITZ, E. (1984): Tectonic development of the Schwarzburg anticlinorium. – In: BANKWITZ, P. et al.: Sedimentary and tectonic structures in the Saxothuringian and Rhenohercynian zones. – Guidebook of Excursions: 131-154; Zentralinst. Phys. Erde, Potsdam.

– – (1989): Fabric elements and strain in the Schwarzburg anticlinorium, Thuringian Slate Mountains. – Z. geol. Wiss. **17** (7): 653–668; Berlin.
– – (1995): Proterozoikum/Schwarzburger Antiklinorium. – In: SEIDEL, G. (Hrsg.): Geologie von Thüringen. – 46–77; E. Schweizerbart´sche Verlagsbuchhandlung, Stuttgart.
– – (1996): Tektonische Strukturen im Kern des Schwarzburger Antiklinoriums und die cadomische Diskordanz. – Beitr. Geol. Thür., N.F., **3**: 57–72; Festschr. H. LÜTZNER, Weimar.
BANKWITZ, P., BANKWITZ, W. & KRAMER, W. (1990): Entwicklung und Deformation des Altpaläozoikums in der Synklinalzone von Vesser. – Exkursionsf., 37. Jahrestag. Ges. geol. Wiss. DDR, 53-58; Berlin.
BANKWITZ, P. & KAEMMEL, TH. (1957): Das Thüringer Hauptgranitmassiv (Ilmtal-Suhler-Granit) und seine südöstlichen Rahmen. – Abh. dt. Akad. Wiss., Abh. Geotekt., Jg. **1956** (12), 57 S.; Berlin.
– – (1958): Beitrag zur Geologie des Grundgebirges zwischen Ruhlaer und Schwarzburger Sattel. – Geologie **7**: 597–609; Berlin.
BARTHEL, M. (1980a): *Pecopteris*-Arten E. F. von SCHLOTHEIMs aus Typuslokalitäten in der DDR. – Schriftenr. geol. Wiss. **16**: 275–304; Berlin.
– (1980b): *Pecopteris* (*Scolecopteris*)-Arten aus dem Rotliegenden von Manebach in Thüringen. – Wiss. Z. Univ. Berlin, math.-nat. R., **29** (3): 351–365; Berlin.
– (1980c): Calamiten aus dem Oberkarbon und Rotliegenden des Thüringer Waldes. – In: VENT, W. (Hrsg.): Festschrift 100 Jahre Arboretum (1879–1979). – 237-258; Berlin.
– (1982a): Klassische paläobotanische Sammlungen aus dem Thüringer Wald. – Gleditschia **9**: 45–55; Berlin.
– (1982b): Die Pflanzenwelt. – In: HAUBOLD, H. et al. (eds.): Die Lebewelt des Rotliegenden. – Die Neue Brehm-Bücherei **154**: 63–131; A. Ziemsen Verl., Lutherstadt-Wittenberg.
– (1983): Pflanzenfossilien als Kulturgut. – Neue Museumskunde **26** (1): 4–13; Berlin.
– (1985): JOHANN CHRISTIAN MAHR (1787–1869) – Goethes Fossiliensammler im Steinkohlenvorkommen Manebach-Kammerberg. – In: PRESCHER, H. (Hrsg.): Leben und Wirken deutscher Geologen im 18. und 19. Jahrhundert. – 1. Aufl., 162–182; VEB Dt. Verl. Grundstoffindustrie, Leipzig.
BARTHEL, M. & RÖSSLER, R. (1993): Seismite aus dem Rotliegend des Thüringer Waldes – Sedimentation und Fossilführung der Tonsteine der Oberen Gehren-Formation. – Veröff. Naturhist. Mus. Schleusingen **7/8**: 53–64; Schleusingen.
– – (1994a): Calamiten im Oberrotliegend des Thüringer Waldes – Was ist „*Walchia imbricata*“ ? – Veröff. Naturhist. Mus. Schleusingen **9**: 69–80; Schleusingen.
– – (1994b): Von MYLIUS bis SCHLOTHEIM. Paläobotanische Sammlungen des 18. Jahrhunderts aus Manebach, Thüringer Wald. – In: GROTE, A. (Hrsg.): Macrocosmos in Microcosmos (Die Welt in der Stube. Zur Geschichte des Sammelns 1450–1800 – 707–720; Leske & Budrich, Opladen.
– – (1995): „Eine gantz unbekanndte Frucht...“ 300 Jahre paläobotanisches Sammeln und Beobachten in Manebach. – Veröff. Naturhist. Mus. Schleusingen **10**: 49–56; Schleusingen.
– – (1996): Paläontologische Fundschichten im Rotliegenden von Manebach (Thür. Wald) mit *Calamites gigas* (Sphenophyta). – Veröff. Naturhist. Mus. Schleusingen **11**: 3–21; Schleusingen.

BARTZSCH, K., BLUMENSTENGEL, H. & WEYER, D. (1999): Stratigraphie des Oberdevons im Thüringischen Schiefergebirge, Teil 1: Schwarzburg-Antiklinorium. – Beitr. Geol. Thür., N. F., **6**: 159–189; Jena.

BARTZSCH, K. & WEYER, D. (1980): Neue Ostracoda aus der *Wocklumeria*-Stufe (Oberdevon) von Saalfeld im Thüringischen Schiefergebirge. – Abh. Ber. Mus. Naturkd. Vorgeschichte Magdeburg **12** (2): 34–51; Magdeburg.

– – (1985): Zur Stratigraphie der Oberdevon-Quarzite von Saalfeld. – Freiberger Forsch.-H., C **400**: 5–36; Leipzig.

– – (1986): Biostratigraphie der Devon/Karbon-Grenze im Bohlen-Profil bei Saalfeld (Thüringen, DDR). – Z. geol. Wiss. **14** (2): 147–152; Berlin.

BEHRENDT, L. (1968): Ein Beitrag zur Rotliegendkartierung auf Blatt Tambach – Dietharz (Thüringer Wald). – Geologie **17**: 255–272; Berlin.

BERMAN, D.S., HENRICI, A.C., SUMIDA, S.S. & MARTENS, TH. (2000): Redescription of *Seymouria sanjuanensis* (Seymouriamorpha) from the Lower Permian of Germany based on complete, mature specimens with a discussion of paleoecology of the Bromacker locality assemblage. – J. Vertebrate Paleontology **20** (2): 253–268.

BERMAN, D.S. & MARTENS, TH. (1993): First occurrence of *Seymouria* (Amphibia, Batrachosauria) in the Lower Permian Rotliegend of Central Germany. – Ann. Carnegie Mus. Nat. Hist. **62**: 63–79; Pittsburgh.

BERMAN, D.S., REISZ, R.R., MARTENS, TH. & HENRICI, A.C. (2001): A new species of *Dimetrodon* (Synapsida: Sphenacodontidae) from the Lower Permian of Germany records first occurrence of genus outside of North America. – Can. J. Earth Sci. **38**: 803–812.

BERMAN, D.S., REISZ, R.R., SCOTT, D., HENRICI, A.C., SUMIDA, S.S. & MARTENS, TH. (2000): Early Permian bipedal reptile. – Science **290**: 969–972.

BERMAN, D.S., SUMIDA, S.S. & LOMBARD (1997): Biogeography of Primitive Amniotes. – In: SUMIDA, S.S. & MARTIN, K.L.M.: Amniote Origins. – 85–139; Academic Press, San Diego.

BERMAN, D.S., SUMIDA, S.S. & MARTENS, TH. (1998): *Diadectes* (Diadectomorpha: Diadectidae) from the early Permian of central Germany, with description of a new species. – Ann. Carnegie Mus. Nat. Hist. **67** (1): 53–93; Pittsburgh.

BEYRICH, E. (1886): Gliederung des Rotliegenden. – Z. dt. geol. Ges. **38**: 699–701; Berlin.

BEYSCHLAG, F. (1889): Thüringer Wald. (geognostischer Überblick). – In: Meyers Konvers.-Lex., **15**, 4. Aufl., 683–684, 1 Kt.; Bibliogr. Institut, Leipzig.

– (1895a): Überblick über die geologische Zusammensetzung des Thüringer Waldes, in Sonderheit des Rotliegenden desselben, unter Vorlegung einer neuen geologischen Übersichtskarte im Maßstab 1 : 100 000. – Z. dt. geol. Ges. **47**: 596–607; Berlin.

– (1895b): Geognostische Übersichtskarte des Thüringer Waldes im Maßstab 1 : 100 000. – Berlin.

BICKEL, W. (1937): Profil vom Gottlob bei Friedrichroda. – Gothaer Stadtnachrichten; Gotha.

BIEWALD, W. (1983): Geologische Kartierung des Zechstein-Buntsandstein-vorkommens im Graben von Scheibe-Alsbach sowie seines Schiefergebirgsrahmens an der SE-Flanke des Schwarzburger Sattels in Thüringen. – Diss., unveröff.; Bergakademie Freiberg, Freiberg.

– (1993a): Die geologischen Naturdenkmale an der Hauptbaustraße Goldisthal (Thüringer Schiefergebirge). – Veröff. Naturhist. Mus. Schleusingen **7/8**: 65–75; Schleusingen.

– (1993b): Zur geologischen Entwicklungsgeschichte des Grabens von Scheibe-Alsbach mit Zechstein- und Buntsandsteinrelikten an der SE-Flanke des Schwarzburger Sattels in Thüringen. – Geowiss. Mitt. Thür. **1**: 27–40; Weimar.

BLUMENSTENGEL, H. (1959): Über oberdevonische Ostracoden und ihre stratigraphische Verbreitung im Gebiet zwischen Saalfeld und dem Kamm des Thüringer Waldes. – Freiberger Forsch.- H., C **72**: 53–107; Berlin.

– (1961): Foraminiferen aus dem Thüringer Oberdevon. – Geologie **10** (3): 316–335; Berlin.

– (1962): Über verkieselte Ostracoden aus dem Tentakulitenknollenkalk (Unterdevon) der Bohrung Mötzelbach 3. – Freiberger Forsch.- H., C **125**: 7–28; Berlin.

– (1963): Zur Mikrofauna des Thüringer Ockerkalkes (Silur). – Geologie **12**: 349–354; Berlin.

– (1965): Zur Taxionomie und Biostratigraphie verkieselter Ostracoden aus dem Thüringer Oberdevon. – Freiberger Forsch.-H., C **183**: 1–127; Leipzig.

– (1974): Devon. Fossilien. – In: HOPPE, W. & SEIDEL, G. (Hrsg.): Geologie von Thüringen. – 233–247; Hermann Haack Verl., Gotha–Leipzig.

– (1979): Die Ostracodenfauna der *Wocklumeria*-Stufe (Oberdevon) bei Saalfeld im Thüringer Schiefergebirge. – Z. geol. Wiss. **7** (4): 521–557; Berlin.

– (1981): Zwei neue Arten der Bairdiidae SARS (Ostracoda) aus der Dasberg-Stufe des Saalfelder Oberdevon (Thüringen). – Freiberger Forsch.-H., C **363**: 43–50; Leipzig.

– (1994): Zur Bedeutung von Meeresspiegelschwankungen bei der Bildung der Oberdevonsedimente von Saalfeld, Thüringer Schiefergebirge. – Geowiss. Mitt. Thür. **2**: 29–44; Weimar.

– (1995): Devon. – In: SEIDEL, G. (Hrsg.): Geologie von Thüringen. –121–146; E. Schweizerbart´sche Verlagsbuchhandlung, Stuttgart.

BLUMENSTENGEL, H., FREYER, G. & ZAGORA, K. (1976): Über Verbreitung und stratigraphische Bedeutung der Tentaculiten im Devon der DDR. I. Saxothuringikum. – Z. geol. Wiss. **4** (7): 1069–1089; Berlin.

BÖHNE, E. (1915): Das Randgebiet des Thüringer Waldes bei Schmalkalden und Steinbach-Hallenberg. – Jb. preuß. geol. Landesanst. **36**: 1–173; Berlin.

– (1922): Die Eisenerzlagerstätten der Klinger Spalte zwischen Trusegrund und Thüringer Tal am Südwestrand des Thüringer Waldes. – Jb. 1919, Tl. II; Berlin.

– (1925): Die Eisenerzlagerstätte des Stahlbergs bei Schmalkalden am Südwestrand des Thüringer Waldes. – Arch. H. **31.**

BORNEMANN, J.G. (1878): Ueber mehrere Kohlenvorkommen in Thüringen.– Z. dt. geol.Ges. **30**: 553–554; Berlin.

BORNEMANN, L.G. (1883): Bemerkungen über einige Basaltgesteine aus der Umgebung von Eisenach. – Jb. preuß. geol. Landesanst. **1882** (3): 149–157; Berlin.

BOY, J.A. & MARTENS, TH. (1991a): Zur Problematik chronostratigraphischer Korrelationen im mitteleuropäischen Rotliegend (? oberstes Karbon-Perm). – Newsl. Stratigr. **25** (3): 163–192; Berlin, Stuttgart.

– (1991b): Ein neues captorhinomorphes Reptil aus dem thüringischen Rotliegend (Unter-Perm; Ost-Deutschland). – Paläont. Z. **65** (3/4): 363–389; Stuttgart.

BRÄUER, H. (1967): Geochemische Gliederung granitischer Gesteine des Thüringer Waldes und Erzgebirges und ihre lagerstättengenetische Bedeutung. – Freiberger Forsch.-H., C **209**: 153–168; Leipzig.

BRINKMANN, R. (1948): Die Mitteldeutsche Schwelle. – Geol. Rdsch. **36**: 56–66; Stuttgart.

BRÜCKMANN, U.F.B. (1786): Seltene Porphyrarten (Schneekopf). – Chem. Ann. **1**: 490–492.

BUCH, L. v. (1824): Über den Thüringer Wald. – Leonh. Mineral. Taschenb. **18**: 437–501; Frankfurt/M.

BURMANN, G. (1969): Organische Mikrofossilien in präkambrischen Sedimenten Sachsens und Thüringens. – Mbr. dt. Akad. Wiss. **11**: 297–309; Berlin.

CARLÉ, W. & GIMM, O. (1938): Gequälte Gesteine – Natürliche tektonische Modelle. – Aus der Heimat, Naturwiss. Monatsschr. **51** (6): 159–165; Öhringen u. Stuttgart.

CHROBOK, S.M. (1964): Über ein prätambacher Relief im Bereich der nördlichen Tambacher Mulde (Thüringer Wald). – Geologie **13** (8): 1013–1016; Berlin.

– (1967a): Zur Zeitproblematik stark reliefabhängiger Sedimentation am Beispiel der Tambacher Mulde (Thüringer Wald). – Geologie **16** (8): 907–908; Berlin.

– (1967b): Verschüttung und Exhumierung eines Reliefs in einer varistischen Innensenke. – Geol. Rdsch. **52** (2): 520–528; Stuttgart.

CLAUS, H. (1926): Beiträge zur Geschichte der geologischen Erforschung in Thüringen. – Beitr. Geol. Thür. **1**: 1–35; Jena.

COTTA, B. v. (1844–1847): Geognostische Karte von Thüringen. Sectionen: I Rudolstadt (1844), II Meiningen (1845/46), III Weimar-Gotha (1846), IV Mühlhausen (1847). – Arnoldi, Dresden/Leipzig.

– (1848): Mitteilung über Tierfährten bei Friedrichroda – N. Jahrb. Miner., 133–134, Stuttgart.

CREDNER, H. (1841): Übersicht der geognostischen Verhältnisse zwischen Schmalkalden und Friedrichroda. – Neues. Jahrb. Miner.; Stuttgart.

– (1843): Uebersicht der geognostischen Verhältnisse Thüringens und des Harzes. Zur Erläuterung einer orographischen Skizze dieser Gegenden. – 140 S., 1 farb. geol. Kt.; J. Perthes, Gotha.

– (1846 a): Vorkommen und Kristallisation des Gipses von Friedrichroda. – N. Jahrb. Miner.: 62–65; Stuttgart.

– (1846 b): Gegnostische Bemerkungen über die Umgebung von Ilmenau. – N. Jahrb. Miner.: 126–149; Stuttgart.

– (1846c): Geognostische Karte des Thüringer Waldes (nordwestliche Hälfte). Mit einer Profiltafel und Erläuterungen. – J. Perthes, Gotha.

– (1851): Über den vormaligen Lauf der Gewässer auf der Nordseite des Thüringer Waldes. – Z. dt. geol. Ges. **3**: 380–382; Berlin.

– (1854): Geognostische Karte des Thüringer Waldes (nordwestliche Hälfte). – 2. Aufl.; J. Perthes, Gotha.

– (1855): Versuch einer Bildungsgeschichte der geognostischen Verhältnisse des Thüringer Waldes. Zur Erläuterung der geognostischen Karte des Thüringer Waldes. – 82 S.; J. Perthes, Gotha.

– (1859): Über das Vorkommen von Gips von Friedrichroda. – Jahresber. Naturhist. Ges.; Hannover.

CRONACHER, R. (1909): Der Ehrenberg bei Ilmenau. – Jb. preuß. geol. Landesanst. **30** (1/2): 256–323; Berlin.

DAHLGRÜN, F. (1930): Die stratigraphische Bedeutung der neuen Graptolithenfunde im Thüringer Untersilur. – Beitr. Geol. Thür. **2**: 23–28; Jena.

DEUBEL, F. (1927): Führer zu den Exkursionen des Thüringischen Geologischen Vereins anläßlich der Hauptversammlung in Elgersburg, 5. u. 6. Juni 1925. – Beitr. Geol. Thür. **1** (2): 45–50; Jena.

– (1960): Das Untere Perm in Thüringen und angrenzenden Gebieten. – Wiss. Z. Univ. Jena, math.-nat. R. **9**: 409–448; Jena.

DIETRICH, H. (1967): Nachweis von Chitinozoenfaunen in metamorphen Komplexen des Saxothuringikums. – Mber. dt. Akad. Wiss. **9**: 948–952; Berlin.

EBERT, A. (1922): Beiträge zur Kenntnis der prätertiären Landoberfläche im Thüringer Wald und Frankenwald. – Jb. preuß. geol. Landesanst. **41**, I; Berlin.

EBERTH, D.A., BERMAN, D.S., SUMIDA, S.S. & HOPF, H. (2000): Lower Permian terrestrial paleoenvironments and vertebrate paleoecology of the Tambach Basin (Thuringia, central Germany): The upland holy grail. – Palaios **15**: 293–313.

EHRHARDT, K. (1970): Geologische Verhältnisse im Gebiet des Kleinen Thüringer Waldes. – Geologie **19** (3): 330–339; Berlin.

ELLENBERG, J. (1993): Rezente vertikale Erdkrustenbewegungen in Thüringen. – Jenaer Geogr. Schr. **1**: 7–22; Jena.

ELLENBERG, J., FALK, F. & LÜTZNER, H. (1992): Siliciclastic shelf sedimentation of Early Palaeozoic deposits in the Thüringer Schiefergebirge (Thuringian Slate Mountains). – 13th ISA Reg. Meet. Sedimentol., Exc. Guide-Book: 133–158.

ENDERLEIN, F. & MÄDLER, J. (1971): Randfazies und Gliederungsmöglichkeiten der Oberhöfer Quarzporphyre. – In: Die Entwicklung des tieferen Tafeldeckgebirges und dessen Beziehungen zum Unterbau. – Kurzref. Exkursionsf.: 85–90; Berlin.

ENGELS, C. (1963): Beiträge zur geologischen Stellung des Dolerits der Höhenberge im Rotliegenden der Tambacher Mulde. – Diss., unveröff.; Jena.

ESTRADA, S., GRUNEWALD, V. & WUNDERLICH, J. (1992): Zur Eduktcharakteristik und Lithostratigraphie von Truse- und Hohleborn-Serie (Ruhlaer Kristallin). – N. Jb. Geol. Paläont., Abh., **184** (3): 389–419; Stuttgart.

EYRICH, A. (1964): Der Tambacher Sandstein. Beitrag zur Revisionskartierung des Blattes Waltershausen-Friedrichroda. – Dipl.-Arb., unveröff., 71 S.; Geol. Inst. Humboldt-Univ., Berlin.

FALK, F. (1964): Die Konglomeratische Arkose der Goldisthaler Schichten. Ein grobklastischer Horizont in fraglichem Kambrium des Schwarzburger Sattels in Thüringen. – Abh. Akad. Wiss. Berlin, Kl. Bergb. Hüttenw. Montangeol. **2**: 3–26; Berlin.

– (1966): Die gröberklastischen Bildungen in der algonkisch-tiefordovizischen Schichtenfolge des Schwarzburger Sattels in Thüringen und ihr paläogeographischer Aussagewert. – Geologie **15**: 396–418; Berlin.

– (1970): Der Gerölltonschiefer von Scheibe. Eine grobklastische Sonderentwicklung der Frauenbach-Serie (Tremadoc) des Schwarzburger Sattels in Thüringen. – Jb. Geol. **3**: 1–56; Berlin.

FALK, F. & BIEWALD, W. (1990): Kambrium und Ordovizium an der SE-Flanke des Schwarzburger Antiklinoriums. Zechstein- und Buntsandsteinrelikte im Graben von Scheibe-Alsbach. – Exkursionsf. 37. Jahrestag. Ges. Geol. Wiss. DDR (GGW): 4-8; Berlin.

FANTASNY, D. (1962): Die Goldlauter Schichten in der Umgebung von Gehlberg (Bl. Suhl). – Dipl.-Arb., unveröff.; Friedrich-Schiller-Univ., Jena.

FEHLER, A. (1996): Die Sauriergrabung „Bromacker 1995" im Oberrotliegenden (Unteres Perm) bei Tambach-Dietharz im Thüringer Wald. – Der Präparator **42** (4): 131–139; Bochum.

FLORIN, R. (1938): Die Koniferen des Oberkarbons und Unteren Perms. – Palaeontographica(B) **85** (1–8); Stuttgart.

FRANKE, H. (1912): Geologisches Wanderbuch für den Thüringer Wald. – Verl. Ferd. Enke, Stuttgart.

FREYBERG, B. v. (1920): Über die Entstehung des Magneteisenerzes vom Schwarzen Krux bei Schmiedefeld im Thüringer Wald (Kreis Schleusingen). – Jb. d. Halleschen Verbandes **2** (2): 183–194; Halle/S.

– (1922): Die Fauna und Gliederung des Thüringer Untersilurs. – Z. dt. geol. Ges., Abh., **74**: 237–276; Berlin.

– (1923a): Die untersilurischen Eisenerzlager des ostthüringischen Schiefergebirges. – Jb. d. Halleschen Verbandes **4** (1): 1–73; Halle/S.

– (1923b): Die tertiäre Landoberfläche in Thüringen. – Fortschr. Geol. Paläont. **6**: 1–77; Verl. Gebr. Borntraeger, Berlin.

– (1923c): Erz- und Minerallagerstätten des Thüringer Waldes. – 198 S.; Verl. Gebr. Borntraeger, Berlin.

– (1923d): Die Fauna und Gliederung des Thüringer Untersilurs. – Z. dt. geol. Ges. **74**: 237–276; Berlin.

– (1926): Welche Lagerstätten des Thüringer Waldes sind noch abbauwürdig? – Glückauf **62** (39): 1257–1266; Essen.

– (1932a): Die geologische Erforschung Thüringens in älterer Zeit. Ein Beitrag zur Geschichte der Geologie bis zum Jahre 1843. – 160 S.; Verl. Gebr. Borntraeger, Berlin.

– (1932b): Ernst Friedrich Baron von Schlotheim. Zu seinem 100. Todestag am 18. März 1932. – Aus der Heimat **45**: 3–7; Öhringen.

FREYER, G. (1959): Die Ausbildung der Grenze Ordovizium-Silur im Bereich der Vogtländischen Hauptmulde. – Beitr. Geol. **1**: 5–12; Berlin.

FRIEDEL, C.-H. (1976): Zur Paläontologie der schluffig-tonigen Horizonte des Tambacher Sandsteins (Oberrotliegendes, Thüringer Wald). – Studienarbeit, unveröff.; Freiberg.

FRIEDRICH, P.A. (1878): Das Rotliegende und die basischen Eruptivgesteine in der Umgebung des Großen Inselsberges. – Z. Naturwiss. **51**: 719–770, Taf. 20–21; Halle.

FRITSCH, B. v. (1923): Die Fauna und Gliederung des Thüringer Untersilurs. – Z. dt. geol. Ges. **74**: 237–276; Berlin.

FRITSCH, K. v. (1875): Fund von *Potriton petrolei* GAUDRY von Oberhof ist zuweilen als Pleuronura erhalten. Zusatzbemerkung in dem Referat über GAUDRY, sur les reptiles des temps primaires. – N. Jahrb. Miner. **1879**: 720; Stuttgart.

– (1879): Ueber das Rotliegende bei Manebach und Hohnstein. – Z. ges. Naturwiss. **52**: 318–319; Berlin.

– (1885): Das Pliozän im Thalgebiete der Zahmen Gera in Thüringen. – Jb. preuß. geol. Landesanst. **1884**: 389–437; Berlin.

– (1887a): Wiederaufnahme des Bergbaus auf Flußspath bei Ilmenau und Oberhof. – Z. Naturwiss. **60**: 88–89; Halle.

– (1887b): Verbreitung des Oligozäns am Thüringer Walde – Z. Naturwiss. **60**: 596; Halle.

– (1897): Pflanzenreste aus dem Thüringer Culm-Dachschiefer. – Z. Naturwiss. **70**: 79–102; Halle.

FÜCHSEL, G. CH. (1761): Historia terrae et maris ex historia Thuringiae per montium descriptionem erecta. – Acta acad. Moguntinae zu Erfurt.

GAERTNER, H.-R. v. (1931): Über den Nachweis von Algonkium in Thüringen. – Sitz.-Ber. preuß. geol. Landesanst. **6**: 39–40; Berlin.

– (1932): Die Ausbildung des tiefen Ordoviciums in Thüringen und Sachsen. – Z. dt. geol. Ges. **84**: 692–697; Berlin.

GEYER, R. (1996): Naturschönheiten im Landkreis Eisenach, 1. Teil, Geologische Naturdenkmale. – Umweltamt des Landrates Eisenach: 1–32; Eisenach.

GEYER, R., JAHNE, H. & STORCH, S. (1999): Geologische Sehenswürdigkeiten des Wartburgkreises und der kreisfreien Stadt Eisenach. – Naturschutz im Wartburgkreis **8**: 1–188; Weimar, Eisenach.

GOETZE, O. (1928): Leben und Schaffen des Gothaer Geologen Ernst Friedrich von Schlotheim. – Rund um den Friedenstein **6** (1 u.2); Gotha.

– (1932): Zum hundertsten Todestag Ernst Friedrich von Schlotheim. – Rund um den Friedenstein **9** (8); Gotha.

– (1937): Die Geschichte des Luisenthaler Schmelzhüttenwerkes. – Rund um den Friedenstein **14** (6 u. 7); Gotha.

– (1940): Eisengruben und Eisenhütten im vormaligen Herzogtum Gotha nach dem 30-jährigen Krieg bis Mitte des 19. Jahrhunderts. – Beitr. Geol. Thür. **5**: 132–174; Jena.

GOLL, M., LIPPOLD, H.J. & HOEFS, J. (1995): Alteration von Rotliegend-Vulkaniten im Thüringer Wald. – Terra Nostra **95** (7): 46–48; Bonn.

GOLL, M., LIPPOLD, H.J. & HESS, J.C. (1996): Geochronometrische Bilanz des permokarbonen Thüringer Wald – Magmatismus. – Terra Nostra **96** (2): 83–88; Bonn.

GOTHAN, W. (1928): Über Äquivalente der Wettiner Schichten im Thüringer Wald. – Z. dt. geol. Ges., Mber. **79**: 121–123; Berlin.

– (1944): Das Thüringer Rotliegende und die Paläobotanik. – Beitr. Geol. Thür. **7** (4/5): 227–233; Jena.

GOTHAN, W. & GIMM, O. (1930): Neue Beobachtungen und Betrachtungen über die Flora des Rotliegenden von Thüringen. – Inst. Paläobot., Petrogr., Brennst. **2**: 39–74; Berlin.

GRAUPNER, A. (1952): Über die verkieselte Kohle des Manebacher Oberflözes.– Sitz.-Ber. dt. Akad. Wiss. **2**: 5–13; Berlin.

GRUMBT, W. (1960): Der Nordrand des Thüringer Waldes zwischen Ruhlaer Kristallin und Schwarzburger Sattel. – Abh. dt. Akad. Wiss. Kl. Chemie, Geol. Biol., **1959** (3): 1–76; Berlin.

GRÜNDEL, J. & RÖSLER, H.J. (1963): Zur Entstehung der oberdevonischen Kalkknollengesteine Thüringens. – Geologie **12** (9): 1009–1038; Berlin.

HAAKE, R. (1972): Prehnit im Dolerit der Höhenberge. – Fundgrube **9** (3/4).

HAAKE, R. & HOLZHEY, G. (1989): Achate in kugelförmigen Rhyolithen des Rotliegenden im sächsisch-thüringischen Raum. – Chemie d. Erde **49**: 173–183; Jena.

HABENICHT, H. (1913): Die eiszeitliche Vergletscherung des Thüringer Waldes. – 12 S.; Selbstverl. Justus Perthes, Gotha.

HALFAR, A. (1883): Die Drachenschlucht bei Eisenach. – Z. dt. geol. Ges. **35**: 630–632 Berlin.
HÄNDEL, F. (1924): Das Granitgebiet von Suhl und Zella-Mehlis. – Mitt. Geogr. Ges Thür. **37**; Jena.
HANLE, A. (1992): Thüringer Wald und Schiefergebirge – Meyers Naturführer. – 12 S., Meyers Lexikonverl.; Mannheim, Leipzig, Wien, Zürich.
HAUBOLD, H. (1970): Versuch einer Revision der Amphibien-Fährten des Karbon und Perm. – Freiberger Forsch.-H., C **256**: 83–117; Berlin.
– (1971): Die Tetrapodenfährten aus dem Permosiles (Stefan und Rotliegendes) des Thüringer Waldes. – Abh. Ber. Mus. Nat. **6**: 15–41; Gotha.
– (1972): Panzerabdrücke von Tetrapoden aus dem Rotliegenden (Unterperm) des Thüringer Waldes. – Geologie **21** (1): 10–115; Berlin.
– (1973a): Lebewelt und Ökologie des Tambacher Sandsteins (Unteres Perm, Saxon) im Rotliegenden des Thüringer Waldes. – Z. geol. Wiss. **3**: 247–268; Berlin.
– (1973b): Die Tetrapodenfährten aus dem Perm Europas. – Freiberger Forsch.-H., C **285**: 5–55; Leipzig.
– (1974): Die Fossilen Saurierfährten. – Die Neue Brehm-Bücherei, 168 S.; A. Ziemsen Verl., Lutherstadt-Wittenberg.
– (1977): Fossilienfazies und Biostratigraphie des Permosiles im Thüringer Wald. – Diss B, unveröff., 171 S.; Martin-Luther-Univ. Halle-Wittenberg; Halle.
– (1980): Die biostratigraphische Gliederung des Rotliegenden (Permosiles) im mittleren Thüringer Wald. – Schriftenr. geol. Wiss. **16**: 331–356, Berlin.
– (1982): Die Lebewelt des Rotliegenden. – Die Neue Brehm-Bücherei **154**, 246 S.; A Ziemsen-Verl., Lutherstadt-Wittenberg.
– (1985): Stratigraphische Grundlagen des Stefan C und Rotliegenden im Thüringer Wald. – Schriftenr. geol. Wiss. **23**: 1–110; Berlin.
– (1996): Ichnotaxonomie und Klassifikation von Tetrapodenfährten aus dem Perm. – Hallesches Jahrb. Geowiss., B **18**: 23–88; Halle.
– (1998): The Early Permian tetrapod ichnofauna of Tambach, the changing concepts in ichnotaxonomy. – Hallesches Jb. Geowiss., B **20**: 1–16; Halle.
– (2000): Tetrapodenfährten aus dem Perm – Kenntnisstand und Progress 2000. – Hallesches Jb. Geowiss., B **22**: 1–16; Halle (Saale).
HAUBOLD, H. & KATZUNG, G. (1972a): Das Typusgebiet der Autun/Saxon-Grenze im Thüringer Wald. – Ber.dt. Ges. geol. Wiss., A, Geol., Paläont., **17** (6): 849–863, 7 Taf.; Berlin.
– – (1972b): Die Abgrenzung des Saxon. – Geologie **21** (8): 883–910; Berlin.
– – (1975): Die Position der Autun/Saxon-Grenze (Unteres Perm) in Europa und Nordamerika. – Schriftenr. geol. Wiss. **3**: 87–138; Berlin.
– – (1978): Palaeoecology and Palaeoenvironments of tetrapod footorints from the Rotliegend (Lower Permian) of Central Europe. – Palaeogeogr., Palaeoclimat., Palaeoecol. **23**: 307–323; Amsterdam.
– – (1980): Lithostratigraphischer Standard für das Permosiles im mittleren und südöstlichen Thüringer Wald. – Z. angew. Geol. **26** (1): 10–19; Berlin.
HEIDE, F. (1922): Die gemischten Gänge im Thüringer Walde. – Steinbr. u. Sandgrube **21**, 5.
HEIM, J.L. (1798–1806): Geologische Beschreibung des Thüringer Waldgebürgs, Teil 1–5. – J.G. Hanisch, Meinigen.

HELMS, J. (1959): Conodonten aus dem Saalfelder Oberdevon (Thüringen). – Geologie **8** (6): 634–677; Berlin.

- (1965): Zur Conodonten-Stratigraphie des Oberdevons in Ostthüringen. – Ber. geol. Ges. DDR **10**: 208–210; Berlin.

HELMS, G. & WEISE, G. (1967): Klima und Sedimentation im jüngsten Ordovizium Thüringens. – Mber. dt. Akad. Wiss. Berlin **9**: 139–149; Berlin.

HESS v. WICHDORFF, H. (1914a): Über Strudellöcher im Flußbett der Schwarza in Thüringen und ihre gegenwärtige Entstehung. – Jb. preuß. geol. Landesanstalt, Berlin.

- (1914b): Die Goldvorkommen des Thüringer Waldes und Frankenwaldes und die Geschichte des Thüringer Goldbergbaues und der Goldwäschereien. – Arch. H. **4**.

- (1914c): Führer durch die Feengrotten. – Saalfeld.

HESS v. WICHDORFF, H. & BERG (1923): Führer durch die Feengrotten. – Selbstverl. d. Verw.; Saalfeld.

HESS v. WICHDORFF, H. & GOTHAN, W. (1926): Zur weiteren Kenntnis der Steinkohlen-Lagerstätte im untersten Rotliegenden von Manebach in Thüringen.– Jb. preuß. geol. Landesanst. **47**: 433–456; Berlin.

HETZER, H. (1958): Feinstratigraphie, Sedimentationsraum und Paläogeographie des höheren Ordoviziums am SE-Rand des Schwarzburger Sattels. – Geologie **7**, Reihe 23; Berlin.

HEUSE, T. (1989a): Acritarchen aus dem Griffelschiefer (Ordovizium) des Schwarzburger Antiklinoriums. – Veröff. Naturhist. Mus. Schleusingen **4**: 69–77; Schleusingen.

- (1989b): Mikrofossilien aus den Altenfelder Schichten (Präkambrium) des Schwarzburger Antiklinoriums. – Freiberger Forsch.- H., C **436**: 114–123; Leipzig.

HILDEBRANDT, H. (1932): Geomorphologische Untersuchungen über das Tambacher Becken und seine Umrandung. – Diss., 40 S., unveröff.; Jena.

HOFF, H.E.A. v. (1810): Beobachtungen über die Verhältnisse des Basaltes an einigen Bergen von Hessen und Thüringen. – Magazin naturforsch. Ges. **V**: 347–362; Berlin.

- (1812): Verzeichnis einer geognostisch geordneten Sammlung von Mineralien des Thüringer Waldes. I u. II. Teil, Handschr., cat 2. – Gotha.

- (1813): Beschreibung des Thonschiefer- und Grauwackengebirges im Thüringer und Frankenwalde, nebst einigen Bemerkungen in betreff der Übergangsformation überhaupt. – Leonhard´s Taschenb. ges. Miner. **7**: 135–187; Frankfurt/M.

- (1815): Geognostische Übersicht des Thüringer Waldes. – Leonhard´s Taschenb. ges. Miner. **9**: 485–509.

- (1817): Geognostische Übersicht des Thüringer Waldes – Animales des Mines **2**: 347–360; Paris.

- (1821): Merkwürdiges Vorkommen des Basaltes in der Gegend von Eisenach. – Leonhard´s Taschenb. ges. Miner. **15**: 169–174; Frankfurt/M.

HOFF, K.E.A. v. & JACOB (1807 u.1812): Der Thüringer Wald, besonders für Reisende geschildert, Teil I u. II, b. – Ettinger, Gotha.

HOEHNE, K. (1957a): Fischschuppen im Vitrit unterrotliegender Steinkohlenflöze von Stockheim in Oberfranken und Manebach in Thüringen. – Geologie **6** (5): 528–540; Berlin.

- (1957b): Zur Entstehungsgeschichte der Flözverkieselungen in den unterrotliegenden Steinkohlen von Stockheim in Oberfranken und Manebach in Thüringen. – Geologie **6** (8): 806–836; Berlin.

HOLUB, V. & KOZUR, H. (1981): Die Korrelation des Rotliegenden Europas. – Geol Paläont. Mitt. Innsbruck **11** (5): 195–242; Innsbruck.

HOLZHEY, G. (1982): Zum Vorkommen von Quarz-Geoden am Felsenschlag bei Gehl berg im Thüringer Wald. – Veröff. Naturkundemus. Erfurt **1**: 63–77; Erfurt.

– (1985): Über die Verbreitung von Achaten in permischen Vulkaniten des Thüringe Waldes. – Veröff. Naturkundemus. Erfurt **4**: 71–82; Erfurt.

– (1988): Quarz in Rhyolithkugeln in der Nähe des Seebachsfelsens bei Friedrichroda – Exkursionsf. Thür. Wald – Thür. Becken, 2–4; Berlin.

– (1993): Vorkommen und Genese der Achate und Paragenesemineralе in Rhyolith kugeln aus Rotliegendvulkaniten des Thüringer Waldes. – Diss., TU Bergakademi Freiberg; Freiberg.

– (1994a): Zur Ausbildung der Randfazies rhyolithischer Rotliegendvulkanite de Thüringer Waldes. – Geowiss. Mitt. Thür. **2**: 45–71; Weimar.

– (1994b): Zum Mikrogefüge von Achaten aus Rhyolithkugeln des Thüringer Waldes – Veröff. Naturkundemus. Erfurt: 101–116; Erfurt.

– (1995): Herkunft und Akkumulation des SiO_2 in Rhyolithkugeln aus Rotliegend vulkaniten des Thüringer Waldes. – Geowiss. Mitt. Thür. **3**: 31–59; Weimar.

– (1997): Quarz-Mineralisation in Rhyolithkugeln nahe des Seebachsfelsens südwest lich Friedrichroda, Thüringer Wald. – Z. dt. Gemmol. Ges. **46** (4): 197–212.

HOPPE, W. & SEIDEL, G. (1974): Geologie von Thüringen. – 1000 S.; Hermann Haack Verl., Gotha/Leipzig.

HUNDT, R. (1931): Neues über *Phycodes circinnatum* RICHTER, *Dictyodor zimmermanni* HUNDT und ein neues Problematikum aus dem untersten Silur Ost thüringens. – Centralbl. Min., B: 181–186.

– (1935): Thüringer Dach-, Tafel- und Griffelschiefer. – Steinbruch u.Sandgrube **34**.

– (1941): Das Mitteldeutsche Phycodenmeer. – 1–136; Gustav Fischer Verl., Jena.

HUNECK, M., IRMER, R. & LANGE, H. (1987): Natur- und Bodendenkmale im Krei Ilmenau. – Kulturbund d. DDR: 2–35; Ilmenau.

JACOBI, B. (1963): Saurierfährten in den Oberhöfer Schichten von Friedrichroda i Thüringen. – Hallesches Jb. mitteldt. Erdgesch. **5**: 75; Berlin.

JAEGER, H. (1955): Über die Silur-Devon-Grenze in Thüringen. – Geologie **4** (4) 416–432; Berlin.

– (1959): Graptolithen und Stratigraphie des jüngsten Thüringer Silurs. – Abh. dt. Akad Wiss., Kl. Chem., Geol., Biol. **2,** 197 S.; Berlin.

– (1964): Der gegenwärtige Stand der stratigraphischen Erforschung des Thüringe Silurs. – Abh. dt. Akad. Wiss. Berlin, Kl. Bergbau, Hüttenwesen, Montangeol. **2** Deubel-Festschrift: 27–51; Berlin.

JAHN, R. (1930): Pollenanalytische Untersuchungen an Hochmooren des Thüringe Waldes. – Diss., unveröff.; Jena.

JENTZSCH, I. (1962): Conodonten aus dem Tentakulitenknollenkalk (Unterdevon) i Thüringen. – Geologie **11** (8): 961–985; Berlin.

JORDAN, H. (1964): Zur Taxonomie und Biostratigraphie der Ostracoden des höchste Silur und Unterdevon Mitteleuropas. – Freiberger Forsch.-H., C **170;** Leipzig.

JUDERSLEBEN, G. (1972): Zur Petrologie des sedimentären Rotliegenden im Thüringe Wald und seinem Vorland. – Jb. Geol. **4**: 181–289; Berlin.

KAEMMEL, TH. (1955): Untersuchungen im Thüringer Hauptgranitmassiv, besonder bei Suhl. – Dipl.-Arb., Berlin, Autorr. – Geologie **4**: 2–194; Berlin.

– (1972): Die prästefanische Verwitterungsrinde im Thüringer Wald im Rahmen der permosilesischen Verwitterungserscheinungen. – Jb. Geol. **4**: 81–96; Berlin.

KATZUNG, G. (1961): Die Geröllführung des Lederschiefers (Ordovizium) an der SE-Flanke des Schwarzburger Sattels (Thüringen). – Geologie **10**: 778–802; Berlin.

– (1964): Die Stellung des Konglomerats von Fehrenbach im Unteren Perm Thüringens. – Diss., unveröff., Univ. Jena; Jena

– (1965): Zur Stratigraphie, Paläogeographie und Sedimentologie des tieferen Unterrotliegenden am SE-Rand des Thüringer Waldes. – Monatsber. dt. Akad. Wiss. **7** (1): 63–67; Berlin.

– (1966): Sedimentation und Paläogeographie des tieferen Unterrotliegenden im SE-Teil des Thüringer Waldes. – Ber. dt. Ges. geol. Wiss., A **11**: 131–136; Berlin.

– (1968a): Das Einregelungs-Gefüge im Konglomerat von Fehrenbach (Rotliegendes; Thüringen). – Jb. Geol. **2**: 85–118; Berlin.

– (1968b): Rotliegendes. – Grundriß der Geologie der DDR **1**: 201–218; Berlin.

– (1969): Beiträge zur Kenntnis des Stephan und Rotliegenden des nordwestlichen Thüringer Waldes. – Diss., unveröff., Univ. Halle; Halle

– (1972): Stratigraphie und Paläogeographie des Unterperms in Mitteleuropa. – Geologie **21** (5): 570–584; Berlin.

– (1975): Tektonik, Klima und Sedimentation in der Mitteleuropäischen Saxon-Senke und in angrenzenden Gebieten. – Z. geol. Wiss. **3**: 1453–1472; Berlin.

KATZUNG, G. & DÖRING, H. (1973): Die Lage der Karbon/Perm-Grenze im Permosiles-Profil des Thüringer Waldes. – Z. geol. Wiss. **1**: 493–507; Berlin.

KATZUNG, G. & OBST, K. (1996): Spätvariszischer basischer Magmatismus – der Höhenberg-Sill im Thüringer Wald. – Z. dt. geol. Ges. **147** (1): 11–38; Stuttgart.

KAYSER, E. (1955): Thüringerwald und Schiefergebirge. – 2. verb. Aufl., VEB Geogr. Kartogr. Anst.; Gotha.

KAYSER, E. & WEBER, H. (1931): Thüringer Wald und Schiefergebirge. – Geograph. Bausteine **20**; Verl. Perthes, Gotha.

KEGEL, V. (1931): Über Trilobiten aus dem pelagischen Unter- und Mitteldevon. – Jb. preuß. geol. Landesanst. **52**: 257–283; Berlin.

KERP, J.H. & HAUBOLD, H. (1988): Aspects of Permian palaeobotany and palynology. VIII. On the reclassification of the west- and central European species of the form-genus *Callipteris* BRONGNIART 1849. – Rev. Palaeobot. Palynol. **54**: 135–150; Amsterdam.

KNOTH, M. (1957a): Sedimentpetrographische Untersuchungen im Bielsteinkonglomerat des Oberrotliegenden der Tambacher Mulde. – Dipl.-Arb., unveröff.; Univ. Halle-Wittenberg.

– (1957b): Sedimentpetrografische Untersuchungen im Bielsteinkonglomerat des Oberrotliegenden der Tambacher Mulde. – Hallesches Jb. Mitteldt. Erdgesch., Autoref. **5**: 85–86; Berlin.

KNOTH, W. (1960): Über sedimentpetrographische Untersuchungen von Konglomerathorizonten des Eisenacher und Tambacher Oberrotliegendgebietes. – Ber. geol. Ges. DDR **5**: 62–63; Berlin.

– (1969): Beiträge zur Kenntnis des Stefan und Rotliegenden des nordwestlichen Thüringer Waldes. – Diss., Martin Luther-Univ. Halle-Wittenberg; Halle.

– (1970): Zur Lithologie und Paläogeographie des höheren Rotliegenden im Thüringer Wald. – Ber. dt. Ges. geol. Wiss., A, Geol. Paläont. **15** (1): 47–65; Berlin.

KNÜPFER, J. (1967): Zur Fauna und Biostratigraphie des Ordoviziums (Gräfenthaler Schichten) in Thüringen. – Freiberger Forsch.-H., C **220**; Leipzig.

KORN, H. (1933): Eine für die Kenntnis der Cotylosaurier des deutschen Perms bedeutsame Schwimmfährte von Tambach. – Palaeobiologica **5**: 169–200; Wien und Leipzig.

KOZUR, H. (1977a): Erster Nachweis von Mikrofaunen unterhalb des Kupferschiefers im Süden der DDR. – Z. geol. Wiss. **5**: 657–661; Berlin.

– (1977b): Beiträge zur Stratigraphie des Perm. Teil I: Probleme der Abgrenzung und Gliederung des Perm. – Freiberger Forsch.-H., C **319**: 79–121; Leipzig.

– (1978a): Bemerkungen zum Vorkommen der Gattung *Callipteris* BRONGN. im Karbon. – Verh. geol. B.-A., Jg. 1978; Wien.

– (1978b): Beiträge zur Stratigraphie des Perm. Teil III (1): Zur Korrelation der überwiegend kontinentalen Ablagerungen des obersten Karbon und Perms von Mittel- und Westeuropa. – Freiberger Forsch.-H., C **342**: 117–142; Leipzig.

– (1980): Beiträge zur Stratigraphie des Perms Teil III (2): Zur Korrelation der überwiegend kontinentalen Ablagerungen des obersten Karbon und Perms von Mittel- und Westeuropa. – Freiberger Forsch.-H., C **348**: 69–172; Leipzig.

KRAUSE, T. & KATZUNG, G. (1999): Der historische Dachschiefer-Bergbau am Langen Berg bei Gillersdorf (NW-Flanke des Schwarzburger Antiklinoriums, Thüringer Schiefergebirge). – Beitr. Geol. Thüringen, N. F. **6**: 233–247; Jena.

KRISTE, E. (1912): Geologisches Wanderbuch für Ostthüringen und Westsachsen. – Verl. Ferdinand Enke; Stuttgart.

KUNISCH, H. (1890): Fischabdrücke, wahrscheinlich *Paläoniseus* sp.n. und einige Pflanzenreste (Calamiten und *Walchia* (*Lycopodites*) *piniformis*) aus dem unteren Rotliegenden vom Westabhang des „Gottlob" bei Friedrichroda in Thüringen. – Jber. schles. Ges. Vaterländ. Cultur **1889** (67): 84–85; Breslau.

LANGBEIN, R. & MEINEL, G. (1985): Zur Petrologie des Thüringer Tentakulitenknollenkalkes (Devon). – Hallesches Jb. Geowiss. **10**: 55–69; Gotha.

LANGE, P. (1989): Die Alaun-, Vitriol- und Schwefelsäureproduktion in Thüringen. – Rudolst. naturhist. Schr. **2**: 3–19; Rudolstadt.

– (1990): Der Alaunschieferbergbau und die Vitriolgewinnung in Thüringen – Heimatstube Schieferbergbau e.V. **9** (22): 1–8; Steinach.

LANGE, P., SENF, L. & LOCHNER, B. (1992): Die Saalfelder Feengrotten – Zur Geschichte, Geologie und Mineralisation der ehemaligen Alaunschiefergruben. – Veröff. Mus. Gera, Naturwiss. R. **19**: 71–88; Gera.

LANGENHAN, A. (1905): Fauna und Flora des Rotliegenden in der Umgebung von Friedrichroda in Thüringen. – 12 S., 12 Taf.; Selbstverl., Friedrichroda.

– (1906): Das Rotliegende in der Umgebung von Friedrichroda. – Z. Mineralien-, Gesteins- u. Petrefaktensammler **3**: 23–24; Stuttgart.

– (1909a): Kopfstachelfische im mittleren Rotliegenden bei Friedrichroda. – Z. Miner. **3**, 6; Stuttgart.

– (1909b): Fauna und Flora des Rotliegenden in der Umgebung von Friedrichroda. II. Teil. – 2 S., 3 Taf.+ Erg. Taf. IV (1910); Selbstverl., Friedrichroda.

– (1911): Kopfstachelfische im mittleren Rotliegenden bei Friedrichroda. – Der Forscher **3**: 46–48, 1 Doppeltaf.; Hannover.

– (1914): Naturkundliche Streifzüge in Friedrichrodas Umgebung. – IV + 98 S., 14 Taf.; Jac. Schmidt & Co., Friedrichroda.

LEUTWEIN, F. (1951): Geochemische Untersuchungen an den Alaun- und Kieselschiefern Thüringens. – Arch. Lagerstättenforsch. **82**: 1–45; Berlin.

LINNEMANN, U. (1996): Die Lagerungsverhältnisse und die sedimentäre Entwicklung des basalen Altpaläozoikums vom Langen Berg bei Gehren (Schwarzburger Anticlinorium, Saxothuringikum). – Beitr. Geol. Thür., N.F. **3**: 73–84; Weimar.

LINNEMANN, U. & BIEWALD, W. (1995): Ein neuer Nachweis von Ichnofossilien aus dem frühen Paläozoikum des Schwarzburger Antiklinoriums.– Veröff. Naturhist. Mus. Schleusingen **10**: 41–48; Schleusingen.

LIPPOLT, H.J., HESS, J. & GOLL, M. (1994): Quantitative Erfassung des Einsetzens und der Dauer des älteren subsequenten Vulkanismus im Thüringer Wald (Gehren-Schichten). – Terra Nostra **3**: 73–74.

LORETZ, H. (1885a): Bemerkungen über die Untersilurschichten des Thüringer Waldes und ihre Abgrenzung vom Cambrium. – Jb. preuß. geol. Landesanst. **1884** (5): 24–43; Berlin.

– (1885b): Zur Kenntnis der untersilurischen Eisensteine im Thüringer Wald. – Jb. preuß. geol. Landesanst. **1884** (5): 120–147; Berlin.

– (1887): Bemerkungen über das Vorkommen von Granit und verändertem Schiefer im Quellgebiet der Schleuse im Thüringer Walde. – Jb. preuß. geol. Landesanst. **1886** (**7**): 272–294; Berlin.

– (1888): Über das Vorkommen von Kersantit und Glimmerporphyrit in derselben Gangspalte bei Unterneubrunn im Thüringer Walde. – Jb. preuß. geol. Landesanst. **1887** (8): 100–118; Berlin.

LORETZ, H., SCHEIBE, T. & ZIMMERMANN, E. (1908): Erläuterungen zur geologischen Karte von Preußen und den Thüringischen Staaten, Blatt Ilmenau. – Jb. preuß. geol. Landesanst. **64**; Berlin.

LOTZE, F. (1927): Die Tambacher *Sphaerodactylum* – Fährten. – Paläont. Z. **9**: 170–175; Berlin.

LÜDECKE, O. (1878): Tridymit auf „Hypersthenit" vom Spiessberg bei Friedrichroda. – Z. Naturwiss. **51**: 147, 340, 590; Berlin.

LÜTTIG, G. (1955): Hat sich der Nordwestharz im Postglazial gehoben? – Geol. Jb. **70**: 405–434; Hannover.

LÜTZNER, H. (1961): Saalische Bewegungen im Rotliegenden des mittleren Thüringer Waldes. – Geol. Rdsch. **51**: 560–566; Stuttgart.

– (1964): Die Saalische Phase im Gebiet von Ilmenau. – Abh. dt. Akad. Wiss. Berlin, Kl. Bergb., Hüttenwes., Montangeol. **2**: 287–308; Berlin.

– (1966a): Strömungsmarken aus dem Rotliegenden des Thüringer Waldes. – Geologie **15** (10): 1135–1160; Berlin.

– (1966b): Fazies und Transportrichtung im Oberrotliegenden von Elgersburg (Thüringer Wald). – Ber. dt. Ges. geol. Wiss. A **11** (1/2): 137–160; Berlin.

– (1969): Über die Verbreitung der Manebacher Schichten im Rotliegenden des Thüringer Waldes. – Geologie **18**: 815–827; Berlin.

– (1972): Lithostratigraphie und Paläotektonik des Rotliegenden in der Schleusinger Randzone (Thüringer Wald). – Ber. dt. Ges. geol. Wiss. A **17**: 811–834; Berlin.

– (1978a): Konglomerattypen des Rotliegenden von Thüringen und deren Vergleich mit rezenten Schwemmfächersedimenten. – Z. geol. Wiss. **6** (10): 1187–1210; Berlin.

– (1978b): Korngefüge und Geröllanalyse unterpermischer Konglomerate im Thüringer Wald. – Veröff. Zentralinst. Phys. Erde **43;** Potsdam.

– (1979): Transportanalyse der unterpermischen Sedimente im Thüringer Wald. – Zentralinst. Phys. Erde **43**: 1–132; Potsdam.
– (1981): Sedimentation der varistischen Molasse im Thüringer Wald. – Schriftenr. geol. Wiss. **17**: 217 S.; Berlin.
– (1987): Sedimentary and Volcanic Rotliegendes of the Saale Depression. – Symp. on Rotliegendes in Central Europe, Erfurt May 24–30, Exc. Guideb., 197 S.; Erfurt.
– (1995): Permosiles. –In: SEIDEL, G. (Ed.): Geologie von Thüringen. pp. 188–302. – E. Schweizerbart´sche Verlagsbuchhandlung (Nägele u. Obermiller), Stuttgart.
MÄDLER, J. (1977): Beitrag zur Geochemie des sauren subsequenten Vulkanismus des Thüringer Waldes. – Varisz. subsequenter Vulkanismus, Kurzref. u. Exkursionsf.; Berlin.
MÄDLER, J. & SCHRÖDER, N. (1967): Tektonik, Mineralisation und Nebengestein der Schwerspatlagerstätte Friedenstein bei Ruhla. – Ber. dt. Ges. geol. Wiss. B, Min. Lagerstättenforsch. **12**: 239–255; Berlin.
MÄGDEFRAU, K. (1934): Über *Phycodes circinatum* REINH. RICHTER aus dem thüringischen Ordovizium. – N. Jahrb. Miner. etc., Beil.-Bd. **72,** Abt. B: 259–282; Stuttgart.
– (1936): Die Flora des Oberdevon im östlichen Thüringer Wald. – Beih. Botan. Centralbl. **56** (1/2): 213–228.
– (1940): Zur Oberdevon- und Kulmflora des östlichen Thüringer Waldes. – Beitr. Geol. Thür. **5**: 213–216; Jena.
– (1942): Die Thüringer Rotliegend-Kohlen und ihre Entstehung. – Natur u. Volk **72**: 178–191; Frankfurt a. M.
MAI, D.H., MAJEWSKI, J. & UNGER, K.P. (1963): Pliozän und Altpleistozän von Rippersroda in Thüringen. – Geologie **12**: 765–815; Berlin.
MAJOR, CL., SCHEIBE, R. & ZIMMERMANN, E. (1935): Profil des Rennsteigs. – Verl. des Rennsteigvereins, Ruhla.
MARTENS, TH. (1975): Zur Taxonomie, Ökologie und Biostratigraphie des Oberrotliegenden (Saxon) der Tambacher Mulde in Thüringen. – Freiberger Forsch.-H. C **309**: 115–133; Leipzig.
– (1979): Arthropodenfährten aus dem Rotliegenden des Eisenacher Mulde (Thüringer Wald). – Z. geol. Wiss. **7** (12): 1457–1462; Berlin.
– (1980a): Zur Fauna des Oberrotliegenden (Unteres Perm) im Thüringer Wald. – Abh. Ber. Mus. Nat. Gotha **10**: 19–20; Gotha.
– (1980b): Beitrag zur Taxonomie und Ökologie des Oberrotliegenden im Elgersburger Becken in Thüringen. – Abh. Ber. Mus. Nat. Gotha **10**: 21–32; Gotha.
– (1981): Zur Fauna der Manebacher Schichten (Unteres Rotliegendes) bei Manebach (Thüringer Wald). – Z. geol. Wiss. **9** (9): 1057–1063; Berlin.
– (1982a): Karl Ernst Adolf von Hoff (1771–1837) und der Aktualismus in der Geologie. – Studienarbeit, unveröff.; Gotha/Freiberg.
– (1982b): Ernst Friedrich von Schlotheim (1764–1832) – ein bedeutender Paläontologe der Goethezeit. – Abh. Ber. Mus. Nat. Gotha **11**: 2–22; Gotha.
– (1982c): Zur Stratigraphie, Taxonomie, Ökologie und Klimaentwicklung des Oberrotliegenden (Unteres Perm) im Thüringer Wald (DDR). – Abh. Ber. Mus. Nat. Gotha **11**: 33–57; Gotha.

– (1983a): Zur Taxonomie, Biostratigraphie und Ökologie der Conchostraca (Phyllopoda, Crustacea) des Jungpaläozoikums der DDR, Teil I. – Freiberger Forsch.- H. C **382**: 7–105; Leipzig.
– (1983b): Zur Taxonomie und Biostratigraphie der Conchostraca (Phyllopoda, Crustacea) des Jungpaläozoikums der DDR, Teil II. – Freiberger Forsch.- H. C **384**: 24–48; Leipzig.
– (1987): Karl Ernst Adolf von Hoff (1771–1837) – Begründer des Aktualismus in der Geologie. – Abh. Ber. Mus. Nat. Gotha **14**: 3–18; Gotha.
– (1988a): Die Bedeutung der Rotsedimente für die Analyse der Lebewelt des Rotliegenden. – Z. geol. Wiss. **16** (9): 933–938; Berlin.
– (1988b): Zur Bedeutung der Paläontologischen Sammlung des Naturhistorischen Museums Rudolstadt/Thür. – Rudolstädter nat. hist. Schr. **1**: 26–28; Rudolstadt.
– (1989): First evidence of terrestrial tetrapods with North-American faunal elements in the red beds of Upper Rotliegendes (Lower Permian, Tambach Beds) of the Thuringian Forest (G.D.R.) – First results. – Acta Musei Reginaehradecensis S.A., Scientiae naturales **XXII**: 99–104.
– (1990a): Rieseninsekt im Rotliegenden. – Fossilien **7** (1): 3–4; Stuttgart.
– (1990b): First occurrence of a trematopsid amphibian in the Rotliegend of Central Europe and general position of the locality „Bromacker" in the Euramerican Permocarboniferous. – Symposium, New Results on Permocarboniferous Fauna, Summary of the Contributions: 22–23; Bad Dürkheim.
– (1991): Ein besonderes Fossil. – Paläont. Z. **65** (3/4): 225–226; Stuttgart.
– (1992a): Ein besonderes Fossil. – Paläont. Z. **66** (3/4): 197–198; Stuttgart.
– (1992b): Funde von Urlandpflanzen im Vogtland und in Ostthüringen. – Reichenbacher Kalender 1992, **25**: 83–88; Reichenbach/Vgtl.
– (1994a): Prof. Dr. Wilhelm Pabst (1856–1908) – Mitbegründer der Fährtenkunde fossiler Wirbeltiere. – Abh. Ber. Mus. Nat. Gotha **18**: 3–14; Gotha.
– (1994b): 20 Jahre Sauriergrabung im Oberrotliegend (Unteres Perm) am Bromacker bei Tambach-Dietharz/Thüringer Wald. – Abh. Ber. Mus. Nat. Gotha **18**: 15–26; Gotha.
– (1995): Perm – Seenlandschaften und Saurierfährten in Thüringen. – In: Die Urzeit in Deutschland. – pp. 62–71; Naturbuch Verl., Augsburg.
– (2001): Permokarbonische Tetrapodenfaunen auf Pangaea – ein ungleicher Erforschungsgrad? – Hallesches Jb. Geowiss. **B 23**: 45–68; Halle (Saale).
MARTENS, TH., SCHNEIDER, J. & WALTER, H. (1981): Zur Paläontologie und Genese fossilführender Rotsedimente – der Tambacher Sandstein, Oberrotliegendes, Thüringer Wald (DDR). – Freiberger Forsch.-H. C **363**: 75–100, 5 Taf.; Leipzig.
MEINEL, G. (1993): Die Bildung der Gangmineralisation Thüringens. – Geowiss. Mitt. Thür. **1**: 1–111; Weimar.
MEINHOLD, R. (1951): Die Neuaufschlüsse im Steinkohlenvorkommen der Öhrenkammer bei Ruhla. – Hallesches Jb. mitteldt. Erdgesch. **1**, L. 2; Halle.
– (1980): Steinkohlenbergbau in Thüringen 1946–1949. – Z. geol. Wiss. **8** (10): 1321–1333; Berlin.
MEISTER, J. (1988): Geologische und paläovulkanologische Untersuchungen an den Rhyolithen der Oberhöfer Schichten im Thüringer Wald zwischen Tambach und Gehlberg. – Diss. A, Martin-Luther-Univ. Halle-Wittenberg.

– (1994): Zur Vulkanotektonik rotliegender Rhyolithe des Thüringer Waldes. – Hallesches Jb. Geowiss. **16**: 67–77; Halle/Saale.

MENNING, M.(1981): Fortschritte des Paläomagnetismus im Perm Mitteleuropas. – Z. geol. Wiss. **9**: 1247–1252; Berlin.

– (1985): Zur Dauer des Zechsteins aus magnetostratigraphischer Sicht. – Z. geol. Wiss. **14** (4): 395–404; Berlin.

MENNING, M., KATZUNG, G. & LÜTZNER, H. (1988): Magnetostratigraphic investigations in the Rotliegendes (300–252 Ma) of Central Europe. – Z. geol. Wiss. **16** (11/12): 1045–1063; Berlin.

MEUSEL, H. (1958): Ergebnisse einer Teilkartierung im Altpaläozoikum an der Südost-Flanke des Schwarzburger Sattels (Blatt Steinach) unter besonderer Berücksichtigung der Schichtenfolge der Phycoden-Serie. – Dipl.-Arb., unveröff., Univ. Jena; Jena.

MEYER, H. (1920): Der Bohlen bei Saalfeld in Thüringen – Verl. Richard Clauss, Saalfeld.

– (1936): Geschichte der Saalfelder Feengrotten. – Saalfelder Weihnachtsbüchlein **83**, 32 S.;S Saalfeld.

MÖBUS, G. (1966): Abriß der Geologie des Harzes. – B.G. Teubner Verlagsgesellschaft, Leipzig.

MÜHLENBERG, A. (1908): Das Konglomerat des Gottlob bei Friedrichroda, ein Rhyakkumulat. Typ einer neuen Gesteinsart. – Inaugural-Diss. Univ. Halle-Wittenberg: 1–55, 3 Taf.; Halle.

MÜLLER, A.H. (1954): Zur Ichnologie und Stratonomie des Oberrotliegenden von Tambach (Thüringen). – Paläont. Z. **28** (1/4): 189–204; Stuttgart.

– (1955): Eine kombinierte Lauf-und Schwimmfährte von *Korynichnium* aus dem Oberrotliegenden von Tambach (Thüringen). – Geologie **4**: 490–496; Berlin.

– (1956a): Über problematische Lebensspuren aus dem Rotliegenden von Thüringen. – Ber. geol. Ges. DDR **1**: 147–154; Berlin.

– (1956b): Die Brachiopodenreste aus der Frauenbach-Serie (Tremadoc) von Siegmundsburg bei Steinheid (Thüringen). – Ber. geol. Ges. DDR **2**: 51–56; Berlin.

– (1956c): Über problematische Lebensspuren aus dem Rotliegenden von Thüringen. – Ber. geol. Ges. DDR **1**: 147–154; Berlin.

– (1957a): Über Mylacridenreste (Insecta) aus dem Unterrotliegenden von Thüringen. – Geologie **6** (4): 445–450; Berlin.

– (1957b): Ein Arachnidenrest (*Brachylycosa*? *manebachensis* n. sp.) aus dem Unteren Rotliegenden (Manebacher Schichten) von Thüringen. – Geologie **6** (1): 95–98; Berlin.

– (1962): Körperlich erhaltene Fische (Palaeoniscoidea) aus dem Zechstein (Kupferschiefer) von Ilmenau (Thüringen). – Geologie **11** (7): 845–856; Berlin.

– (1967): Zur Ichnologie von Perm und Trias in Mitteldeutschland. – Geologie **16** (9): 1061–1071; Berlin.

– (1969): Über ein neues Ichnogenus (*Tambia* n. g.) und andere Problematica aus dem Rotliegenden (Unterperm) von Thüringen. – Mber. dt. Akad. Wiss. **11** (11/12): 922–931; Berlin.

– (1975): Zur Entomofauna des Permokarbon: 1. Mylacridae (Blattodea) aus dem Unterrotliegenden (Unterperm, Autun) von Thüringen. – Z. geol. Wiss. **3**: 621–641; Berlin.

– (1978): Über Hydromedusen (Coelenterata) und medusoide Problematica aus dem Rotliegenden von Mitteleuropa. – Freiberger Forsch.-H. C **342**: 29–44, 7 Taf.; Leipzig.
– (1980): Zur genauen Kenntnis der Ichnocoenose des Nereitenquarzites (Unterdevon) von Thüringen, Teil 1. – Freiberger Forsch.-H. C **357**: 7–24; Leipzig.
– (1982): Zur genauen Kenntnis der Ichnocoenose des Nereitenquarzites (Unterdevon) von Thüringen, Teil 2. – Freiberger Forsch.-H. C **375**: 7–25; Leipzig.
MÜLLER, K. (1993): Das Schaubergwerk „Morassina" im Schwefelloch bei Schmiedefeld. – Veröff. Gemeinde Schmiedefeld, 2. Aufl.:1–40; Schmiedefeld.
MÜNCH, A. (1952): Die Graptolithen aus dem anstehenden Gotlandium Deutschlands und der Tschechoslovakei. – Geologica **7**; Berlin.
NAUMANN, E. (1913): Erläuterungen zur Geologischen Karte von Preußen und benachbarten Bundesstaaten. – L. 113 Blatt Eisenach,74 S.; Berlin.
– (1929): Mittlere Oberhöfer Schichten an der Schweizerhütte nordwestlich Oberhof. – Profile u. Schichtenfolgen zu Geol. Exk. in Thüringen, Aug. 1932, 20–21, Thür. Geol. Verein; Jena.
– (1932): Rotliegendes des mittleren Thüringer Waldes (Exkursionsbericht). – Z. dt. geol. Ges. **84** (9): 753; Berlin.
NEUMANN, W. (1955): Gefügeuntersuchungen im Ruhlaer Kristallin. – (Diss., Autorr.) – Geologie **4** (2): 194–195; Berlin.
– (1964a): Grundgebirge von Ruhla-Brotterode. Geologische Übersicht. – Exkursionsf. 11. Jahrestag. Geol. Ges. DDR: 101–130; Berlin.
– (1964b): Zum Stand der Forschung des Kristallinen Grundgebirges von Ruhla-Brotterode. – Abh. dt. Akad. Wiss. Berlin, Kl. Bergbau, Hüttenw., Montangeol. **2**: 327–348; Berlin.
– (1966): Versuch eines lithostratigraphischen Vergleiches von Grundgebirgsanschnitten im Bereich der Mitteldeutschen Schwelle. – Geologie **15** (8): 942–962; Berlin.
– (1971): Ruhlaer Kristallin – Lithostratigraphie, Tektonik, Metamorphose und Geochemie. – Exkursionsf., Tag. Ges. geol. Wiss. DDR: 20–31; Berlin.
– (1972): Die Entwicklung von variszischer und saxonischer Tektonik im Ruhlaer Kristallin. – Ber. dt. Ges. geol. Wiss. A **17**: 797–810; Berlin.
– (1974): Mitteldeutsche Kristallinzone. – In: HOPPE, W. & SEIDEL, G.: Geologie von Thüringen. – 77–118; Gotha/Leipzig.
OELSNER, O. (1956): Zur Frage der Entstehung der saxonischen Lagerstätten, speziell auf den Randspalten des Thüringer Waldes. – Geologie **5** (8): 685–694; Berlin.
OSCHMANN, M: (1964): Ernst Friedrich von Schlotheim – das Lebensbild eines großen Paläontologen. – Bergakademie **7**: 448-44Ï%; Freiberg.
PABST, W. (1895): Tierfährten aus dem Rotliegenden von Friedrichroda, Tambach und Kabarz in Thüringen. – Z. dt. geol. Ges. **47**: 570–576; Berlin.
– (1896): Tierfährten aus dem Oberrotliegenden von Tambach in Thüringen. – Z. dt. geol. Ges. **48**: 638–643, Taf. 14; Berlin.
– (1897): Die Tierfährten in dem Ober-Rotliegenden von Tambach in Thüringen. – Z. dt. geol. Ges. **49**: 701–712; Berlin.
– (1898): Weitere Beiträge zur Kenntnis der Tierfährten in dem Rotliegenden Thüringens I. – Z. dt. geol. Ges. **50**: 249–253; Berlin.
– (1900): Beiträge zur Kenntnis der Tierfährten in dem Rotliegenden Deutschland. I.– Z. dt. geol. Ges. **52**: 48–63; Berlin.

– (1903a): Die Fährten des brachydactyles Types in dem Rotliegenden Thüringens im Herzoglichen Museum Gotha. – Perthes, Gotha.

– (1903b): Die fossilen Tierfährten aus dem Rotliegenden Thüringens im herzoglichen Museum zu Gotha – Ein Führer durch die Sammlungen. – 23 S.; Perthes, Gotha.

– (1905): Die Spitzzehfährte von Tambach in Thüringen, *Ichnium acrodactylum tambachense*. – Festschr. f. Alb. v. Bamberg, 2 Taf.; Gotha.

– (1908): Die Tierfährten aus dem Rotliegenden „Deutschlands". – Nova Acta, Abh. kaiserl. Leop.-Carol. dt. Akad. Naturforsch. **89** (2): 315–480; Halle.

PATZELT, G. (1966): Bau und Schichtenfolge der Asbach-Rotteröder Mulde (Thüringer Wald) nach neuen Kartierungsergebnissen. – Hallesches Jb. mitteldt. Erdgesch. **7**: 39–60; Leipzig.

– (1970): Zu einigen Fragen der Gliederung und Lagerungsverhältnisse im Rotliegenden des mittleren Thüringer Waldes.– Geologie **19**: 789–802; Berlin.

– (1977): Nochmals zur Frage der Einstufung der Porphyrkonglomerate im Rennsteiggebiet des Meßtischblattes Tambach-Dietharz (Thüringer Wald). – Hallesches Jb. Geowiss. **1**: 115–120; Gotha/Leipzig.

PETER, U. (1999): Exkursion A – Altensteiner Höhle, Glücksbrunner Höhle (5128/1). – Höhlenforschung in Thüringen **12**: 13–15; Eisenach.

PFEIFFER, H. (1954): Der Bohlen bei Saalfeld. – Thür. Beitr. Geol. **11;** Berlin.

– (1959): Neue Beobachtungen und Funde aus dem Saalfelder Oberdevon. – Geologie **8** (3): 262–279; Berlin.

– (1968): Überblick über die Entwicklung des Saxothuringikums vom Beginn des Devons bis zur variszischen Hauptfaltung. – Geologie **17**: 17–51; Berlin.

– (1991): Das Spurenfossil *Phycodes circinatum* RH. RICHTER 1859. – Aufschluß **42**: 193–200,

PHILIPPI, E. (1910): Über die präoligozäne Landoberfläche in Thüringen. – Z. dt. geol. Ges. **62**.

POHLIG, H. (1885 u. 1886): Saurierfährten in dem unteren Rothliegenden von Friedrichroda. – Verh. naturhist. Verein preuß. Rheinl. **42** u. **43**, (Sitz.-Ber.): 285–286 u. 277–278; Bonn.

– (1886): Neue Ausbeute an der Fundstelle von Saurierfährten und -resten, Fischen, Ostracoden und Pflanzen bei Friedrichroda an dem Thüringer Wald. – Verh. naturhist. Ver. preuß. Rheinl. **43**, Folge 5, 3, Sitz. Ber. niederrhein. Ges. Natur- u. Heilkunde: 277–279; Bonn.

– (1887a): Steinplatten mit Saurierfußstapfen aus dem Rotliegenden und Buntsandstein. – Verh. naturhist. Verein preuß. Rheinl. **44**, Folge 5, Sitz. Ber. niederrhein. Ges. Natur- u. Heilkunde: 271–274; Bonn.

– (1887b): Platten aus dem Rotliegenden mit Thierfährten, Quallen und Regentropfenabdrücken. – Verh. naturhist. Verein. preuß. Rheinl. **44**, Folge 4, Corr.-Blatt: 115; Bonn.

– (1887c): Thierfährten und Medusenabdrücke aus dem unteren Rotliegenden des Thüringer Waldes. -Z. dt. geol. Ges. **39**: 644–645; Berlin.

– (1892): Altpermische Saurierfährten, Fische und Medusen der Gegend von Friedrichroda. – Festschr. R. Leuckart: 59–64; Leipzig.

PORSTMANN, E. (1961): Die Manebacher und Goldlauterer Schichten im Gebiet nordöstlich Goldlauter-Heidersbach (Bl. Suhl) – Dipl.-Arb., unveröff., Univ. Jena; Jena.

POTONIÉ, H. (1893): Die Flora des Rotliegenden von Thüringen. – Abh. preuß. geol. Landesanstalt, N.F. **9**: 1–298; Berlin.

PRÖSCHOLDT, H. (1891): Der Thüringer Wald und seine nächste Umgebung.– Forsch. dt. Landes- u. Volkskunde **5** (6): 329–375; Stuttgart.

REGEL, F. (1892): Thüringen: Ein geographisches Handbuch. 1. Teil. – Verl. Gustav Fischer, Jena.

– (1913): Literatur zur Vergletscherung des Thüringer Waldes.– Mitt. Geogr. Ges. Thür. Jena **31;** Jena.

REH, H. (1958): Überblick über die Geschichte der geologischen Erforschung Thüringens. – Thüringer Heimat **3** (2): 65–75.

REICH, O. (1905): Karl Ernst Adolf von Hoff, der Bahnbrecher moderner Geologie. – Leipzig.

REICHARDT, A. (1913): Spuren eines eiszeitlichen Gletschers im zentralen Thüringer Wald. – Thür. Monatsbl. **20**, 1912/13; Eisenach.

REICHARDT, W. (1932a): Zur Stratigraphie des Rotliegenden in Thüringen. – Jb. Hallescher Verb., Erforsch. mitteldt. Bodensch., N.F. **11**: 121–184; Halle.

– (1932b): Tierische Reste aus den untersten Gehrener Schichten im oberen Ilmtal. – Beitr. Geol. Thür. **3**: 222–225; Jena.

REICHHOFF, CH. (1967): Petrographische Bearbeitung des Dörmbachhorizontes (Oberhöfer Schichten) auf den Blättern Waltershausen-Friedrichroda und Tambach-Dietharz. – Dipl.-Arb., unveröff., Univ. Berlin.

REMY, R. & REMY, W. (1958): Beiträge zur Kenntnis der Rotliegendflora Thüringens. Teil III. – Sitz.-Ber. dt. Akad. Wiss. Berlin, Kl. Chemie, Geologie u. Biol. **3,** 16 S.; Berlin.

– (1977): Die Flora des Erdaltertums. – 468 S.; Verl. Glückauf GmbH, Essen.

RICHTER, R. (1848): Beitrag zur Paläontologie des Thüringer Waldes. Die Grauwacke des Bohlens und des Pfaffenberges bei Saalfeld. I Fauna – S. 1–48, Taf. I–IV; Arnoldische Buchhandlung, Dresden und Leipzig.

– (1851): Erläuterungen zu der geognostischen Übersichtskarte des ostthüringischen Grauwackengebietes. – Z. dt. geol. Ges. **3**; Berlin.

– (1854): Thüringische Tentakuliten. – Z. dt. geol. Ges. **6**: 275–290; Berlin.

– (1863): Aus dem Thüringischen Schiefergebirge 1.– Z. dt. geol. Ges. **17**: 659–676; Berlin.

– (1865): Aus dem Thüringischen Schiefergebirge 2. – Z. dt. geol. Ges. **19**: 361–367; Berlin.

– (1869): Das Thüringische Schiefergebirge. – Z. dt. geol. Ges. **21**: 341–443; Berlin.

– (1875): Aus dem Thüringischen Schiefergebirge 5.– Z. dt. geol. Ges. **27**: 261–273; Berlin.

RICHTER, R. & UNGER, K.P. (1856): Beitrag zur Paläontologie des Thüringer Waldes. – Denkschr. Akad. Wiss. Wien, math.-phys. Kl. **11**: 87–186; Wien.

ROSELT, G. (1962): Untersuchungen zur Gattung *Callipteris*. – Freiberger Forsch.-H. C **131**: 1–38; Berlin.

SAMUEL, M.D. (1978): Note on the origin and palaeoclimatic conditions of the Tambach Sandstone. – Z. geol. Wiss. **6** (10): 1273–1275; Berlin.

SCHAUER, M. (1967): Biostratigraphie und Taxonomie von *Rastrites* (Graptolithina) aus dem anstehenden Silur Ostthüringens und des Vogtlandes. – Freiberger Forsch.-H. C **213**: 171–200; Leipzig.

SCHEIBE, R. (1890): Thierfährten und Pflanzenreste aus dem Rotliegenden von Tambach. – Z. dt. geol. Ges. **42**: 364–365; Berlin.

– (1902): Geologische Spaziergänge im Thüringer Wald. H. 1. – Verl. Gustav Fischer, Jena.

– (1908): Erläuterungen zur Geologischen Karte von Preußen und den Thüringischen Staaten, Blatt Schleusingen. – Berlin.

SCHINDEWOLF, O.H. (1924): Bemerkungen zur Stratigraphie und Ammoneenfauna des Saalfelder Oberdevons. – Senckenbergiana **6**: 95–113; Frankfurt/M.

– (1952): Über das Oberdevon und Unterkarbon von Saalfeld in Ostthüringen. Eine Nachlese zur Stratigraphie und Ammoneen-Fauna. – Senckenbergiana **32** (5/6): 281–306; Frankfurt a. M.

SCHIRMER, B. (1972): Beitrag zur Gliederung und Geochemie der permosilesischen Vulkanite des Thüringer Waldes. – Ber. dt. Ges. geol. Wiss. A., Geol. Paläont. **17** (6): 881–896; Berlin.

SCHLOTHEIM, E.F. v. (1801): Abhandlungen über die Kräuter-Abdrücke im Schieferthon und Sandstein der Steinkohlen-Formationen. – Magazin für die gesamte Mineralogie, Geognosie und mineralogische Erdbeschreibung **1** (1): 76–95; Leipzig.

– (1804): Beschreibung merkwürdiger Kräuterabdrücke und Pflanzenversteinerungen. – 68 S.; Gotha.

– (1820): Die Petrefactenkunde auf ihrem jetzigen Standpunkte durch die Beschreibung seiner Sammlung versteinerter und fossiler Überreste des Thier- und Pflanzenreichs der Vorwelt erläutert. – 436 S., 15 Taf. mit Nachtr. 1822 u. 1823; Becker, Gotha.

SCHMID, E.E. (1876): Der Ehrenberg bei Ilmenau. Geologisch und lithologisch beschrieben. – Z. Naturwiss. **10**: 56–124, 3 Taf.; Jena.

– (1878): Verzeichnis der Manebacher Pflanzenwelt. – Verh. KK. Geol. R.-A., 210; Wien.

SCHMIDT, H. (1959): Die Cornberger Fährten im Rahmen der Vierfüßlerentwicklung. – Abh. hess. Landesanst. Bodenforsch. **28,** 137 S., 9 Taf.; Wiesbaden.

SCHMIDT, R. (1986): Zur Gangmineralisation im Steinbruch Nesselgrund bei Schnellbach/Thür. – Veröff. Naturhist. Mus. Schleusingen **1:** 15–40; Schleusingen.

SCHMIDT, W. (1939): Graptolithen aus dem Phykodenquarzit Thüringens. – Z. dt. geol. Ges. **91** (3): 177–187; Berlin.

SCHNEIDER, J. (1977): Zur Variabilität der Flügel paläozoischer Blattodea (Insecta), Teil 1. – Freiberger Forsch.-H. C **326**: 87–105; Leipzig.

– (1978a): Zur Variabilität der Flügel paläozoischer Blattodea (Insecta), Teil 2. – Freiberger Forsch.-H. C **334**: 21–39; Leipzig.

– (1978b): Zur Taxonomie und Biostratigraphie der Blattodea (Insecta) des Karbon und Perm der DDR. – Freiberger Forsch.-H. C **340**: 1–152; Leipzig.

– (1982): Entwurf einer Zonengliederung für das euramerische Permokarbon mittels der Spiloblattinidae (Blattodea, Insecta). – Freiberger Forsch.-H. C **375**: 27–47; Leipzig.

– (1983): Die Blattodea (Insecta) des Paläozoikums, Teil 1: Systematik, Ökologie und Biostratigraphie. – Freiberger Forsch.-H. C **382**: 106–145; Leipzig.

– (1985): Elasmobranchier-Zahntypen (Pisces, Chondrichthyes) und ihre stratigraphische Verbreitung im Karbon und Perm der Saale-Senke (DDR). – Freiberger Forsch.-H. C **400**: 90–100; Leipzig.

– (1996): Biostratigraphie des kontinentalen Oberkarbon und Perm im Thüringer Wald, SW-Saale-Senke – Stand und Probleme. – Beitr. Geol. Thür., N. F. **3**: 121–151 (Festschr. 65. Geburtstag von Prof. Dr. Harald Lützner); Weimar und Jena.

SCHNEIDER, J., WALTER, H. & WUNDERLICH, R. (1982): Zur Biostratinomie, Biofazies und Stratigraphie des Unterrotliegenden der Breitenbacher Mulde (Thüringer Wald). – Freiberger Forsch.-H. C **366**: 65–84; Leipzig.

SCHNEIDER, J. & WERNEBURG, R. (1993): Neue Spiloblattinidae (Insecta, Blattodea) aus dem Oberkarbon und Unterperm von Mitteleuropa sowie die Biostratigraphie des Rotliegend. – Veröff. Naturhist. Mus. Schleusingen **7/8**: 31–52; Schleusingen.

– – (1998): *Arthropleura* und Diplopoda (Arthropoda) aus dem Unter-Rotliegend (Unter-Perm, Assel) des Thüringer Waldes (Südwest-Saale-Senke). – Veröff. Naturhist. Mus. Schleusingen **13**: 19–36; Schleusingen.

SCHNEIDER, J. & ZAJIC, J. (1994): Xenacanthiden (Pisces, Chondrichthyes) des mitteleuropäischen Oberkarbon und Perm. – Freiberger Forsch.-H. C **452**: 101–151; Leipzig.

SCHNEIDER, O. (1903): Das Gestein des Seebachfelsens bei Friedrichroda im Thüringer Wald. – Jb. preuß. geol. Landesanst. **24** (4); Berlin.

SCHNEIDER, W. (1962): Lebensspuren aus der Gräfenthaler Serie (Ordovizium) am Schwarzburger Sattel. – Geologie **11** (8): 954–960; Berlin.

SCHNEIDERHÖHN, H. (1949): Das Vorkommen von Ti, V, Mo, Ni, Cr und einigen anderen Spurenelementen in deutschen Sedimentgesteinen. – N. Jb. Miner. A., Mh: 50–72; Stuttgart.

SCHREIBER, A. (1952): Stratigraphie und Tektonik des Unterrotliegenden im südwestlichen Randgebiet des Thüringer Waldes bei Schleusingen und Hirschbach (Kr. Suhl). – Ga.11.

– (1955): Über orogene Bewegungen im Unterrotliegenden im südwestlichen Randgebiet des Thüringer Waldes. – Abh. dt. Akad. Wiss., Abh., Geotekt. **6,** 56 S.; Berlin.

SCHWAB, G. (1964): Zur petrographischen Ausbildung von Steinkohlen aus dem Permokarbon des Thüringer Waldes. – Abh. dt. Akad. Wiss., Kl. Bergb., Hüttenw. Montangeol. **2**: 135–146; Berlin.

SEEBACH, K. v. (1876): Gliederung des Rotliegenden im Thüringer Wald. – Z. dt. geol. Ges. **28:** 633; Berlin.

– (1878): Über die Gliederung des unteren grauen Rotliegenden in Thüringen. – Z. dt. geol. Ges. **30**: 544; Berlin.

SEIDEL, G. (Ed.) (1995): Geologie von Thüringen – E. Schweizerbart´sche Verlagsbuchhandlung (Nägele u. Obermiller), 556 S.; Stuttgart.

SEIDLITZ, W. v. (1928): Der geologische Bau des Thüringer Waldes. – Beitr. Geol. Thür. **1** (6): 30–35; Jena..

SEILACHER, A. (1969): Fault-graded beds interpreted as seismites. – Sedimentology **13**: 155–159; Amsterdam.

SENDT, A. v. (1858): Das nordwestliche Ende des Thüringer Waldes. – Z. dt. geol. Ges. **10**: 305–355, Taf. IX–X; Berlin.

STANGE, J. (1926): Der Zechstein in der Umgebung von Bad Elgersburg am Thüringerwald. – Beitr. Geol. Thür. **1** (4): 1–35; Jena.

STEINBACH, W. (1974): Devon. – In: HOPPE, W. & SEIDEL, G. (Eds.): Geologie von Thüringen. – 208–256; Hermann Haack Verl., Gotha/Leipzig.

STEINER, W. (1991): Tambacher und Elgersburger Becken (Thüringer Wald/Rotliegendes) und ihre Entstehung über leergeförderten Magmakammern. – Wiss. Inf. Z. Geol. Wiss. **19** (5): 593–596; Berlin.

STEINER, W. & SCHNEIDER, H.E. (1963): Eine neue Lauffährte mit Schwanzschleppspur aus dem Oberen Rotliegenden von Tambach. – Geologie **12** (6): 715–731; Berlin.

STRUVE, W. (1962): Einige Trilobiten aus dem Ordovizium von Hessen und Thüringen. – Senck. Leth. **43**: 151–180; Frankfurt/M.

SUMIDA, S.S., BERMAN, D.S. & MARTENS, TH. (1994): A trematopsid amphibian from a terrestrial redbed deposit of the Lower Permian of central Germany. – J. Vertebrate Paleont. **14** (Suppl. to 3): 48 A.

– (1996): Biostratigraphic correlations between the Lower Permian of North America and central Europe using the first record of an assemblage of terrestrial tetrapods from Germany. – PaleoBios **17**: 1–12.

– (1998): A trematopid amphibian from a Lower Permian terrestrial red-bed deposit of central Germany. – J. Paleont. **41** (4): 605–629.

TAEGER, F. & ULBRICHT, A. (1992): Thüringer Wald – Neumanns Landschaftsführer. – 176 S.; Neumann Verl., Radebeul.

THALHEIMER, H. (1965): Die Tambacher Schichten. Beitrag zur Revisionskartierung des Blattes Waltershausen-Friedrichroda – Dipl.-Arb., unveröff.; Berlin.

THURSCH, H. (1959): Schichtlücken und Diskordanzen im Devon des Frankenwaldes. – Z. dt. geol. Ges. **111** (1): 209–220; Hannover.

UNGER, K.P. (1971): Genese und Stratigraphie des Gothaer Schotterkomplexes. – Geologie **20** (10): 1074–1086; Berlin.

VOGEL, J. (1992): Schiefermuseum Steinach/ Thür. – Beginn der Thüringisch-Fränkischen Schieferstraße. – Museumsverein Schieferbergbau Steinach/Thür. e.V., **2** (28): 1–10; Steinach.

VOIGT, H. (1972): Zur petrographischen Gliederung der intermediären Vulkanite des Thüringer Waldes. – Ber. dt. Ges. geol. Wiss. A **17** (6): 865–879; Berlin.

VOIGT, J.C.W. (1782, 1785): Mineralogische Reisen durch das Herzogthum Weimar und Eisenach und einige angrenzende Gegenden. – Teil **1**: 151 S., Teil **2**: 18 S.; Dessau.

– (1802, 1805): Versuch einer Geschichte der Steinkohlen, der Braunkohlen und des Torfes. – Teil 1, 2; Weimar.

– (1808): Über Starsteine von Manebach. – Leonhards Taschenb. Miner. **2**: 385–386.

VOIGT, S. & HAUBOLD, H. (2000): Analyse zur Variabilität der Tetrapodenfährte *Ichniotherium cottae* aus dem Tambacher Sandstein (Rotliegend, Unter-Perm, Thüringen). – Hallesches Jb. Geowiss. B **22**: 17–58; Halle (Saale).

VOLAND, B. (1965): Differentiationserscheinungen an olivinführendem Dolerit der Höhenberge im Thüringer Wald (Bohrung Schnellbach 1/62). – Geologie **14**: 1077–1101; Berlin.

VOLK, M. (1937): Tagesexkursion durch das Paläozoikum in der Umgebung von Steinach und zur Restscholle des Zechsteins und Buntsandsteins bei Scheibe und Steinheid. – Beitr. Geol. Thür. **4**: 69–72; Jena..

– (1938): Die Zone des Phycodenquarzites am Thierberg bei Steinach. – Z. Miner. usw. Abt. B.

– (1939): Das Oberdevon am Schwarzburger Sattel zwischen Südrandspalte und Kamm des Thüringer Waldes. – Phys.-med. Soz. Erlangen **70**: 147–278; Erlangen.

– (1948): Geschichte der Griffelindustrie. – Steinach.
– (1951): Die geologische Erforschung der Restscholle bei Steinheid, Alsbach und Scheibe. – Hallesches Jb. mitteldt. Erdgesch. **1**, L. 3.
– (1954): Über *Archaeocidaris laevispina* aus dem Oberdevon von Steinach im Thüringer Walde. – Senckenberg. 34.
– (1955a): Erze und nutzbare Gesteine in der Umgebung von Steinach (Thürw.) und ihre Bedeutung für die wirtschaftliche Entwicklung der Stadt. – Hallesches Jb. mitteldt. Erdgesch. **2**, II, L: 115–121; Halle.
– (1955b): Der Ockerkalk am Schwarzburger Sattel und seine Fauna auf Grund erweiternder Aufsammlungen. – Geol. Bl. NO-Bayern **5** (2): 77–86; Erlangen.
– (1960a): Ein Pflanzenfund (*Protopteridium* sp.) aus den Nereitenschiefern Thüringens. – Geol. Bl. NO-Bayern **10**: 91–92; Erlangen.
– (1960b): Über Trilobiten aus dem Griffelschiefer des Ordoviziums von Steinach (Thür.) und Umgebung. – Geol. Bl. NO-Bayern **10**: 2–12; Erlangen.
– (1964): Die Spurengemeinschaften im Paläozoikum am Schwarzburger Sattel (Thüringen). – Abh. dt. Akad. Wiss. Berlin, Kl. Bergbau, Hüttenwesen, Montangeol. **2**: 163–179; Berlin.
VOLLSTÄDT, H., SCHMIDT, R. & WEIß, ST. (1991): Mineralfundstellen Thüringen und Vogtland. – Christian Weise Verl., München.
WAGENBRETH, O. (1970): Die Marienhöhle bei Friedrichroda und ihre Wiederherstellung als Schauobjekt. – Landschaftspflege und Naturschutz in Thüringen **7** (1/2): 19–26; Jena.
– (1971): Die Marienhöhle bei Friedrichroda, ein wiedergewonnener Aufschluß in der Nordrand-Störungszone des Thüringer Waldes. – Geologie **20** (3): 251–262; Berlin.
– (1983a): Goethe und der Ilmenauer Bergbau. – Nation. Forsch. Gedenkst. Weimar: 1–96; Weimar.
– (1983b): Bemerkungen zum Wert und zur Problematik geowissenschaftlicher Privatsammlungen. – Z. geol. Wiss. **11** (11): 1285–1308; Berlin.
WAGNER, G. (1892): Die Berg- und Badestadt Friedrichroda in Thüringen und ihre Umgebung. Ein Führer und Ratgeber für Kurgäste und Touristen. – 13. Aufl., 92 + 184 S.; Schmidt, Friedrichroda.
WALTER, H. (1980): Zur Kenntnis der Ichnia limnisch-terrestrischer Arthropoden des Rotliegenden. – Freiberger Forsch.-H. C **357**: 61–68; Leipzig.
– (1982): Neue Arthropodenfährten aus den Oberhöfer Schichten (Rotliegendes, Thüringer Wald) mit Bemerkungen über Ichnia limnisch-terrestrischer Tuffite innerhalb der varistischen Molasse. – Freiberger Forsch.-H. C **375**: 87–100; Leipzig.
– (1983): Zur Taxonomie, Ökologie und Biostratigraphie der Ichnia limnisch-terrestrischer Arthropoden des mitteleuropäischen Jungpaläozoikums. – Freiberger Forsch.-H. C **382**: 146–193; Leipzig.
– (1984): Zur Ichnologie der Arthropoda. – Freiberger Forsch.-H. C **391**: 58–94; Leipzig.
WALTER, H. & WERNEBURG, R. (1988): Über Liegespuren (Cubichnia) aquatischer Tetrapoden (? Diplocauliden, Nectridea) aus den Rotteröder Schichten (Rotliegendes, Thüringer Wald/DDR). – Freiberger Forsch.-H. C **419**: 96–106; Leipzig.
WALTHER, K. (1907): Beiträge zur Geologie des älteren Paläozoikums in Ostthüringen. – N. Jb. Miner., Beil.-Bd. **24**: 221–324; Stuttgart.
WEBER, H. (1926): Die Oberflächenformen der Tambacher Schichten bei Eisenach. – Forsch. dt. Landes- u. Volksk. **24** (2); Stuttgart.

– (1927): Bericht über die Exkursionen des Thüringischen Geologischen Vereins während der dritten Hauptversammlung in Eisenach am 10. und 11. Juni 1927. – Beitrag Geol. Thüringen **1** (6): 72–94; Jena.
– (1938): Die Strukturelemente des nordwestlichen Thüringer Waldes und ihre Entwicklungsgeschichte. – Z. dt. geol. Ges. **90**: 75–87; Berlin.
– (1941): Untergrund und Oberflächengestalt im Thüringerwalde. – Monogr. Geol. Paläont., Serie II, 8; Berlin.
– (1942): Zur Morphogenese des Thüringer Waldes. – Beitr. Geol. Thür. **7** (1/2): 49–53; Jena.
– (1944): Die Kleinstörungen in den Tambacher Schichten bei Eisenach. – Beitr. Geol. Thür. **7**: 15–48; Jena.
– (1954): Der Suhler Sattel im Thüringerwalde. – Geologie **3** (4): 454–461; Berlin.
– (1955): Einführung in die Geologie von Thüringen. – 201 S.; VEB Deutscher Verl. der Wissenschaften, Berlin.
– (1962): Übersicht der Rotliegend-Stufen im Thüringer Wald. – N. Jb. Geol. Paläont., Mh. **1962** (3): 150–155; Stuttgart.
WEISS, E. (1877): Ueber *Protriton petrolei* von Friedrichroda in Thüringen. – Z. dt. geol. Ges. **29**, 202 p.; Berlin.
– (1878): Über die steinkohlenführenden Schichten der Ehernen Kammer bei Ruhla. – Z. dt. geol. Ges. **30**: 542–545; Berlin.
WEISSERMEL, W. (1939): Die Korallen des thüringischen Devons. I. Korallen aus dem Oberdevon im westlichen Schiefergebirge. – Jb. preuß. geol. Landesanst. **59**: 353–369; Berlin.
– (1941): Korallen aus dem Unterdevon des östlichen und westlichen Schiefergebirges in Thüringen. – Z. dt. geol. Ges. **93**: 169–212; Berlin.
WERNEBURG, R. (1983): Stegocephalen (Rhachitomi, Amphibia) aus dem hohen Unterrotliegenden (Oberhöfer Schichten) des Thüringer Waldes. – Freiberger Forsch.- H. C **384**: 111–129; Leipzig.
– (1985): Zur Taxonomie der jungpaläozoischen Familie Discosauriscidae ROMER 1947 (Batrachosauria, Amphibia). – Freiberger Forsch.-H. C **400**: 117–139; Leipzig.
– (1986): Die Stegocephalen (Amphibia) der Goldlauterer Schichten (Unterrotliegendes, Perm) des Thüringer Waldes, Teil 1: *Apateon flagrifer* (WHITTARD). – Freiberger Forsch.-H. C **410**: 88–101; Leipzig.
– (1987): Schädelreste eines sehr großwüchsigen Eryopiden (Amphibia) aus dem Unterrotliegenden (Unterperm) des Thüringer Waldes. – Abh. Naturhist. Mus. Schleusingen **2**: 52–56; Schleusingen.
– (1988a): Die Stegocephalen der Goldlauterer Schichten (Unterrotliegendes, Unterperm) des Thüringer Waldes Teil II: *Apateon kontheri* n. sp., *Melanerpeton eisfeldi* n.sp. und andere. – Freiberger Forsch.-H. C **427**: 7–29; Leipzig.
– (1988b): Die Stegocephalen (Amphiba) der Goldlauter Schichten (Unterrotliegendes, Perm) des Thüringer Waldes. Teil III: *Apateon dracyiensis* (BOY), *Branchierpeton reinholdi* n. sp. und andere. – Veröff. Naturkundemus. Erfurt **7**: 80–96; Erfurt.
– (1988c): Die Amphibienfauna der Oberhöfer Schichten (Unterrotliegendes, Unterperm) des Thüringer Waldes.– Veröff. Naturhist. Mus. Schleusingen **3**: 2–27; Schleusingen.

– (1989a): Die Amphibienfauna der Manebach Schichten (Unterrotliegendes, Unterperm) des Thüringer Waldes. – Veröff. Naturhist. Mus. Schleusingen **4**: 55–68; Schleusingen.
– (1989b): Labyrinthodontier (Amphinbia) aus dem Oberkarbon und Unterperm Mitteleuropas – Systematik, Phylogenie und Biostratigraphie. – Freiberger Forsch.-H. C **436**: 29–48; Leipzig.
– (1989c): Ein neues Amphibienskelett aus Manebach. – Veröff. Naturhist. Mus. Schleusingen **4**: 95–96; Schleusingen.
– (1992): *Sclerocephalus jogischneideri* n. sp. (Eryopoidea, Amphibia) aus dem Unterrotliegend (Unterperm) des Thüringer Waldes. – Freiberger Forsch.-H. C **445**: 29–48; Leipzig.
– (1995): Permosiles-Fossilien und Biostratigraphie. – in: SEIDEL, G. (Hrsg.): Geologie von Thüringen. – 235–246; E. Schweizerbart´sche Verlagsbuchhandlung, Stuttgart.
– (1996): Temnospondyle Amphibien aus dem Karbon Mittedeutschlands. – Veröff. Naturhist. Mus. Schleusingen **11**: 23–64; Schleusingen.
WEYER, D. (1984): Korallen im Paläozoikum von Thüringen. – Hallesches Jb. Geowiss. **9**: 5–33; Gotha.
WEYER, D. & BARTZSCH, K. (1978): Das Oberdevon des Bohlen bei Saalfeld (Thüringisches Schiefergebirge). – In: PFEIFFER, H. (ed.): Kurzreferate Exkursionsf. „Das Devon im Südteil der DDR“ Tag. Ges. Geol. Wiss. Saalfeld 1978: 11–26; Berlin.
WIEFEL, H. (1997): Bibliographische Daten über Geowissenschaftler und Sammler, die in Thüringen tätig waren. – Geowiss. Mitt. Thür. **6**: 1–287; Weimar.
WOLFF, F.M. (1912): Ueber die eiszeitliche Vergletscherung des Thüringer Waldes. – Petermanns Mitt. **58**, I; Gotha.
WUNDERLICH, J. (1978): Zur Lithologie und Paläontologie des Unterrotliegenden der Breitenbacher Mulde (Schleusinger Randzone, Thüringer Wald). – Dipl.-Arb., unveröff., 132 S.; Bergakademie Freiberg; Freiberg.
– (1985): Lithologie, struktureller Bau und metamorphe Entwicklung des südöstlichen Grundgebirges von Ruhla-Brotterode (westlicher Thüringer Wald). – Diss. A, unveröff., Bergakademie Freiberg.
– (1989): Neue Ergebnisse zur Geologie des südöstlichen Ruhlaer Kristallins. – Freiberger Forsch.-H. C **429**: 7–32; Leipzig.
– (1991): Der Kristallinkomplex von Ruhla-Brotterode. – Exkursionsf., Thür. Geol. Verein, 87 S.; Jena.
– (1992): Petrogenese, Lagerungsverhältnisse und Gliederung der Steinbacher Augengneisfolge und ihre Position im strukturellen Bau des zentralen Ruhlaer Kristallins (Thüringer Wald). – Geol. Jb. Hessen **120**: 11–35; Wiesbaden.
WÜST, E. (1901): Untersuchungen über das Pliozän und das älteste Pleistozän Thüringens. – Abh. Naturforsch. Ges. Halle **23**; Halle.
ZAGORA, I. (1964): Der thüringische Tentakulitenknollenkalk (Unterdevon) und seine Mikrofauna. – Diss., unveröff., Univ. Jena; Jena.
– (1967): Verkieselte Ostracoden aus dem Tentakulitenknollenkalk (Unterdevon) von Ostthüringen. – Geologie **16**: 303–343; Berlin.
ZAGORA, K. (1962a): Zur biostratigraphischen Bedeutung der Tentakuliten im thüringischen Unter- und Mitteldevon. – Geologie **11** (5): 548–556; Berlin.

– (1962b): Zur Gliederung des Mitteldevons an der SE-Flanke des Schwarzburger Sattels (Thüringisches Schiefergebirge). – Wiss. Z. Univ. Jena, Math.-Naturw. R. **11**: 359–365; Jena.
– (1964): Tentakuliten aus dem thüringischen Devon. – Geologie **13**: 1235–1273; Berlin.
– (1968): Ostracoden aus dem Grenzbereich Unter/Mitteldevon von Ostthüringen. – Geologie **17**, Beih. 62; Berlin.
ZAHN, G.W. v. (1919): Die Moräne im Schneetiegel im Thüringer Wald. – Beitr. Landesk. Thür. 1; Jena.
ZEH, A. (1999a): Die Druck-Temperatur-Deformations-Entwicklung des Ruhlaer Kristallins (Mitteldeutsche Kristallinzone).– Geotekt. Forsch. **86,** 212 S.; Stuttgart.
– (1999b): Zur Metamorphose-Entwicklung der Mitteldeutschen Kristallinzone im Bereich Thüringens: Kenntnisstand aus dem Ruhlaer und Kyffhäuser Kristallin. – Beitr. Geol. Thür., N.F. **6**: 249–268; Jena.
ZIEGENHARDT, W. (1960): Zur saxonischen Tektonik im mittleren Thüringer Wald. – Geologie **9** (8): 897–908; Berlin.
– (1965): Über altpleistozäne Bewegungen im nördlichen Vorland des Thüringer Waldes. – Geologie **14** (5/6): 658–662; Berlin.
– (1966): Zum Nachweis tektonischer Bewegungen an der Wende Rotliegendes/Zechstein am N-Rand des Thüringer Waldes. – Geologie **15** (9): 1088–1092; Berlin.
ZIMMERMANN, E. (1888a): Zechstein auf dem Kamm des Thüringer Waldes und seine Bedeutung für die Frage nach dem Alter des Gebirges. – Naturwiss. Wochenschr. **2**: 65–66; Berlin.
– (1888b): Ueber quarzitischen Zechstein mit *Productus horridus* von der Höhe des Thüringer Waldes. – Z. dt. geol. Ges. **40**: 198–199; Berlin.
– (1908a): Erläuterungen zur Geologischen Karte von Preußen und benachbarten Bundesstaaten, Lfg. **64**, Blatt Crawinkel-Gräfenroda. – 128 S.; Preuß. geol. Landesanst., Berlin.
– (1908b): Erläuterungen zur Geologischen Karte von Preußen und benachbarten Bundesstaaten, Blatt Suhl. – 158 S.; Preuß. geol. Landesanst., Berlin.
– (1908c): Erläuterungen zur Geologischen Karte von Preußen und den Thüringischen Staaten, Blatt Ilmenau. – 185 S.; Preuß. geol. Landesanst., Berlin.
– (1924): Erläuterungen zur Geologischen Karte von Preußen und benachbarten Bundesstaaten, Lfg. **183**, Blatt Waltershausen-Friedrichroda. – Preuß. geol. Landesanst., Berlin.
– (1927): ROBERT SCHEIBE und die Geologie des Thüringer Waldes. – Jb. preuß. geol. Landesanst. **47**: LXIII–XCIII; Berlin.
ZITTEL, K.A. (1899): Geschichte der Geologie und Paläontologie bis Ende des 19. Jh. – München u. Leipzig.

7. Sach- und Ortsverzeichnis

Acanthodes sp. **66**, 132, 135, 137, 142, 144, 153, 154, 160
Acanthodes-Horizont 65, 67, 68
Acanthodes-Schichten 62, 67, 151
Achat 99, 174, 175
Acritarchen 35
Akidograptus 37
Alaun 97, 122
Alaunschiefer 38, 40, 44, 97, 120 - 122, 127
Alaunwerk bei Döschnitz 97
Alaunwerk bei Garnsdorf 122, 123
Albit 178
Alethopteris 131, 136, 141, 150, 152, 163
Algen 159
allitische Verwitterung 64
Allophan 99, 122
Allzunah 3
Altenberger Mühle 195, 196
Altenfeld 97
Altenfelder Schichten 28
Altenstein 89
Altensteiner Höhle 193, 194, 208
Ältere Rhyolithe 70, 165–167, 170, 172, 173, 175
Altersbestimmung 22
Altkristallin 23
Amblypterus 163
Amethyst 99, 174
Amphibien 135, 144, 150, 153, 156, 160, 163
Amphibolit 24
Amphisauropus 160, 163, 180
Amphisauropus imminutus **76**
Analcim 178
Andesit 51, 53–56, 132, 133, 139
Andradit 99
Anhydrit 99
Ankerit 99
Annatal 198
Annularia 131, 136, 141, 143, 149, 152, 159, 162
Annularia sphenophylloides **55,** 136, 141
Anthichnium 180
Anthracoblattina 142, 150, 153, 187
Anthraconaia 132, 135
Anthracopupa 135
Anthracosien 132, 135, 137, 142, 144, 150, 153, 155, 163, 177, 179
Apateon 135, 144, 156, 160, 163
Apfelstädt 4, 166
Aphlebia 131, 141, 150, 162
Aplit 47, 111, 130
Apophyllit 178
Arachniden 150
Araeoscelide 156
Aragonit 99, 122
Arenigium 34, 35
Aridisierung 87
Arkosesandstein 47, 52
Arlesberg-Gehlberger Revier 96
Arnhardtia 159, 163, 176
Arnhardtia scheibei **74**
Arnsbach bei Gräfenthal 97
Arnsberg-Metapelit 26
Arnsberg-Quarzit 26
Arseneisenocker 122
Arsenkies 99, 113, 152
Arthropodenfährten **86**, 180, 197
Arthropleuren 150
Articulaten 44
Asaphellus 35
Asbach 75, 96, 97
Asbach-Rotterode-Mulde 75

Aschburg-Konglomerat 84, 87
Ashgillium 37
Aspidiopsis 150
Asterophyllites 131, 136, 141, 143, 145, 149, 152, 159, 162
Aufschluß 101
Autunia 142, 143, 145, 150, 152, 159, 163, 176
Autunia conferta **141**
Autunia naumanni **140**
Autunium 57
Aventurin 99
Azurit 99

Babingtonit 178
Bad Blankenburg 98, 118
Bad Liebenstein 89, 97, 112, 193
Bahnhof Hörschel 18, 203
Baieridium 145
Bairdia 128
Bairoda 112
Bairodit 24
Bänderschiefer 25, 40, 44
Baryt (Schwerspat) 10, 96, 97, 99, 161, 174
Basalkonglomerat 84, 85, 86, 195
Basalt 202
Basalttuff 203
Basaltvulkanismus 18, 202
Basis-Folge 29
Basissedimente 51, 53, 55
Beerberg-Hochmoor 92, 172
Beerbergstein 170
Bellerophon 128
Bergbau 94
Bergkristall 99, 174
Besucherbergwerk „Finstertal" 208
Besucherbergwerk „Hühn" 208
BEYSCHLAG, F. 8
Bielstein-Konglomerat 49, 77–79, 132, 133, 176, 181
Bioturbation 30, 187
Bispathodus 128
Bivalven 124
Blankenstein 3
Blasenwacke 200, 201
Blattinopsis 142, 154
Blauer Stein 153
Bleiglanz 152, 178
Bleßberg 3
Blumenau-Überschiebung 19, 29
Bohemiacanthus 135, 144, 160
Bohlen-Profil 125
Bohlen bei Saalfeld 45, 125, **126**, 127
Bohlscheiben 32
Böhmische Masse 11
Bohrung „Georgenthal" 49
Bohrung „Ohrdruf 1" 49, 52, 53
Bohrung „Schleusingen 3" 49
Bohrung „Themar" 49
Bohrung „Wipfra 2" 49
Bornit 99
Borzel 95
Boxberg bei Gotha 91
Brachiopoden 32, 39, 41, 42, 44, 127, 128
Brachylycosa 150
Branchierpeton 156
Branchierpeton saalensis **134**, 135
Branchiosaurier 134, 153, **159**, 160
Branchiosaurus 134, 135
Brandenburger Teich 191
Brauneisenstein 120
Braunit 96
Braunschiefer 40, 44
Braunschiefer-Schichten 44
Braunstein 161
Braunwacke 44
Braunwacken-Schichten 44
Braunwacken-Wetzschiefer-Formation 40, 44
Breitenbach 65, 95, 140
Breitenbach-Mulde 65
Bromacker bei Tambach-Dietharz 79, 80, 182–186
Brotterode 46, 170
Brotterode-Gneis 170
Brotterode-Gruppe 23, 25
Bruchschollentektonik 15
Bryozoen 37, 44
Buchchiola 128
Budnanium 39
Buntsandstein 90, 193–195, 203

Cabarz 98
Calamiten 131, 135, 136, 141, 143, 145, 149, 152, 159, 162, 179
Calamites 131, 135, 141, 145, 149, 152, 159
Calamariophyllum 131, 149, 152
Calamostachys 131, 141, 145, 149, 159, 179
Calcit (Kalkspat) 99, 122, 174, 178
Caldera 78
Callipteridium 131, 141, 163
Callipteridium pteridium **53**
Calymene 35
Calamostachys 143, 162
Cardiocarpus 143, 146, 150, 152, 160, 176
Cardioconchien 44, 124
Cardiola 39, 128
Cardocium 36
Catterfeld 98
Cenoman 90
Cephalopoden 127, 128
Chamosit 36, 97, 120
Cheiloceras **128**
Cheiloceras-Stufe 127
Chlorit 178
Chondrites 41
Chrysokoll 99
Clonograptus 34
Clymenien-Schichten 40, 45, 127
Compsoblatta 142, 150
Coniferophyten 132, 135, 136, 142, 143, 146, 150, 152, 154, 160, 163, 170, 179, 190
Conchopoma 135
Conchostraken 51, 68, 73, 79, 86, 135, 142, 144, 150, 153–155, 163, 164, 177, 179, 185, 187, 197
Conodonten 36, 39, 44, 128
Conularien 39
Cordaiten 131, 142, 143, 146, 150, 152, 160, 163, 176
Cordaites 131, 142, 143, 146, 150, 152, 160, 163, 176
Cordaianthus 142
Cornulithes 41
Cosmocrinus 39
COTTA, B. v. 8
Covellin 99
Crawinkel 64, 95
CREDNER, H. 8
Crednerit 99, 161
Creuzburg-Graben 19
Crinoiden 39, 44
Crock 62, 65
Crux 96
Cryphops 128
Culmitzschia 146, 150, 152, 160
Culmitzschia angustifolia **158**
Cyclopteris 131, 142, 163
Cymaclymenia 128
Cypridinenschiefer 44
Cystoideen 37

Dachschiefer 32, 46, 94, 115
Dachskopf 49
Dadoxylon 150
Daedalus 34
Datolith 178
DEUBEL, F. 9
Devon 40
Diabas 44, 177
Diabasdetritus 45
Diabastuff 44, 45
Diabasvulkanismus 43
Diadectes 187
Diadochit 122
Dichophyllum 143, 145, 150, 163, 176
Dichophyllum flabellifera **145**
Dicksonites 131, 150, 163
Dicranophyllum 146, 150, 152, 160, 163, 179
Dictiomylacris 132
Didymograptus 34, 35
Dienstedt 91
Dimetrodon 188
Dimetropus 188
Diorit 24
Diplocraterion 30
Diplopoden 150
Dittrichshütte 98
Dixbixer Teich 191
Dogger 90
Dolerit 95, 177, 178

Dörmbach-Horizont 68, 70, 72, 73
Dorngehege-Gneis 24
Drachenschlucht bei Eisenach 84, 197, 198
Dreikanter 85
Dreiherrenstein 137

Ebertsheide-Melaphyr 58, 143
Ebertswiese 95, 177, 178
Echinodermen 127, 128
Echinoiden 44
Eckardtshausen 98
Ehrenberg bei Ilmenau 19, 29, 49, 128
Eifelium 41, 42, 127
Eisenach 89, 90, 197, 199
Eisenacher Schichten 85
Eisenach-Formation 13, 16, 18, 22, 50, 81, 83–85, 195–201
Eisenach-Senke 13, 18, 19, 21, 22, 77, 83, 195
Eisenberg bei Unterwirrbach 36, 98
Eisenerzhorizont 34–36, 120
Eisensulfat 38
Eisenvitriol 122
Eisfeld 30
Eiskristallabdrücke 86
Eiszeit 14
Eiszeitrelikt 199
Elbe 3
Elfengrotte 198
Elgersburg 13, 89, 189, 190
Elgersburg-Becken 13, 15, 51, 81, 191
Elgersburg-Formation 13, 15, 17, 50, 51, 81, 82, 189, 190
Elgersburg-Rhyolith 82, 190
Elgersburg-Sandstein 13, 17, 81, 82, 189
Elonichthys 132, 135, 137, 160
Elster-Vereisung 91
Elte 195
Emmafels-Konglomerat 64, 67
Emplektit 99
Emseberg 170
Emsium 41
Engelsbach 175
Eozän 91
Epichnellen 98, 201
Epidot 178
Equisetites 141
Erdfall 191
Erfgrund 79
Erfurt 92
Erlebnisbergwerk Merkers 207
Erletal-Becken 65
Ernestiodendron 132, 136, 142, 143, 146, 150, 152, 160, 163
Ernestiodendron filiciforme **146**
Eryopide 150
Erythrin 99
Erznieren 98
Eselssprung 112
Estherienhorizont 163, 164
Etterwinden 83, 87, 95, 196
Etterwindichnus 197
Eudibamus 188
Euomphalus 128
Euproopichnus 197

Fahlerz 99, 152
Falkenstein 167, **168**
Famennium 44
Farberde 38
Farne 131, 136, 141, 143, 149, 152, 162, 176
Feengrotten bei Saalfeld 38, 121–123
Fellberg bei Steinach 119
Fichtelgebirge 11
Finsterbergen 77, 79, 175, 176
Finsterberg-Konglomerat 13, 22, 77, 80, 81, 87, 88, 184
Firnhaube 92
Fischbach 98
Fische 52, 132, 134, 137, 142, 144, 150, 153–155, 159, 160, 163, 177
Fischhalde 61, 149
Flözbildner 149
Flözführende Zone 59, 61, 62, 146
Floh-Störung 19
Floßberg-Gang 97, 145
Fluidaltextur 142, 172
Fluorit (Flußspat) 10, 97, 99, 113, 174
Flussschotter 14
Flysch 46
Foraminiferen 39, 41

Forstmeistersweg 59, 146
Förtha 200, 201
Frankenwald 1, 3, 11, 26, 94
Frankenwald-Querzone 36
Fränkische Linie 15, 19
Frankonische Phase 45
Frasnium 44, 127
Frauenbach 32
Frauenbach-Formation 25, 31, 118
Frauenbach-Quarzit 29, 30–32, 116
Frauenbach-Serie 31
Frauenbach-Wechsellagerung 31, 116
Fressbau 33
FREYBERG, B. v. 9
Friedelshausen 91
Friedrichroda 9, 64, 67, 69, 73, 96, 97, 191–193
Frohnberg-Gruppe 26, 28, 116

Gabelbachtal 57, 144
Gampsonyx 162, 164
Gampsonyx-Horizont 162
Garnsdorf bei Saalfeld 97, 121
Gasberg bei Rotterode 76, 178
Gastropoden 39, 127, 128, 135
Gaststätte „Schweizerhaus" 118, 119
Gattendorfia-Stufe 46
Gebersdorf 98
Gediegen Kupfer 152
Gediegen Silber 152
Gehängeschutt 14
Gehege bei Brotterode 96
Gehlberg 58, 61, 64
Gehlberg-Quersprung 19
Gehren 56
Gehren-Formation 51, 143
Gehren-Gruppe 51, 57
Gehrener Schichten 66
Gelbeisenerz 161
Gemischter Gang 114
Geologische Karte 11
Geomorphologie 3
Georgenthal 46, 53, 77–79, 92
Georgenthaler Wand 79
Georgenthal-Formation 12, 16, 17, 20, 50, 51–54, 56, 58, 78, 84, 98, 130, 132, 133
Gera 4, 64
Gerastollen 167
Gerberstein-Gangzug 96
Germanisches Becken 89, 90
Germanoprisca 163
Gewässernetz 3
Gillersdorf 115
Ginkgophyten 160, 163, 176
Gips 122, 191, 192
Gips (Marienglas) 99
Givetium 42, 127
Glasaschentuff 68
Glasberg 32
Gletscher 92
Glücksbrunn 98
Glücksbrunner Park 193, 194
Glutwolkenausbruch 138
Glyptograptus 37
Goethit 99, 161
Gold 95, 99, 118, 152
Goldberg bei Reichmannsdorf 96, 116, **117**, 118
Goldisthal 30, 31, 96, 116, 118
Goldisthaler Schichten 29
Goldisthal-Gruppe 29, 30, 115, 116
Goldlauter 61, 64, 66, 67, 150, 151
Goldlauter-Formation 15, 49, 51, 62, 64–67, 94, 142, 143, 151, 153, 154–158, 161, 171
Goldlauterer Schichten 66
Goldmuseum Theuern 95, 207
Gomigenstein-Formation 25, 113
Gomphostrobus 142, 143, 146, 150, 152, 160, 176
Gotha 5, 8, 90, 92
Gotha-Arnstadt-Saalfeld-Störungszone 19
Gotteskopf-Andesit 56
Gottlob bei Friedrichroda 68, 69, 96, 156–158, 161
Gottlob-Konglomerat 49, 62, 69, 158, 161
Gottlob-Steinbruch 9, 64, 67, 157, 160
Grabbauten 34, 189
Gräfenhain 95
Gräfenhainer Sand 95
Gräfenthal 34

Gräfenthaler Serie 31
Gräfenthal-Formation 26, 31, 34, 97, 119, 120
Gräfenthal-Störung 19
Granatfels 24
Granitgerölle 28, 32, 47, 49
Granitvorkommen 49, 129
Graphit 122
Graphitglimmerschiefer 25, 26
Graptolithen 34, 35, 37–39, 40, 123
Graptolithenschiefer 37, 38, 39, 40, 124
Grauliegendes 201
Grauwacken 44
Grauwacken-Bänderschiefer 44
Grenzkonglomerat 84, 85, 87, 88, 195, 200, 201
Grenzschieferton 84, 88, 197, 201
Grenzwiese 170
Griffelschiefer 35, 94, 119, 120
Griffelschiefer-Wechsellagerung 35
Grobstein-Horizont 35
Großbreitenbach 97
Großbreitenbach-Formation 26, 28
Große Kerbe bei Elgersburg 189, 190
Großer Beerberg 3, 5, 171
Großer Hermannstein bei Manebach 137
Großer Hundskopf bei Allzunah 137, 138
Großer Inselsberg 3
Großer Spanntiegel 57
Großer Teich bei Ilmenau 191
Großer Tragberg 136
Grube „Ferdinand“ 122
Grube „Goldene Rose“ 98, 152
Grube „Hirschzunge“ 152
Grube „Jeremias Glück“ 122
Grube „Sankt Jacob“ 152
Grube „Schmiedefeld“ 35
Grube „Weiße Lilie“ 152
Grumbach 4
Grundgebirge 11
Grundkonglomerat 59, 61
Guillemnites 86
Gümbelit 122
Hachelstein-Rhyolith 76
Haderholz-Rhyolith 58
Halden 6
Hämatit (Roteisenstein) 96, 99, 161, 174, 178
Hangender Quarzit 40, 45
Hangschuttbrekzie 84
Hangschuttdecke 92
Harmotom 178
Harpes 128
Hasel 4
Haßlachtal 2
Hauptkonglomerat 84
Hauptquarzit 36, 40, 45
Hauptzwischenmittel 70, 72, 74, 165, 166
Healdia 128
Hefteberg bei Rotterode 76, 179, 180
Heftebergichnus 180
Heidersbach 67
Heidersbach-Störung 15, 19
HEIM, J.L. 6, 130, 175, 204
Heinfelsen 81
Heleniella 44
Hermannograptus 34
Hermitia 160, 163
Hermitia germanica **158**
Herrenstein 72
Herrenstein-Melaphyr 72
Herzog-Ernst-Stollen 192
Hessische Senke 13, 17, 88
Heßles-Schmalwasserstein-Gneis 23, 24
Heßles-Störungszone 19
Heterotripodichnus 197
Heuberg-Rhyolith 72
Hirzberg-Konglomerat 75, 77
Hochmoor 92, 172
HOFF, K.E.A. v. **7**, 175, 181, 195, 204
Hohes Kreuz bei Stadtilm 91
Hohe Sonne am Rennsteig 197, 198
Hohes Tal bei Breitenbach 65, 141
Hohleborn 24
Hohleborn-Formation 24
Höhlenkalkstein 194
Höhnberg-Gneis 23
Höllkopf-Melaphyr 58

Höllkopf-Sedimente 56, 58
Holograptus 34
Homigtal bei Breitenbach 65, 140, 141
Homoctenus 128
Hornfels 177
Hörschel 202, 203
Hörsel 4
Hühn 97
Hühnberge bei Schnellbach 177
Hühnberg-Dolerit 17, 95, 177
Hühnloch bei Tambach-Dietharz 181
Hungioides 35
Hydromedusen 86, 160, 197
Hypersthenfels 177

Ichniotherium 156, 160, 170, 180, 187, 188, 190
Ichniotherium cottae **185**
Ignimbrit 56
Ilfeld-Becken 62
Illawarra-Umpolung 87
Ilm 4, 133, 148
Ilmtal-Sedimente 54, 55, 140
Ilmenau 6, 46, 47, 57, 60, 89, 96, 128, 190, 191
Ilmenau-Folge 66
Ilmenau-Formation 51, 56, 57, 137, 142–144
Ilmenauer Revier 98
Ilmenauer Schwielen 90, 190, 191
Ilmenit 178
Inkohlungsgrad 16, 53
Inselsberg 5, 170, 171
Inselsberg-Rhyolith 72, 170, 171
Inselsberg-Störung 19, 170
Insekten 132, 142, 150, 153, 154, **155**, 163, 179, **185**, 187
Inversionswetterlage 171
Isopodichnus 134, 135
Itz 4

Jüngere Rhyolithe 70, 165, 166, 167, 171, 172
Jura 90

Kakirit 24
Kakiritzone 111, 112
Kalifeldspat 23
Kalkknotenschiefer 41, 43, 45, 46, 124
Kalksandsteinbank 41, 124
Kambrium 29, 115
Kamenz-Grauwacke 28
Kammerberg 7, 98, 147
Kammerberg-Störung 19
Kanzlersgrund bei Oberhof 72, 74
Karbonatbank 52, 69, 134
KARL-GÜNTHER-Denkmal 115
Kataklasitzone 24
Katzebach 32
Katzenstein bei Bairoda 112
Katzenstein-Granit 24, 112
Katzhütte 30
Katzhütte-Gruppe 26, 28, 114, 115
Katzhütter Schichten 27, 28
Kehltal-Spalte 15, 19, 74, 162
Kernquarzit 115
Kersantit 114
Kesselgraben bei Friedrichroda 68, 69
Kesseltal 81
Keuper 90
Kickelhahn-Rhyolith 58, 137
Kickelhahn-Tuff 58
Kienberg-Rhyolith 56, 137, 138
Kienberg-Tuff 56, 138
Kieselbach-Schichten 26, 28
Kieselschiefer 28, 38, 120, 121
Kiliansstein 142
Kirschberg bei Langewiesen 138
Kleiner Inselsberg 154, 170
Kleiner Thüringer Wald 17, 19, 46
Kleinknotiger Kalk 40, 45
Kleinschmalkalden 49, 61, 67
Kletterfelsen 167
Klima 53, 58, 59, 62, 149
Klinge-Störung 19, 96
Kniebreche 68
Kobalterz 97, 113
Kobaltlagerstätte 97
Köhler-Verwerfung 127
Kohlsteig-Konglomerat 140
Kohltal bei Elgersburg 190
Komberg-Rhyolith 76
Königsee 98
Koprolithen 98, 142, 153, 160

Korallen 39, 41, 42, 44, 127, 128
Körnelgneis 25
Kräuterschiefer 148, 149
Kreide 14, 18, 90
Kreuz am Rennsteig 72
Kristallaschentuff 68
Kryptomelan 99
Kugelfazies 173, 174
Kühles Tal 172
Kulm 46
Kulmdachschiefer 6
Kulmfazies 46
Kunguroblattina 187
Kupferglanz 152
Kupferkies 99, 152, 178
Kupferschiefer 13, 89, 97, 98, 127, 190, 201
Kupferschieferbergbau 6, 191
Kupfersuhl 89, 97, 98

lachsfarbene Gerölle 64
Lagerquarzit 31, 35, 36
Lagerstätte 94
Lamellibranchiaten 39, 52, 127, 128, 132, 135, 137, 142, 144, 150, 153, 155, 163, 177, 179
Landgrafenschlucht 198
Langebach bei Manebach 129
Langer Berg bei Gillersdorf 115
Langeberg-Störung 19
Langenbach 30
Langewiesen 129, 136, 138
Laoporus 197
Lauchagrund 161
Lauscha 3
Lautergrund 151
Lazulith 99
Lederschiefer 36
Lehesten 46, 94
Lehrpfad 120, 182
Leinakanal 5
Leinatal 4, 175, 176
Leipzig-Grauwacke 27
Lepidokrokit 99
Lepidophyllum 131
Lepidophyten 44, 131, 149
Leuchtenburg-Gestein 95, 155
Leutenberg 43
Lias 90
Lichtenau 65
Liebenstein-Gruppe 23, 111, 112
Liebenstein-Migmatit 23, 111, 112
Limburgit 202, 203
Limnolimnadia 163
Limonit 96, 99, 122
Limnogyrinus 144
Lindenberg bei Ilmenau 57, 144, 145
Lindenberg-Andesit 56, 58
Lindenberg-Schichten 57, 142, 144
Lioestheria 150, 153, 163, 177, 179, 187
Lioetheria monticula **185**
Lioestheria pseudotenella **73**
Lissodus 135
Lithographus 197
Lithophyse 175
Llanvirnium 36
Llandeilium 36
Lochbrunnen bei Oberhof 161, 162, 163
Löcherquarzit 31
Lochkovium 40
Lodevia 142, 143, 145, 150, 163, 176
Lohme-Schichten 54, 56, 136
Lohmetal bei Gehren 56, 136
Lohmetal-Sedimente 56, 136
Lohmühle 182
Lophoctenium 41
Loquitz 4
Loquitztal 2
Lotzerödchen bei Steinbach 111
Lubenbach 70
Luisengrotte 198
Luisenthal 78, 96, 164
Lunichnus 180
Lütsche 95
Lydit 38

Macrostachya *149*
Maderbachtal 78, 181
Magnetit 96, 99
Magnetitgneis 25
Magnetitquarzit 32, 33
Magnetkies 99, 113

Main 3
Malachit 99
Malcostraken 41
Mandelstein-Konglomerat 62, 64
Manebach 7, 49, 55, 57–62, 64, 67, 94, 98, 129, 137, 146–149
Manebach-Formation 15, 51, 58, 59, 61, 62, 98, 142, 143, 146, 148, 153
Manebacher Schichten 66
Manganit 96
Manticoceras **43**, 128
Manticoceras-Stufe 44
Marienglas 191–193
Marienglashöhle 191, **192**, 193, 208
Marienthal bei Eisenach 198
Marisfeld-Störungszone 19
Markasit 122
Martit 32, 33
Masserberg 55
Masserberg-Scholle 19
Maximilianshütte 120
Medusina 197
Megatambichnium 187, 188
Meisenstein 58
Melanerpeton 144, 160
Melanerpeton eisfeldi **159**
Melanocrinus 39
Melanterit 122
Mellenbacher Schichten 29
Mellrichstadt-Becken 89
Mengersgereuth-Hämmern 98
Mesodiabas 177
Mesozoikum 18
Metacalamostachys 149
Metatuffit 25
Mikrofossilien 127
Mineraleinschlüsse 86
Mineralfunde 94
Miozän 202
Mitteldeutsche Kristallinzone 11, 20, 27, 46
Mitteldeutsche Schwelle 45
Mitteldeutsches Zentralpluton 46
Mitteldevon 42, 127
Mittelrotliegend 77
Mittlere *Protriton*-Schichten 71
Mittlerer Schieferton 84, 85, 87, 198
Möhrenbach-Formation 51, 54, 56, 95, 130, 133, 136–141
Möhrenbach-Sedimente 55
Möhrenbach-Störung 19
Molasse 11, 12
Molassesedimentation 17, 50
Molybdänglanz 99
Mommel 96, 97
Monograptus 37, **39**, 40
Monograptus communis **123**
Moorfazies 52, 61
Moortal bei Elgersburg 189
Moosbach bei Manebach 55, 133
Moravamylacris 142, 179, 187
Mosbach 98
Mosbach-Störung 19
Mühlrain-Gangzug 96
Mühlstein-Porphyr 95
Muschelkalk 90, 202
Museum der Natur Gotha 184, 205
Myriapoden 187

Naturhistorisches Museum Rudolstadt 207
Naturhistorisches Museum Schleusingen 207
Naturkundemuseum Erfurt 206
Nautiloideen 124
Nemejcopteris 131, 152
Nereites 41
Nereites thuringiacus **42**
Nereitenquarzit 41, 124
Nesselberg 169
Neuhammer-Aufschiebung 116
Neuhaus a. R. 3, 194
Neuhäuser Teich 191
Neuropteris 131, 141, 143, 150, 152, 163, 176
Neustadt-Gillersdorf-Verwerfung 56
Neuwerk-Formation 29, 30
Nichtflözbildner 145, 149
Nickelin 99
Norddeutsch-Polnische Senke 79, 89
Nordsächsisches Antiklinorium 27
Nowakia 41
Nowakia acuaria **124**

Oberdevon 40, 43, 44, 125
Obere Sandsteinzone 59, 61
Obere Sedimentzone 70, 73, 75, 175, 176
Oberer Schieferton 84
Obere Schweizer Hütte 161
Oberes Konglomerat 62, 65, 67
Oberes Lager 35, 36
Oberes Tambach-Konglomerat 77
Obere Tonsteine 56, 58
Oberhof 78, 95, 172
Oberhof-Formation 5, 15, 20, 68–72, 75, 77, 78, 82, 94, 161, 164, 166, 167, 169, 170–173, 175–177
Oberhof-Mulde 15, 19, 56
Oberhöfer Porphyrplatte 5, 71, 72, 74, 78, 164, 167, 181
Oberkarbon 12, 49
Oberloquitz 124
Obernitz 125
Oberperm 22, 89
Oberrotliegend 50, 77, 84
Oberschönau 68
Ochsenbach-Schichten 54, 55, 139
Ochsenwiese 65, 141
Ocker 38
Ockerkalk 37, 38, 39
Odontopteris 136, 141, 143, 145, 150, 159, 163, 164, 176
Odontopteris lingulata **147**
Odovicia 150
Oelze 114
Ohmgebirge 90
Ohra 4, 165
Öhrenkammer bei Ruhla 7, 20, 52, 53, 98, 130
Öhrenkammer-Sedimente 51, 52, 54, 130
Öhrenstocker Revier 96
Öhrenstock-Ignimbrit 138
Öhrenstock-Schichten 54, 56, 137, 138
Öhrenstock-Tuff 56, 57
Onchiodon 144, 160
Opsiomylacris 142, 153, 163, 187
Ordovizium 30, 31, 37, 120
Orthacanthus 135
Orthiden 41
Orthit 99
Orthodiadochit 122
Orthoklas 99
Ostrakoden 39, 41, 42, 44, 52, 128, 135, 137, 142, 150, 163, 177
Ostrakodenkalk 44
Otovicia 160, 176
Otovicia hypnoides **158**

PABST, W. 8
Palaeonisciden 142
Palaeoniscus 191
Palaeophycus 41
Palaeostachya 149
Paläobotanik 7
Paramblypterus 132, 135, 144, 150, 153, 155, **159**, 160, 177
Pechleite-Schichten 26, 28
Pecopteris 131, 136, 141, 143, 149, 150, 152, 162, 176
Pecopteris arborescens **147**
Pecopteris candolleana **147**
Pecopteris hemitelioides **147**
Pecopteris plumosa **147**
Pecopteris polymorpha **147**
Pecopteris potoniéi **147**
Pentameriden 41
Pentapodichnus 197
Permichnium 197
Petraia 128
Pflanzenreste (Devon) 41–44
Pleistozän 91
Phosphoritkonkretion 35, 122
Phycoden-Formation 25, 31, 32, 116, 118
Phycodenquarzit 33, 34, 115
Phycoden-Serie 31
Phycodenschiefer 33, 118
Phycodes 32, 118
Phycodes circinatum **33**
Phycosiphon 41
Phyloblatta 132, 142, 150, 154
Phyllitisierung 29
Phylloblatta 187
Pickeringit 122
Pinegia 155
Pissophan 122

Pittizit 122
Plänkners Aussicht 171
Plattenbruch 127
Platyceras 39
Platyclymenia **128**
Platystoma 128
Plaue-Ohrdruf-Querscholle 12
Pleistozän 14
Pleurojulus 150
Pliozän 91
Pochwerksgrund bei Goldlauter 65, 67, 98, 150, 151
Poroblattina 142
Porphyrkugel 172, 173, **174**
Posidonia 128
Prätambacher Relief 78, 79, 181
Prehnit 178
Prinzessinenloch 191
Probstzella 46
Proterozoikum 26, 27
Protovirgula 41
Protriton 156
Protriton-Horizont 68, 161, 162
Protriton-Schichten 70–74, 176
Protritonichnites 150, 156, 160, 180
Protritonichnites lacertoides **69**, **180**
Psaronius 150
Pseudestheria 135, 142, 144, 150, 154, 155, 196
Pseudobornis 44
Pteridospermen 131, 136, 141, 143, 145, 150, 152, 154, 159, 163, 176
Pterinea 39
Pterispermostrobus 159
Pumpellyit 178
Pumpspeicherwerk Goldisthal 5
Punctichnus 197
Pyrit 36, 38, 42, 99, 113, 122, 152, 178
Pyroklastite 50
Pyrolusit 96, 99

Quartär 18, 91, 193
Quarz 99
Quellkuppe 71, 74

Radiolarit 38
Rammelsbergit 99
Rastrites maximus **123**
Raubschloß-Konglomerat 62, 63, 64
Reckberg 34
Rectoplacera 128
Regenberg-Rhyolith 72
Regenberg-Schaumberg-Störung 19
Regionalmetamorphose 27
Reichmannsdorf 116, 118
Reitsteine 170
Remia 150
Rennsteig 3, 14, 92, 100, 169, 170, 171, 172, 194, 197
Rennsteiggarten 171
Rennweg-Gneis 23, 24
Rennweg-Phyllit 25
Reptilien 156
Reticulopteris 150, 152
Reußische Phase 42
Rhachiphyllum 142, 163, 176
Rhabdocarpus 142
Rhabdolepis 132, **159**, 160
Rhön 1, 193, 202, 203
Rhyoakumulat 161
Rhyolithbrockentuff 54
Rhyolith-Konglomerat 75
Rhyolithkristalltuff 68
Richelsdorfer Gebirge 89
Richter´sche Konglomerat 42
Riffkalk 112, 113, 193
Rippersroda 91
Roda 13, 189, 190
Rodaer Werk 191
Roda-Melaphyr 82, 189
Roda-Sandstein 13, 81, 82, 189, 190
Rodebachtal 79
Rollberg-Schichten 26, 28
Rollkopf-Formation 29, 30
Roteisenstein 35, 120
Rote Rain 49
Roter Weg bei Friedrichroda 73
Rotglimmerschiefer 25
Rotgültigerz 152
Rotkopf bei Möhrenbach 139
Rotliegend 10, 12, 49, 50
Rotseifenberg-Melaphyr 116
Rotterode 179
Rotterode-Becken 78

Rotterode-Formation 9, 17, 22, 51, 72, 75, 78, 177, 179
Rotterode-Mulde 13, 70, 73
Rotterode-Verwerfung 75
Rotterodichnium 180
Rudolstadt 6
Ruppberg-Mulde 73
Ruhla 96, 113, 130
Rulaer Skihütte 130
Ruhla-Granit 22, 23, 25, 111
Ruhla-Gruppe 22, 23, 25, 113
Ruhla-Kristallin 2, 11, 12, 16–22, 46, 52, 80, 83, 84, 88, 111, 130
Ruhla-Schleusingen-Elevation 18

Saale 3, 4
Saale-Senke 12, 13, 17, 22, 50, 134
Saale-Vereisung 18, 91
Saalfeld 38, 43, 98, 122
Saalfeld-Formation 40, 44
Saalische Phase 78
Saar-Nahe-Hessische Senke 22
Sachsendelle 61, 153
Salzpseudomorphosen 86
Samaropsis 132, 142, 143, 146, 150, 152, 160, 163, 176
Sandberg 194, 195
Sanderz 98
Saukopfmoor 92
Schaderthaler fossilführender Horizont 42
Schalenbankhorizont 39, 41, 124
Schaubergwerk „Morassina“ 120
Scheibe-Alsbach 32, 90, 116
Scheibe-Störung 19
Scheelit 99
Schiefer-Formation 29, 30
Schiefergriffeln 35
Schiefergebirgsinsel Schmiedefeld-Vesser 29, 46, 49
Schiefermuseum Steinach 94, 207
Schieferschuppen-Konglomerat 66, 140, 141
Schieferstraße 94
Schildvulkan 53
Schilfwassertal 156
Schillwand-Rhyolith 58
Schizopteris 159
Schleifkothengrund 111
Schleifstein 44
Schleuse 4
Schleuse-Horst 19
Schleusetal 26
Schleusingen 47
Schleusingen-Hochscholle 19
Schleusingen-Randzone 19, 59, 65, 66
Schloß Altenstein 193, 194
Schloßbrunntal bei Georgenthal 132, 133
SCHLOTHEIM, E.F. v. 7, 130, 148, 205
Schmalkalde 4
Schmalkalder Revier 96
Schmalwassergrund 167, 181
Schmalwassertalsperre 74, 167
Schmerbach 89, 98
Schmiedefeld 35, 36, 46, 56, 96, 98, 120, 121
Schmücke 64, 153, 171, 172
Schmücker Graben 95
Schneekopf 3, 5, 172, 174
Schneekopfkugeln 98, 172–175
Schneekopf-Rhyolith 74
Schneidemüllerskopf 49
Schneidemüllerskopf-Andesit 55
Schnellbach 68, 95, 177, 178
Schnetter Berg-Schichten 26, 28
Schnett-Formation 26, 28
Schoenfelderpeton 156
Schollentektonik 14
Scholle von Masserberg 65
Schönbrunn-Schichten 26, 28
Schotetal 56
Schreibgriffel 119
Schriftgranit 129
Schuetzia 145
Schwalbenstein-Konglomerat 81, 82, 189, 190
Schwarza 4, 118, 119
Schwarzatal 33, 90, 95, 118, 119
Schwarzaquelle 195
Schwarzburg 30, 32, 118, 119
Schwarzburg-Antiklinorium 2, 3, 5, 8, 10–13, 16, 19, 21, 26, 46, 90, 95, 98, 114, 115

Schwarzburger Sattel 2, 26
Schwärzschiefer 127
Schwarzschiefer 143, 151
Schwärzschiefer-Formation 40, 42, 44
Schwarzschieferhorizont 6, 9, 61, 64, 67, 71, 98, 135, 153, 156, 160
Schwarzwald 164
Schwefelloch bei Schmiedefeld 38, 97, 120
Schwefelsäure 38
Schweina 89, 97, 98, 193
Schweißtuff 138
Schwelle von Buchenau 88
Scoyenia 150, 179, 187, 190
Scyphocrinus 39
Scyphocrinus-Horizont 39
Secundumichnus 197
See 61
Seebachsfelsen bei Friedrichroda 102, 172, 173, 175
Seebachsfelsen-Porphyrit 173
Seifengold 95, 118
Seimberg 24, 96
Seimberg-Scholle 22
Seismit 145
Selenerz 97
Sembach-Horizont 143
Sembachtal bei Winterstein 58, 61, 142
Seymouria sanjuanensis **186**, 187
Siderit 36, 97, 99
Siegmundsburg 32
Sigillaria 149
Silbergrund 167
Silbergrund-Metapelit 26
Silur 26, 37, 120, 121
Silur/Devon-Grenze 124
Skutterudit 99
Solifluktion 14, 92
Sontra-Störung 19
Sperberbach 65, 67, 153
Sperberbach-Horizont 67
Spezialkartierung 8
Sphärolithfazies 173
Sphenobaiera 160, 163, 176
Sphenacanthus 135
Sphenocallipteris 143
Sphenophyllum 131, 136, 141, 149, 162
Sphenophyllum angustifolium **131**
Sphenophyllum longifolium **131**
Sphenophyllum oblongifolium **131**
Sphenophyllum verticillatum **131**
Sphenopteridium 44
Sphenopteris 131, 136, 141, 143, 145, 150, 152, 163, 164, 176
Spiloblattina 142, 154, 155
Spiloblattinidae **154**
Spirorbis 135
Spiriferiden 41
Spittergrund bei Tambach-Dietharz 71, 72
Spongien 44
Spurenfossilien 30
Stahlberg-Störung 19, 96
Staubtuff 57, 144, 157
Staukuppe 71, 74, 190
Stechberg-Gang 97
Stechberg-Schichten 54, 55, 133
Stefanium 12, 17, 50, 52, 53, 134, 135
Steinach 4, 35, 36, 41, 43, 44, 94, 98, 119
Steinbach 111
Steinbach-Augengneis 23, **24**, 111
Steinbach-Hallenberg 46, 49, 75
Steinbruch 6, 94, 95, 101, 113, 129, 154, 168
Steinheid 89, 90, 96, 194
Steinkohlenflöz 6, 52, 59, 61, 63, 94, 98, 130, 148, 149, 152
Steinteich 191
Stigmaria 131
Stillerstein-Rhyolith 76
Stockheim 2
Stockheim-Becken 62
Stollenmundloch 6
Stopfelskuppe bei Eisenach 18, 202
Störungslinie 15
Störungszone 15
Stratigraphie 9
Striatichnium 180, 187, 190
Striatostyliolina 128
Strudellöcher 119
Struth-Konglomerat 75

Sturmheide bei Ilmenau 190, 191
Sturmheide-Rhyolith 58
Stützerbach 49, 55
Stützerbach-Rhyolith 55
subsequenter Vulkanismus 12
Subsigillaria 131
Sudetische Phase 49
Südthüringische Senke 79
Suhl 46, 49, 55
Suhl-Granit 15
Suhler Ausspanne 171
Suhler Sattel 17, 46, 50, 52
SW-Randstörung 14, 15, 16, 19
SW-Thüringer Bergland 1, 3
Syenit 177
Syenitporphyr 56, 114
Synklinalzone von Vesser 29
Syringaxon 128
Syscioblatta 142
Sysciophlebia 142, 150, 153, 154

Tabarz 16, 69, 92, 95, 154, 161, 191
Taeniopteris 141, 145, 150, 163
Taeniopteris jejunata **147**
Tafelsedimente 18
Talbildung 14
Talsperre 5
Talsperre Deesbach 5
Talsperre Erletor 5
Talsperre Leibis-Lichte 5
Talsperre Lütsche 5
Talsperre Ohra 5, 164, **165**
Talsperre Scheibe-Alsbach 5
Talsperre Schmalwasser 5
Talsperre Schönbrunn 5
Talsperre Tambach-Dietharz 5
Tambach-Becken 13, 22, 77, 81
Tambach-Dietharz 77, 95, 167, 169, 181, 182
Tambach-Formation 13, 17, 22, 49–51, 74, 77, 94, 132, 177, 181–183
Tambachichnium 170
Tambach-Mulde 72, 73, 78
Tambach-Sandstein 13, 77, 79, 80, 94, 182, 183
Tambacher Schichten 84
Tambachia 187
Tambachichnium 188
Tambia spiralis **80**, 82, **183**, 184, 187, 189, **190**
Tannenglasbach bei Neustadt 97
Tarsichnus 197
Tentaculites 128
Tentakuliten 41, 42, 44, 124, 128
Tentakulitenknollenkalk 40, 41, 124
Tentakulitenschiefer 41, 42, 124
Tentakulitenschiefer-Nereitenquarzit-Formation 40, 41
Tertiär 14, 18, 90, 202
tertiäre Einebnungsfläche 5, 14
Tetragraptus 34, 35
Tetrapodenfährten 9, 150, 156, 160, 163, 170, 180, 185, 190
Themar 47
Thielberg 72
Thielberg-Tuffit 72
Thueringoedischia 155
Thuringothyris 187
Thüringer Becken 1, 5, 11, 13, 92
Thüringer Hauptgranit 12, 15, 16, 17, 25, 46, 47, 50, 52, 55, 78, 128, 129
Thüringer Schiefergebirge 2
Thüringer Tal 112
Thüringer Wald 1, 2, 3, 14
Thüringer Wald-Senke 12, 13, 17, 19, 20–22, 46, 47, 50, 63, 128
Thüringisch-Vogtländisches Schiefergebirge 1, 92
Thüringischer Geologischer Verein 9
Thuringit 97, 120
Thysanotos 32
Tiefwasserfauna 42
Tiefwasserichnozönose 41
Tierberg 34
Tigillites 30
Tobiashammer 96
Todtliegendes 12
Totenstein bei Elgersburg 190
Totenstein-Konglomerat 13, 81, 82, 87, 189
Trachyandesit 155, 173
Tremadocium 32
Trennschicht 45
Treppenstein 142, 143

Treppenstein-Rhyolith 58, 142
Trias 90, 202
Trichopitys 160
Tricornina 128
Triefsteinfelsen 167
Trigonocarpus 132, 142, 146, 150, 152, 163
Trimerocephalus 128
Trimerocephalus-Schichten 40, 44, 127
Trilobiten 35, 36, 37, 39, 41, 44, 124, 127, 128
Triopsiden 134, 135
Trippstein 118, 119
Trippstein-Quarzit 32, 118
Tropfstein 122
Tropfsteinhöhle Kittelsthal 208
Truse 4
Trusetal 24, 96, 114
Trusetal-Diorit 24
Trusetaler Hauptgang 114
Trusetaler Wasserfall 114
Trusetal-Formation 24
Trusetal-Granit 22–24, 114
Trusetal-Gruppe 23–25
Tubulibairdia 128
Tuffhorizont 67, 68, 139, 143, 169, 170
Turmalinfels 25

Ungeheuer Grund 69, 192
Unstrut 3
Unterdevon 26, 39–41, 124
Untere Sandsteinzone 59, 61
Untere Sedimentzone 69
Unterer Schieferton 84, 85, 87, 195
Unteres Konglomerat 62, 65, 67, 153, 200
Unteres Lager 35, 36
Unteres Tambach-Konglomerat 77
Untere Tonsteine 56, **57**, 58, 144, 145, 146
Unterkarbon 16, 46, 47, 125
Unterperm 49, 70
Unterrotliegend 50, 77, 130
Unterweißbach 32
Unterwellenborn 120
Uralitdiabas 129
Uronectes 142, 163
Ursaurier 184, 186
Uruguay-Achat 174

Varanopus 170, 188
Varanopus microdactylus **169**
Varisziden 49
Variszisches Gebirge 49
Venetianerstein 170
Vergletscherung 14
Verkieselung 58, 59, 63, 145, 148
verkieseltes Holz 59, 76, 179
Vermes 135
Vesser-Gruppe 29, 30
Vessertal 56
Viernau-Störungszone 19
Vitriol 38, 122
Vogelheide-Quarzit 25
Vogtland 42
VOIGT, J.C.W. 6, 129, 191, 205
Volkmannia 131
Volporthit 161
Voltzia 191
Vulkanismus 17
Vulkanitkomplex 51, 53, 55

Wachstein-Konglomerat 84
Wagnerbank 40, 45, 127
Walchia 132, 135, 142, 143, 146, 150, 152, 160, 163, 176, 179, 186, 190
Walchianthus 152, 160, 176
Walchia piniformis **152**
Walchiopremnon 160
Walchiostrobus 150, 152, 160, 163
Waldentwicklung 14, 92
Waldfisch 98
Waldrodung 14
Waldschenke bei Kleinschmalkalden 67, 68
Wartburg bei Eisenach 84, 95, 199, 200
Wartburg-Konglomerat 84, 85, 87, 95, 197–200
Wartburgschleife 199, 200
Wasserberg-Gangzug 96
Wasserscheide 3
Wechmarer Hütte 132

Wegscheide bei Oberhof 89
Weidespur 42
Weinstraße 130
Werra 3, 4
Werraanhydrit 201
Werra-Becken 89
Werra-Folge 127
Weser 3
Westfalium 16
Westollia 160
Westthüringer Quersprung 19, 22, 23, 25
Wettin-Formation 134
Wetzelstein bei Saalfeld 97
Wetzschiefer 30, 32, 44, 127
Wetzstein 44
Wildenspring 97
Wilhelmsthal 87, 195, 196
Windharfe 194
Wintersbrunnen 175, 176
Winterstein 64, 67
Winterstein-Mulde 61
Winterstein-Scholle 19, 61, 64, 67, 68, 70, 72
Wittmannsgereuth 36, 98
Wocklumeria 128
Wohlrose-Schichten 54, 55
Wolfstein-Rhyolith 82
Wurmbauten 33, 41
Wurzelberg 32
Wurzelberg-Mulde 116
Wurzelboden 148
Wurzelsysteme 134

Xanthosiderit 161
Xenacanthus 132, 135, 142, 144, 150, 153, 155, 160, 163

Zechstein 13, 14, 18, 22, 82, 88, 89, 112, 125, 190, 191, 193–195
Zechsteinkalk 127, 200, 201
Zechsteinkonglomerat 87, 89, 201
Zechsteintransgression 87
Zella-Mehlis 46, 49, 53, 59
Zersatzgrobschotter 91
Ziegerücker Mulde 46
Zinkblende 99, 178